【 사회인문학총서 33 】

동아시아의 '근대' 체감

'Modern' experience of East Asia

이 도서의 국립중앙도서관 출판예정도서목록(CIP)은 서지정보유통지원시스템 홈페이지(http://seoji.nl.go.kr)와
국가자료종합목록시스템(http://www.nl.go.kr/kolisnet)에서 이용하실 수 있습니다.
CIP제어번호: CIP2018024046(양장), CIP2018025249(반양장)

【 사회인문학총서 33 】

동아시아의 '근대' 체감

'Modern' experience of East Asia

엮은이
박경석

지은이
이기훈
저우쥔위
周俊宇
권보드래
옌싱루
顔杏如
함동주
장칭
章清
박경석
오사와 하지메
大澤肇
롄링링
連玲玲

차례

책머리에

이 책은 연세대학교 국학연구원 인문한국(HK)사업단에서 펴내는 '사회인문학' 총서 중 하나이다. 우리 사업단은 2009년 이래 '21세기 실학으로서의 사회인문학'이라는 의제(agenda)를 설정하고, 그에 필요한 이론과 학문적 실천 방향을 정립하기 위해 노력해왔다. 과제를 꾸준히 수행하면서 때때로 결과물을 세상에 내놓았는데 그것이 '사회인문학' 총서이다. 이는 문명사적 전환시대를 맞이해 새로운 학문에 대한 요구가 드높아진 가운데, 이러한 시대적 요청에 부응하고자 인문학을 혁신하고 대안적 학문을 모색하는 일이었다.

사회인문학(Social Humanities)은 단순히 사회과학과 인문학의 만남을 통해 학제적 연구 성과를 추구하는 것이 아니다. 인문학의 사회성을 회복시켜, '학문 그 자체'를 의미했던 인문학이 가진 본래의 성격, 즉 '통합학문으로서의 인문학'을 시대에 맞게 창의적으로 되살리려는 것이다. 또한, 학문의 분화가 극심해진 현실을 비판적으로 인식하고, 파편화된 지식을 종합해 삶에 대한 총체적 이해와 감각을 기름으로써, 인문학은 '사회의 인문화'를 이룩하는 촉매로 작용할 수 있다. 결국 사회인문학은 '인문학의 사회화'와 '사회의 인문화'를 동시에 모색하는 새로운 '지적 실험'이다.

이런 의제의 원활한 수행을 위해 우리 사업단은 사상, 문화, 현장, 이론 등의 '리서치워킹그룹'을 운영해왔다. 여기에 덧붙여 현장의 사례연구를 보완할 필요가 있다는 문제제기에 따라 작년에 '동아시아 리서치워킹그룹(동아팀)'을 신설했다. '동아팀'에서는 우선 '사회인문학의 체계화와 한국학의 재구성'이라는 3단계 과제를 수행하는 차원에서 동아시아 각 지역의 근대성을 비교·고찰하는 연구를 기획했다. 한국학의 재구성과 관련, '한국'이라는 일국의 범주에 머무르지 않고 동아시아 차원의 비교사적 접근을 통해, 한국사회의 근대적 변화에 대해 다각도의 시각을 확보하고 구체적 실상에 좀 더 입체적으로 접근하고자 했다. 그리해 첫 번째 성과물이 나왔는데 바로 이 책이 그것이다. 이 책은 근대 전환기 동아시아 사람들이 일상적인 사회생활에서 어떻게 근대적 변화를 체감하고 인지했는지에 주목했다.

이 책은 실로 크고 작은 다양한 공동 노력이 이루어낸 결실이다. 우리 사업단 자체 연구 인력의 성과도 포함되어 있지만, 기본적으로는 '동아시아사연구포럼'의 협조로 얻을 수 있었던 동아시아 각지 연구자들의 논문을 묶어낸 것이다. 동아시아연구포럼은 동북아역사재단의 지원 아래 타이완 대학 역사학과와 공동으로 2017년 11월 타이베이에서 국제학술회의를 개최했고, 이 책에 수록된 대다수의 원고는 해당 학술회의에서 발표된 원고를 선별해 한국어로 번역한 것이다. 이 기회를 빌려 동아시아사연구포럼, 동북아역사재단, 타이완 대학 역사학과 관계자 여러분께 감사를 드리고, 번역에 힘써주신 여러분께도 감사의 뜻을 전한다. 이 모든 과정을 이끌어온 박경석 교수의 노고에 또한 감사를 드린다. 끝으로 흔쾌히 출판을 맡아주신 한울엠플러스(주) 관계자 여러분께도 사의를 표한다.

2018년 7월

신형기(연세대학교 국학연구원장 겸 인문한국사업단장)

총론

근대적 '변화'에 대한 동아시아인의 체감

| 박경석 연세대학교 국학연구원 교수 |

이 책은 연세대학교 국학연구원 인문한국(HK)사업단이 2009년 이래 수행해온 '21세기 실학으로서의 사회인문학'이라는 의제(agenda)의 성과물이다. 의제를 수행하는 가운데 우리 사업단은 마무리 3단계(2014.9~2018.8)의 총괄 주제를 '사회인문학의 체계화와 한국학의 재구성'으로 설정했다. 특히, 새로운 보편적 한국학을 재정립하기 위한 방법론 모색에 주안점을 두었다.

이를 효율적으로 실행하기 위해 사상, 문화, 현장, 이론 등의 리서치워킹그룹을 구성했고, 다양한 연구 방향을 모색했다. 요컨대 한국 근대성의 문맥을 유학이라는 사상 전통을 매개로 동아시아 차원에서 해명하려고 했고, 비평과 문화 실천을 통해 현장에서의 공공성 형성을 살펴보았으며, 한반도에서 발신하는 매개적 보편의 가능성을 탐구했다. 또한, 이상의 의제 수행이 파편화·개별화되는 것을 방지하기 위해 그룹별 작업의 연계성을 강화하는 이론적 모색을 도모했다.

이 밖에 동아시아의 일상, 문화, 감성, 전통을 성찰적으로 재구성해 동아시아 문화 자산의 역사성과 현재성이 가진 함의를 고찰함으로써, 보편성이 강화되는 방향으로 한국학을 재정립하는 데 필요한 자원을 탐색해보고자 했다. 말하자면, 한국학을 재정립하는 작업의 토대를 '한국'이라는 일국의 범주에 한정하지 않고 동아시아 차원에서 찾아보자는 것이다. 동아시아를 하나의 단위로 설정하고 한국 '밖에서 안으로' 들어가는 방향으로 한국학의 재구성을 모색하려는 것이다. 이를 통해 한국학이 가질 수 있는 일국적 폐쇄성을 극복하고, 이로써 한국학의 보편성을 강화하며, 종국에 한반도에서 발신하는 '보편'의 가능성을 실험해보려는 것이다.

이러한 문제의식 아래, 새로 조직된 '동아시아 리서치워킹그룹(동아팀)'은 현장의 사례연구를 보강할 필요가 있다는 문제제기에 따라 구체적으로 동아시아 각 지역의 근대성을 비교·고찰하는 연구를 기획했다. 한국학의 재구성과 관련해 '한국'이라는 일국의 범주에 머무르지 않고 동아시아 차원의 비교사적 접근을 통해, 종국적으로 한국사회의 근대적 변화에 대해 다각도의 시각을 확보하고 구체적 실상에 좀 더 입체적으로 접근하고자 했다. 좀 더 구체적으로는 근대 전환기 동아시아 사람들이 일상적인 사회생활에서 어떻게 근대적 변화를 체감하고 인지했는지에 주목했다.

살다 보면 많은 일을 겪게 된다. 어떤 일은 막 발생했을 때 사소한 일처럼 보이지만, 오랜 시간이 지나서 보면 생각지도 않게 시대적으로 큰 의미를 지니는 변화의 시작이었던 경우가 있다. 당시에는 세상을 깜짝 놀라게 했던 일이라도 후세 사람들에게는 별것 아닐 수도 있다. 말하자면, 현실에서 느끼고 체험했던 '변화'와 100년 후 사람들이 인지하는 '변화' 사이에는 큰 차이가 있을 수 있다는 것이다.

100년 후에 태어나 직접 '체험'해보지 못한 우리가 어떻게 100년 전의 '변화' 가운데 살았던 사람들의 생각과 가치를 이해할 수 있을까? 역사학자는 100년 후의 '방관자'이자 자신이 살고 있는 시대의 '당사자'이다. 이러한 두 가지 처지는 바로 역사 연구의 특징이기도 하다. 역사학자는 두 시대를 관통하고 방관자와 당사자 사이를 오간다. 그렇다면 방관자와 당사자의 시대 관념 사이에 나타나는 차이는 어떻게 형성되는 것일까? 이는 역사 연구가 깊이 고민해볼 만한 문제일 것이다.

약 100년을 거슬러 1917년에는 러시아혁명이 일어났었다. 1918년에는 제1차 세계대전이 끝났고, 일본에서는 '쌀 파동'이 일어났다. 또한 1919년에는 한국에서 3·1 운동이, 중국에서는 5·4 운동이 일어났다. 타이완에서는 일본에서 일어났던 '쌀 파동'이 자극제가 되어, 20년 가까이 된 일본의 식민통치에 대한 정치·사회적 저항운동이 일어났다. 이 단계에서 동아시아는 빠른 도시화 과정에 접어들었고, 대중문화와 소비사회가 점차 형성되었으며, '모던 소녀'가 청소년 문화와 성별 의식의 변화를 예고했다. 그리고 이러한 변화의 양상은 국민국가의 대두에 압도되기도 했다. 이러한 변화는 세계를 인지하는 새로운 방법이기도 했고 신체의 감각과 참여, 체험이 모두 포함된다.

20세기 초에는 확실히 구조적이든 일상적이든 큰 변화가 일어났다. 100년이 지나 21세기를 살아가는 우리는 냉전 종식 후의 세계와 지역체계 재구성이라는 새로운 시대를 겪고 있다. 인터넷 시대는 새로운 세계화 네트워크를 구축해나가고 있으며, 기존 사회의 관계구조를 바꾸고 원래 형성되었던 '물리적 체험'의 네트워크에 충격을 주고 있다. 도시와 산업화로 인한 환경 변화도 지난 100년 동안 사람들이 간과했던 환경과 자연이라는 요소에 대해 우리가 반성하도록 재촉하고 있다.

우리와 100년 전의 사람들은 모두 급변하는 시대에 살고 있다. 100년 전의 사람들은 어떠한 자원과 힘으로 시대의 변화를 감지하고 대응했을까? 또한 어떠한 생활 습관으로 인해 전에는 느낄 수 없었던 급격한 변화에 이르게 되었을까? 시대가 이상하게 변화하고 있음을 느끼면서도 어떤 보이거나 보이지 않는 수많은 요인들이 있었기에 변화를 되돌릴 수 없었을까? 그리고 왜 기꺼이 변화를 받아들이면서도 변화 속에서 희생자가 될 수밖에 없었을까? 또, 급작스러운 변화 이전부터 있었던 어떤 관성이 새로운 변화에 대응하는 것을 막았을까?

20세기 초로 거슬러 올라가 사람들이 어떻게 일상적인 사회생활에서 '변화'를 체감하고 인지했는지를 보면 우리의 생각을 재정립하고 21세기의 '변화'에 대응할 수 있는 자원으로 삼을 수 있을 것이다. 이런 점에서, 100년 전 사람들이 사회생활 속에서 변화를 어떻게 감지하고 대응했는지를 탐색해볼 필요가 있다. 그들의 대응 방식, 자원, 의미, 그리고 그들이 느꼈던 정서와 감정은 우리가 사는 오늘날에 대한 대응을 반성할 수 있게 해주는 거울이 될 것이다.

이러한 문제의식을 바탕으로, 우리 사업단 '동아팀' 및 '동아시아사연구포럼'은 동북아역사재단의 지원 아래 2017년 11월 타이완대학 역사학과와 공동으로 타이베이에서 국제학술회의를 개최했다. 앞서 서술했듯이 100년 전 세계는 제1차 세계대전의 와중에 있었다. 동아시아에서는 윌슨주의의 영향을 받은 내셔널리즘이 강화되면서 1919년 한국과 중국에서 3·1 운동과 5·4 운동이 일어났다. 또한 1917년에는 러시아혁명이 일어나 사회주의가 팽배해 있던 동아시아에서도 새로운 시대의 도래가 예측되고 있었다. 이와 같이 제1차 세계대전 전후로 역사가 전환되었다고 보는 시각은 19세기 역사에 대한 장기간의 논란과 관련이 있고, 또한 일찍이 5·4 운동을 현대사의 기점으로 보는 중국 근현대사 시대구분론과도 접점을 지니고 있는지 모른다.

하지만 이러한 내셔널리즘과 사회주의로 대표되는 20세기 동아시아 역사는 정치사나 경제사만으로는 묘사할 수 없다. 말하자면, 사회생활의 역사를 이해해야 다양한 대중운동이나 시대의 변화를 제대로 그려낼 수 있는 것이다. 과연 당시 사람들은 시대의 변화를 언제 어떤 형태로 느꼈던 것일까? '모던'을 어떻게 피부로 느꼈던 것일까? 그래서 정치사나 경제사가 아니라 사회생활에 초점을 맞추어, 근대 전환기 동아시아 각 지역의 근대적 변화를 고찰해보려고 했다. 정치나 경제의 변용과 달리 피부로 느낄 수 있는, 혹은 지역마다 다양한, 혹은 공통의 시대적 체감을 드러냄으로써, 20세기 역사의 동력을 탐구해볼 수 있을 것으로 기대했다.

이 책은 이상과 같은 문제의식을 바탕으로 작성된 10편의 논문으로 구성되었다. 논문은 편의상 고찰 대상의 시기에 따라 배열했는데 19세기 말에서 20세기 전반에 이르는 시기를 다룬다. 하지만 역시 주요하게는 앞에서 '근대적 전환'의 획기적 시기로 언급한 1920년 전후의 시기를 집중적으로 다루었다. 내용적으로는 교통망, 민족성, 3·1 운동의 현장, 여성 담론, 공간 인지, 전파매체, 해외여행, 중등교육, 상업관행, 직업 등등 매우 다양한데, 공통적으로 모두 일상적인 사회생활과 연관성이 있는 주제들이다. 이상과 같은 다양한 생활상의 양태를 통해 근대적 변화가 어떻게 전개되었고, 어떻게 체감되었으며 인지되었는지를 고찰하고 있다. 이 책에 수록된 10편의 글을 간략히 소개하면 다음과 같다. 특히, 이 책의 기획 의도, 즉 '근대를 무엇으로 체감했는가?'라는 물음에 부합하는 내용에 주목할 것이다.

1장에서 이기훈은 '빨라진 속도'에 주목했다. 한국에서 근대적 교통망이 삶의 속도를 어떻게 변화시켰고, 그것이 사람들의 의식과 행동에 어떤 영향을 미쳤는지를 살펴보았다. 사실 근대 이전의 이동은 매우 느리고 위험하며 비용이 많이 드는 일이었다. 따라서 장거리 여행은 여러모로 매우 드물고 특별한 일이었다. 그러나 근대 이후 기선과 철도, 새로운 도로망이 일상에 들어오면서 이동의 속도가 급격히 빨라졌다. '근대적인 속도'는 인간이라는 사회적 존재의 속성을 근본적으로 변화시키는 조건이 되었다. 말하자면 교통망의 근대화를 통해 급격히 빨라진 속도에서 근대적 일상의 변화를 체감했다는 것이다. 이 글은 근대적 변화에 대한 동시대의 체감을 '빨라진 속도'에 주목해 명확히 포착했다.

그렇다면 변화된 삶의 속도와 이에 따른 공간의 확대, 장거리 이동 등 근대적 변화를 사람들은 어떻게 받아들였을까? 이 글의 필자에 따르면, '식민주의적 폭력'과 엮여 근대적 속도는 매우 부정적으로 받아들여졌다. 20세기에 들어 건설되기 시작한 한국의 교통체제는 1910~1920년대에 틀을 잡았고, 1930년대에 이르러 완성되었다. 근대 교통수단의 속도와 정기 편성은 자족적이며 느린 리듬의 전통적 일상을 급속히 무너뜨리기 시작했다. 신식 교통수단의 혜택은 주로 경제적 여유를 갖추고 새로운 정보를 접할 수 있었던 계층만이 누릴 수 있었고, 그나마 식민지 민중은 사사건건 차별을 받았다. 근대적 교통체계는 형성 과정에서부터 폭력적이었다. 철도 건설에 필요한 용지를 터무니없이 싼 가격으로 수용했고, 수많은 노동자들을 강제로 동원했으며, 그 과정에서 사상자가 속출했다. 근대 교통체제는 대량의 신속한 이동을 가능하게 했지만, 그만큼 큰 사고의 위험을 안고 있었고 각종 교통사고로 인해 수많은 희생자를 양산했다. 특히 사고는 여름철에 많았는데 철길에서 피서를 즐기다가 사고를 당하기도 했다. 식민지 권력은 안전을 위한 설비나 제도를 갖추기보다는 식민지 민중에게 낯설기만 한 통행의 규율을 몸에 각인하도록 강요했다.

이처럼 근대적 속도의 부정적 측면이 식민주의적 폭력과 함께 부각되었다. 하지만 동아시아에서 근대적 속도가 부정적으로만 체감되었겠는가? 근대적 교통체계의 등장으로 이동의 속도가 급속히 빨라지고, 이에 따라 이동과 여행이 대폭 확산되었다. 이제 장거리에 걸친 일상적 이동은 하나의 근대성이 되었고, 많은 사람들이 속도가 빨라진 것을 통해 근대적 변화를 긍정적으로 인지했다. 이러한 근대적 속도는 통신의 발달에 따른 전파매체의 확산이나 국제적 교통체제의 발전에 따른 해외여행에서도 엿볼 수 있는 문제이다. 이 문제들은 이 책의 6장과 7장에서 다른 필자들이 다루고 있다. 거기에서는 근대적 속도의 '빠름'을 두고 '아~ 대단하다'고 감탄하는 상반된 근대적 체감이 드러난다.

2장에서 저우쥔위(周俊宇)는 제국주의와 식민지의 관계에 주목했다. 식민지 지배의 정당성을 지탱하기 위해 제국과 식민지 사이에 의도적으로 만들어낸 '차이'를 통해 근대적 변화가 체감되었음을 보여준다. 구체적으로는 제국주의 일본이 타이완을 지배하기 시작했을 때(1895년)부터 1920년대에 이르기까지, 타이완에서 활동하고 있던 일본인 교육자, 유명작가, 저널리스트 등이 사회생활에서 발견한 타이완인의 민족성, 그중에서도 '이기주의'에 초점을 맞추고, 이를 둘러싼 인식의 여러 가지 양상과 전개에 대해 고찰했다.

이 글의 필자에 따르면, 우선 초등학교의 수신교육과 관련해 교육자가 언급한 타이완인의 '이기주의'는 타이완인의 악함을 표상할 때는 '이기주의'라는 표현을 그대로 사용했지만, 타이완인의 선함이나 교화의 가능성을 표현할 때는 '실리주의'로 표현되었다는 특징을 갖는다. 말하자면 타이완인의 민족성으로서의 '이기주의'는 있는 그대로의 사실을 표상한 것이 아니라 인식 주체의 의도에 따라 고안되었다는 것이다.

또한 당시 최고의 '중국통'으로 인정되었던 한 작가는 타이완인을 이해한다는 자부심을 가졌고 타이완인에게 매우 '호의적'이었지만, 그의 인식도 역시 '이기주의'나 '실리주의'의 틀에서 벗어나지 못했다. 타이완인의 생활이나 장래의 발전과 관련해 타이완 고유의 민족성(실리주의)을 발견하고자 했으나, 역시 타이완인 유학생 일부가 정치 참여를 추구하면서 '소동'을 일으켜 일본에 불리한 상황이 초래되자 곧바로 이를 '이기주의'로 폄하하고 비난했다.

나아가 1920년대 일본 제국주의 통치에 저항하는 '타이완의회설치청원운동'이 일어나자 타이완 거주 일본인 저널리스트는 타이완인을 정당한 참정권에서 '배제'하는 언설을 제기했고, 여기에 '이기주의' 담론을 활용했다. 요컨대 타이완인 엘리트가 주창한 '의회운동'은 상층 타이완인의 '이기주의'를 드러낸 것이고, 운동의 목적도 '이기주의'를 기반으로 하는 타이완인 사회 전체의 행복으로 이어지지 않는다는 것이다. '일본제국에 부속되는 것이야말로 타이완인의 행복'이므로 중하층의 타이완인은 상류계층이 추구하는 의회운동에 반대하는 것이 자신의 이익에 부합한다는 취지의 언설이 강조되었다.

이처럼 타이완인의 '이기주의'에 대한 타이완 거주 일본인의 표상은 점차 복잡한 양상을 띠어갔지만, 인식 주체의 의도에 따라 고안된 기본 틀은 그대로 유지되었다. 타이완인을 자신의 주체로 상정하지 않고 민족성에 고착된 존재로 간주했다. 그리고 '이기주의' 담론은 계속해서 타이완인을 억압하고 배제하는 언설로 이용되었다. 이처럼 '이기주의'는 일제강점기를 통틀어 타이완인을 '배제'하는 언설 속에서 중요한 요소를 이루었다.

3장에서 권보드래는 동아시아에서 근대적 변환의 중대한 매듭 중 하나였던 3·1 운동의 현장과 그 속에 있던 사람들에 주목했다. 현장에서 체감하는 근대적 변화에 관한 것이라고 할 수 있다. 우선, 1919년 3월 초의 시위 이후 비교적 잠잠했던 서울에는 3월 23~27일에 이르러 격렬한 야간 시위라는 전혀 다른 양상이 나타났는데, 이 글은 기존에 별로 주목받지 못했던 이 사건의 긴박했던 전개 과정을 생동감 있게 서술했다. 또한 3월 22일의 '노동자대회'에 주목하고 3·1 운동에서 한국 사회주의의 첫 장면을 찾고 있다. 3·1 운동 자체에서는 사회주의적 지향을 찾아볼 수 없지만, 식민지 시기 한국의 사회주의자들이 '3·1 운동의 후예들'이었음을 알 수 있다. '노동자대회'에서 보듯이, 학생에 이어 노동자가 3·1 운동을 통해 크게 부상했다. 3·1 운동의 낮은 학생이 주도했으나, 점차 큰 비중을 차지하게 된 야간 시위는 노동자가 주도했다. 이상과 같은 3·1 운동의 현장에서 3·1 운동을 통해 잉태된 수많은 변화들을 엿볼 수 있다.

4장에서 옌싱루(顔杏如)는 1919년 식민지 타이완에서 창간된 일본어 여성 잡지 ≪여성과 가정(婦人と家庭)≫에 담겨 있는 여성 담론을 통해, 당시 식민지 타이완 사회에 살던 일본인이 새 시대의 변화를 어떻게 받아들였는지를 고찰했다. 말하자면, 여성의 지위와 역할에 대한 담론의 지형과 변화를 통해 근대를 체감한 국면을 조망해본 것이다.

≪여성과 가정≫ 잡지에 담겨 있는 여성 담론의 '변화'는 제1차 세계대전의 종식에 따른 새로운 시대적 분위기에서 태동했다. 잡지가 제기한 '신여성' 담론은 자유, 평등과 같은 새로운 사조가 이끌어낸 것이었다. 반면에 국가와 사회가 요구하는 '현모양처' 프레임도 여전히 굳건했다. 여성 담론의 양극단에 '신여성'과 '현모양처'가 위치하고 양극단 사이에 다양한 스펙트럼이 전개되는 형국이었다.

잡지의 여성 담론에는 스펙트럼 전반에 걸쳐 근대 서구의 자유평등 사상이 발신한 인격 존중, 양성 평등의 가치관이 전제되어 있었다. 이를 바탕으로 전통적 가족제도와 '현모양처'를 비판하고, 여성의 사회적·정치적 평등을 주창하며 성별 프레임의 붕괴를 꾀하기도 했다. 이는 '신여성' 쪽에 가까운 담론들이다. 반대로 동일한 가치관을 기초로 삼았음에도 이것을 가지고 개인적 자아를 추구하지 않고, 가정의 변화, 가정 내 양성 평등, 가정과 국가의 연계성을 강조하기도 했다. 이러한 경향은 스펙트럼에서 '현모양처' 쪽이다.

잡지의 내용을 전체적으로 살펴보면, 처음에는 스펙트럼에서 '신여성' 쪽에 가까운 담론이 많이 제기되었으나 이후에는 갈수록 감소했다. 그 대신에 '신여성'을 배척하고 이상적인 여성을 '현모양처'로 회귀시키려는 관점이 점점 더 뚜렷해졌다. 기본적으로 근대적 사조가 초래한 여성과 가정의 '변화'가 '신여성'과 '현모양처'를 둘러싼 공방을 계속 역동적이게 했다. 그러나 2장 저우취위의 글에서도 보았듯이, 제국주의와 식민지의 관계가 담론의 형성과 전개에 영향을 끼쳤다. 그래서 여성을 국가가 동원하는 대상으로 삼아 식민지 타이완인을 '동화'하려는 의도가 개입되었고 국가와 사회가 요구하는 '현모양처'가 강조되었던 것이다.

5장에서 함동주는 1923년 관동대지진 이후 전개된 도시 공간 및 생활의 획기적 전환을 통해 근대의 체감을 설명하고 있다. 메이지 초기의 '문명 개화'가 전통적인 에도를 긴자로 상징되는 서구적 도시로 변모시키는 첫걸음이었다면, 관동대지진은 에도의 자취를 파괴해 도쿄를 본격적인 '모던' 도시로 변모시켰던 전환점이었다. 1920년대 이러한 '모던' 도쿄로의 변화를 기록했던 대표적인 인물이 곤 와지로(今和次郎)였고, 그는 자신의 작업에 고현학(考現學, Modernology)이라는 이름을 붙였다. 고고학(考古學)이 옛날의 유적을 연구(考古)하는 데 비해, 현재를 고고학처럼 연구한다고 해서 고현학이라고 불렀던 것이다. 고현학은 새로운 학문으로서 매우 짧은 기간 유행처럼 지나갔다. 하지만 관동대지진 직후 도쿄가 '모던' 도시로 변화하는 과정을 겪으면서 새로운 일상생활에 적응해 가던 당시 도쿄 사람들의 현실을 잘 담아내었다.

곤 와지로는 1925년에 출판된 『도쿄긴자가풍속기록(東京銀座街風俗記錄)』에서, 고고학이 유물과 유적을 다루듯이 긴자의 풍속과 거리의 모습을 객관적이고 철저하게 기록했다. 1929년의 『신판대도쿄안내(新版大東京案內)』에서는 통계적 관찰을 뛰어넘어 도쿄의 새로운 발전상을 조감도 그려내듯이 다각도로 서술했다. 이에 따르면, 관동대지진으로 파괴되었던 도쿄 시가지에 새로운 간선 도로가 건설되고 교통망이 교외로 확장되었다. 새로운 거리에는 고층 빌딩이 즐비하게 들어섰다.

이런 외형적인 변화보다 더 의미 있는 변화는 일상생활의 변화였다. '모던 보이'와 '모던 걸'로 상징되는 새로운 세대가 등장해 서양의 최신 유행을 따르며 의복과 머리모양, 문화 취향 등을 선도했다. 가옥이 재건되면서 서양식과 일본식을 절충한 '문화주택'이 이상적인 주택으로 주목되었다. 전기가 가정에 보급되었고, 영화와 라디오, 신문과 대중잡지, 엔본(円本) 등이 급격히 확산되면서 서구문화가 가정의 일상생활 속에까지 자리를 잡았다. 이처럼 대지진의 복구가 진전되면서 1920년대 후반의 도쿄는 진정한 의미의 '모던' 도시로 변화했다. 도시의 대중은 일상생활을 통해 과거와 다른 시대적 감각을 자각하며 새로운 도시생활에 적극적으로 참여했다. 이들은 새로운 도시 공간과 서구적 일상생활의 수용을 통해 근대적 변화를 체감했다.

6장에서 장칭(章淸)은 '신형 매체'의 진보와 이로 인해 초래된 여러 가지 변화에 주목했다. 새로운 교통과 통신, 매체의 발전은 '근대적 속도'를 사람들의 일상에 주입함으로써 수많은 근대적 변화를 초래한 주된 토대 중 하나라고 할 수 있다. 여기에서는 구체적으로 근대 시기 중국의 '신형 매체' 출현이 어떤 영향을 끼쳤고, 역사적으로 어떤 변화를 초래했는지를 고찰했다.

신문, 잡지와 같은 '신형 매체'가 나타나면서 정보를 수집하는 경로와 방식에 어떠한 변화가 일어났을까? 중국 지식인이 처음으로 신문을 알게 되면서 신문을 창간하는 활동에 나섰을 때, 전통 시기에 신문과 비슷한 기능을 수행했던 '저보'를 연상했을 것이다. 즉, 신문 창간 활동에는 '저보'와 같은 과거의 흔적이 남아 있었다. 그러나 정보의 전파라는 측면에서 보면 신문, 잡지의 출현은 그 자체로 분명히 중대한 의미를 갖는 변화라고 강조할 만하다.

철도, 기선, 자동차, 전보 등 교통·통신 수단이 발전해 신문, 잡지의 뉴스 전달 능력이 일취월장했던 것은 청 말부터이다. 이는 정보를 전파하는 능력이 크게 성장했음을 명확히 보여준다. 이를 바탕으로 지식인 사이에 '정보세계'가 구축되었다. '정보세계'의 구축은 베이징이나 상하이와 같은 대도시에서 시작되었으나 그 판도가 점차 지방으로 확장되어나갔다. 또한 외국 신문의 정보를 대량으로 흡입하면서 '정보세계'가 더욱더 확장되었다. 이와 같은 '신형 매체'의 확장은 정보의 보존에 지대한 영향을 끼쳤고, 근대 역사를 '담고 있는 물질', 즉 신형 매체가 있다는 사실은 근대가 다른 역사 시대와 구별되는 특질이라고 할 수 있다.

아무튼 '신형 매체'를 접한 근대 시기 중국의 지식인들은 이에 대해 열정적으로 반응했다. "구미의 학자들이 증기와 체신은 만국 개화의 근원이라 했는데, 사실 어찌 그렇지 않겠는가! 사람들이 가진 지혜를 통신으로 서로 교환하게 되면 이것이 날로 향상될 것이다", "증기선과 증기차가 있어 우편이 더욱 빨라지고, 사람들의 사상 저술이 인쇄된 신문이 며칠 만에 멀고 가까운 곳에 막힘없이 두루 닿고 있구나!" '근대적 속도'의 문제에 대해서는 1장에서 근대 시기 한국의 교통망을 다룬 바 있는데, 그 경우에는 부정적인 측면이 부각되었으나 동아시아에서 '근대적 속도'가 부정적으로만 체감되었겠는가? 여기에서 보듯이 '근대적 속도'는 열정적 반응의 대상이기도 했다.

7장에서 박경석은 '근대 여행'에 주목했다. 근대 이전에 장거리 여행은 매우 위험하고 비용이 많이 드는 특별한 일이었다. 그러나 근대 이후 새로운 교통·통신 기반이 구축되고 여행 사업 체계가 서비스를 제공하면서 각종 여행이 대중의 사회생활을 파고들어 자리를 잡았다. 이처럼 '근대적 속도'는 근대 이후 대중의 사회생활에 중대한 영향을 끼치는 조건이 되었다. 앞에서는 근대 시기 한국의 교통망과 중국의 신형 매체를 통해 그 양상을 살펴보았으나, 여기에서는 근대 시기 중국의 여행자들이 '여행 체험'을 통해 근대를 어떻게 체감했는지에 접근했다. 즉, 여행자의 시선이 어디에 있었는지를 해명함으로써 그들이 '근대 여행'이라는 근대적 변화를 어떻게 실감했는지 살펴보았다.

결론적으로 '강한 내셔널리즘의 반영'은 '근대 여행'의 출현이라는 근대적 변화를 규정했던 주요한 특징적 면모였다. 내셔널리즘이 여행자의 시선을 압도함으로써 여행지는 배움의 대상으로 인식되었고, 여행지들의 타자 간에는 일정한 위계가 생겨났으며, '위대한 과거와 낙후된 현재'라는 자아관념이 나타났다. 말하자면, 근대 시기 여행기를 통해 볼 때 중국인은 '민족적 위기감'을 통해 '근대적 변화'를 체감했다고 볼 수 있다. 이들에게 '근대'는 곧 '위기'였다.

그러나 이런 상황이 전부였다는 것은 아니다. 사실 '근대 여행'은 기본적으로 여가를 즐기기 위한 활동이고, 실제 여가생활 가운데 여행이나 관광이 차지하는 비중이 줄곧 확대되었다. 대략 1930년대에 이르면 '구국구망'의 압박에서 어느 정도 벗어나 있는, '순수하게 즐기기 위한 여행'이 나타났을 개연성이 높다. '레저로서의 여행'은 여행조차 내셔널리즘에 압도되었던 '중국적 근대'와 동전의 양면을 이루었던 또 하나의 '근대적' 체험이었다.

8장에서 오사와 하지메(大澤肇)는 중국의 학교교육에서 어떤 변화가 발생했는지를 고찰했다. 우선 상하이 지역 중등교육의 발전을 개관한 후, 1920~1930년대 중·고등학교 학생의 실태, 심성, 사회계층, 입학 동기와 진로 모색 등을 살펴보았다. 이를 통해 당시 학생들의 학교와 직업에 대한 관념, 그리고 관념과 현실의 괴리, 학생들의 진로 문제에 대한 교육계 및 당국의 인식과 대응 등을 분석했다. 중등교육의 외형적 발전과 변화에 그치지 않고, 학교교육의 사회적 측면, 즉 중등교육이 사회생활에 끼친 영향에 주목해 실질적이고 역동적인 변화상을 탐구했다.

이상과 같은 고찰을 통해 우리가 확인할 수 있는 가장 주목할 만한 변화는 흥미롭게도 도시화의 진전이다. 요약하면 다음과 같다. 중등학교에 다닌 것만으로는 결코 취업에 유리하지 않았다. 10대 초반에 입사해 3~5년 수습을 거쳐 말단직원에 취직하는 도제(徒弟)가 취업에는 더 유리했다. 하지만 도제는 상당한 외국어 능력이나 제반 교양을 필요로 하는 대학 진학이나 도시의 화이트칼라 직업은 엄두도 내지 못했다.

중등학교를 졸업한 학생들은 화이트칼라 직업에 많은 관심을 갖고 있었지만, 중등교육 학력만으로는 불리했기 때문에 대학으로 진학하는 경우가 많았다. 중등교육에서 직업교육을 많이 확대했으나 별 소용이 없었고, 대학 진학의 예비 단계로서의 성격에는 변화가 없었다. 또한 중등학생들은 모두 도시의 화이트칼라 직업을 선망했기 때문에, 도시 출신 학생은 물론 농촌 출신의 학생들도 중등학교로의 진학을 계기로 대도시 지역으로 유입되었고, 도시에서 유랑하는 '고등유민'이 되는 한이 있어도 다시는 농촌으로 돌아가지 않았다. 중등교육은 농촌으로부터 도시로 인재와 인구를 유출시키는 결과를 낳았다.

9장에서는 상업관행의 변화에 주목했다. 본래 관행은 은연중에 공유되는 것이라서 굳이 기록하지 않는다. 그런데 근대에 들어 상관행을 굳이 조사해 명문화하는 일이 많아졌다. 이는 기본적으로 관행을 입법과 사법에 반영하기 위한 것이었는데, 이 글의 필자는 '법체계의 근대화'라는 좁은 틀에서 벗어나 '상관행의 명문화'가 이루어진 요인을 좀 더 폭넓게 분석하고, '명문화된 상관행'에 보이는 관행의 변화에 주목했다. 이리해 상업에 종사하던 사람들이 '일상적 생업'에서 근대를 어떻게 체감했는지를 고찰했다.

결론적으로, '명문' 없이 유지되던 상거래관행은 관행이 근대적으로 재구성되는 과정에서 '명문화'를 필요로 하게 되었다. 요컨대 '상관행의 명문화'는 외국 자본의 시장 진입이나 새로운 경제요소의 도입과 같은 근대적 변화에 적응하는 과정에서 이루어졌다. 하지만 이런 외부적 요인만 있었던 것은 아니다. 중국 상인의 입장에서 보면 외국 상인의 도전에 '관행'으로 대응함으로써 자기의 기준을 관철하려 했다. 이렇게 보면 근대적 재구성 과정에서 관행은 외래 요소에 적극 대응하고 이를 포섭해 중국적인 것으로 변용시킨 주체로 볼 수 있다. 상관행의 근대적 변화는 중국적 '전통'에서 서구적 '근대'로의 일직선 전환이 아니었다. '신구 관행'이 광범위하게 병존되었지 새로운 것에 의해 낡은 것이 일방적으로 교체된 것은 아니었다. 오히려 혼재 가운데 제3의 관행을 정립해가는 과정으로 보아야 할 것이다.

새로운 제도의 시행과 같은 거시적인 변화는 근대적 변화를 구조적으로 설명할 수는 있지만, 근대적 변화에 대한 실감은 일상에서 이루어졌다. 이를 상업 및 상인에 적용해보면, 근대적 변화는 실질적인 관행의 변화에서 체감되었다고 볼 수 있다. 기존의 관행이 변화되어야 비로소 변화를 실감할 수 있는 것이다. 근대적 변화는 근대 서구가 중국 전통을 구조적으로 일거에 교체하거나 대체한 것이 아니라, 중국의 관행에 변화가 스며들면서 일어났다.

10장에서 롄링링(連玲玲)은 전쟁과 직업의 관계를 다루었다. 20세기는 '전쟁의 시대'라고 해도 과언이 아닐 만큼 많은 전쟁이 있었다. 근대 시기 전쟁은 다방면에서 인간의 삶에 지대한 영향을 끼쳤다. 전쟁은 성별 분업에도 상당한 영향을 미쳤다. 제1·2차 세계대전에서 참전국들은 '노동시장(직업)의 여성화' 과정을 겪었다. 남성들이 전쟁에 대거 징집됨에 따라 그 공백을 여성들이 메울 수밖에 없었던 것이다.

그렇다면 중국의 항일전쟁 시기에도 이런 현상이 일어났을까? 이 글의 필자는 이른바 '고도 시기(孤島時期, 1937.11~1941.12)' 상하이의 소학교 교사라는 직업을 대상으로 이 문제를 검토했다. 결론적으로 당시 상하이는 징병제를 시행하지 않았기 때문에 남성들이 대거 전쟁에 동원되지 않았고 여성이 남성의 일자리를 대체하는 현상도 나타나지 않았다.

하지만 소학교 교사의 여성 비율이 1935년 37.37%에서 1945년 56.83%로 뚜렷한 성장세를 보였던 것은 사실이다. 이런 현상은 전쟁이 일어나자 소학교 교사에 대한 처우가 악화되면서 나타났다. 처우가 너무 나빠져 남성이 교사직으로는 더 이상 가족을 부양할 수 없게 되자 대거 교사직에서 이탈했고, 그 공백을 여성이 메웠던 것이다. 서구와 맥락은 달랐지만 중국에서도 전쟁은 '직업의 여성화'에 불을 지핀 도화선이었고, 성별 분업의 변화를 이해하는 데 고려해야 할 중요한 변수였다.

이상에서 보았듯이 동아시아에서 근대는 매우 다양한 측면에서 체감되었다. 예컨대, 교통망, 민족성에 대한 인식, 3·1 운동의 현장, 여성의 지위와 역할에 대한 담론의 지형, 도시의 공간과 생활, '신형 매체'의 확산, 근대 여행의 출현, 중등학생의 진로 모색, 상관행의 명문화, 소학교 여성 교사 등이 거론되었다. 이렇게 체감된 근대적 변화들을 간략히 유형화해보면, 우선 교통망, '신형 매체', 근대 여행 등과 같이 빨라진 '근대적 속도', 제국주의와 식민지의 관계, 서양 문물의 직접적 영향 등이 변화로 체감되었다고 볼 수 있겠다.

1장

속도의 시대에서 살아남기

한국의 교통망 근대화와 일상의 변화

| 이기훈 연세대학교 국학연구원 교수 |

근대의 인간이란 매일 몇 세기 전의 인간들이 상상할 수 없는 속도로, 눈이 휘둥그레지는 거리를 이동하며 살아가는 존재들이다. 속도는 인간이라는 사회적 존재의 속성을 근본적으로 변화시키는 조건이 되었다. 전근대 교통의 중심은 물자 수송이었고, 긴 여정과 느린 속도 때문에 여행은 주로 상인들의 몫이었다. 마르코 폴로(Marco Polo)처럼 한 번의 여행에 수십 년이 걸리는 경우는 극단적이지만, 이동은 상인이나 유목민처럼 특정한 인간들에게 속했다. 그러나 근대적 속도는 이동을 인간의 일반적 속성으로 부여했다. 자기 마을조차 벗어나는 일이 없었던 인간이, 아무렇지도 않게 글로벌한 범위에서 이동할 수 있도록 새롭게 네트워크를 구성한다.

또한 근대적 속도는 제국주의를 완전히 전 지구에 걸쳐 확산시켰다. 서구의 제국주의 국가들은 기선과 철도, 새로운 도로망을 통해 지구적 범위에 걸쳐 대규모의 군대를 신속하게 보낼 수 있게 되었다. 자본주의 상품시장이 끝없이 확장되면서 근대적 생활양식도 지구 전체에서 보편적인 것이 되었다.

자본주의는 생산과 소비의 경제적 영역만을 변화시킨 것이 아니었다. 근대적 속도는 인민들의 생활 속에서 시간과 공간 감각, 이동의 범위, 작업의 리듬과 규칙, 삶의 일상적 규율을 모두 바꿔놓았다. 급격히 빨라지는 생활의 속도에 적응하는 능력이 새로운 생존경쟁에서 필수적이었다. 이 글은 한국에서 근대적 교통망이 삶의 속도를 어떻게 변화시켰으며, 그것이 사람들의 의식과 행동에 어떤 영향을 미쳤는지 살펴볼 것이다.

1. 한국의 근대적 교통망 형성

1) 육상교통

먼저 근대적 교통시설의 도입과 이동속도의 변화를 살펴보자. 우선 눈에 띄는 것은 철도였다. 19세기 조선은 물자의 운송을 수운(水運)에 크게 의존했고 도로는 차량이나 수레가 다닐 만한 상태가 아니었다. 중요한 도로들도 노폭이 일정하지 않았고, 거의 포장이 되지 않아 비가 오면 진흙탕이 되었다.

철도는 이런 상황을 단번에 바꿔놓았다. 1899년 9월 18일 서울과 인천을 잇는 경인선이 처음 개통되었지만, 중요한 것은 서울과 부산, 원산, 목포 등 항구를 연결하며 국토를 가로지르는 철도였다. 청일전쟁 이후 러시아와 경쟁하던 일본에게 한반도 철도 건설은 군사적인 목적을 위해서도 반드시 필요했다. 일본은 1901년 경부철도주식회사를 설립하고 대대적인 투자를 벌여 서울과 부산을 잇는 경부선 철도를 1905년 1월 개통했고, 서울과 서북 지방을 연결하는 경의선을 1906년 완공했다.[1] 한국을 완전히 식민지로 만든 1910년부터 1914년까지 일제는 곡창지대인 전라도로 가는 호남선과 동해안의 원산을 연결하는 경원선 철도를 완성했다. 서울을 중심으로 해 철도로 한반도 전체를 X자로 연

1 鄭在貞, 『일제침략과 한국철도(1892~1945)』(서울: 서울대학교출판부, 1999), 635~641쪽.

〈그림 1-1〉 **신작로 풍경** 1908년 전주(全州)-군산(群山) 도로

자료: 노형석, 『모던의 유혹 모던의 눈물』(2004), 82쪽, 이종학 제공.

결하게 되었다.

일제는 철도망에 주요 도시와 항구들을 연결하는 간선도로도 만들기 시작했다. 1905년 조사단을 파견해 한반도의 도로노선을 조사하고, 이후 신작로(新作路) 건설 사업에 착수했다.[2] 중요 노선을 선정해 자동차가 다닐 수 있도록 도로를 새로 건설하거나 기존 도로를 정비했던 것이다.[3] 1911년에는 도로의 관리를 위해 '도로규칙'을 제정했다. '도로규칙'은 중요도에 따라 전국의 도로를 1등, 2등, 3등, 등외 도로의 네 등급으로 나누고 규격을 정했다.[4] 조선총독부는 전국에 걸쳐 1등 및 2등 도로의 구간을 지정하고 도로규칙에 맞도록 개수(改修)하는 사업을 지속적으로 진행했다.[5]

2 '新作路'는 20세기 초부터 한국에서 '새로 만들어져서 차량이 통행할 수 있는 도로'를 의미하는 단어로 사용되었다. 대한제국이나 조선총독부에서 공식적으로 사용한 적은 없으며 일본이나 타이완 등지에서도 사용된 적이 없다고 한다. 도도로키 히로시(轟博志), 「20世紀前半 韓半島 道路交通體系 變化: "作路"建設過程을 中心으로」(서울대학교 지리학과 박사학위논문, 2004), 4~5쪽.

3 李基勳, 「일제하 전라남도의 육상교통망 형성과 일상의 변화」, ≪지방사와 지방문화≫, 13-2(2010).

4 일본에서는 國道, 縣道, 里道 세 가지로 구분하고 있다. 조선총독부, 『道路要覽』(編者 刊, 1916), 2쪽.

5 1등 도로가 4間(약 7.3m), 2등 도로는 3間(약 5.5m), 3등 도로는 2間(약 3.6m)이 되어야

〈그림 1-2〉 1914년 전라남도의 교통망

〈그림 1-3〉 1936년 전라남도의 교통망

실제로 근대 교통망이 지역 사회에 확장되는 과정을 보자. 〈그림 1-2〉와 〈그림 1-3〉은 1914년과 1936년 전라남도의 철도 및 주요 간선도로(1, 2등 도로)를 비교한 것이다.

1914년에는 서울에서 내려온 호남선 철도가 광주(光州)와 목포(木浦)를 연결하는 정도였고, 대표적인 신작로인 광주-목포 간 1등 도로(현재 국도 1호선), 목포에서 남해안을 따라 경상도로 가는 2등 도로(현재 국도 2호선)만 건설되어 있었다.[6] 이후 1922년, 1930년, 1936년 광주선(光州線), 광려선(光麗線), 전라선(全羅線) 철도가 완공되자 〈그림 1-3〉처럼 광주를 중심으로 전남의 동부와 서부를 모두 연결하는 노선이 완성되었다. 철도망이 없는 곳에는 2등 도로들이 연결되어 자동차들이 정기적으로 운행하기 시작했다. 지도에는 표현되지 않았지만 1930년대까지 전라남도는 3등 도로들을 대부분 정비 완료해 어느 정도 자동차들이 다닐 수 있게 했다.[7] 정기적으로 자동차가 다니지는 않더라도 1930년대까지 어

했다. 노폭 외에도 곡선 반경, 기울기, 노면의 축조 방법, 교량, 가로수, 터널 등이 모두 정해진 방법을 따르도록 하고 있다(조선총독부, 『道路要覽』, 8쪽).

6 그림은 李基勳, 「일제하 전라남도의 육상교통망 형성과 일상의 변화」, 92쪽. 현재의 국도 1, 2호선과 일치하지는 않는다. 최근 국도 구간들이 대부분 직선화되고 구간별로 자동차 전용화되면서 이전 국도는 폐쇄되거나 지방도가 되었는데, 이 도로들이 과거 신작로들이다.

7 染川覺太郎, 『全羅南道事情誌』(1930), pp.60~61.

지간한 지역에는 차량이 통행할 수 있는 길이 연결되었던 것이다. 먼 거리는 철도로, 비교적 가까운 곳은 자동차로 이동하는 근대적 교통망이 1930년대 후반까지 체계화되었다고 볼 수 있을 것이다.

2) 해상교통

전통적으로 한국의 주요한 물자수송수단은 강과 연안을 항해하는 선박들이었다. 〈그림 1-4〉는 1871년 신미양요 당시 조선 관리들이 미국 함대를 탐색할 때 타고 간 배다. 실제 무역선들은 이 배보다는 컸겠지만 비슷한 형태였다. 이런 전통 선박들은 동력을 사용하지 않으므로 속도가 느렸을 뿐 아니라 기상조건의 영향을 크게 받았다. 비가 많이 내려도, 바람 방향이 맞지 않거나 너무 심해도 항해는 불가능했고, 짙은 안개도 극히 위험했다.

근대 교통수단 가운데 기선들이 가장 먼저 도입되었다. 기차나 자동차는 철도를 건설하거나 도로를 정비해야 사용 가능했지만, 기선들은 바로 사용할 수 있었기 때문이다. 조선 정부는 1883년부터 기선을 도입해 사용하기 시작했고, 민간인들도 1890년대부터 일본에서 기선을 임대해 사용하기 시작했다.[8] 그러나 일본 자본이 본격적으로 한국에 진출하면서 해운업을 장악하기 시작했다. 일본인 자본가들이 목포나 군산(群山) 같은 도시에 일본 해운회사의 대리점을 열거나 스스로 회사를 차렸다.

1910년대에는 주요 연안도시와 섬을 연결하는 정기적인 여객선들이 본격적으로 운항하기 시작했다. 1912년 일본인 해운업자 여러 명이 모여 설립한 조선우선주식회사(朝鮮郵船株式會社)가 초기 정기 여객선 항로의 주역이었다. 조선우선주식회사는 민간 기업이었으나 조선총독부의 보조금을 받으면서 지정한 항로를 운항하는 회사로, 실제로 조선총독부가 지배했다고 봐도 무방하다.[9] 이

8 羅愛子, 『韓國近代海運業史研究』(國學資料院, 1998), 55쪽, 235쪽.

〈그림 1-4〉 **19세기 후반 조선의 범선**

자료: 국사편찬위원회 사진유리필름 SJ0083.

회사의 기선들은 1910년대에는 남해안의 동쪽 끝인 부산에서 중간의 여수까지 월 20회 오고 갔으며, 여수에서 서쪽 끝인 목포까지도 10회 운항했다.[10] 항로 중간의 섬이나 항구에 들러 여객들을 실어 날랐고, 제주도로 가는 노선도 운영했다. 1920년대에는 연안항로를 오고 가는 여객선들이 더 커지고 많아졌을 뿐 아니라, 소형의 발동기선(發動機船)들을 활용해 가까운 섬과 항구, 섬과 섬들을 오고 가는 단거리 노선이 크게 늘어나게 되었다.[11]

2. 일상의 변화

1) 속도와 정기적 운행: 시간의 중요성

근대적 교통망은 일상생활의 리듬 자체를 바꿨다. 전근대 육상교통에서 이

9 1936년에는 총독부가 관할하는 조선식산은행이 신주 8만 주를 인수해 최대 주주가 되었다. 朝鮮郵船株式會社, 『朝鮮郵船二十五年史』(1937), 40~41쪽, 201~207쪽.

10 朝鮮郵船株式會社, 같은 책, 119쪽.

11 李基勳, 「일제강점기 도서 지역의 교통과 일상생활」, ≪도서문화≫, 45(2015).

동속도는 거의 걸어서 이동하는 수준이었고, 배를 타고 가더라도 기상과 조류, 중간 항구에서의 일정 때문에 걸어서 가는 것과 별 차이가 없었다. 1875년 전라북도 강경(江景)에서 출발한 세곡(稅穀) 운반 선단은 서울까지 오는 데 25일이 걸렸고, 그중 5일 정도는 비나 바람 때문에 아예 움직이지 못했다.[12]

근대 교통수단의 속도는 사람들에게 새로운 공간과 시간의 관념을 가지게 했다. 1908년 신작로가 놓이기 전에는 광주에서 목포로 가려면 영산포(榮山浦)까지 걷거나 노새를 타고 가서 다시 배로 꼬박 이틀을 가야 했다. 그런데 이제 자동차로 불과 4시간 만에 광주에서 목포까지 갈 수 있었다.[13] 철도는 더 먼 거리를 빨리 이동할 수 있도록 했다. 아무리 서둘러도 열흘 넘게 걸리던 서울 가는 길이 하루 만에 가능해졌다. 1917년 전라남도 구례(求禮)에 살던 류형업(柳瑩業)은 아침에 전라북도 이리(裡里)역에서 기차를 타서 그날 저녁 경성(京城) 남대문역에 도착했다. 그는 "보고 들은 것은 단지 이리에서 남대문까지 기차가 가는 길에 굴을 9번 지났다는 것뿐"이라고 감회를 서술했다.[14] 1930년대에는 부산에서 경성까지는 당시의 초특급열차로 9시간 40분이면 갈 수 있었고, 속도가 느렸던 호남선도 목포에서 경성까지 12시간 40여 분이면 주파했다.[15]

빨라진 것만큼 정기적으로 운행한다는 것도 큰 변화였다. 기차나 자동차, 기선 모두 정해진 시간에 출발해 예정된 시간에 도착하는 것이 일반적이었다. 기차나 자동차는 물론이고, 정말 악천후가 아니라면 정해진 시간에 부두에 나가 표를 사면 배를 타고 떠날 수 있게 되었다. 아침 배로 근처 항구도시의 오일장을 보러 갔다가 오후 배로 돌아올 수 있게 된 것이다.

근대 교통수단의 속도와 정기성은 직접 이용자만이 아니라 기차나 기선, 자동차를 이용하지 못하는 사람들의 생활도 바꿨다. 이들도 근대적 속도와 교

---

12 임종길, 『조선의 해운경제: 漕運 時 海難事故를 중심으로』(위드스토리, 2011), 88쪽.

13 광주광역시 광주시사 편찬위원회, 『광주시사 I』(1992), 212쪽.

14 柳瑩業, 「紀語」(1917.10.10), 『求禮 柳氏家의 생활일기』(한국농촌경제연구원, 1991).

15 ≪동아일보≫, 1933.3.4.

통수단의 정기적 운행에 리듬을 맞춰 생활하지 않을 수 없었다. 정기 시장들도 열차나 배 시간에 따라 열렸고, 농민들은 자신들이 재배하거나 만든 생산품을 팔기 위해 그 시간에 맞춰야 했다. 또 먼 곳에서 더 싼 물건들이 많이 들어오게 되자, 가난한 농민들은 좋은 값을 받고 팔기 위해서 더 먼 장터까지 찾아 다녀야 했다. 차비를 낼 수 있는 형편이 못 되면 걸어서라도 가야 했고, 새벽에 먼 길을 떠나는 일이 일상이 되었다.

자족적이며 느린 리듬의 전통적 일상은 급속히 무너지기 시작했다. 사람이 걷는 속도나 물과 바람의 때를 맞춰야 했던 물류의 흐름과 속도는, 기차와 기선의 엔진 소음 속에서 급속히 빨라졌다. 생존을 위해서는 시장에 생산품을 내다 팔고, 필수품들을 육지의 시장에서 사들여야 했다. 자녀들에게 더 나은 삶을 보장해주기 위해서는 읍내의 학교에 보내야 했고, 가난한 사람들은 자신의 생산품과 노동력을 팔기 위해서라도 근대적 교통수단의 시간에 맞춰 움직여야 했다.

2) 계층화: 중심과 주변, 상층과 하층

류형업이 경성까지 기차를 타고 가면서 낸 3등석 요금은 3원 18전이었다. 그런데 그해, 1917년 전라남도 하층 소작농민의 평균 수입이 338원으로[16] 한 달 수입이 28원 정도밖에 되지 않으니, 경성에 기차를 타고 왕복하면 수입의 거의 4분의 1을 쓰는 셈이다. 게다가 수입의 대부분을 먹고 사는 식비에 지출해야 하는 농민들이, 아무리 빠른 교통수단이라고 해도 기차나 자동차를 일상적으로 사용하기는 힘들었다. 류형업도 구례에서는 전통 있는 양반가문의 지주였으므로 기차를 탈 수 있었다. 그는 처음 타 본 기차가 "깨끗해서 마치 누각에 앉은 것 같고 눕고 싶은 마음이 생겼다"고 했다. 그런데 그 기차는 사실 "사

16 李松順, 「1910년대 식민지 조선의 농가경제 분석」, ≪사학연구≫, 101(2011), 97~112쪽.

람들이 시장과 같이 다투어 올라타"는 3등 객차였다.[17]

낯설었던 '속도'와 '대량수송'의 체제에 사람들은 익숙해졌지만, 자주 이용할 수 있을 만큼 경제적 여유를 갖추고 새로운 문화에 대한 정보를 접한 사람들이 훨씬 유리했다. 철도나 자동차를 이용할 정보와 재력을 가지지 못한 사람들에게 빠른 속력과 가공할 힘의 근대적 교통수단들은 오히려 위험했다.[18] 기차를 타고 여행하거나 자동차로 신작로를 다닐 수 있다면, 근대 권력과 자본이 제공하는 속도와 안전을 누릴 수 있었다. 그러나 이런 안전과 속도는 자본과 지식을 함께 요구했다.

승차권 없이는 기차에 오를 수 없었다. 무임승차는 엄격히 금지되었고, 철로와 철교는 기차가 독점했다.[19] 기차는 정시에 항상 출발했으니 시계가 없다면 기차를 제대로 탈 수도 없었다. 또 더 멀리 여행하려면 다른 곳의 기차 시간, 배시간도 함께 알아야 했다. 신문 같은 정보매체들을 입수하고 읽을 줄도 알아야 했다. 인구의 70% 이상이 문맹이었던 식민지 조선에서 이런 정보에 접근할 수 있는 사람은 소수였다. 더구나 공공장소와 운행시각표 등 근대적 시간과 공간 규율, 철로와 철교 통행금지 등 교통규율을 이해하고 적응하기 위해서는 규율된 신체와 계몽된 의식, 비용을 지출할 경제적 능력을 모두 갖추어야 했다.

계급·계층만이 아니라 세대나 지역에 따라서 이런 정보의 차이는 컸다. 도시와 농촌에서 차이가 났고, 근대적 교통망에서 멀수록 소외는 더 심했다. 사회적 약자들, 특히 가난한 노인과 아이들은 교통체제와 규율 자체를 이해하지

---

17 柳瑩業, 「紀語」(1917.10.10), 『求禮 柳氏家의 생활일기』(한국농촌경제연구원, 1991).

18 이 무렵 교통 선전가 등을 만들어 전단으로 배포했는데, 마차와 자동차, 자전거가 오고 가니 도로의 규칙을 지켜야 한다고 강조하고 있다(≪동아일보≫, 1921.8.3).

19 철도를 운행하면서 일본 정부는 1872년 太政官 포고 61호 鐵道略則 및 太政官 포고 147호 鐵道犯罪罰令 공포했다. 철도약칙은 1조에서 열차를 이용할 때는 누구나 먼저 운임을 지불하고 승차권을 구입해야 한다고 해 근대 사회에서 철도 이동의 기본 규칙을 확인했으며, 2조에서 검표의 원리, 4조에서 부정 승차 금지, 5조에서 운전 중 승차 금지 등을 확정했다[한국철도기술연구원 엮음, 『일본철도의 역사와 발전』(BG북갤러리, 2005), 62~65쪽].

못했다. 철도가 완공된 지 근 40년이 지난 1939년 12월 평안북도 시골의 한 노인은 경의선 철로 위에서 기차가 오기를 기다렸다. 멀리 기차가 보이자 손을 흔들기 시작했고, 기적을 울려도 비키지 않았다. 결국 기차는 서야 했고, 노인은 기차에 탔다. 자동차는 손을 흔들면 세워주는데, 기차는 왜 안 되느냐는 것이었다.[20] 근대 교통규율의 습득과 체화가 시간이 흐른다고 해서 해결되지 않는다는 것을 여실히 보여준다.

근대 교통체제는 지역의 문제이기도 했다. 근대 교통체계도 전통적인 교통망과 무관하지는 않았지만, 새롭게 성장하는 장소와 몰락하는 지역이 생기기 시작했다. 이전에 소외되던 지역들도 주요 교통로가 지나가면서 크게 성장했다. 기차역 주변에 새로운 지역 중심지가 형성되었고, 육지로부터도 멀고 별로 크지 않은 소안도 같은 섬도 제주 항로의 기착지가 되면서 바다의 새로운 중심이 되었다.

따라서 지역 사회도 도로의 개설에 큰 관심을 보이기 시작했다. "도로 이것이야말로 사회 교통 운수의 요충(要衝)이오, 지방 발전의 열쇠"라는 인식이 널리 퍼져갔다.[21] 지역 주민들이 모여 도로의 정비, 교량 건설을 요구하거나 추진하는 모임을 만드는 일이 크게 늘어났다. 숯과 약초를 만들어 먹고 살던 산골마을 사람들이 모여서 자신들이 통행하는 산길을 수레가 다닐 수 있는 도로(등급으로는 등외 도로)로 정비할 것을 결의하고 이것을 추진할 조직을 만들 정도였다.[22] 그러나 조선총독부는 간선철도망과 주요 도로망(1, 2등 도로)을 건설한 이후 지방민들의 일상에 필요한 도로망의 정비에는 관심이 없었다. 지방의 교량 대부분은 1920년대 도로 정비 무렵에 건설된 이후 1945년까지 거의 새로 정비되지 않았고, 새로운 도로의 건설은 지역 주민들이 갖가지 노력을 기울여도 힘

---

20 老人은 원하는 대로 기차에 타기는 했으나 肅川邑內에서 경찰에 넘겨졌다[≪동아일보≫, 1939.12.23.(6)].

21 ≪동아일보≫, 1936.5.16.

22 ≪동아일보≫, 1926.2.1.

들었다. 반면 생활과 직접 관련이 없는 철로나 철교는, 주민들의 토지와 전통적인 옛 길들을 뺏으며 새로운 억압과 통제, 심지어 재난의 원인이 되었다.

주민들의 청원이 간혹 결실을 맺더라도 문제는 남아 있었다. 도로를 개설하자면 땅을 내놓기도 해야 하고 인부들의 임금, 자재 등의 비용이 들게 마련이었다. 일제는 이런 문제들을 주민들 사이에서 해결해야 할 쟁점으로 만들어 버렸다. 정부의 책임이 주민 간의 갈등과 분쟁으로 전환되었고, 기본 행정구역의 책임자(面長)였던 한국인들이 자의적으로 노선을 선택하거나 부담을 떠맡도록 하는 일도 발생했다. 결국 이런 도로와 교량의 정비는 1970년대까지 제대로 이루어지지 못했다.[23]

3) 폭력, 강제, 체화: 근대적 교통규율의 확산

근대적 교통체계는 형성 과정 자체가 폭력적이었다. 일제는 경부선, 경의선, 호남선 철로나 정거장 용지는 터무니없이 싼 가격으로 수용했고, 수많은 노동자들을 강제로 동원했다. 1906년 5월 15일 자 ≪대한매일신보(大韓每日申報)≫가 "철도가 통과하는 지역은 온전한 땅이 없고 기력이 남아 있는 사람이 없으며 열 집에 아홉 집은 텅 비었고 천 리 길에 닭과 돼지가 멸종했다"라고 개탄할 지경이었다. 철도를 공격하는 사람들은 공개처형을 당했고 의병들의 공격에 대비해 철도 주변 사람들에게 연대책임을 지워 매일 철도 주변을 순찰하도록 했다.[24] 철로나 기차에 직접 위해를 가하지 않더라도 단순히 철로를 침범하거나

---

23 ≪조선일보≫, 1927.3.4; ≪조선일보≫, 1927.12.3; ≪동아일보≫, 1932.9.1. 한국전쟁으로 교량과 도로 등 기반시설은 복구와 유지에 급급했고, 1960년대 후반 이후에도 경부고속도로 등에 집중되어 지방 생활도로의 개선은 1970년대 후반에나 진행되기 시작했다. 여기에도 지방에 따라 차별이 심했다. 李基勳, 「차별의 실체: 호남고속도로의 건설 과정」, ≪이화사학연구≫, 46(2013) 참조.

24 한국 근대 철도 및 대중교통의 근대적 발달과 그 성격에 대해서는 鄭在貞, 『일제침략과 한국철도(1892~1945)』(서울대학교출판부, 1999); 鄭在貞, 「대중교통의 발달과 시민생활의

운행 중인 기차에 올라타기만 해도 벌금이나 태형에 처해졌다.[25] 일본인이었던 철도국 직원들은 조선 민중에게 경찰과 같은 존재였고, 자칫하면 철도의 차장이나 선로 감독에게 폭행을 당해 목숨을 잃기도 했다. 호남선 철로를 넘어가는 조선인 노인을 일본인 선로 감독이 철봉으로 때려서 목숨을 잃게 만든 사건이 대표적이다.[26]

철도와 도로, 기선 운항에 관한 법령들은 교통시설의 보호와 안전을 위한 것이라고 했지만, 실제 이 규칙을 지켜야 하는 사람들의 입장에서는 이해하기 힘든 경우가 많았다. 새로 만들어진 철도나 신작로는 옛날부터 쓰던 큰길에다 건설하거나 바로 옆에 만드는 경우가 많았다. 1914년 완공한 호남선 철도는 해남로(海南路)라고 부르던 전통적인 대로(大路)를 상당 부분 그대로 활용해 건설했다.[27] 달라진 것은 고개를 넘어오는 것이 아니라 터널을 뚫어서 진행하거나, 나루터에 철교를 놓아서 오는 정도였다. 원래 통행자들, 특히 노인들의 입장에서는 늘 다니던 길이 철로가 되었을 뿐인데, 왜 못 지나다니는지 이해하기 힘들었을 것이다. 더구나 강이나 하천에 철교가 건설되면 이전에 사용하던 나룻배나 목조 교량, 징검다리도 없어졌다. 그냥 다니던 길을 어느 날 갑자기 권력이 돈 내고 다니라면서 뺏은 셈이다. 조선총독부의 관영 매체인 ≪매일신보≫에서도 이런 점을 지적했다. 철도사고의 가장 다수를 차지하는 것이 무단 교량 통과인데, 철교는 생겼지만 사람들이 통행할 다리가 없기 때문이라는 것이다.[28]

1930년대 식민지 조선을 대표하는 영화가 〈임자 없는 나룻배〉다. 당시의 유명한 배우 나운규(羅雲奎)가 맡은 주인공 춘삼(春三)은, 경성에서 인력거를 끌면

변천」, 서울시정개발연구원 엮음, 『서울 20세기 생활·문화변천사』(서울시정개발연구원, 2001) 참조.

25 대한제국기의 철도 관련 법령은 1912년 朝鮮刑事令 시행과 함께 폐지되고 일본의 철도 관련 법령들이 적용되었는데, 교통방해죄 등이 적용되면서 처벌이 더 강화되었다.

26 ≪중외일보≫, 1927.8.9.

27 도도로키 히로시(轟博志), 『도도로키의 삼남대로 답사기』(성지문화사, 2002), 219~223쪽.

28 ≪매일신보≫, 1927.1.26(2).

서 살아간다. 아내의 병원비를 마련하기 위해 도둑질을 하다 감옥에 갔으나, 출옥해보니 아내는 다른 남자와 살고 있다. 춘삼은 딸을 데리고 고향에 돌아와 나룻배 사공으로 가난하지만 행복하게 살았다. 그러나 강에 철교가 생기면서 나룻배 사공의 생계조차 위협받는다. 결국 춘삼은 딸을 욕보이려는 공사감독을 죽이고 뛰쳐나가 도끼로 철로 침목을 부수다 기차에 치여 죽는다. 싸울 때 넘어진 등잔불이 집을 불태우며 딸조차 목숨을 잃는다. 영화의 마지막 장면은 강가에 임자 없는 나룻배가 물살에 흔들리는 것이다.[29]

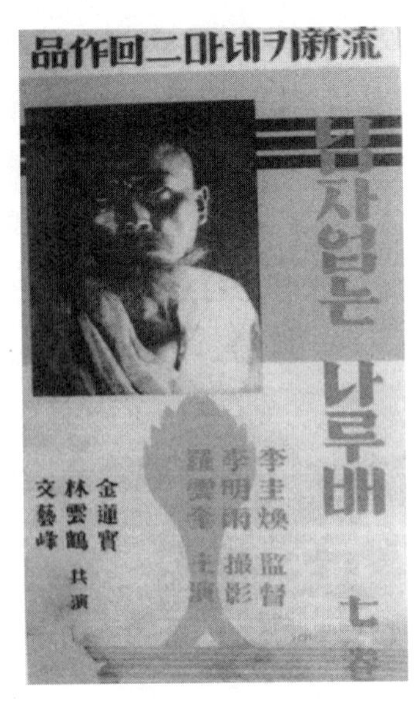

〈그림 1-5〉 **임자 없는 나룻배의 포스터**

뱃사공들이 일자리를 잃었을 뿐 아니라, 많은 사람들이 철교를 건너다 사고를 당했다. 기차 시간을 잘 아는 젊은이들은 무난히 철교로 강을 건넜다. 그러나 점심을 이고 가던 부녀자, 노인 행상, 장을 보러 가던 자매 할머니, 소지품조차 없는 떠돌이, 두부 장수 행상들이 늘 다니듯 철교를 건너다 기차에 치이거나 기차를 피해 강으로 뛰어들다 목숨을 잃었다.[30]

이미 근대 지식과 규율이 익숙한 지식인들에게 이런 민중은 일종의 '야만'이었다. 사고나 폭행의 희생자들을 동정하면서도 그들의 '무지(無知)'가 가장 큰 문제라고 생각한다. 한국인 지식인들은 3등 객차에서 크게 떠들거나 음식을 먹는 '동포'들을 보면서 혐오와 수치를 느꼈다. 그러나 대여섯 시간씩 걸리는 긴 여정에 차표도 겨우 구한 사람들에게 식당차를 이용하라거나 음식을 먹지

---

29 鄭宗和, 『자료로 본 한국영화사 1』(열화당, 1997), 70쪽.

30 ≪동아일보≫, 1929.12.31, 1931.6.23(3), 1931.10.7(3), 1933.5.16.(3), 1933.9.16(7).

말라는 것이 더욱 폭력적인 일이다. 지식인들은 가난한 주제에 잘난 체하는 것이 무슨 소용이냐는 항변을 "내 실속이 제일"이라는 "최후의 동물적 욕망"이라고 생각했다.[31] 규율은 학습한다기보다는 몸에 새겨지는 '감각'에 가깝다. 식민지 지식인들은 어느새 규율 감각의 결여를 인간성의 결여로 받아들이게 되었던 것이다.

3. 재난: 속도의 대가

근대 교통체제는 대량의 신속한 이동을 가능하게 했지만, 그만큼 큰 사고의 위험을 안고 있었다. 동력을 사용하면서 대형화되고 속도도 빨라진 교통수단들이 사고를 내면서 희생자의 수도 크게 늘어났다. 한국에서도 근대 교통수단이 도입되자마자 사고가 발생하기 시작했다. ≪황성신문≫ 1901년 12월 16일자에는 경인철도 기차가 부평역을 통과할 때 한 일본인이 선로에 투신해 사망했다는 기사가 처음 나타나며, 이후 중국인 행상이나 한국인 보행자들이 기차에 치여 사망했다는 기사들이 종종 등장한다.[32] 경성이나 부산에서 도심을 통행하던 전차(電車) 사고도 빈발했다. 이런 교통사고의 희생자들은 주로 교통규율에 서툰 사회적 약자들이 많았다. 어린이 중에서도 가난한 도시빈민 자녀들의 희생이 많았다. 철로 변에서 놀거나 방치되었다가 사고를 당한 것이다.[33] 노인들이나 행상들이 빈번히 사고를 당하는 것은 앞에서 살펴보았다.

그러나 대규모 재난은 좀 더 뿌리 깊은 요인들 때문이었다. 기차가 처음 다니기 시작한 20세기 초부터 1980년대까지 철도사고는 여름철에 많았다. 철길

---

31 이태준, 『사상의 월야』(깊은샘, 1988), 194쪽

32 ≪황성신문≫, 1902.5.19(2), 1908.2.23(2), 1908.7.28(2), 1909.3.10(2).

33 도시 거주 5세 이하 아동들이 많았다. 1934년의 몇 사례들만 보아도 ≪每日申報≫, 1934.4.7(5), 1934.8.9(5), 1934.10.16 등이 있다.

〈그림 1-6〉 **충돌로 탈선한 경인선 열차**

자료: ≪동아일보≫, 1929.8.5.

에서 피서를 즐기다가 사고를 당했던 것이다. 철제 레일, 침목, 자갈로 만든 철로가 온도가 빨리 내려가니 주변이 시원했던 탓도 있을 것이다. 하지만 그보다 철로 자체가 자연 제방과 같은 지형에 건설되다보니 철로 주변이 가장 시원한 곳인 경우가 많았기 때문이었다. 즉 주민들의 입장에서는 철로를 무단 점거해 피서를 하는 것이 아니라 원래 주민들이 다니던 길이나 바람을 즐기던 장소를 철도가 차지하고 못 들어오게 막고 있었다. 1935년 8월 9일 저녁을 먹고 난 주민들이 철길 주변에 모여 더위를 식히다가 평소보다 늦게 출발한 기차에 15명이 목숨을 잃고 16명이 중상을 입은 사고가 대표적이다.[34]

교통사고가 급격히 늘어나면서 총독부 당국은 도로나 철도, 전차 운행 방안의 개선을 모색하기도 했으나 그보다 앞서 운수노동자나 사고 피해자에게 책임을 전가했다. 교통질서를 위반한 시민들의 부주의가 문제라는 것이었다. 권력은 횡단보도, 신호등, 차단기 등 안전장치는 제대로 갖추지 않고, 주민들에게 규율을 익히고 체화할 것만을 강요했다.[35] 권력이 제시하는 통행의 규율

34 ≪동아일보≫, 1935.8.10(3), 1935.8.12(3), 1935.10.4(2).

35 ≪조선일보≫, 1921.9.10(鄭在貞, 「대중교통의 발달과 시민생활의 변천」, 『서울 20세기

을 몸속에 각인하지 않으면 근대 도시의 삶을 영위할 수 없었다. 근대적 속도 속에서 살아가기 위해서는 걷고 서는 규율부터 습득해야 했다.

권력은 철도나 운수, 해운 회사들을 감독하지도 않았다. 1923년 동해를 운항하던 조선운수주식회사의 기선 진주환(晋州丸)이 1923년 11월 1일 밤 1시 어둠 속에서 화물선 회령환(會寧丸)과 충돌했다. 승객들은 모두 깊이 잠들었던 터라 선실에서 빠져 나오지도 못했고, 차가운 동해 바다 속으로 불과 20분 만에 완전히 침몰하고 말았다. 생존자는 선원 9명과 승객 1명뿐이었고, 선장과 선원 10명, 승객 30명이 목숨을 잃었다.[36] 진주환은 화물, 우편물 목록은 물론이고 승객 명부도 없었다.[37]

1936년에는 녹도환(鹿島丸)이라는 여객선이 서해에서 침몰했다. 이 배는 28톤의 발동기선으로 그렇게 낡지는 않았지만 흘수선이 낮아 작은 파도에도 배가 심하게 흔들려 먼 바다를 항해하는 데 적합하지 않고 많은 승객을 태울 수 없는 배였다.[38] 그런데 1936년 10월 2일 폭풍경보가 내린 상황에서 이 배는 정원보다 훨씬 많은 승객을 태우고 떠났다. 매표소에서 표를 사지 않아도 배에서 돈만 내면 태웠기 때문이었다. 서해 먼 바다에서 기관 고장을 일으킨 배는 그대로 전복되었고 승객들은 구명 도구도 없이 차가운 바다에 내동댕이쳐졌다. 결국 승객 중에 생존자가 겨우 4명에 지나지 않았고 60명 이상이 희생되었다.[39]

연안항로에서 자주 일어나는 사고들은 주로 정원 초과나 나쁜 기상 조건하에서의 무리한 운항 등이 원인이었다. 특히 5일마다 열리는 정기 시장에 많은 사람들이 몰려드는 장날 사고가 많이 났다. 여수나 통영 같은 항구의 장에는 주변 섬사람들이 몰려들었고 작은 발동기선들이 침몰하거나 전복되어 수십 명

생활·문화변천사』, 504쪽에서 재인용).

36 ≪동아일보≫, 1923.11.3, 1923.11.4, 1923.11.5.

37 ≪동아일보≫, 1923.11.5, 1923.11.26.

38 ≪매일신보≫, 1932.7.2.

39 ≪매일신보≫, 1936.10.16.

이 목숨을 잃는 사고들이 발생했다.[40] 모두 무분별한 경쟁을 방치하거나 안전의 문제를 도외시하면서 발생한 근대적 재난들이었다.

20세기에 건설되기 시작한 한국의 근대 교통체제는 1910~1920년대에 틀을 잡았고, 1930년대에 완성되었다. 육상에는 간선철도를 중심축으로 하여 도로망을 보완하는 교통체계가 완성되었고, 해상에는 기선과 발동기선으로 이루어진 근대적 정기선 항로가 구축되었다. 교통체제가 근대화되면서, 사람들의 삶의 속도 자체가 급격히 가속되었고, 생활공간도 따라 잡을 수 없을 정도로 확대되었다. 변화에 적응하기 위해서는 많은 비용은 물론이고, 근대적 교통수단의 작동원리와 규율에 적응한 신체도 필요로 했다. 이 속에서 권력의 주도권이 강화되는 동시에, 식민지적 폭력이 일상화되었다. 근대적 속도는 규율이 한국인들의 몸을 장악하는 과정이기도 했던 것이다.

---

40 ≪동아일보≫, 1930.3.4, 1930.3.5; ≪조선일보≫, 1937.3.23, 1937.3.25.

참고문헌

≪동아일보≫.
≪매일신보≫.
≪조선일보≫.
『求禮 柳氏家의 생활일기』. 한국농촌경제연구원. 1991.
朝鮮郵船株式會社. 『朝鮮郵船二十五年史』. 1937.
染川覺太郎. 『全羅南道事情誌』. 1930.

羅愛子. 『韓國近代海運業史研究』. 국학자료원. 1998.
김종혁. 「역사에서 길이란 무엇인가」. ≪역사비평≫, 64. 2004.
______. 「조선후기의 대로」. ≪역사비평≫, 69. 2004.
鄭在貞. 『일제침략과 한국철도(1892~1945)』. 서울대학교 출판부. 1999.
도도로키 히로시(轟博志). 『도도로키의 삼남대로 답사기』. 성지문화사. 2002.
李基勳. 「일제하 전라남도의 육상교통망 형성과 일상의 변화」. ≪지방사와 지방문화≫, 13-2. 2010.
______. 「차별의 실체: 호남고속도로의 건설과정」. ≪이화사학연구≫, 46. 2013.
李松順. 「1910년대 식민지 조선의 농가경제 분석」. ≪사학연구≫, 101. 2011.
임종길. 『조선의 해운경제: 조운 시 해난사고를 중심으로』. 위드스토리. 2011.
한국철도기술연구원 엮음. 『한국철도의 역사와 발전 I 』. BG북갤러리. 2011.
허우긍·도도로키 히로시. 『개항기전후 경상도의 육상교통』. 서울대출판부. 2007.

2장

일본 통치하 타이완인의 '이기주의' 민족성을 둘러싼 여러 인식

식민지 초기에서 1920년대까지

| **저우쥔위** 周俊宇, 와세다대학 정치경제학술원 특별연구원 |

1895년 청일전쟁의 결과 일본은 타이완 영유를 계기로 구미 열강을 모방해 식민제국의 길을 걷기 시작했다. 청일전쟁에서 제2차 세계대전의 종언까지, 제국주의 국가이면서, 아시아 국가로는 유일하게 식민지 지배를 달성한 일본은 구미 열강과는 몇 가지 다른 특징이 있었다. 제국주의 후발국인 일본은 제국의 형성이 국민국가 형성과 시기적으로 겹쳐 있고, 또한 식민지 지배 영역이 본토에서 가까운 지역에 한정되어 피지배민족의 다양성이나 일본인과의 문화적·인종적 차이가 비교적 적었다는 것이다.

특히 타이완 통치의 경우, 마쓰다 교코(松田京子)에 따르면, 그것은 "이전까지 동아시아 지역 시스템의 중추에 군림해 지적으로도 동아시아 정보 발신의 원천이었던 '중화제국', 그 '중화제국'으로부터 다양한 영향을 받아온 일본이 '중화제국' 영토의 일부였던 지역에서 새로운 지배자로 발을 내딛은 사태이기도 했다.[1] 확실히 과거 일본이 규범으로 삼은 중화문명, 예를 들면 유교나 한자,

1　松田京子, 『帝國の思考』(有志舍, 2014), p.2.

한문 및 한시(漢詩) 등이 중화제국의 한 지역으로 오랫동안 영향을 받은 타이완, 특히 타이완인의 주체인 한족(漢族)의 상층사회에도 공유되어 뿌리내리고 있었기 때문에 일본이 통치할 때도 처음부터 자국 문명의 우월성을 보여주는 것은 쉽지 않았다. 따라서 천페이펑(陳培豊)에 따르면, "일본의 타이완 통치는 '차이'라기보다는 '유사'에서 출발해야 했다.[2]

그러나 식민지 지배의 본질을 곰곰이 생각해보면, '유사'와 함께 '차이'의 존재를 주장하는 것이야말로 식민지 지배의 정당성을 지탱하는 근간이었던 것이 아닌가. 제국주의 국가인 이상 지배민족은 피지배민족을 접촉할 때 정도의 차이는 있지만, 이들에 대한 모멸감, 교화의 사명감, 자민족에 대한 우월감 등으로 이루어진 제국의식을 가지고 있었다. 이는 일본제국에도 해당되지만, 그 지배 대상은 지리적으로나 민족적·인종적으로도 유사한 점이 많아 일본인은 자신의 제국 의식과 지배 우위를 유지하기 위해서, 같은 제국의 일원으로 지배 대상을 보면서 항상 자타(自他) 민족의 차이를 발견 그리고 표상할 필요가 있었다는 측면도 있다고 생각한다.

그렇다면 일본 통치하의 타이완에서 식민지 지배의 정당성을 지탱하는 '차이'는 어떠한 것인가, 또한 그것이 어떻게 발견되고 표상되고 있었는가. 이 글은 일본의 타이완 영유 초기부터 1920년대 초, 타이완 주민의 주체인 한족에 대해 주로 타이완 주재 일본인이 사회생활 등을 통해 발견한 민족성의 하나인 '이기주의'에 초점을 맞춰 그를 둘러싼 인식의 여러 가지 양상과 전개에 대해 고찰하고자 한다.

2 陳培豊, 『日本統治と植民地漢文: 臺灣における漢文の境界と想像』(三元社, 2012), pp.11~12.

1. 일본 통치하 '내 안의 지나 민족': 타이완인의 특수성

최근 식민지 연구의 특징은 문화적 지배나 지적(知的) 지배라는 관점에서 식민지 지배 문제를 고려한다는 점을 지적할 수 있다. 제국주의는 '지'와 '힘'의 상호 보완이라는 에드워드 사이드(Edward Said)의 지적을 의식한 마쓰다 교코는 타이완 통치를 생각하는 데 있어 지적 지배를 분석하는 연구의 중요성을 강조하면서 일본 통치하의 타이완 선주민(先住民)에 특화해 지배민족인 일본인이 군사·사회·법제도·관광 예술 분야의 여러 동향을 통해 본 인식을 계통적으로 거론했다. 일본 통치하의 타이완 주민에 대해 그것을 둘러싼 표상과 학지(學知)에서 식민주의 사고에 다가서는 최신 연구 성과라고 할 수 있다.

타이완 원주민에게는 압도적인 마이너리티로 인해 식민지 통치에 따른 폭력성과 모순이 좀 더 첨예하게 나타나고 있으며, 제국의식을 고려하고 있다고 보이기 쉬운 부분이 있다. 하지만 타이완 민족은 피지배민족이면서 식민지 마이너리티도 있고, 또한 선주민보다 일본인과의 유사성을 가지고 있어 좀 더 복잡한 민족 관계가 여러 요소로 구성되어 있기 때문에 한족에 대한 검토 없이는 식민지 타이완을 둘러싼 자타(自他) 인식의 전체 상이 떠오르지 않을 것이다. 물론 한족은 타이완 주민의 주체이기 때문에 지금까지 식민지 통치하의 타이완에 관한 역사 연구는 한족을 중심으로 심화되어왔다. 다만, 이러한 연구에 대해 타이완 한족의 민족성(ethnicity)에 주목해 계통적으로 충분히 논의되었다고 말하기는 어렵다.

타이완 한족은 중국대륙에 뿌리를 두고 있거나 문화적 정체성을 가지고 있기에, 중국대륙에 있는 국가는 서양과 함께 일본의 국민국가 형성기, 제국주의 확장기의 "잊을 수 없는 타자"였다. 따라서 일본 통치하의 타이완 한족은 '지나(支那) 민족'으로서 이해되는 점이 많아 민족성도 종종 '지나 민족성'으로 표상되었다. 또한 타이완 한족의 중국과의 끊임없는 왕래와 교류는 일제 당국의 지속적인 감시의 대상이었다. 타이완 한족이 내부의 '지나 민족'으로서 제국 신민이

된 것이 일본인의 제국의식에서 어떠한 위치에서 어떠한 영향을 가져왔는지는 계통적으로 의논할 만하다고 생각하지만, 어쨌든 타이완 한족의 '지나 민족'으로서의 민족성은 세기의 전환기 일본의 중국 인식의 변화와 관련해, 즉 타이완인의 일본인과의 '차이가' 발견되는 자원이었다.

근대 일본은 제국주의 국가와 국민국가의 형성 시기가 겹쳐져 있지만, 근대 일본의 내셔널리즘 형성에서 중국이라는 '잊을 수 없는 타자'[3]의 존재는 간과할 수 없다. 일본에서는 오랜 중국 인식의 역사가 있었지만 근대에 들어서면서 큰 변화가 나타났다. 나카지마 다카히로(中島隆博)의 지적에 따르면, 전근대의 중국 인식은 '규범의 거울(規範の鑑)'로 광범위한 분야에서 보편성을 제시하고 있다. 하지만 근대에서는 그 규범성이 도덕에만 한정됨과 동시에, 동시대의 중국을 멸시하는 시선도 출현했다고[4] 한다.

예전부터 청조라는 중화제국의 변경 사회였던 타이완은 일본제국에 편입됨으로써 제국 '내부의 중국'이 되고, 타이완 한족도 '내부의 지나 민족'과 같은 존재가 되었다. 이러한 배경에서 '지나 민족성'이 한족을 이해하는 핵심 포인트(key point)라 한다면, 앞서 서술한 중국상(中國像)의 병존은 어떠한 형태로 타이완인의 인식에 투영되어 있었을까. 또한 일본의 타이완 통치가 성과를 거두었지만, 다른 한편으로는 중국대륙에서의 침략이 확대되고 중일전쟁으로 발전해 가는 과정에서, 시대에 따라 타이완인 인식 속에서 중국 인식의 표출이 어떠한 변화를 보였을까. 더욱이 같은 '지나 민족성'이라고 해 타이완 한족(이하 타이완인)에게 타자로서의 시선을 보낼 때는, 중국인 그 자체보다도 비교적 타자로 있을 수 없으며, 타자를 우리에게 끌어당기는 등 개입의 가능성도 암시 또는 명시되어 있었던 것은 아닐까.

---

3 三谷博, 『明治維新を考える』(岩波書店, 2012), pp.64~66.

4 中島隆博, 「教養としての中國: 規範の鑑と蔑視の間で」, 苅部直 外 編, 『日本の思想内と外: 對外觀と自己像の形成』(岩波書店, 2014), pp.123~124.

이하 타이완 영유 초기부터 1920년대 전반에 걸쳐 세 시기로 나누고, 각각의 시기에 하나의 집단 혹은 개인의 타이완인 인식에 초점을 맞춰, 그 텍스트에서 펼쳐지는 '이기주의' 표상의 양상과 전개를 고찰한 후에 초보적인 검토를 더하려고 한다. 자세한 것은 뒤에서 서술하겠지만, 세 시기와 집단 혹은 개인은 ① 초등교육 '소학교' 교원의 수신교육 언설(영유 초기~1910년대), ② '지나통(支那通)' 고토 아사타로(後藤朝太郎)의 문필 활동(1910년대~1920년), ③ 타이완 주재 일본인 저널리스트가 본 타이완의회설치청원운동(臺灣議會設置請願運動)(1920년대 초)으로 설정한다.

2. 초등교육 현장에서 말하는 이기주의: 수신교육(修身教育)

일본 통치하의 타이완인 민족성을 둘러싼 인식에 대해 단지 관찰·기술에 그치지 않고 이것을 문제시하고 개선하라는 개입을 강하게 의식한 분야는, 초등교육의 교육현장이 아닐까 생각한다. 왜냐하면 먼저 구조적으로 말하면, 학교교육 특히 초등교육은 타이완인이 식민지배를 통해 근대화에 직면한 중요한 장소인 동시에, 제국 일본이라는 문맥에서 말하자면 교육현장도 동화주의(同化主義) 실천 장소 중 하나이며, 그 속에서 교원은 교육을 통해서 타이완인과 접촉하는 중간 지도자였다. 또한 동화(同化)의 실천이라는 책임을 직접 짊어진 교원은 타이완인 아동이나 학생, 더욱이 그 가정이나 사회생활과의 접점을 가지고 타이완인의 민족성을 가까이서 관찰할 수 있는 존재이기도 했다. 다만 초등교육 교원의 발견은 단순한 발견이 아니라 교화라는 관점에서 문제를 발견한 것이었다. 따라서 그들의 언설은 이민족의 자타 인식을 둘러싼 여러 문제가 독자적인 형태로 반영된다고 상정할 수 있어서 이에 대한 주목은 하나의 유효한 접근이 될 것이다.

여기에서는 교육잡지에 게재된 언설을 중심으로 연구를 하면서, 해당 시기 교원들의 목소리를 분석하고자 한다. 사료는 타이완의 교원 대다수가 회원인

'타이완교육회'[5]의 기관지 ≪타이완교육회잡지(臺灣教育會雜志)≫(1901~1912)(이하 ≪대교회(臺教會)≫), ≪타이완교육(臺灣教育會)≫(1912~1942)(이하 ≪대교(臺教)≫)의 기사와 언설을 중심으로 분석한다. 두 잡지는 관제(官製)적 색채를 띠는 어용잡지라고 할 수 있지만, 타이완인 교원에 대한 계몽을 의식한 두 잡지는 '한문란(漢文欄)'의 개설 등을 통해 학교 내에서의 회원 획득이 순조롭게 진행되었고, 또한 당시의 잡지 사정을 생각했을 때 그 발행부수도 확실히 세 손가락 안에 들어갈 정도로 광범위하게 읽히고 있었다.[6]

잡지의 내용은 다방면에 걸쳐 있다. 교육 방법이나 문제의 토의 및 연구, 교원의 감상을 포함한다. 또한 투고자도 정책담당자나 학자에 한정되지 않았다. 공립소학교를 중심으로 한 일본인, 타이완인 교원도 포함되었다. 당연히 어용잡지이기에 과연 교육현장의 의견이 적확하게 반영되었는지는 유의해야 하지만 독자층이 주로 교원이었기에, 일본 통치 시기 교육현장에서 타이완인에 대한 인식이 어떻게 형성되었는지, 어떻게 공유되었는지를 검토하기에는 유효할 것이다.

공립학교교육에서 내걸은 목표는 국어(國語), 수신(修身), 실학(實學)이었지만[7] 동화를 위한 국민성의 함양과 연관성이 강한 것은 국어와 수신이고, 또한 타이완인의 사회생활을 잘 말해주는 것이 수신교육이다. 수신교육에서는 과목의 성질부터 아동을 중심으로 타이완인 민족성과 관련지어 논의되는 것이 많다. 이하 타이완교육회의 기관지에서 초등교원의 논설로 비교적 정리가 잘 된 것을 개관하고, 당시 일본으로의 동화를 방해하는 요인으로 간주된 타이완인 민족성이 어떻게 다뤄졌는지, 그리고 그 속에서 이기주의의 자리매김을 보고자 한다.

---

5 타이완교육회는 1900년(메이지 33) 6월에 '동화' 교육을 원활히 추진하기 위해서 일본인 교육 관계자를 중심으로 설립된 단체이다. 그 전신은 1898년 설립된 국어연구회이다[吉野秀公, 『臺灣教育史』(編者 刊, 1927.10), p.54].

6 陳培豊, 『日本統治と植民地漢文: 臺灣における漢文の境界と想像』, pp.49~51.

7 周婉窈, 「臺灣公學校制度, 教科與教科書總說」, 『海洋與殖民地臺灣論集』(臺北: 聯經, 2012), pp.196~200.

1) 1901년, 마에다 다케오: 혁명적 생활 상태의 변경과 이기적 근성

1901년 국어학교제일부속학교(國語學校第一附屬學校)의 교유(教諭)인 마에다 다케오(前田孟雄)는 "타이완 아동의 교육상 곤란한 일 중의 하나"라는 기사에서 타이완 아동의 교육상 곤란한 점으로 미신 이외에 청조에서 일본으로 정권이 교체된 것에 따른 이른바 '혁명적 생활상태의 변경'을 들고 있다.[8] 타이완인은 원래 "안으로는 수천 년 동안 조상의 오랜 규율을 묵묵히 따르고, 밖으로는 국제적으로 자극도 받지 않으면서, 유유자적하며 장래를 생각하지 않고 당장의 안락만을 취하며 지냈던 인민들이었다. 그냥 농지를 갈아 수확이 있으면 먹고, 우물을 파서 물이 나오면 마셨다. 동시에 **이기적이고 탐욕스러운 근성**이 극단적으로 발달하기도 했다". 그런데 청일전쟁의 결과로 커다란 변화에 직면하게 되면서 영리 추구에 광분하게 되었다는 것이다. 식민지 정부가 새로운 교육을 추진하고 있지만, 타이완인의 공립학교 취학의 대부분은 자신의 의사가 아닌 교사의 끈질긴 권유에 따른 것으로 보인다. 그중에 소수가 취학을 희망하지만, 이것마저 일시적이고, 눈앞의 이익에 욕심을 내는 것이며, 요행을 바라는 것이고, 두려워 그렇게 한 것이고, 정략적인 것이라고 지적했다.

이상에서 언급한 이러한 성질은 전부 '지나적(支那的) 섬사람의 본색'으로 치부되었다. 각각의 성질에 대해서는 타이완인 생활에 대한 관찰을 실례로 들고 있는데, 이기주의와 관련된 탐욕적이고 영리적인 기질에 관한 사례를 보면, 탐욕적인 것과 관련해 타이완인은 단지 비용이 들지 않고, 도서 등의 물품을 주기 때문에 입학한 것으로 유추할 수 있다는 것이다. 영리적인 기질은 일본어를 습득하면 관공서의 관리가 되어 많은 수입을 얻을 수 있기 때문에 입학하는 타

---

8 前田孟雄, 「臺灣兒童の教育上困難なる事の一」, ≪臺灣教育會雜誌≫, 第2號(1901), pp.38~44; 「臺灣兒童の教育上困難なる事の一(承前)」, ≪臺灣教育會雜誌≫, 第3號(1901), pp.35~40.

이완인의 의도에서 알 수 있다고 설명했다.

2) 1902년, 다카오카 다케아키: 이기주의 교육은 절대 불가

1902년 타이베이청(臺北廳)의 바즈란(八芝蘭)공립학교 교유(敎諭)인 다카오카 다케아키(高岡武明)는 "공립학교 수신과목에 대해서"라는 기사에서, 타이완인은 수신교육을 통해 교화해야 한다고 주장했다. 또한 타이완인의 풍습에 대해서는 미신, **이기주의**, 공중도덕 결핍, 도박, 욕지거리, 아무데나 코 풀기, 침 뱉기와 혀 내밀기, 청소나 목욕 싫어하기, '문자 숭배', 스승 존숭 등을 거론했다. 물론 '문자 숭배'나 스승 존숭 이외에는 모두 극복해야 할 대상으로 여기고, 여기에 대해 자세한 설명을 붙여놓았다. 예컨대, 이기주의에 관한 설명을 보면 다음과 같다.

> 왕성한 **이기주의**를 세상사람 모두가 그런 것으로 인식하고 있기 때문에, 저들은 **이기심**을 충족하기 위해서는 대개 도덕과 의로움을 쉽게 저버리고, **이기심**을 위해 형제자매가 서로 다투는 것을 대수롭지 않게 생각한다.[9]

예를 들면, 타이완인의 이기심 내지 실리주의는 '지나 민족'의 성격이기 때문에 이러한 관념을 교묘하게 이용해 일본제국의 지배를 받는 것이 타이완인의 행복과 이익에 부합한다고 교육하는 방법도 있지만, 현실적으로는 이런 방법이 어렵기 때문에 다카오카 다케아키는 "**이기주의**를 박멸해야 한다", "이기주의 교육은 절대로 불가하다"고 주장하며 다음과 같이 호소하고 있다.

> 만약 저들이 자기들에게 행복하지 않음과 불이익이 됨을 발견한다 하더라

9 高岡武明, 「公學校ノ修身科ニ就キテ」, ≪臺敎會≫, 第4號(1902), p.10.

도 그것을 어떻게 할 수 있겠는가. 하물며 저들은 사회나 국가에 대해서는 개념이 없으니, 그들이 추구하는 복리란 사회와 국가의 복리가 아니라 자기 개인의 복리인 것이다. 따라서 **이익주의**를 교육의 수단으로 삼으면 안 될 것이다. 만약에 백 보 양보해서 **이익주의**를 당분간 교육의 수단으로 삼는다 하더라도, 이익주의를 깨부숴 개선하는 이 어려운 일을 하지 않으면 안 된다. 따라서 **이기주의** 교육이 불가한 것은 물론이거니와 그것이 발아되는 어린 시절에 이것을 박멸하지 않으면 안 된다.[10]

3) 1902년, 스즈에 단키치: 이기적 관념과 실리적 사상

타이완총독부 국어학교에서 교수로 근무하면서, 국어학교 제일부속학교에서도 일했던 스즈에 단키치(鈴江團吉)는 1902년 타이완교육회 회의에서 "수신교수의 한 측면"이라는 제목으로 연설했다. 여기에서 그는 수신교육의 관점에서 타이완인의 성격을 설명했다.

① 타이완인은 정이 깊으면서도 또한 얕은 측면이 있다. 타이완인은 욕정을 위해서라면 정을 깊게 나누면서도, 동정(同情)하는 것은 남을 위하는 것이므로 매우 냉정하다.
② 타이완인은 지혜로우면서도 또한 어리석은 측면이 있다. 사리(私利)를 위해서는 지능이 왕성하게 활동하지만, 도의적인 판단에는 무관심하다.
③ 타이완인은 명예를 사랑하면서도, 또한 명예를 사랑하지 않는 측면이 있다. 타이완인은 과장이나 허명을 좋아하지만 파렴치한 측면이 있다.
④ 의지가 강하면서도 또한 약한 측면이 있다. 약자에 강하면서, 정정당당하게 용기를 내야 할 경우가 되면 대개는 겁이 많고 나약하다.

---

10 高岡武明, 「公學校ノ修身科ニ就キテ」, ≪臺教會≫, p.13.

⑤ 규율이 있는 것 같으면서도 또한 없는 것 같기도 하다. 타이완인은 기계적으로 정해진 것을 반복적으로 하는 경향이 있지만, 명령을 받고도 제대로 하지 않는 것이 많다.[11]

이러한 성향들은 모두 **이기적 관념**과 **실리적 사상**이라는 타이완인의 두 가지 기질에서 나오는 것으로 설명된다. 또한 도의적 의지를 등지는 열등하고 '이기적 관념 내지 실리적 사상'을 어떻게 수신교육을 통해 개선해나갈 것인가라는 물음에 대해 시간(時)이라는 방법이 제안되고 있다. 왜냐하면 타이완인은 염치가 부족하면서도 구습에 구애되는 성질이 있기 때문이고, 오랜 시간 거듭해서 가르치고 깨우치면 타이완인을 변화시키는 것이 가능하기 때문이다. 이는 수신교육의 일대 방편이라고 논해지고 있다.[12]

또 하나의 방편은 실제적이어야 한다는 것이다. 타이완인은 고상한 이상(理想)을 이해하기 어렵기 때문에, 『논어』와 『효경』과 같이 추상적인 교훈은 아동의 의지를 움직이기 어렵다. 따라서 수신교육도 실제적인 영역에 잠입해, 실재 모범적인 인물의 사적(事蹟)을 도입해야 한다고 주장했다. 이 기사를 보면 타이완인에 대한 인식이 편견으로 가득 찬 혹평이 대부분이다. 하지만 타이완인의 민족성은 교화 가능하다고 한다. 굳이 말하자면 낙관적인 전망도 읽을 수 있다.

4) 1905~1906년, 어느 교사: 타이완 전통 설화와 민족성

1905년부터 1906년까지 '어느 교사'라고 밝힌 익명의 교원은 일본인의 민족성이 모모타로(桃太郎)와 같은 이야기를 통해 길러져 왔다고 생각해, 타이완인의 민족성도 타이완 전통 설화를 통해 알아내고자 했다. 그래서 「타이완인

---

11 鈴江團吉, 「修身教授の半面」, ≪臺教會≫, 第9號(1902), pp.4~5.

12 鈴江團吉, 「修身教授の半面(承前)」, ≪臺教會≫, 第10號(1903), pp.1~25.

기질의 연구」라는 조사보고서가 10회에 걸쳐 연재되었다.[13] 이 10편의 기사에서 타이완인은 '외설, 참혹하고 참담함, 동정심 없음, 사기, 꾸며냄, 효심, 관리에 대한 공포심과 혐오감, 가짜 대국 기질, 가짜 넓은 도량, 돈을 밝힘, 미신, 이기심, 불결함, 센스 없음, 천진난만, 떠들썩함, 타인의 불행을 기뻐하는 기질, 요행을 바라는 마음, 완고하고 고루함, 절약, 불성실, 협동심 없음, 복수심, 스승을 공경하는 마음, 관리가 되고자 함, 다신 숭배, 침소봉대, 인색함' 등의 기질이 있다고 되어 있다.

타이완인 민족성의 결함과 진부함을 부각시키기 위해서 인위적으로 채집 또는 해석한 것이라고 생각할 수 있지만, 효심이나 절약 등과 같이 언뜻 보기에 장점처럼 보이는 평가도 있다. 그러나 이 설명에는 대다수의 경우 경멸하는 뉘앙스가 포함되어 있다.

이러한 편견에 가득 찬 민족성 연구는 연재 중에 일본인 교원 동료로부터 비판을 받기도 했다. 예컨대, 타이완총독부 국어학교의 교수이자 사감인 나가사와 사다이치(永澤定一)는 「감히 타이완 전체 회원에게 고함」이라는 기사에서 '한 번 흘낏 보고 어떻게 그들의 성격을 알 수 있겠는가'라고 비판했다. 더욱이 "개인의 연구는 수고를 많이 했더라도 효과가 작은 경우가 허다하고, 좁은 관찰 대상을 개괄하다 보면 뭔가를 빠뜨리기 쉽다"고 지적했다. 개인의 힘은 상대적으로 미약하기 때문에 타이완인의 성격에 대한 연구처럼 큰 주제는 '타이완교육회'의 사업으로 수행해야 한다고 주장했다.[14]

5) 1909년, 가토 하루키: 미덕의 배후에는 이기심이 있다

1909년 타이베이청(臺北廳) 멍자(艋舺)공립학교 교유인 가토 하루키(加藤春城)

13 一教師, 「臺灣人氣質の研究」, ≪臺教會≫, 第44~51號, 第55~56號(1905~1906).

14 永澤定一, ≪臺教會≫, 第50號(1906), p.3.

는 「수신과목 교육에 대한 잡다한 감상」이라는 글에서 타이완인의 이기적인 근성과 관련해, '지나인'이 공유하는 기질에 대한 대다수의 평판에 찬동하고, 교육 속에서 더욱 그렇게 느끼며 도덕교육에 매우 장애가 되고 있다고 했다. 이러한 기질을 의식하고 이타적인 행동을 가르치는 경우에 대해서는 다음과 같이 언급했다.

> 아이의 이해력에 맞춰 **이기적**인 것만 생각해서는 **자신의 이익**에 도움이 되지 않는다. 누구라도 타인을 위해 움직이지 않으면 안 된다. 그렇지 않으면 공동생활을 할 수 없다는 것을 이해시켜야 한다. 이런 방식이 강한 인상을 주었던 적이 생각난다.[15]

이와 같이 타이완인 아동은 일본인 아동과 달리 희생과 헌신적인 선한 행동에 감동하지 않기 때문에, 다른 사람을 위해 움직이지 않으면 공동생활을 할 수 없어 자기에게도 득이 없다고 이해시켜야 한다고 주장했다. 또한 실천의 방법으로는 공동작업을 과제로 내면 점차 양호한 결과를 얻을 수 있다고 논하고 있다.

또한 타이완인 아동에게 근면을 강조하는 일화가 매우 환영받는데, 이들은 일화의 주인공이 돈을 벌었기 때문에 대단하다고 생각한다. 즉 행위의 결과에 흥미를 가지고 있으며, 그 사람의 마음씨나 수단에 대해 주목하지 않는다고 평가하고 있다.

또한 기사에서는 절약이나 근면과 같은 경제적인 미덕을 경제적 측면에서의 이기주의로 표상했다. 타이완인에게는 절약을 장려할 필요가 없는데 이는 교사가 말하는 것 이상으로 실행하고 있기 때문이라고 하면서, 결국 절약조차 이기심으로 치환해 평가하고 있다.

---

15 加藤春城, ≪臺教會≫, 第91號(1909), p.29.

> 타이완인의 절약은 진정한 의미의 절약이 아니다. 목적과 마음씨가 매우 이기적이며 배타적이기 때문에 여기에서는 진정한 의의를 이해시킬 필요가 크다고 생각된다.[16]

이렇듯, 타이완인에게는 장점이 있어도 표면적인 것에 지나지 않으며, 진의를 바탕으로 하는 행위가 아니라는 것처럼 표상되고 있는 것이다.

6) 1917년, 도이타 모리마사: 조선인의 민족성과 비교

1910년이 되면, 수신교육과 관련해 타이완인 민족성을 비판하는 기사가 상대적으로 적어진다. 그런데 1917년 식민지들을 비교하는 관점에서 타이완인 아동의 성격을 거론한 「조선에서의 보통교육 시찰 소감」이란 기사가 게재되었다. 푸자이지아오(樸仔腳) 공립학교 교장인 도이타 모리마사(戸板守正)는 조선의 보통교육을 시찰하고 쓴 소감에서 조선을 칭찬했다. 요컨대 조선은 역사적·지리적으로 일본과 접촉이 빈번했고 산천 풍토도 일본과 유사하며 주거도 비슷하다. '지나인'에게 보이는 악습도 없다. 그래서 처음 한국을 방문해도 이질적이라고 느끼는 일본인은 없다. 또한 조선인의 민족성에 수많은 단점이 있지만, 관용, 순종, 낙천적이라는 세 가지 좋은 성품이 있기 때문에 조선인은 자기보다 우월한 존재의 지도에 잘 순응하고 양보하기를 좋아하며 다투지 않는다. 위계질서를 어긴 행위에 대한 제재가 엄정하고 교사를 깍듯이 모시는 마음이 두텁다. 따라서 학교에서는 학생들 간의 싸움이 매우 드물고 사제 간의 온정도 매우 깊다는 것이다.

도이타 모리마사는 시찰에서 "조선인을 교육하는 일본인 종사자는 다른 민족을 가르치고 있다는 느낌 없이, 일본인 아동을 교육할 때보다도 더 깊은 친

16 加藤春城, 같은 책, p.30.

밀감을 느낀다고 들었다"고 했다. 반면 타이완인 교육과 관련해서는, "일본 및 지나, 조선은 같은 몽고인종에 속하지만, 지나인은 말할 것도 없고 20년간 거주한 타이완에서도 미지의 공립학교를 참관하면서 조선 아동으로부터 느낀 쾌감을 느낄 수 없었다"라고 했다.[17] 말하자면, 조선인과의 비교를 통해 타이완인을 비판하고 있다.

식민지 조선에서 동화교육의 성과가 어떠했는가에 대해서는 향후 고찰할 필요가 있지만, 도이타 모리마사는 한일병합 후의 조선인 교육과 타이완인을 비교함으로써 타이완인의 자질이 일본제국 내부의 각 민족 중에서 하위에 있음을 강조했다. 여기에서 피지배자들 사이의 경쟁심을 부추기려는 의도를 읽을 수 있다.

이상에서 살펴본 바와 같이, 일제 통치 초기 초등교육의 현장에서, 특히 국민성의 함양을 목적으로 한 수신교육 분야에서, 아동을 대상으로 타이완인의 민족성을 논의하는 일이 있었다. 이러한 민족성에 대한 관찰과 서술에는 악평이 많았고, 어쩔 수 없는 타이완인의 근성이라는 평가가 많았다.

대개는 대륙의 '지나'와 관련지어 논하는 경우가 많았지만, '지나'의 모든 기질이 그대로 타이완인에 들어맞는다는 것은 아니었다. '지나'에 훌륭한 도덕이나 문화가 있다고 인정하면서도, 타이완인 상류사회의 유학이나 시문에 대한 관심은 거만한 심리에서 나온 것이라고 평가절하하고, 서민사회에 뿌리내린 것은 유교, 불교, 도교가 혼합된 미신밖에 없다고 인식한다. 한편, '지나'의 미덕을 깊이 발양시킨 것은 일본이고, 충효와 같은 도덕정신을 강조하는 '교육칙어'가 그것을 말해준다는 논리도 있었다.

구마모토 시게키치(隈本繁吉)의 논의에도 이런 논리가 보인다. 총독부 국어학교 교장인 구마모토 시게키치가 1915년 2월 28일 제2학기 종업식에서 타이완인 학생에게 훈화를 했다.[18] 같은 해 이타가키 다이스케(板垣退助)를 중심으로

---

17 戸板守正, 「朝鮮に於ける普通教育視察所感」, ≪臺教≫, 第185號(1917), pp.17~18.

타이완동화회(臺灣同化會)가 발기되었고, 이윽고 어떤 사건으로 발전해 강제해산되었지만, 구마모토 시게키치의 '반도인의 동화에 대해서'라는 제목의 훈화는 바로 그 사건을 의식한 것이었다. 훈화에서 구마모토 시게키치는 이타가키 다이스케가 주창한 '동화(同化)의 이상(理想)'이 가진 의미를 이해해야 한다고 강조했다. 요컨대 진정한 동화는 국민적 요소, 국민의 조건이 갖춰지는 순간에 이룰 수 있다는 것이다. 그러나 일본이 3000년의 역사를 가지고 있고 모든 나라 중에 출중한 것은 결코 하루아침에 갖출 수 있는 것이 아니다. 충효는 '지나'에서 유래되었지만, 그 의의가 넓어지고 깊어져 실제로 행해지고 있는 곳은 일본제국뿐이다. 국가의 충은 효와 뿌리를 함께하고 있기 때문에 황실을 국가의 중심이자 국민의 종가(宗家)로 간주해야 한다. 신사에 대한 참배는 국민교육 정신의 일부이기 때문에 대다수 타이완인이 사묘(寺廟)에 복을 비는 것과는 다르다. 일본인의 신사참배는 개인적으로 복을 비는 것이 아니라 국민정신에 기반을 둔 고유의 신앙숭배이다. 말하지 않는 부분도 스스로 터득해 깨우치는 '야마토의 마음(大和心)'이다. 타이완 학생들이나 타이완인들이 야마토의 마음을 터득한다는 것은 아직 무리라는 것이다.

또한 기사에서는 타이완인은 일본인과 같이 동아시아의 민족이고, 같은 문자를 쓰고 같은 인종(同文同種)이라는 것이다. 그러나 타이완인은 오키나와나 조선에 비해, 언어 계통·풍습·관행의 측면에서 일본과 멀리 떨어져 있기 때문에 시간의 힘을 빌려 차근차근 백 배 노력해야 한다. 가정에 국어가 보급되어 있지 않고, 여성의 취학이 저조하고, 변발, 아편 흡입, 타이완 민간 달력 사용 등 구습이 아직 남아 있기 때문에 타이완인 학생은 국민성을 함양하기 위해 노력을 배가해야 한다고 호소했다. 마지막으로 국민성의 함양은 형식상 일본인과 같은 형태의 생활을 하게 되면 좋겠다는 것이 아니었다. "국민으로서 일본인과 다름없는 정신을 가져야 국민성의 함양에 이를 수 있다"[19]는 것이다. 이처럼 중

---

18 隈本繁吉, 「本島人の同化に就いて」, ≪臺敎≫, 第154號(1915).

화 도덕과 문화라는 '유사성'을 공유하면서도 오직 일본만이 도덕과 문화의 진의를 체득하고 있다는 '차이'를 만들어내는 차별적 논법을 취하고 있다.

사실 '민족성을 둘러싼 언설'은 처음부터 '차이'를 뚜렷하게 부각시키기 위해 설치한 하나의 장치였다. 하지만 모든 언설이 교화를 위해서는 타이완인의 나쁜 점을 없애야 한다고 주장했던 것은 아니다. 말하자면, 즉 '지나적' 전통에 고착된 것이라도 그것을 교화에 이용할 수 있고, 좋은 방향으로 인도할 가능성이 있다면 그렇게 해야 한다는 기사도 적지 않다. '이기주의'에 관한 언설도 바로 그런 사례이다. 다음에서는 이기주의에 초점을 맞추어 논의의 내용을 좀 더 상세하게 살펴보고자 한다.

7) 이기주의를 둘러싼 언설의 여러 이미지

전전(戰前) 타이완에서 추진되었던 동화주의를 고찰할 때, 제도나 지배자의 수준에서 주창되었던 정책은 사실 허위로 가득 찬 것이었다고 한다. 이와 관련해 교육현장의 교원은 동화의 가능성을 믿으려 했던 사람들이라고 알려져 있다. 하지만 이 글의 고찰을 통해 본다면, 그들이 정말로 동화의 가능성을 믿었는가와는 별도로 동화를 자신의 책무로서 진지하게 짊어졌다. 또한 그런 책임감 때문에 높은 기준을 가지고 타이완인 피교육자를 평가했고, 동시에 타이완인과 일본인의 차이를 찾으려고 했던 것이 확실하다.

지금까지 논의한 바와 같이, 영유 초기부터 초등교육의 현장에서 타이완인 민족성은 결함이 많은 것으로 보였다. 이러한 논의에서 이기주의는 핵심적인 것으로 자리매김되었다(마에다 다케오, 스즈에 단키치). 타이완인 민족성의 단점이나 나쁜 점이 많이 표상되었고, 장점이나 좋은 점이 있어도 그 배후에는 이기적인 동기가 있다고 간주되었다(어느 교사, 가토 하루키).

19 隈本繁吉, 같은 글, pp.13~14.

이기주의는 예로부터 '지나' 민족성이 가진 특성으로 여겨졌고, 일본 통치 이전부터 타이완에서 소란이 많이 일어난 요인으로 간주되었다. 일본 통치 이후 이른바 "혁명적 생활상태의 변경"에 직면했을 때 신교육의 수용 등 타이완인의 새로운 시대에 대한 대처를 규정했다(마에다 다케오).

한편, 이기주의는 타이완인에게 고착된 민족성이지만 그것을 어떻게 교화해야 하는가라는 논의도 보인다. 타이완인은 실용적이고 실제적이며 추상적인 교훈을 이해하는 것이 어렵기 때문에 실재 규범적인 인물의 사적(事蹟)을 도입해야 한다는 주장(스즈에 단키치)은 하나의 사례이다. 또한 이기주의는 고유의 민족성이기 때문에 역으로 이를 교육에 활용해야 한다는 의견도 있었다. 예를 든다면 일본제국으로의 부속이 타이완인의 행복과 이익에 부합한다고 교육하는 방법이 그것이다. 그러나 현실적으로 이것이 어렵기 때문에 이기주의 교육은 절대로 불가하다는 지적도 있었다(다카오카 다케아키).

또한 타이완의 장래 발전을 위해 타이완인의 이러한 특성을 이용해서 실업교육을 충실하게 해야 한다는 논의도 나타났다. 구체적으로는 타이완인의 실리주의를 어떻게 유도할 것인지에 대해, 국어학교 부속학교와 공립학교에 재직했던 히라이 마타하치(平井又八)는 타이베이청(臺北廳) 타이베이제2심상고등소학교(臺北第二尋常高等小學校) 교유로서, 1913년 「공립소학교의 현재 문제」를 2회에 걸쳐 발표했는데, 타이완인은 **실리주의를 위해** 실업보수학교를 설립하고, 공립소학교 졸업생을 실업 방면으로 유치하는 것은 가장 무난하게 타이완의 정세에 적응하는 방법이라고 했다.[20] 이러한 관념이 실제로 식민지 시기 타이완인에 대한 교육이 실업교육에 집중하는 방향으로 반영되었던 것은 아닐까?

이러한 언설들을 살펴보면, 타이완인의 악함을 표상할 때는 이기주의라는 표현을 그대로 사용했지만, 타이완인의 선함이나 교화의 가능성을 표현할 때는 이기주의와 '이기주의를 좋게 해석한' 실리주의를 병렬하거나 실리주의라

---

20 平井又八, 「公小學校に於ける現下の問題 (二)」, ≪臺教會≫, 第20號(1903), pp.1~2.

는 표현만을 사용했다는 것을 깨닫게 될 것이다. 뒤에서 서술하겠지만, 이후 타이완인을 '배제'하는 언설의 전개를 살펴보면 이기주의에 대한 표상은 좀 더 복잡한 양상을 띠게 되는데, "일본제국에 부속되는 것이야말로 타이완인의 행복"이라는 취지의 언설이 다시 나타나는 것이 그중 하나이다. 한편 식민지 통치의 편의를 위해 타이완인에 대한 새로운 시도에 착수할 즈음, 타이완인의 본질적인 성격이라고 하는 이기적 행동을 견제·억압하려는 상황도 나타난다. 비록 그것이 타이완인에게 '호의적'이었다고 해도 '이기주의'에 고착된 인식인 이상, 이러한 구조에서 벗어날 수는 없었다.

3. '지나통' 고토 아사타로가 본 민족성의 장점과 맹점

이상에서는 공립학교 교원의 입장을 통해 1920년대까지 타이완인 '이기주의' 민족성을 둘러싼 언설을 개관하고, 그것이 초등교육 현장에서 개선이나 교화의 문제로 간주되었음을 논했다. 여기에서는 타이완인의 민족성에서 좋은 점을 찾아 일본인에게 이해시키고자 했던 호의적인 선전 활동을 살펴봄으로써 타이완인의 사회생활에서 '이기주의'가 어떻게 발견되고 해석되었는지를 검토한다.

일본의 타이완 통치는 1910년대 후반 '토비'로 인한 치안문제를 수습하면서 안정되었고, 식민지 경영도 어느 정도 성과를 보이기 시작했다. 일본은 대외적으로 제1차 세계대전을 통해 열강으로서의 지위를 굳혔고, 이에 중국대륙 등에서 이권의 확대를 도모했다. 한편 중국대륙에서는 중화민국이 수립되었지만 정권의 분열이나 군벌의 할거(割據), 열강의 각축 등 불안정한 정세가 이어졌다.

타이완 통치가 성과를 보였지만, 타이완 영유 이래로 타이완은 '야만의 땅'이라는 인상이 불식되지 않았다. 이는 1910년대 일본 내지의 타이완 인식에서도 마찬가지였지만, 다른 한편에서는 타이완의 진보를 이해한다는 목소리도 나타났다. 동양협회(東洋協會)[21]의 선전 책자인 『현재의 타이완(現在の臺灣)』, 그리고 저자인 고토 아사타로(後藤朝太郞)의 활동이나 언설이 그 대표적인 사례이다.

1) '지나통' 고토 아사타로와 타이완

고토 아사타로는 전전(戰前)의 '지나통'으로 알려져 있다. 중국 관련 저작과 번역서가 120권에 달해 널리 읽혔다. 지금까지는 주로 중국대륙에 대한 문화 연구나 여행기를 중심으로 그의 중국관이 검토되었지만, 그의 저술활동은 『현재의 타이완』을 포함해 타이완에 관한 것도 있다. 또한 그는 많은 타이완인 학생 및 학부형과 교류한 경험을 가지고 있어 타이완인에 대해 '호의적'인 태도를 보이고 있다. 따라서 1910년대부터 1920년대까지 일본인의 타이완 인식을 검토할 때 충분히 분석할 가치가 있다고 생각한다.

고토 아사타로는 다이쇼(大正) 시기부터 종전(終戰) 때까지 중국대륙을 50회 이상 여행한 적이 있어 중국인과 매우 친숙했다. 특히 하층민에 주목해 현지 관찰을 거듭한 것이 중국어 문자학이나 음운학보다도 중국의 문화심리를 중요하게 여기는 계기가 되었다. 그래서 그가 중국 이해를 위해 저술한 저작은 '지나 취미'의 읽을거리로서 환영받았고, 마침내 '지나통' 중 제1인자로 불리게 되었다.[22] 그의 중국 인식이 변화되는 양상은 기존 연구에서 상세히 다뤄졌지만 그의 업적에 대한 평가는 그다지 높지 않다.[23]

---

21 동양협회는 타이완협회(臺灣協會)의 후신이고, 일본의 식민 사업에 협력하는 관제(官製)단체로 국내외 각지의 정보 조사 및 상호 이해 등에 종사했다. 협회의 기관지로 본 '타이완 인식'에 대해서는 呉宏明, 「近代日本の臺灣認識: ≪臺灣協會會報≫·≪東洋時報≫を中心に」, 古屋哲夫 編, 『近代日本のアジア認識』(綠蔭書房, 1996), pp.211~241 참조.

22 呂慧君, 「'老上海' 内山完造と'支那通' 後藤朝太郎の中國認識」, ≪日本文藝硏究≫, 第64卷 第2號(2013.3), pp.77~78.

23 三石善吉, 「後藤朝太郎と井上紅梅」, 竹内好·橋川文三, 『近代日本と中國·下』(朝日新聞社,

'지나통'으로서 그에 대한 평가는 매우 다양한데, 대개는 중국이나 '지나 민족'에 대한 인식에 주목한 것이다. 사실 그의 수많은 업적 가운데 타이완에 관한 것도 꽤 있었는데, 이것들은 거의 다뤄지지 않았다. 또한 여기서 고토 아사타로를 다루려는 이유는, 그가 '다카사고료(高砂寮)'[24]의 초대 사감을 담당한 적이 있어 일본에 유학한 타이완인 학생들과 교류가 많았기 때문이다. 그리고 그가 일본의 타이완 통치 당국, 내지의 일본인, 타이완 거주 일본인 사회보다 타이완 및 타이완인에 대해 올바른 인식을 가지고 있다고 자부했을 뿐만 아니라, 1910년대 후반부터 1920년대에 걸쳐 저술과 기사를 통해 타이완 및 타이완인에 대한 이해를 환기하려고 노력했기 때문이다. 고토 아사타로는 '다카사고료' 사감에 재임하고 있던 1915년과 1919년에 타이완을 방문해 관청이나 학교의 일본인 지도자, 타이완인 문인, 도쿄 주재 유학생의 학부형들과의 교류하면서 느낀 소감을 발표한 적이 있고, 1920년에는 동양협회의 선전 책자 형태로 『현재의 타이완』을 간행했다. 다음에서는 『현재의 타이완』을 중심으로 고토 아사타로의 타이완인 인식을 살펴본다.

1974) 참고.

24 '다카사고료(高砂寮)'에서 '다카사고(高砂)'는 '타이완'을 뜻하고 '요(寮)'는 기숙사를 뜻한다. 말하자면 '타이완 기숙사'라는 뜻이다 _옮긴이.
이는 도쿄 주재 타이완인 유학생의 수용, 보호, 지도, 감독을 위해서 1910년에 타이완총독부가 동양협회전문학교(東京小石川區茗荷谷町32番地) 안에 설치한 시설을 말한다. 그 경영은 동양협회가 맡았다. 당시 타이완인의 일본 유학은 타이완총독부의 감독·관리에 있었지만, 유학생이 청장(廳長)이나 지부장의 증명서, 혹은 타이완 유학생 감독소의 소개서가 없으면 일본의 학교에 들어갈 수 없었다. 한편 동양협회는 타이완협회 시기부터 그 보도(補導)를 맡고 있었다. 1910년에 타이완 유학생의 감독상의 불편 때문에 동양협회와 총독부의 합의하에 학조재단(學租財團)의 자금으로 다카사고료가 건설되고, 이후에 1928년 다카사고료 신축의 완성에 따라 그 경영이 학조재단에 양도될 때까지 동양협회는 그 경영을 담당하고 있었다. 유학생 전체의 감독도 본래는 총독부가 사무소를 다카사고료에 설치해두고 있었지만, 1914년에 그 사무의 위탁을 맡았다[臺灣總督府文敎局, 『臺灣の敎育』(1934.104), p.104; 加藤春城, 『臺灣敎育沿革誌』(臺北: 社團法人臺灣敎育會, 1939.12), pp.76~77; "高砂寮の近況本島人の東京留學生は何んな生活をして居る", ≪臺灣日日新報≫, 1915.4.20; 拓殖大學創立百年史編纂室, 『東洋文化協會五十年史稿』(拓殖大學, 2011.3), pp.98~100].

2) 중국과 타이완의 비교

1920년 7월에 고토 아사타로에 의해 『현재의 타이완』[25]이 출간되었다. 이는 단순히 고토 아사타로의 개인적인 저술이 아니라 동양협회 조사부가 추진한 사업의 일환으로서 간행된 것이었다. 발행 목적은 타이완의 사정을 내지의 일본인에게 선전하는 것, 간접적으로 세계에 일본의 타이완 통치 성과를 어필하는 것에 있었다. 더욱이 선전의 대상에는 타이완인도 포함되어 있었다. 요컨대 타이완은 한족의 문화 수준이 일본인과 큰 차이가 없고, 또한 문화 수준도 일본 통치로 인해 일본을 따라잡고 있기 때문에 일본인은 경멸하는 인식을 바꿔야 한다고 주의를 환기시켰다. 다른 한편, 같은 시기 중화민국의 정치 혼란과 비교함으로써 타이완인에게 세계 풍조의 영향 아래 일본 통치에 협력해야 한다고 호소하는 것이었다.

타이완인은 건너편 해안의 중국인과 비교해 같은 '지나 민족'이지만 우위성이 강조되고 있다. 한 예로 고토 아사타로는 이 책에서 '지나 본고장'의 주민 상태와 비교하면, 같은 '지나 민족'이지만, 본고장 쪽은 중류사회가 없고 인구의 대부분은 하류층인 반면 타이완 쪽은 상당히 잘살고 있다고 묘사하고 있다.[26] 또한 타이완의 일본화에 대해서도 평가했다. 일본 주재 '지나' 유학생을 보면 기모노를 입어도 그 모습에는 대륙적 분위기가 나타나지만, 타이완 유학생은 세련된 분위기가 있다는 것이다. 그것은 타이완 유학생이 일본어가 가능하고 일본의 분위기를 어느 정도 이해하고 있기 때문이라고 평가했다. 한편 타이완에 거주하는 타이완인이 일본의 기모노를 입고 있는 모습을 보면 역시 익숙하지 않아 귀엽게 느껴진다고 기술했다.[27] 대체로 타이완인은 '지나 민족'이면서도 일본에 의해 문명화의 세례를 받아 '지나' 본고장의 중국인보다도 훌륭하게

---

25 後藤朝太郎, 『現在の臺灣』(白水社, 1920.7.31).

26 後藤朝太郎, 같은 책, pp.31~32.

27 後藤朝太郎, 같은 책, p.40.

되었다고 평가했다.

타이완의 진보를 말하는 데 있어 비교 대상은 대륙의 중화민국이었다. 고토 아사타로는 타이완 각 지방을 돌면서 타이완인 가정, 유학생의 학부형 등과 교류했다. 그 과정에서 타이완의 진보를 보았고, 이를 증언하면서 교통 상황, 은행, 치안의 개선을 사례로 들었다. 또한 이것이 타이완인이 느끼는 행복일 것이라고 서술했다. 타이완인이 말하는 과거 이야기는 바로 현재의 중화민국에 해당되는 것이라고 말하며, "중화민국의 상황을 보면 자신의 생활이 얼마나 안전하고 행복한 것인지를 깊이 느낀다!"는 것은 타이완인 전체에 호소하고 싶은 이야기라고 강조했다.[28]

구체적으로는 먼저, 교육에 대해서 내지의 교육과 비교해 아직 만족스럽지 못한 점도 있지만 중화민국의 현상과 비교하면 "격세지감을 느낀다"며, 타이완인 중에는 여전히 당국의 진의(眞意)를 충분히 이해하지 못하고 "자신의 이해타산에 따라 당국의 정신을 곡해하고, 타이완에서의 생활을 견딜 수 없다"라고 하며 중화민국으로 귀화하려는 경우가 있다는 것에 대해 실로 무모하다고 비판하고 있다.

이와 같이 고토 아사타로는 타이완의 현황과 중화민국을 비교하고 타이완은 행복하다고 자세하게 기술하고 있지만, "또한 농(隴)나라를 얻으면 촉(觸)나라를 바란다는 식으로 자치를 바라는 등의 불평을 느끼고 있다"고 하며 타이완인의 불만을 들고 있다. "사농공상(士農工商)이라는 전통사회의 차별 관념이 존재한다. 국가의 부는 상업이나 공업에 의해 구축되고 국가의 근본은 농업에 있음에도 불구하고, 이 세 가지는 항상 사(士)보다 경멸되는 관념이 아직도 존재한다. 또한 타이완인에 대한 차별에는 이런 전통의 지속이라는 영향도 있지만, 불평을 늘어놓기보다는 타이완인 자신의 끊임없는 노력으로 지위를 높이는 것이 중요하기 때문에 가장 좋은 해결책은 타이완인이 일본인을 신용하고, 자신

28 後藤朝太郎, 같은 책, pp.128~130.

의 위생 상태의 향상이나 국어의 운용을 적극적으로 하는 등의 노력을 하는 것"[29]이라고 해 불평의 해결책을 타이완인 자신에게서 구하고 있다.

앞서 서술했듯이, 고토 아사타로는 타이완인이 우수한 한족이라고 인정하면서도 중화민국의 현재 상황과 비교해서 현재의 타이완이 훨씬 훌륭한 것은 일본 통치 덕분이라고 하며, 그들에게 일본인을 믿어야 한다고 호소했다. 그러나 이러한 타이완인 인식에는 타이완인의 주체성을 부정할 가능성이 숨겨져 있다고 할 수 있을 것이다.

3) 타이완인의 기질

타이완인의 기질에 대해서는 언뜻 보아도 타이완인을 찬미하고 존중하는 호의적인 묘사가 대부분이다. 일본인과의 비교도 항상 염두에 두고 있다.

> 일본인보다도 무사태평하고 대륙적이다. 그리고 적당히 근면한 기질을 가지고 있다. 일본인은 자칫하면 도량이 좁고 대륙적 마음이 부족해 타이완인에게 속마음을 간파당할 것 같은 사람이 많다. 이는 일본인의 급한 성격과 섬나라 생활이 낳은 자연스러운 결과이다.[30]

또한 타이완인은 경제 분야에서 자기 길을 가는 데 뛰어난 사람이 매우 많다고 한다. 일본인은 '지나치게 시원시원하지만', 타이완인은 '집요하고 용의주도'하며 자기 경제의 근본원칙에 어긋나는 일은 하지 않는다고 한다. 구체적으로 고토 아사타로는 타이완인의 가족과 재산에 대한 관념을 사례로 들고 있다. 즉, 일본에서는 장남이 재산을 많이 차지하지만, 타이완에서는 다수 자녀가 재

29 後藤朝太郎, 같은 책, pp.128~130.
30 後藤朝太郎, 같은 책, p.32.

산을 동등하게 나누는 것이 보통이고, 또 모든 자녀가 재산을 주장하기 때문에 분쟁이 일어나기 쉽다는 것이다. 이외에도 재산의 축적, 처첩 관습, 대가족 제도 등을 사례로 거론했는데, 그것들 모두에는 실리적인 사고방식이 반영되어 있다고 지적했다.

또한 '남지나 및 남양(南支南洋)'으로의 진출에 관한 서술이 많은 것도 특징적이다. 타이완인에게는 호방하고 무모한 성질이 있다고 되어 있지만, 그들의 '남지나 및 남양' 사업이 성공하고 있다는 결과에서 보면 반드시 황당한 판단은 아니라고 볼 수 있다. 타이완인은 가구(家口)나 자산 상태에서 일본인에 뒤지지 않거나 또는 능가할 정도이고, 사업 수완도 느긋하고 대범한 측면이 있기 때문에 남양 지역에서 형세를 바꿀 만한 사업을 성취하는 힘을 가지고 있다. 따라서 일본인은 경멸의 눈으로 타이완인을 보아서는 안 된다. 타이완인의 기질을 철저하게 이해한 뒤 유리한 쪽으로 인도해야 한다.

고토 아사타로는 이 책에서 한 장을 할애해 타이완과 '남지나 및 남양' 경영의 관계에 대해 서술했다. 여기서 '남지나 및 남양' 경영을 중시한다는 것을 엿볼 수 있다. 다만 이러한 시선에는 역시나 일본인은 타이완인의 이러한 기질을 이해하고 지도할 수 있어야 하며, 또한 반대로 타이완인은 일본인의 지도에 따른다는 전제하에 스스로 '지나 민족성'을 발휘해야 한다는 논법이 분명히 존재했다.

4) 타이완의 장래와 유학생에 대한 기대

『현재의 타이완』을 통해 고토 아사타로의 타이완 관련 활동과 언설을 살펴보았는데, 그의 타이완 인식에서 유학생의 존재가 중요한 위치를 차지하고 있다는 것을 알 수 있다. 고토 아사타로는 학창 시절부터 중국인과의 교류나 중국문화에 많은 관심을 가졌다. 또한 '다카사고료'의 사감으로서 수많은 타이완인 유학생 및 학부형과 직접적으로 교류했다. 고토 아사타로는 자신의 경험을 통해 타이완인, 특히 유학생들을 잘 이해하고 있다고 자부했고, 일반적인 일본인이나 통치 당국보다도 객관적인 시선으로 볼 수 있다고 자신했다.

타이완의 장래에 대해서 고토 아사타로는 유학생에게 기대를 걸었다. 워낙에 타이완인들은 당국이 타이완인의 일본 유학을 방해하고 있다는 인식을 가지고 있었다고 한다. 그러나 당국의 의도는 "종자가 나쁜 것은 상경하지 않고 타이완에서 공부해 타이완을 개발하면 되고, 종자가 좋은 것은 일본에 많이 오는 것이 좋다"는 것이었다. 또한 "타이완인은 제국대학까지 진학하거나 졸업하면 크게 주목받게 마련이고, 유학생이 모두 엄밀하게 선발되었다고 할 수는 없지만 유망한 청년이 있다는 것은 타이완인의 희망이니 금후의 활동을 기대한다"라고 했다.[31]

이처럼 타이완인 유학생에 대한 기대는 자기 자신이 '다카사고료' 사감을 맡은 경력에서 자부하는 것이겠지만, 그 자부는 일본인이 타이완인의 기질을 철저히 이해해야 한다는 문맥에서도 슬쩍 엿볼 수 있다. 그러나 고토 아사타로의 타이완인 인식에는 한족의 장점을 인정하면서도 실은 그것이 고착되어 변화가 일어나지 않는 민족성으로 보고 있는 부분도 있다. 이러한 인식은 앞서 서술한 '지나' 민족성은 변화가 일어나서는 안 된다는 시선으로 해석할 수도 있다. 다음에서 서술할 타이완인 유학생 소동에서 고토 아사타로가 가진 타이완인 인식의 사각지대가 보일 것이다.

5) 도쿄 주재 유학생의 소동과 '다카사고료' 사감의 사임

고토 아사타로는 타이완인 유학생이 산업에 투신하기를 기대했다. 그러나 시대의 흐름에 따라 많은 도쿄 주재 유학생이 본격적으로 정치운동에 가담했다. 이러한 움직임은 1910년 이후 타이완을 둘러싼 대내외적 변화와 관계가 있다. 즉, 1910년대부터 타이완은 교육제도의 보급이나 식산흥업의 발달로 사회

---

31 後藤朝太郎, 『現在の臺灣』, pp.131~132, pp.316~318.

변화가 일어났다. 타이완인은 언어, 풍속, 습관에서 일본인과 유사해지고 심리 상태도 변하기 시작했다. 이 시기에는 총독부의 개발정책에 대한 간헐적인 무력봉기가 있었지만, 전체적으로는 무력 항일이 종말을 고하던 시기였다. 또한 일본인 수준의 교육과 신민의식을 몸에 익히는 시기이기도 했고, 타이완인의 민족 권익을 추구하던 정치운동의 태동기이기도 했다.[32]

구체적으로는 1910년대 후반, 제1차 세계대전 종전 직후의 정세에서 일본은 타이완 통치를 통해 자국이 열강으로서 자격이 있다고 어필하려고 했다. 반면에, 일부 타이완인 자산가와 신식교육 경험자는 민족자결이라는 사상적 흐름의 영향을 받아 타이완인의 정치적 권리를 주장하기 시작했다. 이 운동은 도쿄 주재 타이완인 유학생을 중심으로 시작되었다. 1918년에 성립된 육삼법철폐기성동맹회(六三法撤廢期成同盟會), 1910년에 성립된 계발회(啓發會), 1920년에 성립된 신민회(新民會), 또는 다카사고 청년회(高砂青年會)의 개조 등은 유학생들이 벌인 새로운 형식의 반항이었다.

그렇다면, 고토 아사타로는 이러한 유학생의 움직임을 어떠한 시선으로 보았을까. 이와 관련, 「타이완 문화를 위해서」[33]라는 글에서 고토 아사타로의 태도나 입장을 조금이나마 추측할 수 있다. 다음에서는 이 글을 언급하면서 검토하고자 한다.

이 글에서 고토 아사타로는 자신이 타이완에 거주하는 일본인에게 "벼루의 고토"라고 불렸고 타이완인에게는 "다카사고료 사감"이라고 불렸는데, 전자가 더 만족스럽다고 했다. 또한 타이완과의 인연을 매우 명예로운 것으로 자부했다. 학창 시절부터 '지나 청년'을 좋아해서 자주 교류했는데, "타이완 청년과 교류하기 시작한 뒤로는 바라던 대로 중화민국 청년과 타이완 청년 모두와 손을

32 野口眞廣, 「一九一〇年代臺灣社會支配像の再検討: 地方有力者と庶民の傳統的關係の變化を事例として」, 松田利彥·陳姃湲, 『地域社會から見る帝國日本と植民地: 朝鮮·臺灣·滿洲』(思文閣, 2013), pp.453~490.

33 後藤朝太郎, 「臺灣文化のために」, ≪臺灣青年≫, 第1卷 第2號(1920.8.15), pp.12~17.

잡은 기분"이라고 말했다.[34] 또한 타이완 문화를 연구할 생각이라고 밝힌 뒤, "타이완의 문화는 '지나' 문화 이상으로 연구할 가치가 있다"고 주장했다. 최근 타이완 통치 당국에 의해 타이완 문화에 진보가 있었음을 근거로 들기도 했다.

타이완인 유학생의 특징에 대해, "일본 학생보다 사상이 활달하고 말주변이 좋아서, 뭔가 요구가 있는 경우에는 처녀와 같이 전혀 다른 인격이 되어 정말로 재미있다"라고 기술했다. 한편, 타이완 문화의 발전으로 타이완 청년의 향상 발전을 기대할 수 있고 결국 유종의 미를 거둘 것이라고 했다. 왜냐하면 "문물도 중요하지만 인간이 가장 중요"하기 때문이다. 따라서 타이완 청년에게 기대하는 바가 많고, "타이완 청년은 자못 특색이 풍부하기에 타이완 문화 연구에 많은 흥미를 느낀다"는 것이다.[35]

그럼 그가 말하는 '타이완 문화'는 도대체 무엇인가. 글에서는 밝혀지지 않았지만, 유학생이 일본에서 배운 의학·농학·경영학·공학과 같은 **실용적인 학문**은 모두 타이완 문화의 향상이나 타이완의 개발에 유리할 것이라는 견해에서 미루어 짐작해볼 수 있듯이, 고토 아사타로가 생각하는 '타이완 문화'는 역시 **산업**과 밀접히 관련되어 있었다. 타이완인 유학생이 본업인 공부나 **산업** 이외에 열심을 내는 것을 바람직하지 않게 생각했음도 알 수 있다.

마침내 '다카사고료'에서 고토 아사타로에게 좋지 않은 일이 일어났다. 1920년 말부터 1921년에 걸쳐 '다카사고료'에서 소동이 일어난 것이다. 소동은 1921년 제1차 타이완의회청원서명운동과 관련된 것이다. 이 문제 때문에 고토 아사타로는 하루야마 요조(晴山庸三)와 함께 1921년 1월 18일에 총독을 면담했다. 총독의 일기에는 "내방해 도쿄 주재 타이완 유학생의 근황을 알리고, 다카사고료의 개선에 관한 의견을 말했다. 타이완 교육의 방침을 상세히 설명하고, 방침을 준수하도록 명령해야 한다고 주장했다. 또한 조각가 황투수이(黃土水)에

34 後藤朝太郎, 같은 글, p.12.

35 後藤朝太郎, 같은 글, pp.13~14.

대한 후원을 건의하고 떠났다"고 기술되어 있다.[36] 3월 27일 자 일기에는 "고토 아사타로가 와서 타이완 학생 감독을 소홀히 한 것에 대해 사죄했다"[37]고 기록되어 있다.

결국 '다카사고료'는 폐쇄되었다. 공식적인 이유는 "타이완 유학생 간에 불온한 사상이 유포되고 있고 개조운동이 모색되고 있으며, 기숙사 내의 학생들이 결의해 당국의 명령을 따르지 않을 뿐만 아니라 심지어 당국의 의지에 반하는 행동을 취하고 있는데, 이는 당국에 대한 불온한 언동"이라는 것이다.[38] 타이완 학생들은 모두 타이완으로 돌아가게 되었고,[39] 6월 13일에 동양협회 총회에서 고토 아사타로는 사감으로서 '다카사고료'가 폐쇄에 이르게 된 사정, 폐쇄 이후 학생의 상황, 총독부의 의향 등을 보고했다. 학생감독 업무는 동양협회에 인계하기로 결정했다.[40]

고토 아사타로는 결국 8월 4일 도쿄를 떠났다. 고토 아사타로는 당국의 쇄신방침에 책임을 지고 '다카사고료' 사감을 사직했다. 후임자로 조선학생을 감독하고 있던 사토 도라타로(佐藤寅太郎)가 겸임하게 되었고, 9월 1일부터 다시 기숙사를 연다는 방침이 굳어졌다.[41]

앞서 서술한 것처럼 고토 아사타로의 시선은, 타이완인을 이해한다는 자부심을 가졌고 타이완인에게 '호의적'이었다고 하지만, 역시 이기주의나 실리주의 틀에서 벗어나지 못했다고 할 수 있다. 고토 아사타로는 저술활동을 통해 타이완인 생활에서 고유의 민족성을 발견하고 표상했다. 또한 장래의 발전에 대해서도 같은 틀로 규정했다. 그러나 1920년대 전후의 타이완인, 특히 고토

36 『田健治郎日記』, 1921.1.18.
37 『田健治郎日記』, 1921.3.27.
38 "高砂寮閉鎖決定", ≪臺灣日日新報≫, 1921.6.7.
39 "高砂寮九月再開", ≪臺灣日日新報≫, 1921.8.10.
40 "協議高砂寮問題", ≪臺灣日日新報≫, 1921.6.17.
41 "一時閉鎖した高砂寮は九月から新寮長の佐藤寅太郎氏を迎へて再び開寮するので寮の氣風も一變するであらう", ≪臺灣日日新報≫, 1921.8.8.

아사타로가 가장 기대를 걸었던 타이완인 유학생 일부가 정치 참여를 추구하면서 '소동'을 일으키자 타이완 사회와 민중에게도 '파란'이 미치게 되었다. 이러한 상황 전개는 고토 아사타로의 기대를 저버린 것이었다. 뒤에서 서술하겠지만 이는 새로운 시대로 돌입할 것을 예고하는 것이었다.

4. 새로운 시대에 표상된 민족심리: 1920년대 초 타이완의회설치청원운동을 둘러싼 인식

1) 타이완 거주 일본인 저널리스트의 '배제' 언설

1921년 일본의 다이쇼 데모크라시를 배경으로, 제1차 세계대전 후의 민족자결주의나 3·1 운동, 5·4 운동의 영향을 받아 식민지 타이완에서는 타이완의회설치청원운동(이하 '의회운동')이라는 비무장 항일이 탄생했다. 그것을 주도한 사람들은 일부 전통적 사대부와 신식교육을 경험한 지식인이었다. '의회운동'은 체제 내에서 합법적으로 진행되었고 지도자도 비교적 보수적이었으며 전체적으로 온건했기 때문에 타이완의 항일운동 중에서도 평가가 그다지 높지 않다. 하지만 역시 타이완인의 자발적인 반식민주의운동이었고 근대적인 계몽운동이었다고 할 수 있다.

'의회운동'은 일본 통치 기간 중에 규모가 가장 컸던 정치운동이었다. 동시에 기간이 가장 길었던 정치운동이기도 했다. 1921부터 1934년까지 계속되었다. 목적은 타이완 총독부의 전제 통치를 타파하고, 타이완에서 특별입법권이나 예산권을 갖는 회의를 만들 수 있도록 제국의회에 청원하는 데 있었다. 그러나 '의회운동'은 매년 정식 의안으로 채택되지도 못했다. 여론의 관심을 받기는 했지만 정치적 결정에 끼친 영향력은 미미한 것이었다.

'의회운동'에 대해서는 타이완인의 주체성을 부각시킨다는 점에서 수많은 연구 성과가 나왔지만, 이에 대한 일본인의 관점, 특히 타이완 주재 일본 사회 및 언론계에 대해서는 연구가 부족하다. 일본과 타이완 거주 일본인 및 언론계에서 '의회운동'에 대한 견해가 각각 다른 양상을 보이는 것은 이미 운동 관계자에 의해 지적되었지만,[42] 당시 일본인의 관점, 특히 운동에 반대하거나 냉담한 반응을 보였던 관점은 쉽사리 민족 차별로 치부되어 깊이 연구할 가치가 없다고 여겨져 온 것이 아닌가 생각한다.

그러나 당시 운동의 요인을 시대의 변화로 인식하면서도 근본적인 동인을 타이완인의 민족성이나 사회관에서 구하는 논의가 많이 있었다. 이러한 저작의 대부분은 타이완 주재 일본인 저널리스트들에 의한 것이었다. 타이완 주재 저널리스트 중에서, 이마무라 요시오(今村義夫), 시바타 렌(柴田廉), 안도 모리(安藤盛), 가라사와 노부오(唐沢信夫), 미야카와 지로(宮川次郎), 이즈미 후로(泉風浪) 등이 저술을 남겼다. 이들에 대한 검토는 타이완 정치운동이 한창이던 1920년대부터 1930년대 초의 일본과 타이완 상호 간의 이해, 일본인의 제국의식에 대한 평가와 재평가로 이어질 것이라 생각하는데, 다만 다음에서는 운동 발족 초기인 1920년대 초에 간행되어 비교적 정리된 논의를 남긴 이마무라 요시오, 시바타 렌의 논고를 사례로 몇 가지 논점을 정리하겠다.

2) 1920년, 이마무라 요시오: 타이완인의 이상과 현실의 모순

이마무라 요시오는 『타이완의 사회관』에 게재되어 있는 「섬사람의 이상과 현실」에서 타이완인의 향학열이 향상되고 있음을 지적했다. 학교의 설립이 학생의 증가를 따라잡지 못하는 상황에 대해, 과거 공립학교로의 취학이 권유하지 않으면 이루어지지 않았던 상황에 비하면 격세지감이 있다는 것이다. 이렇게 된 연원은 모두 타이완인의 공리적 사상에서 찾아볼 수 있으며, 향학열은 저급하고

42 葉榮鐘, 『日據下臺灣政治社會運動史(上)』(臺中: 晨星, 2000), pp.186~198.

천박한 것에 불과하다고 소개한 어떤 교육가의 평가에 대해 다소 혹평의 경향이 있다고 지적하면서도, 이마무라 요시오는 이 코멘트가 타이완인의 유물적인 향학열을 설명하는 데 깊게 음미할 가치가 있다고 평가했다.[43]

그러나 이마무라 요시오는 타이완인의 향학열을 단순히 유물적·공리적인 것으로만 치부할 수 없다고 했다. 시세의 변화에 따른 타이완인의 자각을 간과해서는 안 된다는 것이다. 여기에서 자각이란 현대사조의 근간인 기회균등 사상에서 유래한 것이다. 또한 제1차 세계대전 후의 민족자결주의, 타이완의 문치(文治)적 통치도 타이완인의 기회균등을 향한 실천을 촉구했다고 보고 있다. 이마무라 요시오는 타이완인의 자각에 동정을 표하면서 러시아혁명을 인용해 "확실히 급격하고 초조한 정책이 점진적인 사회진화의 법칙에 부합하지 않음을 실증한 일대 교훈이다"라며, 타이완인의 향학열에 비슷한 느낌이 있다고 논했다.

이 논설의 제목인 '이상과 현실'의 모순은 '의회운동'에 대한 이마무라 요시오의 평가를 한마디로 요약한 것이다. ≪준칸아사히(旬刊朝日)≫에 게재된 차이페이훠(蔡培火)의 "타이완은 어떠한 상황인가"에 대해서, "이것을 보는 타이완인의 사회적 요구가 어디에 있는지를 보여준 흥미로운 문장이지만, 일부 급진적인 이상론에서 공통적인 현실에 대한 모순이 도처에서 발견되는 것은 유감스럽다"라고 비판했다. 또한 차이페이훠의 기사에는 타이완 교육의 현상을 비판한 "정치적 방면의 지식은 되도록 피하면서 저급한 산업 지식의 학습에 타이완인이 만족하게 했다"는 부분이 있었는데, 이마무라 요시오는 이것이 바로 타이완인의 향학열이 단지 관리가 되기 위한, 목적이 다른 데 있는 공리주의 사상에서 생겨난 것이라는 증거가 아니겠느냐고 평가했다.[44]

이어서 이마무라 요시오는 자신의 의견을 다음과 같이 말했다.

43 今村義夫,『臺灣之社會觀』(臺南: 實業之臺灣社臺南支局, 1922), pp.70~71.
44 今村義夫, 같은 책, pp.74~75.

나는 타이완 학생의 대부분이 고등전문의 교육, 그중에서도 특히 법률, 정치 전문교육을 받는 일로 주임관을 하거나 칙임관을 하고, 또는 검사 판사가 되려고 지망하는 일을 결코 옳지 않다고 하는 것은 아니다. 그들이 로맨틱한 정치인을 몽상하고 현실적인 경제인을 싫어하는 일에 대해 비난하려는 것도 아니다. "자리를 차지하려면 재상의 도장을 허리춤에 차고, 아내를 얻으려면 어떻게든 미인을 얻으리라"라고 노래한 조상의 혈통을 이어받은 그들이므로, 의정(議政) 단상에 올라 여학교 출신의 일본인을 처로 삼는 일이 평생의 큰 이상인 것은 괴이한 것이 아닐지 모른다. 그렇게 하지 않거나 그런 기회를 주지 않는다면 동화정책이 아니라 기회불균등이다. 일본인의 전제(專制)라고 그들이 말한다면 나는 그들 타이완인들의 유치한 환상을 조소하지 않을 수 없다. 뭐든지 괜찮으니, 일본인과 같은 교육을 받고, 같은 정도로 으스댈 만한 고급 관리가 되어 정치에 참여하게 하는 것이 향학열의 기조라고 한다면, 나는 그들의 가련할 정도의 짧은 소견과 허영심을 슬퍼하지 않을 수 없다.[45]

타이완인 엘리트의 정치 참여 희망에 대해 이해와 동정의 뜻을 보이면서도, 그런 요구는 자신의 분수를 모르는 것이라고 반대했다. 반대 이유는 타이완인의 납세는 일본인 1인당 부담액의 절반에도 미치지 못하는데, 조세 부담의 하중을 운운하는 정치관은 모순되기 짝이 없는 저급한 것이라는 식으로 설명되고 있다. 결국 차이페이훠의 주장을 받아들인 사람들은 식민지가 되기 전의 무정부적인 상태를 근대적 의미의 자치라고 오인해서 의무는 생각하지 않고 권리만을 주장하는 사람들이라는 것이다. 의무의 이행을 좋아하지 않는 사람들은 결코 새로운 사회의 공민이 될 수 없으며, 그들의 주장은 낡은 정치관과 사회관에 사로잡힌 것이라고 비난했다.

이마무라 요시오 자신은 타이완인의 참정권을 거부하는 것이 아니라고 강

---

45 今村義夫, 같은 책, pp.75~76.

조하고 있지만 타이완인의 '의회운동'은 "쓸데없이 현실을 벗어나 이상을 꿈꾸는 것"이라고 단언했고, "사회진화의 법칙은 결코 점진적이지 않으면 안 되고 비약은 결코 진정한 진화가 아니며 스텝 바이 스텝이 현명한 학생이 내세워야 할 모토"라는 입장을 고수했다.[46]

다음으로 이마무라 요시오는 타이완에 실업교육기관의 보급은 아직 충분하지 않다는 현상을 말한 후, "천생 상인인, 상인 중국인의 혈통을 이어받은", "천성이 경제인"인 타이완인이 실업교육을 좋아하지 않는 것은 불가사의하다고 의문을 표시하며 사회적 교육의 필요성을 설명하고 있다. 따라서 타이완의 초중등교육은 타이완의 실제 사회에 적합한 사회적 교육을 실시해, "경박하고 공허한 향학열을 선도해서 그들 본연의 요구인 프래그머티즘(pragmatism)으로 실제와 이상을 향하게 해 타이완인 학생의 두뇌에 사회봉사의 관념, 사회 황민으로서의 자격을 부식(扶植)하도록" 노력해야 한다고 주장했다.[47]

3) 1923년 시바타 렌: 지식인 사회의 본질, 일반 양민 사회의 요구

시바타 렌은 『타이완동화책론』에서,[48] 지식인 사회의 전통적 욕구가 '의회운동'의 본질 내지 진상이라고 지적했다. 이어 '의회운동'의 영향과 해결에 대해 다음과 같이 서술하고 있다.

> 수천 년의 전통적 사회조직이 파괴되어 종래 지도적 지위를 점하고 있던 지식인 사회가 자긍심과 실리를 잃음에 대해 상당한 구제 방법을 강구해야 한다고 생각한다. 특히 지식인의 유일한 희망인 임관(任官)의 일에 이르러서 총독부는 깊이 생각해야 할 것이다. 이와 같이 본다면, 타이완의 '의회운동'은 신문에

46 今村義夫, 같은 책, pp.77~78.
47 今村義夫, 같은 책, pp.78~80.
48 柴田廉, 『臺灣同化策論』(晃文館, 1923).

서 논하는 바와 같이 일부 타이완인의 경거망동에 불과한 것이라고 웃어 넘겨 버리기에는 너무나 깊은 사회적 원인이 있다.

그러나 인원수로 보면 운동 참여자가 타이완인의 일부분인 것은 사실이다. 우리의 관찰도 이전의 언급과 마찬가지로 지식인 사회의 요구라는 결론에 도달했다. 아무래도 일반 양민 사회까지 가담한 전체 타이완인의 요구라고는 생각되지 않는다. 그러나 지식인 사회는 타이완인 중에서도 중류 이상의 사회이다. 말하자면 타이완인을 대표하는 사회이다. 일부 소수자로 간주하지 말고 사회적 지위에 대해 체면을 유지시켜주는 것이 타이완 통치에서 매우 중요하다.[49]

이처럼 시바타 렌은 '의회운동'이 타이완 사회 전체에서 소수파에 지나지 않는다고 지적하면서, 지식인 사회가 타이완인을 대표하는 사회이기 때문에 총독부에서 그것을 이해하고 대책을 강구해야 한다고 호소했다. 동시에 운동 참여자 측에도 '자제와 자성'을 호소했다. 또한 정치적 문제를 법률적으로 대처하려는 것은 모순이라고 했다. 즉 정치운동은 법률의 개정, 제정을 목적으로 하는 것이므로 현행 법률을 가지고 정치운동의 가부를 단정 짓기는 불가능하다는 것이다. 따라서 정치적 논리로 응수하는 것이 타당하고, 지식인을 군수나 관리로 임용해야 한다고 주장했다.[50]

이상에서 부분적이지만 두 명의 타이완 주재 일본 언론인의 언설을 통해 '의회운동'에 대한 '배제'의 언설을 확인했다. 이들은 '의회운동'이 타이완인 엘리트들의 새로운 반항 형식임에도 불구하고 원인에 대해서는 매우 소극적으로 인식했다. '의회운동'을 피통치자가 새로운 시대를 맞이해 질적으로 변화한 것으로 인식하지 못했다. 질적인 변화 없이 새로운 시대에 적응하려고 한 낡은 민족심리의 발로라고 생각했다. 이러한 언설은 대부분 이기주의라는 인식의

49 柴田廉, 같은 책, pp.278~279.
50 柴田廉, 같은 책, pp.279~281.

틀에서 벗어나지는 못했다. 하지만 상층사회와 중하층사회에 적용하는 방식이 달라 복잡한 양상을 보여주기도 한다.

먼저 상층사회와 관련 '의회운동'을 추진한 타이완인 엘리트는 대부분이 신식교육의 경험자이다. 물론 초등교육을 받기도 했다. 일본 통치 초기부터 향학열이나 학습태도에서 이기주의를 드러냈던 것으로 여겨진 그들이 식민지 교육 세례를 거쳐 시야를 넓히기 위해 일본까지 가서 일본인과 유사한 권리를 요구했다. 그럼에도 보통의 일본인 엘리트가 향유하는 정치 참여 수준까지 올라가려는 그들의 요구는, 일본인이 표상한 '배제'의 언설 속에서 여전히 낡은 '이기주의'에서 유래하는 것으로 표현되었다. 한편, 그들이 가야 할 길은 무엇인가라는 문제가 제기되자, 이번에도 '이기주의'를 조금 좋게 해석한 '실리주의'로 표상되었을 뿐이다. 그 길은 '로맨틱'한 정치 참여가 아닌 '프래그머티즘'한 산업 발전이라는 식으로 규정되었다.

다른 한편으로, 중하층사회와 관련해서는 타이완 영유 초기의 상황과 비교해서 검토해보자. 일본 통치 초기 민간신문을 표방하며 항상 총독부의 시정을 비판했던 ≪타이완민보(臺灣民報)≫에서 강조했던 민의는 타이완 주재 일본인의 민의였을 뿐이다. 타이완인은 배제되어 있었다.[51] 그러나 1920년대 단계에 오면, '의회운동'의 경우 민족자결이라는 세계적 조류나 '의회운동' 측의 주장을 받아들여, 반대하거나 지지하지 않는 측의 논리에서도 타이완인의 존재와 행복을 의식했다. 이는 바로 '의회운동'에 반대하는 사람들이 말하는 '중국은 전통적으로 이원사회(二元社會)'라는 인식에서 나온 것이었다. 말하자면, 타이완인 사회에도 상층과 중하층의 이원사회가 있어, 상층 지식인이 추구하는 것은 관료의 간섭을 피하고 싶은 중하층 양민 사회로서는 오히려 민폐이며, 타이완인 일반의 행복은 의회의 설치에 의해 달성될 수 없다는 논리였다.

지금까지 논한 바와 같이, 이 글에서 다룬 '이기주의'가 식민지 영유 이래

51 柴田廉, 같은 책, pp.106~107.

타이완인의 민족성을 말할 때 흔히 거론되는 선입견 중 하나라는 것은 아니다. 이 글에서 말한 '이기주의'는 초등교육 현장에서 다양한 언설을 통해 오랜 시간 재생산된 주류 타이완 거주 일본인의 인식을 규정하는 것일 뿐이다. 또한 고토 아사타로의 사례에서 보듯, 비록 타이완인에게 '호의적인' 인식을 가진 사람이라고 해도 '이기주의'라는 인식 틀에서는 벗어나지 못했음을 알 수 있다. 1920년대 전후 동아시아에 새로운 시대를 맞이하는 기운이 높아지면서 그 영향을 받아 타이완에서도 자치운동이라는 새로운 형식의 반일 투쟁이 일어났다. 그럼에도 불구하고 타이완인 엘리트에 의한 새로운 움직임은 실제로 '이기주의'를 드러낸 것이고, 운동의 목적도 '이기주의'를 기반으로 하는 타이완인 사회 전체의 행복으로 이어지지 않는다는 인식이 계속해서 타이완인을 억압하고 배제하는 언설에 이용되었다.

1910년대는 타이완에서 식민지 지배가 성과를 보이기 시작한 시기였다. 많은 선전 사업과 활동에서 타이완은 이제 옛날의 타이완이 아니라 일본 통치하에서 새로운 타이완으로 변모하고 있다는 이야기가 회자되었다. 즉 타이완이 많이 변했다고 하는 것이 항상 강조되었다. 그러나 타이완인을 일본인과 동등한 정치적 권리에서 '배제'하거나 '좋은 게 좋다'는 식으로 유도하려는 언설 대부분은, 타이완인을 새로운 시대의 주체로 상정하지 않고 민족성에 고착된 존재로 간주했다. 그래서 타이완인에게 질적인 변화가 일어나고 있다고 인정하지 않았다. 또한 질적인 변화가 없다는 것은 타이완인이 정치 주장을 할 권리가 없다는 억압의 논리로 이어지기도 했다. 이후, '이기주의'에 기초해 타이완인을 인식하는 언설들은 실제로 1920년대 일본인(내지인)과 타이완인이 함께 공부하는 것을 허용하는 '내대공학(內臺共學)'이나 1930년대 '황민화운동' 등의 정책을 실천하는 현장에서도 다시 언급되었다. 이처럼 '이기주의'는 일본 통치 시기를 통틀어 타이완인을 '배제'하는 언설 속에서 중요한 요소를 이루었다.

참고문헌

≪臺教會≫, 第4號. 1902.
≪臺教會≫, 第9號. 1902.
≪臺教會≫, 第10號. 1903.
≪臺教會≫, 第20號. 1903.
≪臺教會≫, 第44~51號. 1905.
≪臺教會≫, 第55~56號. 1906.
≪臺教會≫, 第91號. 1909.
≪臺教≫, 第154號. 1915.
≪臺教≫, 第185號. 1917.
≪臺灣教育會雜誌≫, 第2號. 1901.
≪臺灣教育會雜誌≫, 第3號. 1901.
≪臺灣日日新報≫. 1915.4.20.
≪臺灣日日新報≫. 1921.6.7.
≪臺灣日日新報≫. 1921.6.17.
≪臺灣日日新報≫. 1921.8.8.
≪臺灣日日新報≫. 1921.8.10.
≪臺灣青年≫, 第1卷 第2號, 1920.8.15.
『田健治郎日記』, 1921.1.18.
『田健治郎日記』, 1921.3.27.
加藤春城. 『臺灣教育沿革誌』. 臺北: 社團法人臺灣教育會. 1939.12.
今村義夫. 『臺灣之社會觀』. 臺南: 實業之臺灣社臺南支局. 1922.
臺灣總督府文教局. 『臺灣の教育』. 1934.10.
柴田廉. 『臺灣同化策論』. 晃文館. 1923.
後藤朝太郎. 『現在の臺灣』. 白水社. 1920.7.31.
吉野秀公. 『臺灣教育史』. 編者 刊. 1927.10.

三穀博. 『明治維新を考える』. 岩波書店. 2012.
三石善吉. 「後藤朝太郎と井上紅梅」. 竹內好·橋川文三. 『近代日本と中國·下』. 朝日新聞社. 1974.
松田京子. 『帝國の思考』. 有志舍. 2014.

松田利彦·陳姃湲.『地域社會から見る帝國日本と植民地: 朝鮮·臺灣·滿洲』. 思文閣. 2013.
葉榮鐘.『日據下臺灣政治社會運動史(上)』. 臺中: 晨星. 2000.
苅部直 外 編.『日本の思想內と外: 對外觀と自己像の形成』. 岩波書店. 2014.
吳宏明.「近代日本の臺灣認識: ≪臺灣協會會報≫·≪東洋時報≫を中心に」. 古屋哲夫 編.『近代日本のアジア認識』. 緑蔭書房. 1996.
周婉窈.「臺灣公學校制度, 教科與教科書總說」.『海洋與殖民地臺灣論集』. 臺北: 聯經. 2012.
中島隆博.「教養としての中國: 規範の鑑と蔑視の間で」. 苅部直 外 編.『日本の思想內と外: 対外観と自己像の形成』. 岩波書店. 2014.
陳培豊.『日本統治と植民地漢文: 臺灣における漢文の境界と想像』. 三元社. 2012.
拓殖大學創立百年史編纂室.『東洋文化協會五十年史稿』. 拓殖大學. 2011.3.

3장

3·1 운동의 밤

| **권보드래** 고려대학교 국어국문학과 교수 |

1. 서울, 1919년 3월 말

1919년 3월 23일 서울의 밤은 소란했다. 그것은 3월 1일 이래 종종 서울을 진동시켰던 만세 소리와는 좀 다른 소란이었다. 1일의 그것이 거대하고 통일적이었다면, 23일의 그것은 소규모이고 동시 산발적이었지만 끈질겼다. 돌이켜보면 3월 1일 탑골공원에서 시작됐던 크나큰 함성에 비하면 스무 날 넘게 서울 도심은 비교적 조용했다. 3월 1일의 주역이었던 학생들에 국한해보자면 더욱 그렇다. 이튿날인 3월 2일 종로에서 학생 수백 명이 모였고, 5일 아침 남대문역에서 시작된 학생 시위가 상당한 파문을 불러일으켰으나, 이후 학생이 주동이 된 움직임은 거의 보이지 않는다. 학생들 상당수가 등교를 거부하고 귀향하는 쪽을 택했고, 예비검속의 성격마저 있었던 검거 선풍 속에서 주도 세력 대부분이 구속됐으며, 학교 간 대표·조직 체계 역시 와해된 때문이었을 터이다.

이 시기에 서울 시내의 긴장을 이어갔던 것은 노동자나 상인 쪽이다. 3월

7일에는 동아연초주식회사 직공 500여 명이 파업을 감행한 데 이어 8일에는 용산인쇄국 노동자 130여 명이 만세 시위를 벌였다. 9일부터는 철도국과 경성전기회사 직공·차장 등이 가세해 파업시위를 전개했으며, 이에 따라 10일 아침에는 시내 전차가 사실상 운휴 상태에 들어갔다. 상인들 또한 영업 거부에 돌입했다. 3월 8일 밤 '경성 상민(商民) 대표자 일동'으로 서명된 폐점 촉구 공약서(公約書)가 배포된 이후 9일 아침부터는 실제로 시내 대부분의 상점이 철시했다. 상상해보자면 3월 중순의 서울은 오히려 조용했을 것 같다. 학교 문이 닫히고 상점도 문을 걸어 잠근 가운데 전차마저 드물었을 테니 말이다. 흥분과 두려움이 뒤섞인 기대감으로써 지켜보았을 일촉즉발의 긴장된 분위기 속에서 열흘 남짓이 흘러갔다. 지하 신문과 선전문이 활발하게 제작·유통됐지만 직접 행동은 드물었다. 10일 밤 단성사에서 귀가하던 관객들이 만세를 부른 일이 있었고, 12일 낮에는 보신각에서 문일평 등 11인의 '독립운동 계승선언'이 있었으나, 그 정도라면 긴장의 농도에 비할 때 국지적 사건에 불과했다.

3월 23일 하루 전, 22일에 있었던 노동자대회는 따라서 오랜만의 대규모 운동이었다. 오전 아홉시 반쯤 봉래동에서 노동자 300~400명을 위시한 700~800명 군중이 모인 것이 발단이었다고 한다. 이들은 '노동자대회'·'조선독립만세'라고 쓴 깃발을 앞세워 노동자의 독립운동 참가를 촉구했으며, 인근 의주로를 거쳐 아현·독립문 일대로 진출하는 가운데 시내 곳곳을 누볐다. 3월 초 몇 차례의 노동자 시위가 직장·회사의 경계 내에서 일어났던 반면 22일의 시위는 노동자 일반에 호소하는 좀 더 광범위한 운동이었다. 3월 초 시위가 용산 남쪽 공업지대에서 일어났던 데 비해 22일의 시위는 서울 시내 한복판을 횡단함으로써 훨씬 효과적으로 이목을 집중시킨 사건이기도 했다. 오늘날 행정구역으로 봉화·순화동에 해당하는 서울역·남대문·서대문 사이 삼각지대, 오늘날도 그렇지만 소규모 상·공업 시설이 몰려 있는 장소를 집회장소로 선택했다는 데서부터 22일 시위의 성격은 잘 드러난다. 22일의 노동자대회는 도시노동자라는 존재 일반을 문제화하는 데 성공했으며, 이날 이후 노동자는 운동을 계획할 때 필수적으로 고려해야 할 존재가 되었다. 예컨대 4월 23일 '한성임시정부' 주도하에 기획된 국민대회에서 노동자들은 학생보다 더 중요한 동원 대상으로 고려된다.

3월 22일 노동자대회 이후 서울 시내 공기는 일변했다. 이날 밤에는 남대문 부근에 수백 명이 모여들었으나 곧 해산됐던 것이, 이튿날 밤부터는 시위 장소가 늘어나는 한편 양상이 한층 격렬해졌다. 23일 밤 9시경 종로와 동대문 일대에서 수십·수백 단위 군중이 만세를 부르면서 일부 운행 중이던 전차에 돌을 던져 유리창을 깨고 운전수를 끌어냈으며, 비슷한 시각 마포에서도 만세 시위 및 전차 투석이 있었다. 종로 일대에서만 총 105인이 검거될 정도로 시위 양상이 격렬했는데, 그 밖에 봉래동·훈련원·노량진·용산과 근교의 신설리·석교리 등 총 12개소에서도 각각 200~400명 규모의 사람들이 모여 모닥불을 지피고 만세를 외쳤다.[1] 이날 검거된 105인 대부분이 직공·고용인 신분이었다는 사실로 보나, 용산이나 봉래동 등 이전의 노동자 시위 때 시발점이 된 지역에서 시위가 재발했다는 점으로 보나, 23일 밤의 시위는 전날 낮에 있었던 노동자대회에 자극받은 바 큰 것으로 짐작된다. 이후 일본군이 증파되고 진압 양상이 일층 무력화되기까지, 즉 27일 밤까지 서울 시내 및 인근에서는 밤마다 비슷한 소요 양상을 보였다.

2. 3·1 운동, 한국 사회주의의 기원, 또는

3월 22일의 노동자대회는 1980년대 이래 적지 않은 주목을 받아왔다. 특히 3·1 운동을 혁명과 해방 운동으로 의미화하려는 시도에 있어 노동자 시위는 적기(赤旗) 등장 및 토지균분설과 더불어 중요한 실증적 근거였다. 1917년 러시아

---

1 『韓民族獨立運動史料(三一運動·其二): 日本外務省陸海軍省文書其四·上』(대한민국국회도서관, 1978), 1쪽.

혁명 이후 사회주의에 대한 대중적 관심이 확산되었고, 재러시아 한인 중 상당수가 적군에 가담하고 러시아 지역에서 한인사회당이 창당되는 등, 3·1 운동 이전에 한국 사회주의의 기초 동력이 마련돼 있었으며 그 영향이 3·1 운동을 통해 부분적으로나마 목격된다는 것이다. 결과로부터 거꾸로 소급해 생각하자면 그렇듯 한국 사회주의의 첫 장면에 3·1 운동을 두려는 경향은 오히려 당연해 보인다. 박헌영을 위시해 김단야·이승엽·주세죽 등 후일 사회주의자로 활동한 인물 중 상당수가 3·1 운동으로 사회적 경력을 시작했으며, 33인 대표의 위임으로 상하이에 파견됐던 현순 일가의 궤적이 보여주듯 3·1 운동을 직접 겪지 못한 세대에 있어서조차 사회주의 활동가 중 다수는 '3·1 운동의 후예들'이었다.[2]

이 점은 낱낱이 실증되지는 못한 채로 실증 이전의 심증으로 작용해왔다. 한국 사회주의운동 첫 세대에 속하는 1900년생 전후라면 3·1 운동에 관여했으리라는 추측이 오히려 당연해 보이니 말이다. 실제로 식민지 시기 사회주의자들 중 3·1 운동에 참여한 숫자를 조사해보면 어떨까? 이를 위한 기초 조사로 1996년 발행된 『한국사회주의운동인명사전』(강만길·성대경 편)을 기초 자료로 해 수록 인명 총 2196건[3] 가운데 3·1 운동 관련 사실이 기술돼 있는 경우만 따로 추려보기로 했다. 최대한 보수적으로 조사를 해보자는 생각으로, 이번 조사에서는 사전의 해당 항목에 1919년 2월 8일 이후 5월 말까지의 국내외 선언·시위 관련 기술이 있는 경우만 대상으로 했다. 1996년에 편찬된 사전이니만큼 이후 발견·축적된 정보도 많지만 모두 제외했고, 포괄적으로 보자면 응당 3·1 운동에 참여했다고 평가해야 할 경우도 최대한 신중한 출발점을 마련하자는 원칙상 다 배제했다. 이 기준에 따라 예컨대 송영·장지락·허정숙 등 3·1 운동 관련 행적이 뚜렷한 이들까지도 해당 항목에 3·1 운동 직접 관련 서술이 없다는

2 정병준, 『현앨리스와 그의 시대』(돌베개, 2015).

3 『한국사회주의인명사전』 서문에는 수록 항목에 대한 정확한 정보 없이 "이 사전에는 약 2000명이 수록되었다"고만 쓰여 있다[강만길·성대경 엮음, "책을 펴내면서", 『한국사회주의운동인명사전』(창작과비평사, 1996)].

이유로 참여 인원에 포함시키지 않았으며, 상하이임시정부 참여 인원 중에서도 시위나 선언식 관여 흔적이 뚜렷하지 않으면 그 또한 빼고 셈했고, 3·1 운동 1주년 기념시위 등은 더더구나 인정하지 않았다.[4] 일일이 사전을 읽어 내려가며 정리하는 방식을 택한 만큼 오류가 있을 수 있겠으나, 일단 『한국사회주의운동인명사전』 수록 인명 중 3·1 운동 직접 관련 서술이 나오는 사례로 총 119건을 추릴 수 있었다. 총항목 중 비율로 따지자면 약 5.4%에 해당하는 숫자다. 〈표 3-1〉은 그 해당자를 표로 정리한 결과다.

5.4%라는 비율은 애매하게 보이지만, 3·1 운동 참여라는 기준을 극히 보수적으로 잡았다는 사실을 고려하면 그 비율은 크게 늘어날 터이다. 상하이임시정부 참여나 3·1 운동 직후 동맹휴학과 시위 등을 다 제외했을 뿐 아니라, 송영·장지락·허정숙 등처럼 다른 자료를 통해 3·1 운동 참여 사실이 확인되는 경우도 일단 배제했기 때문이다. 기준을 더 포괄적으로 하고 보충자료를 활용한다면 3·1 운동 참여자 숫자는 대폭 증가할 것으로 짐작된다. 『한국사회주의운동인명사전』에는 1919년 당시 유소년이었거나 출생 전이었던 사람도 다수 포함돼 있으니, 그 사실까지 감안한다면 후일의 사회주의 활동가 중 3·1 운동 당시 성년이었던 이들 중에는 상당수가 3·1 운동에 참여했다고 생각할 수 있음직하다. 그렇게 방향을 잡을 경우 〈표 3-1〉은 3·1 운동과 사회주의운동을 직결시킬 만한 근거처럼 보일 수도 있겠다. 식민지 시기 사회주의 운동가들이

---

4 3·1 운동 참여의 경계로 삼은 것은 예컨대 다음과 같은 여운형 관련 서술이다. "(1918년) 12월 미국 윌슨 대통령에게 보내는 「조선독립에 관한 진정서」를 미 대통령 특사 크레인에게 전달했다. 1919년 초 신한청년당의 노령·간도 파견 대표로 선정되었다. 노령과 간도를 순회하며 현지 민족운동 지도자들과 함께 독립운동 방법을 협의했다. 4월 상하이임시정부 외무부 위원, 7월 상하이한인거류민단 단장으로 선출되었다." 여운형의 행적 및 그 의미는 자세히 알려져 있지만, 혹 추가 정보가 없을 경우 자칫 모호할 수 있는 진술이다. 3·1 운동 참여를 1919년 2~5월 시위·선언식 참여 및 격문 배포라는 좁은 의미로 제한했다는 것을 생각할 때 포함 여부가 모호하다는 뜻이다. 진정서 전달 및 신한청년당 대표로서의 활약, 상하이임시정부 참여 등 여러 요소가 중첩돼 있으므로 3·1 운동 참여자 명단에 포함시켰지만 이 정도가 포함의 최대치라고 할 수 있다.

〈표 3-1〉『한국사회주의운동인명사전』 수록 인명 중 3·1 운동 직접 관련 서술이 나오는 사례

번호	이름	식민지 시기 주요 경력	3·1 운동기 활동 지역	특기 사항
1	강달영	조공 책임비서	진주·합천	징역 3년
2	강진건	함북 농민운동 지도자	만주	징역 5년
3	강학병	조공 당원		징역 1년
4	계봉우	신민회 회원		
5	구창회	조공 당원	괴산	징역 10월
6	권원하	예천농조 위원장		
7	권일선	재일조선노총 위원장	경남	
8	권정필	조공 만주총국 책임비서		
9	김기진	≪조선지광≫기자		격문 배포, 구금 3일
10	김단야	조공 해외부 위원		
11	김도엽	고려공청 회원		징역 2년 6월
12	김단야	독립동맹 주석		
13	김만겸	고려공산당 중앙위원		선언서 러시아어 번역, 배포
14	김명식	고려공산당 국내부 위원		2·8 독립선언
15	김문준	재일조선노총 중앙위원	제주	
16	김병식	전조선민중운동자대회 준비위원	해주	징역 2년
17	김복수	농총 중앙집행위원		
18	김복진	조공 경기도당 집행위원		
19	김봉빈	조공 당원	전주	
20	김사국	고려공산동맹 책임비서		국민대회 개최
21	김사민	고려공청 중앙총국 책임지서	만주	
22	김성숙	창일당 간부		징역 2년
23	김세용	건국동맹 중앙간부	대구고보	
24	김승빈	신흥무관학교 교관		
25	김아파사니 아르센찌예비치	고려공산당 중앙위원	블라디보스토크	
26	김영휘	전북민중운동자동맹 회무위원		
27	김유인	고려공산동맹 교양부 책임자		격문
28	김재봉	조공 초대 책임비서		
29	김재홍	조공 경남도당 집행위원	진주	징역 6개월
30	김제혜	러시아 공산당원		
31	김철국	고려공산당원		경원선 철도노동자
32	김철환	조공 재건운동 참가자		
33	김필현	경성적색노조건설협의회 경제부 책임		인쇄노동자
34	김홍선	조선 만주총국 선전부 책임	화룡현	
35	남윤구	조공 함북도 위원	청진	징역 1년
36	노명우	부여 공산주의자협의회 조사부 책임자	공주	징역 6월
37	도정호	조공 경기도당 조직부장		인쇄노동자
38	마진	고려공산당 간부	용정	
39	박건	고려공산당원	용정	
40	박노영	조공당원		징역 2년
41	박열	흑도회 조직자		
42	박영	황포군관학교 교도대 군관		
43	박청림	노령 한인빨치산부대 간부	철원	
44	박헌영	조공 총비서		
45	배치문	조공 당원	목포	징역 1년 6월

46	백남표	조공 황해도 위원	재령	
47	변희용	북성회 집행위원		2·8 독립선언
48	서상용	고려공산당 간부		대한독립선언서 서명
49	서영환	고려공산당 중앙위원	서울	
50	서정희	조공 당원	광주	
51	서진문	고려공청 일본부 회원	울산	
52	서태석	조공 선전부장		
53	성시백	민혁당 당원	서울	
54	송내호	소안도 농민운동 지도자	소안도	
55	신백우	서로군정서 참모주임		국민대회
56	안기성	조공 만주총국 동만구지역 책임비서	안동	
57	안병찬	고려공산당 책임비서	신의주	변호사
58	양림	중국공산당 당원	평양	
59	여운형	고려공산당 중앙위원		
60	오기섭	조공 당원	평양	
61	오중화	조공 당원		
62	요영국	고려공청 회원	성진	
63	유동열	고려공산당 중앙위원		대한독립선언서 서명
64	유연화	조공 당원		≪자유민보≫ 배포, 징역 3년
65	윤세주	의열단 단원	밀양	
66	윤자영	조공재건준비위 조직부 책임		징역 1년
67	이경호	조공 만주총국 책임비서	웅진	
68	이규송	조공 당원		징역 1년
69	이기택	조공 재건운동 참가자	임실	
70	이백초	『선봉』 주필	만주	
71	이병의	조공 중앙위원 후보		징역 6월
72	이봉수	조공 중앙집행위원		독립운동단 대표로 상하이 파견
73	이상갑	조공 당원		
74	이수을	노총 중앙집행위원		≪독립신문≫ 배포
75	이승	적기단 부단장	북간도	
76	이승엽	조공 당원		
77	이운호	신간회 안동지회장	안동	
78	이정호	적기단 간부	가평	
79	이종림	고려공청 만주비서부 위원	덕원	
80	이주하	조공 재건운동 참가자		
81	이주화	조공 만주총국 집행위원	북간도	
82	이준열	조공 책임비서	서울충남	
83	이지탁	고려공청 중앙위원		대한독립선언서 배포 등
84	이지호	조공 당원	안동	징역 1년
85	이춘균	북청청년동맹 신포지부 집행위원		
86	이헌	조공 당원	정읍	
87	이호	조공 당원		대구고보 동맹휴학
88	이황	조공 당원		1920.6 출옥
89	임민호	만주 조선총국 동만구지국 위원	용정	
90	임봉순	고려공산청년동맹 중앙위원		≪혁신공보≫ 간행
91	임영선	고려공산당 당원	서울	≪독립신문≫ 배포
92	장기욱	조공당원		징역 10월
93	장시철	조공 만주총국 당원	청진	
94	장채극	고려공산청년동맹 집행위원		징역 2년

95	정남국	조공 완도야체이까원	완도	
96	정노식	고려공산당 간부		'민족대표 48인' 중 1인
97	정재달	조공 재건운동 참가자	진천	
98	정종명	고려공청 회원		관계 서류 보관
99	조극환	조공당원	영암	징역 2년
100	조봉암	고려공총 중앙집행위원		징역 1년
101	조용주	조공 당원		대한독립선언서 작성 참여
102	주건	조공 만주총국 간부	연길	
103	주세죽	고려공청 중앙후보위원	함흥	구금 1개월
104	진공목	조선 만주총국 조직부장		징역 1년
105	진병로	조공 일본총국 당원		
106	차금봉	조공 책임비서		기관차 화부, 노동자 시위
107	채규항	조공 당원	홍원	
108	최계립	적기단 단장	북간도	
109	최상덕	무산자동맹회 회원	서울	
110	최팔용	고려공산당 간부		2·8 독립선언
111	팽삼진	마산노농동우회 집행위원	마산	
112	한길상	조공 중앙위원	광주	징역 2년 6월
113	한낙연	중국공산당 당원	용정	
114	한설야	카프 중앙위원		구금 3개월
115	한위건	조공 중앙위원		경성의학전문 학생 대표
116	한진	조공 만주총국 간부		
117	현칠종	조공 동만구지국 선전부장	성진	
118	홍남표	조공 선전부장		≪자유보≫ 배포
119	홍명희	신간회 중앙집행위원	괴산	

'3·1 운동의 후예들'이었을 뿐만 아니라 3·1 운동 당시부터 사회주의적 지향을 갖고 있었다고 말이다.

미리 결론을 말하자면, 이 글은 식민지 시기 사회주의자들이 '3·1 운동의 후예들'로서 성장했다는 주장을 적극 지지하지만, 거꾸로 3·1 운동 자체를 통해 사회주의적 지향을 찾아볼 수 있다는 주장에는 동의하지 않는다. 3·1 운동을 통해 사회주의가 자라났다는 주장과 3·1 운동에 이미 사회주의가 작용했다는 주장은 분명하게 구별될 필요가 있다. 3·1 운동 당시는 제1차 세계대전 직후 '개조'의 사상이 전 세계를 풍미하던 때다. 프랑스 대혁명 이후 유럽 내 구체제가 붕괴되기 시작했음에도 여전히 강력하던 왕정·귀족정의 질서가, 또한 식민지에 모순을 전가하면서 유지되고 있던 제국의 지배 형태가 대부분 무너지면서 공화정과 민족주의가 세계적으로 설득력을 얻던 시기인 것이다. 이때 유럽을 대신할 신흥 강국으로 부상한 미국과 소비에트 러시아는 '개조'의 방향을 공유하는 사례로 받아들여졌고, 미국이 러시아 10월혁명을 지지하는가 하면 유럽 사회주의자들이 윌슨을 예찬하는 등 상호 연대의 기류 또한 충분했다.[5] 그야말로 세계가 재형성되고 있던 한복판에서 미국과 러시아 역시 변화의 기로에 서 있었다. 세계대전 종전 당시 생생하던 이러한 개조와 연대의 경향은 3, 4년에 걸쳐 차츰 퇴색하게 되지만, 3·1 운동은 그 이전, 개조의 희망이 한창 빛나던 무렵의 사건이었다.

개조와 이상주의의 기만성을 비판하는 시각이 없지 않았으나[6] 그런 현상을 바로 사회주의적 방향으로 해석하려는 것은 무리다. 마르크스·엥겔스의 제1인터내셔널과 조레스가 주도한 제2인터내셔널이 지나간 후, 레닌이 주도하는 새로운 사회주의 그 자체가 막 형성 중에 있었다. 격심한 내전 중에 신생 소비에트 러시아가 살아남을 수 있을지조차 불확실했다. 제1차 세계대전이 한창일 때 부상한 '개조'라는 사상이 그 추상성을 드러내면서 분화·해소되는 데도 역시 몇 해가 걸릴 터였다. 계급과 인종과 성(性)의 장벽이 철폐되리라는 유토피아적 전망이 각 지역의 민족적 열망을 현실화하는 회로가 되고 있던 당시, 사회주의는 그 유토피아적 전망의 일부 혹은 이웃으로 비쳤다.

그럼에도 3·1 운동을 통해 학생뿐 아니라 노동자라는 존재가 부상했다는 사실은 충분히 흥미롭다. 노동자를 동원 대상으로 삼은 움직임은 초기부터 있었다. 독립선언서를 배포할 때 노동자들에게 약간의 사례금으로 협조를 의뢰

---

5 ≪학생계≫는 1921년 1월 '신년호특별대부록: 현대 12인걸의 생애와 및 그 사업'이라는 기획을 마련한 바 있는데, 거기 수록된 인물은 (미국 대통령) 윌슨, (영국 총리대신) 로이드 조지, (미국 대좌) 하우스, (영국 신문왕) 노드클리프, (전 불국 총리대신) 브리앙, (과격파 수령) 레닌, (전 불국 총리대신) 클레망소, (전 독국 황제) 카이저, (전 영국 총리대신) 아스퀴드, (전 불국 대통령) 푸앵카레, [전 이국(伊國) 총리대신] 손니노, (과격파 거두) 트로츠키였다. 전 독일 황제와 미·영·불의 수반(首班), 그리고 레닌·트로츠키가 동일한 경탄의 어조로써 서술되는 상황이었던 것이다.

6 1919년 4월 열린 한인사회당 제4차 대회에서는 파리평화회의에 파견된 대표 소환을 결의한 바 있다. 근거가 박약하긴 하나 의열단장 김원봉이 파리평화회의 대표 암살까지 주장했다는 진술도 박태원, 『약산과 의열단』(백양당, 1947)에 나온 바 있다.

한 일이 있었고, 밥과 술과 돈으로 만세를 부탁한 일도 있었다. 서울에서 양화점(洋靴店)을 경영하던 24세의 유장호의 경우가 특히 흥미롭다. 그는 3월 중순 "전차교차점에서 만세 부르고 오라고" 철도공사 인부들에게 15원을 제공했다. 2,30명 규모의 인부를 이끌고 있는 십장 김창룡을 통해서였다.[7] 첫날은 시위가 무산돼 15원을 식대로 사용하고 말았는데도 이튿날 유장호는 다시 60원을 제공했다. 본인 소유의 양화점에서 3월 중 올린 총매출 200여 원에서 헐어낸 돈이었다고 한다.[8] 촌락 단위 동원 경험이 남아 있었던 농촌 지역과 달리 지역 동원 경험이 없는 데다 학생이나 노동자 등의 도시적 존재들이 장악하기 시작한 서울에서 어쩌면 당연한 상상의 방향이었겠다. 이들 노동자는 종교계와의 연관이 희미했고 학생들처럼 조직화에 용이한 상태도 아니었으니 3·1 운동의 일차적 참여 대상은 아니었지만, 3월 1일 밤 노동자 중심의 야간 시위에서 보이듯, 3·1 운동 초기부터 운동에 관심을 보이며 개입 가능성을 타진하고 있었다. 1910년대 후반을 통해 노동자들의 숫자가 늘어나면서 파업·시위 또한 빠르게 증가했다는 사실도 잘 알려져 있는 바다.[9]

3월 22일의 노동자대회는 그런 기다림을 자극한 사건이었다. 이후 3월 27일까지 계속된 서울 시내 야간 시위는 23일 밤 검거자들의 면면이 보여주듯 전적으로 노동자들에 의해 주도된다. 그 양상이 순전히 우발적인·자생적인 것이었는지, 다소의 조직적 교감이 있었는지에 대해서는 의문의 여지가 있다. 현재로선 참가자들의 진술을 보나 시위 양상을 보나 전반적으로 우발적·자생적 기류가 강했다고 말해두는 데 그쳐야 할 듯하다. 3월 5일 이후 서울에서 일어난 시위 대부분이 그러하듯 3월 말의 야간 시위도 혼자, 기껏해야 두어 명이 시작한

---

7 「김창룡 신문조서」, 『한민족독립운동사자료집 14』(국사편찬위원회, 1989), 164쪽. 이하 같은 자료집에서 인용하는 경우 인용 권수와 쪽수만 밝혀 표시하도록 한다.

8 「유장호 신문조서」, 『한민족독립운동사자료집』, 161~162쪽.

9 임경석, 「1910년대 계급구성과 노동자농민운동」, 한국역사연구회·역사문제연구소 엮음, 『3·1민족해방운동 연구』(청년사, 1989).

경우가 많았다. 3월 27일 밤 시내를 가로지른 100여 명의 대오 역시 노동자 두 명에게서 시작된 것이었다. 동아연초주식회사 직공인 17세 홍복동과 그의 친구 김복길이 장본인으로서, 이들은 오전에 천을 끊어다 독립만세기 및 태극기를 만들고 등불을 준비한 후 아이들 몇 명을 앞세워 행진을 시작했다.[10] 팔판동 김복길의 집에서 시작한 행렬은 화동·안국동·재동을 통과해, 마지막에는 재동파출소를 둘러싸고 투석을 해대는 공격적 양상을 보인다.

3. 노동자대회 이후, 정지현(정백)의 생애

3·1 운동은 좌우를 막론하고 이후 운동의 수원지였을 뿐만 아니라 사상·지식·문화의 발원지이기도 했다. 3월 22일 노동자 시위를 이끌었던 정지현이라는 인물부터가 이와 같은 3·1 운동의 성격을 잘 드러내주는 존재다. 그는 학생이면서 노동자에 호소했을 뿐 아니라 문학청년이면서 사상운동에 접속했으며, 그럼으로써 3·1 운동을 출발점으로 해 해방기까지 이르는 수십 년 역사의 주역으로 활동했다. 1910년대 말~1920년대 초 문학과 사회운동 사이 접점에 주목한 연구는 지난 십수 년 내 꾸준히 축적돼왔지만,[11] 노동자 시위의 주역이라는 측면에서 정지현에 주목한 사례는 눈에 띄지 않으니 이 문제적 인물에 좀 더 초점을 맞춰봐도 좋겠다. 3·1 운동 당시 휘문고보에 재학 중이었던 정지현은 조선약학교 학생 김공우와 더불어 22일 노동자대회를 통해 실명이 거론된 학생 신분 참여자 단 두 명 중 하나다. 조선약학교의 학생 대표로 활약한 까닭에 기소·신문을 당했던 김공우와 달리 정지현에 대해선 체포기록이나 신문자료 등이 남아 있지 않다.[12] 그 때문인지 김공우는 노동자대회를 순전히 정지현

---

10 「박계갑 신문조서」, 『한민족독립운동사자료집 27』, 102쪽

11 예컨대 정우택, 「황석우의 매체 발간과 사상적 특징」, ≪민족문학사연구≫, 32호(2006) 등.

12 휘문칠십년사발행위원회, 『徽文七十年史』(휘문중고등학교, 1976), 158쪽에 따르면 3·1 운

이 주도한 것으로 진술했으며, 그가 3월 17일경 "저번 경성에서 학생이 주동해 조선독립운동을 개시했으나 힘이 미약해 이 기회에 노동자계급의 지원을 받지 않으면 당초의 목적을 달성하기 어려우니 이로부터 이 ≪노동회보≫란 인쇄물을 각 곳 노동자에게 배부해 이들에게 독립운동을 권유하라"는 말로써 이후 운동을 주도했다고 주장했다.

정지현이란 어떤 인물인가? 그의 생애는 파란만장하다. 3·1 운동 이후 주로 정백이란 이름으로 활동했던 그는 1950년 타계하기까지 사회운동가로서 활발하게 활동했다. 식민지 시기 감시 대상 인물카드에 따르면, 그는 1899년 강원도 김화군 김화면 운장리 출생으로 ≪조선지광≫ 기자를 지냈으며 1931년 체포된 바 있다.[13] 해방기에 발행된 조선연감 1947~1948년판에서는 그가 서울청년회 청년총동맹의 간부를 역임하고 제1차 공산당사건으로 7년간 옥살이를 했으며 이후에도 여러 차례 투옥된 바 있다고 전한다. 해방기에는 건국준비위원회에서 주도적으로 활동하는 한편 민전(民戰) 중앙위원을 지냈다고 한다.[14] ≪개벽≫의 1926년 자 기사에서는, 정백이 1923년 이성태·송종건 등과 더불어 민중사를 조직했고, 1924년에는 조선노동총동맹 및 조선청년총동맹을, 1925년에는 전진회를 조직했다고 쓰고 있다.[15] 해방기에는 여운형의 측근으로서 송진우와 여운형 계열 합동을 위해 노력했다고 한다. 박헌영과 거리가 있어 조선공산당 주류가 아니었음에도 해방기에는 좌익 거물로 취급됐던 듯, 1949년 체포·압송될 때의 사진도 남아 있으며[16] 해방 후 한국전쟁기까지 좌익 검거의 역사를 기록한 '표적'

동으로 구금된 휘문고보생은 총 8인이었으며 그중 재판에 회부돼 옥고를 치른 것은 신용준·임주찬·심원섭의 3인이었다고 한다. 정지현은 이름이 밝혀지지 않은 나머지 8인에 포함돼 있을 가능성이 높다.

13 일제감시대상인물 카드 http://db.history.go.kr/id/ia_4978_3781#addresses

14 http://db.history.go.kr/item/level.do?setId=158&itemId=im&syNo.nym=off&chinessChar=on&page=1&pre_page=1&brokerPagingInfo=&position=118&levelId=im_109_00794

15 「사회운동단체의 현황」, ≪개벽≫, 66(1926.3), 49쪽.

16 "鄭栢送廳", ≪동아일보≫, 1949.12.6.

시리즈 중 한 권이 정백에게 할애돼 있기도 하다.

문학사에서도 정지현(정백)의 몫은 적지 않다. 박종화는 한국 근대문학의 요람 중 하나로 휘문고보 문우회를 꼽은 바 있다. 교사 박중화가 회장 역할을 맡고 신석우·권덕규·이선근 등 후일 학계·언론계·정치계에서 활약한 인물들 외 박종화 본인과 정백·정지용 등이 참여했다는 것이다.[17] 마치 4·19 세대 문학의 전개에 있어 서울대학교 문리대가 각별한 역할을 수행했듯 3·1 운동 이후 문학의 추이에 있어서는 휘문고보가 특별한 역할을 했다고 주장하고 싶어 하는 듯 보이기마저 한다. 1920년대 문학에 있어서는 문학동인지 ≪창조≫로 상징되는 서북 출신, 일본 유학생의 존재를 가장 크게 의식하는 것이 일반적이나, 박종화식 회고에 설득력이 없는 것은 아니다. 김기진·박영희 등을 낳았던 배재고보까지 치면 3·1 운동 이후 문학에 있어 3·1 운동의 주역이었던 서울 시내 고등보통학생들의 진출은 실로 인상적이다. 이들 중 상당수는 문학을 평생의 업으로 선택하고 작가로서 이름을 남겼다.

정지현(정백)이 택한 길은 달랐다. 김공우와 달리 그는 정식 기소되진 않았으나 3월 22일 노동자대회 이후 얼마 동안 유치장 신세를 진 것 같다. 박종화와 더불어 휘문고보의 문우(文友) 중 한 명이었던 홍사용 역시 그러했던 듯, 홍사용 일대기에는 "노작이 본격적으로 문학을 시작한 것은 3·1 운동에 참가해 일경에 체포되고 3개월간 옥살이를 한 후 풀려나, 친우 정백과 함께 …… 『청산백운』이라는 합동 수필집을 쓴 때부터"라고 기록돼 있다.[18] 『청산백운』은 정식 출판된 책이 아니라 정지현·홍사용 공동 명의로 각각 2, 3종의 수필을 원고지에 정서한 후 표지를 붙여 묶어낸 책자다. 이 책자 첫머리에 실려 있는 글이 정지현(정백)의 아호인 '묵소(默笑)'로 서명돼 있는 1919년 8월 1일 자 머리말이다. 정지현(정백)에 따르면 3·1 운동으로 파란을 겪다 홍사용의 고향인 용인 인근에 내려온 것은 1919년

---

17 『역사는 흐르는데 청산은 말이 없네』(삼경출판사, 1979), 388쪽.

18 이원규 편저, 『백조가 흐르던 시대』(새물터, 2000), 21쪽.

6월, 이후 그들은 몰이해 속에서도 "백의인(白衣人)과 낙원을 같이 건너가려고" 애썼다고 한다. 좀 더 길게 본문을 인용해보면 다음과 같은 문장이다.

> 學海에 同舟人이 되어 己未 춘삼월 풍랑에 표류를 당하고 이리저리 떠다니다가 다시 한곳으로 모이니 곳은 華城 良浦요 때는 동년 6월이라. 주인은 笑啞요 과객은 默笑러라./ 그들은 항상 남모르는 웃음을 웃으며 무시로 청천에 떠가는 白雲을 愁然히 바라본다./ 촌사람들은 가리켜 不可思議人이라고 조소한다. 그 많은 사람에도 그 두 사람을 알아주는 사람은 그 두 사람밖에 없다. 그 두 사람은 해 저물어 가는 강가에서 울고 서 있는 白衣人과 낙원을 같이 건너가려고 손목을 마주잡고 배 젓기에 바쁜 그들이다.[19]

3·1 운동 이후 조선인들의 사회·언론·문화 공간이 열렸을 때 정지현(정백)은 잡지기자로 전신(轉身)했다. 처음에는 지방 유지 이병조가 자금을 댄 문흥사라는 출판사에서 근무했다. 여기서 낸 잡지가 ≪서광≫, ≪문우≫ 등이다. 특히 ≪문우≫에서 정지현(정백)은 주필을 맡아 활약했다.[20] 박종화는 교실 휴지통에서 우연히 정지현(정백)의 기행문을 주워 읽은 후 그 문재(文才)에 감탄해 친구가 되었노라 술회했지만, 막상 문학적 글로서 정지현(정백)의 소작(所作)이 남아 있는 것은 거의 없다. ≪문우≫ 창간호에는 1920년 1월 1일 자로 서명된 단편소설 「21일」이 실려 있을 뿐이다. 「21일」은 말단관리인 젊은 가장의 생활고를 다룬 짤막한 소설로서 자유연애 풍조에 대한 비판적 접근, 그리고 3·1 운동 전후 유행어였던 '번민과 비애'를 진단하는 데 실생활과의 연관성을 강조하는 면모가 흥미롭다. 그러나 주인공 정수는 구여성인 아내 정희를 지식으로 단련

---

19 默笑, "머릿말", 『청산백운』, 이원규, 『백조가 흐르던 시대』, 60쪽에서 재인용.

20 사상·문화사에 있어서 ≪문우≫의 의미에 대해서는 정우택, 「≪문우≫에서 ≪백조≫까지: 매체와 인적 네트워크를 중심으로」, ≪국제어문≫, 47호(2009) 참조.

시키면서도 총독부 말단관리로서의 역할 자체에 대해서는 별 회의를 드러내지 않으며, 생활고로 인한 고민을 해소하는 데 있어서는 사랑과 종교에 의지한다. 정수의 마지막 말은 종교색 짙은 자족적인 대사로서, "우리는 아무쪼록 하나님 사랑에서 죽지 않고 영원히 살 터이니까 에덴동산 속에 가서도 둘이 손목을 잡고 지낼 것이니까 …… 나는 참으로 사랑에는 만족"한다는 것이다.[21]

뜨거운 키스 속에 세상 걱정을 살라버린다는 「21일」의 결말에 사회주의적 함의는 보이지 않는다. 3·1 운동이 일어나고 1년 후, 이때까지만 해도 작가인 정지현(정백) 역시 사랑과 종교라는 가치를 신뢰하고 있었다고 생각하는 편이 한결 설득력 있어 보일 정도다. 정지현(정백)은 월급날인 '21일'을 맞아 새삼 생활난을 느끼는 총독부 말단관리를 주인공으로 삼으면서도 그 사회적 역할을 시비하지 않고 생활난의 근본적 원인을 탐문하지도 않는다. '자유연애'의 신여성 편애를 경계하고 '번민과 비애'의 현실적 원인을 진단하지만 그런 문제를 해결하기 위해 내딛는 걸음은 여전히 사랑과 종교를 향하고 있는 형국이다. ≪문우≫에 실린 다른 글을 보더라도 3·1 운동 이전과 마찬가지로 사회주의란 개조의 사상이라는 큰 틀 안에서 이해됐던 것 같다. 「21일」과 같은 호에 실린 최정묵의 논설 「신시대와 신생활」은 '청년사상계의 동란'을 화두로 삼으면서도 그 핵심을 '강권(強權)'과 '공리(公理)' 사이 투쟁으로 이해한다. 그런 이해 속에서 사회주의는 프랑스혁명 이후 일련의 사상적 모색 중 하나로, 또한 '공리'를 실현하려는 개조의 노력 중 하나로 제시될 뿐이다.

> 18세기 말엽 이래로 사회주의란 것이 발생했다. 그럼으로부터 강권과 公理란 것은 서로 대항하며 분투해왔다. 강권은 완강히 저항해왔으며 공리는 용감히 진격해왔다.[22]

---

21 정백, 「卄一日」, ≪문우≫, 1호(1920.5), 19쪽. ≪문우≫는 성균관대 국문학과의 정우택 선생님께서 소장하고 계신 자료를 이용했다. 손수 자료를 보내주신 후의에 깊이 감사드린다.

22 최정묵, 「신시대와 신생활」, ≪문우≫, 1호(1920.5), 34쪽.

1922년 3월 창간한 ≪신생활≫에 오면 잡지의 성격이나 담론의 색채와 더불어 정지현(정백)의 입장도 크게 달라진다. 사회주의를 '개조'와 '해방'의 큰 흐름 속에 위치시키려 한 시각이 완전히 사라진 것은 아니다. 제6호의 권두언 「사회주의자와 공리주의자」 같은 글에서는 "사회주의와 공리주의는 사촌간 …… 부부간"이라고 주장하면서 "사회주의가 아니면 공리주의를 이루지 못하고 공리주의를 신봉하면 자연히 사회주의로 들어가게 된다"고 쓰고 있기도 하다.[23] 재정적 기반이나 편집진에 큰 차이가 없는 데다 ≪문우≫와 약 1년 차이가 고작이라는 사실을 생각하면 되레 당연한 일이겠다. 그러나 ≪문우≫와 달리 ≪신생활≫은 창간사에서부터 신생활·자유 사상과 함께 '평민문화'를 지향점으로 꼽았고 '대중의 동무'가 될 것을 피력했다. 「사회주의자와 공리주의자」가 실렸던 같은 호에는 신일용이 「맑스 학설의 小연구」를 기고했고, 이어 제9호(1922.9)에는 정지현(정백)이 「무산계급의 역사적 사명」을 써서 실었다. 마르크스 장례식에서 엥겔스가 했다는 고별연설을 번역한 글이지만, 그 요체는 계급투쟁론을 소개하고 '혁명적 노동계급'의 역할을 강조하는 것이다.

이 글에 이르면 마르크스주의가 유일의 진릿값으로서 조명받는 모습이 약여(躍如)해지는 동시에 경제와 계급을 핵심으로 한 변혁에 대한 강조 또한 두드러진다. "금일의 노동계급은 잉여가치의 회복을 요구하는 동시에 사회적 종속의 철폐를 요구하"고 있으며, 노동운동의 최종 단계는 모름지기 "잉여가치의 생산을 목적으로 하는 경제조직 그것에 대한 반항운동"이 되어야 한다는 발언 등이 이를 잘 보여주는 징표이다.[24] 이 호에는 신일용 또한 「사회주의의 사상」을 기고해 마르크스 사상 중심의 사회주의가 ≪신생활≫의 지표가 되고 있음을 웅변했다. 유명한 ≪신생활≫ 필화 사건, 즉 '러시아혁명 5주년 기념' 특집으로 주필 김명식과 기자 신일용·유진희가 1년 6개월 이상의 징역형을 받기까지에 이

23 솔뫼, 「사회주의자와 공리주의자」, ≪신생활≫, 6호, 1쪽.
24 정백, 「무산계급의 역사적 사명」, ≪신생활≫, 9호(1922.6), 39~40쪽.

른 사건이 일어난 것은 두 달 후였다.[25]

요컨대 정지현(정백)의 경우를 통해 보더라도 3·1 운동 당시 사회주의는 '개조'와 '해방'이란 사조의 일부로서 이해되다 점차 분화·구체화되었음을 알 수 있다. 정지현(정백)은 3월 말 서울 시위에서의 노동자 참여를 이끌어낸 장본인이었지만 사회주의·공산주의에 대해서도 레닌적 폭력 혁명 개념에 대해서도 또렷한 상을 갖지 않았던 것으로 짐작된다. 그럼에도 3월 22일 노동자대회 후 여러 날 계속된 서울에서의 시위는 산발적인 동시에 폭력적인 양상을 특징으로 했다. 투석으로 상징되는 폭력 동원은 3월 초와 구분되는 3월 말 서울 시위의 특징이다. 재동 외 와룡동과 안국동 파출소는 물론 경성공업전문학교에 투석이 가해지고, 일본 아동을 위한 소학교에 방화가 시도되는 등 각종 관공립기관이 타격 대상이 되었으며, 특히 시내를 오가는 전차가 빈번하게 공격을 받았다. 아마 상당수 전차 운전수가 여전히 파업 중이던 당시 파업에 동참치 않은 운수노동자를 향한 불만이 터져 나온 때문이었을 터이다. 시위가 점점 격렬해진 끝에 26일 밤에 파괴된 전차 유리창만도 35장이요 다수의 전차 운전수가 부상당했다고 한다. 이날 밤 시위는 20여 곳에서 진행됐다.[26]

3월 27일에는 앞서 소개한 동아연초주식회사 직공들에 의해 시작된 재동 시위 외 안암동에서도 파괴·소요 양상을 보인 격렬한 시위가 일어난다. 이때까지 시내 시위에서는 인명 희생이 목격되지 않았던 것이 "27일에는 경찰관의 제지를 듣지 않고 완강하게 저항했으므로 드디어 폭민 측에 2명의 사망자를" 냈다고 한다.[27] 그러나 닷새 동안 이어진 야간 시위는 이날로써 끝났다. 이튿날인

---

25 ≪신생활≫과 사회주의 사상 관련 전반에 대해서는 박종린, 「1920년대 초 사회주의 사상의 수용과 ≪신생활≫」, ≪사림≫, 49호(2014) 참조.

26 ≪매일신보≫ 보도에 따르면 서울 시내 및 인근 20여 곳에서 시위가 있었다. 시작 시간은 저녁 8시에서 11시 40분 사이였으며 각 곳에 모인 인원은 가장 많은 곳이 1000명 규모였다(독립문 앞, 10시 25분).

27 ≪매일신보≫ 기사를 통해서는 사망자 발생이 확인되지 않는다. 3월 27일 밤 서울 인근 인마재(磨石隅里)와 뚝섬(纛村)에서도 주민들이 격렬한 시위를 벌이다 총격을 당해 사망자를

28일 서울에 보병 3개 중대가 추가 배치되어 '거의 계엄령 같은' 삼엄한 경계를 펼치는 가운데 시내는 고요해졌다. 파리강화회의 시찰단이 내한한다는 소문이 돌았던 바로 그 날짜였다.[28] 그 대신 서울의 고요를 보충이라도 하듯 인근의 경기·충청 등지에서는 바로 이때부터 시위가 전면화·공세화된다.[29]

3월 말 들끓었던 서울의 공기가 인근 다른 지방에 영향을 미쳤을 가능성은 적지 않다. 시내 곳곳에서 숨바꼭질식 시위를 벌이는 사이 근동(近洞) 주민들은 불을 피우고 함성을 지르는 것이 3월 말 서울 지역의 일반적 시위 양상이었던 것으로 보이는데, 특히 후자가 시각적 강렬성을 통해 인근에 전파됐을 가능성이 있다. 산에 올라 불을 피우는 행위는 조선시대의 봉화나 거화(擧火)·산호(山呼) 등의 전통을 상기시키면서 비상시의 행동양식으로 높은 전파력을 발휘한다. 3월 말 서울 시위 이전 이미 봉화 시위가 등장한 지역이 없지 않지만[30] 경기·충청·강원 일원의 봉화·횃불 시위는 3월 말~4월 초를 통해 본격적으로 출현한다. 3월 31일에는 아산군에서만 50여 개소 2500여 명이 횃불 만세 운동을 벌였다고 할 정도다.[31] 아직은 가설에 지나지 않지만, 3월 말 서울에서의 시위 재점화 및 그 시위 양상의 변화가 경기·충청 일원에 영향을 미쳤다고 한다면, 3월 22~27일 사이 서울의 밤은 더 심도 있게 검토될 필요가 있겠다.

냈다고 하는데, 혹시 다소의 혼선이 있었을지도 모르겠다.

28 『독립운동사자료집 5』, 1388쪽.

29 구체적 날짜에 대해서는 다소의 견해 차이가 있다. 이정은, 『3·1독립운동의 지방시위에 대한 연구』(국학자료원, 2009)에서는 3월 28일~4월 11일을 경기·충청 지역의 시위 활성기로 꼽고 있는 반면, 이윤상·이지원·정연태, 「3·1 운동의 전개양상과 참가계층」, 한국역사연구회·역사문제연구소 엮음, 『3·1민족해방운동 연구』에서는 3월 23일을 시작일로 잡고 있다.

30 함경도 지역에선 산상(山上) 만세가 드물었지만, 3월 13일과 14일 길주군 덕산면에서는 마을 사람 30여 명이 모여 종을 울리고 짚 뭉치를 태우면서 기세를 올렸다(『독립운동사자료집 5』, 527쪽).

31 김진호·박이준·박철규, 『국내 3·1 운동 2: 남부』(독립기념관 한국독립운동사연구소, 2009), 29쪽.

4. 학생과 노동자, 3·1 운동 속 애도와 복제(服制)

갑오개혁 이후 시작된 계층적 불안정과 혼돈 상태는 3·1 운동 당시에도 여전히 진행 중이었던 듯 보인다. 신분제가 철폐되고 과거제도가 폐지되는 사회·문화적 변동은 몰락과 상승의 급격한 교차로 이어지면서 신분·지역·젠더의 차별에 의해 소외되고 있던 인물군이 전면에 등장하는 풍경을 빚어냈다. 중인층과 서자들이 외국어·산술·측량술 등을 배워 관계로 진출하고, 서북지방 출신이 신교육에 적극 투신해 지식인으로 거듭나며, 여성들이 교육을 통해 자립을 일구는 면면은 근대 초기에 흔하게 목격할 수 있는 장면이다. 그러나 1910년의 강제병합 이후 근대적 지식의 용법은 다시금 불안정해져, 3·1 운동 당시까지도 그 사회적 보상체계는 미확립 상태였던 것으로 보인다. 보통학교나 고등보통학교 정도를 졸업한 이후의 사회적 진출로(進出路)는 식민지 통치 기구의 말단 관료에 제한돼 있는 듯 보였다. 학생과 노동자 사이 거리도 오늘날과는 크게 달랐을 것으로 짐작된다. 앞에서 중요하게 참고한 『한국사회주의운동인명사전』을 통해 확인하더라도 고등보통학교나 전문학교 졸업생이 노동자로 진출한 사례를 종종 찾아볼 수 있는데, 그것은 1970~1980년대식 실존적 계급 전이와는 근본적으로 다른, 즉 드물지만 자연스러운 일에 해당하지 않았나 생각되기도 한다. 예컨대 보성전문학교를 졸업한 후 철공소 등에서 직공생활을 한다거나 중동학교를 다니다 그만둔 후 인쇄노동자가 된다거나 보성고보를 중퇴한 후 양복직공이 된다거나 하는 사례가 그러할 것이다.[32]

3·1 운동을 통해 학생들은 학생으로서의 정체성을 강하게 내보이지 않았다. 일단 복장에서부터 그러했다. 3월 1일 탑골공원에 모여든 대다수 학생들은 교복 대신 한복을 착용한 것으로 보인다. 교복 차림으로 나섰다거나 교복 입은

---

32 각각 경성콤그룹 참가자 김재병, 고려공청 경성부 간부 민창식, 조공 조직준비위 참가자 한병락의 경우다.

학생들을 보았노라는 증언이 없지 않지만[33] 시위 당시 복장에 대해 신문받은 대다수 학생들은 하교 후 조선 옷으로 갈아입고 탑골공원을 향했다고 답변했다. 질문 자체가 "피고는 조선 옷으로 …… 참가했는가", "학교에서 제복을 입지 말고서 가자고 하는 상의는 없었는가"[34]라는 식이었으니, 학생들이 교복 대신 굳이 조선 옷 차림으로 시위에 참여했다는 사실은 상당히 주목을 끌었던 듯 보인다. 번거롭게도 길거리에서 두루마기를 전달받아 교복과 바꿔 입은 후 시위 장소를 향한 사람마저 있었다.[35] 쉽게 눈에 띄는 것을 피하려 한 것일 수도 있고, 학생이라는 정체성을 노골적으로 드러내기 꺼려 한 까닭일 수도 있으며, 혹은 조선인 일반으로서의 정체성을 먼저 드러내고자 하는 의식적·무의식적 안배 때문이었을지도 모른다.

경성의학전문학교 학생이었던 현창연의 경험담을 통해 보건대 3·1 운동 시기 학생 복장을 피하는 것은 일반적 경향이었던 듯하다. 현창연은 3월 1일 시위 장소를 단성사로 잘못 안내받은 사람 중 하나였는데, 때문에 시내 시위에는 뒤늦게 합류했고, 며칠 뒤인 3월 8일 엉뚱하게도 친구의 모교인 보통학교를 구경하던 참에 체포됐다. 이때 현창연과 그 친구들은 모두 한복을 입고 있었으며, "학생은 …… 많이 체포되고 있었으므로" 함흥 출신 상인이라며 거짓 신분을 댔다.[36] 3월 초 곳곳에 출몰했다는 단수 혹은 복수의 '두루마기에 빵떡모자' 또한 학생이 변복(變服)한 차림새였을 것으로 짐작된다.

신발 또한 짚신이 대세였던 것으로 보인다. 일본인 검사는 "도망칠 때 편리하게 할 생각으로 미리 준비하고 나갔던 것이 아닌가"라고 물었지만, 학생들은 "구두는 대개 학교를 다닐 때만 신"으며 "국장일이어서 구두는 신지 않기로 되

---

33 「김찬두 신문조서」, 『한민족독립운동사자료집 17』, 136쪽.

34 「손홍길 신문조서」, 『한민족독립운동사자료집 15』, 135쪽; 「허영조 신문조서」, 『한민족독립운동사자료집 15』, 186쪽.

35 「성주복 신문조서」, 『한민족독립운동사자료집 17』, 111쪽.

36 「현창연 신문조서」, 『한민족독립운동사자료집 15』, 230쪽.

어" 있다고 답했다. 여학생들은 흰 저고리에 회색이나 갈색 치마 그리고 짚신을 신었는데, 신발은 "국장에 참열(參列)하기 위해 학생들 각자가 사두었던 것"이라고 한다.[37] 한복과 짚신은 실용적으로는 학생이라는 구별을 어렵게 하고 이동을 편이하게 했으며, 상징적으로는 죽은 황제를 애도하는 일반의 물결 속에 학생들이 쉽게 합류할 수 있게 했을 것이다. 3·1 운동을 통해 공화주의의 새로운 물결과 왕도주의라는 오래된 습관 사이 관련은 복잡하지만, 적어도 '죽은 황제를 애도하는', 그것도 복제(服制)도 반포하지 않고 유락장(遊樂場) 휴무를 선포하지도 않는 식민 권력에 맞서 애도를 실천한다는 경험은 원(原)민족주의적(proto-nationalistic) 일체감을 부여했던 것으로 생각된다.

민족주의적·공화주의적 봉기가 죽은 왕에 대한 애도와 결합돼 있다는 것은 3·1 운동의 불가해한 면모 중 하나다. 중국·러시아·독일 등지에서의 잇따른 성공이 보여주듯 1910년대의 세계는 '혁명의 시대'를 통과하고 있었고, 그 영향 속에서 조선의 지식인·청년층 사이에서는 공화주의적 심성이 단단해지고 있었다. 그럼에도 광무황제 이희(李熙)의 죽음이 발표됐을 때 전국은 애도의 물결에 휩쓸렸다. 서울 시내 한 여학생의 수기에 따르면, 고종 별세 소식이 전해진 날은 "종일 눈물로 지내고 오후 7시경에 백여 명이 일처에 모여 대한문에 가서 망곡"했으며[38] 일본인 교원의 제지에도 불구하고 전교생이 다 흰 댕기를 드리우고 "아침마다 …… 대한문을 향하고 망곡(望哭)한 후에야 등교하기로" 결정했다고 한다.[39] 경성전수학교에서는 상장(喪章)을 달지 않고 등교한 1학년생을 상급생들이 구타하고, 그것이 문제가 되어 정학을 받은 사건도 있었다.[40] 추도회 자리를 이용해 독립선언식을 가진 경우도 여럿 있었다. 3월 1일의 선언식을 준비하는 과정에서 이미 "고 이태왕의 추도회가 3월 1일에 각 지방에서 열

---

37 「유점선 신문조서」, 『한민족독립운동사자료집 17』, 131쪽.

38 「여학생일기」(4), ≪독립≫(1919.10.7).

39 「여학생일기」(5), ≪독립≫(1919.10.14).

40 「박승영 신문조서」, 『한민족독립운동사자료집 16』, 199쪽.

도록 되어 있었으니 선언서 낭독은 …… 가급적 그 자리에서 발표하도록"[41] 하라는 지시가 있었던 터다.

일본인들에게 독살됐다는 소문 없이도 추모의 파고가 이만큼 높았을지는 미지수다. 옛 군주의 고난에 자신들의 고통을 겹쳐 보면서 조선왕조에 대한 해묵은 불만마저 밀쳐놓을 수 있었기에 3·1 운동 직전의 추모 열기는 그토록 뜨거울 수 있었고, 따라서 3·1 운동의 파급을 위한 효과적인 지반이 될 수 있었다. 왕은 죽음으로써 비로소 기탄없이 경애받을 수 있는 존재가 되었다. 애도와 추모의 분위기 한 켠에서는 유희이자 축제로서의 '만세'에 대한 호응도 열렬했다. "국장을 앞두고 만세를 부르는 것은 근신치 못한 것이 아닌가", "국장을 앞두고 그런 군중을 따라 다닌다는 것은 나쁘지 않은가."[42] 일본 검찰은 둘 사이 배리(背理)를 추궁했지만, 참가자들은 애도와 '만세' 사이 모순을 느끼지 못했다고 주장했다. 유일하게 그 관계를 논리화할 것을 시도한 30대 기독교 신자는 "우리 민중과 같이 기뻐하면서 독립을 축하함과 동시에 이태왕(李太王) 전하의 영혼도 만족할 것이라고 생각한다"는 해석을 내놓기도 했다.[43]

일본 유학생의 사례이기는 하지만, 당시 와세다대학에 재학 중이었던 후일의 극작가 김우진은 왕의 죽음을 듣고 슬퍼하면서도 "혁명! 혁명! 새 생명의 혁명!"이 도래했음을 노래했고, 메이지대학 학생 양주흡은 추모 인파의 상경을 두고 "민중이 회집해 혁명을" 할 기회라며 기꺼워했다. 실질적으로 조선의 마지막 왕이었던 광무황제의 죽음은 그렇듯 모순된 의미를 띤다. 40년 넘게 재위했던 조선의 제26대 왕으로서 그는 과거의 집합적 표상이었으며, 그의 죽음은 과거로의 회귀·복원의 길이 봉쇄되었음을 상징했다. 물론 "독립이 됐으면 우리 잉금(임금)이 다시 등극으 한다는 말임메?"[44]라고 묻는, 독립=대한제국의 회복이

---

41 「이인환 신문조서(제4회)」, 『한민족독립운동사자료집 12』, 173쪽.

42 「박희창 신문조서」, 『한민족독립운동사자료집 13』, 269쪽 및 「김홍수 신문조서」, 『한민족독립운동사자료집 13』, 276쪽.

43 「김영진 신문조서」, 『한민족독립운동사자료집 13』, 47쪽.

라고 여기는 사고방식은 만연해 있었다. 특히 농촌 지역 참가자들의 경우 독립 후 정체(政體)에 대한 인식이 희박했고 막연히 대한제국의 복귀를 예상했던 것으로 보인다.[45] 소설가 김학철의 경우 1930년대 중반 중국으로 망명할 때까지도 독립하면 '임금을 다시 모셔'와야 한다고 여기고 있었다니 조선왕조·대한제국의 기억은 3·1 운동 후에도 한참을 더 갔던 것 같다. 해외 독립운동가들 사이에서 공화제를 천명한 「대한(무오)독립선언서」가 출현하고 도시·청년·지식층 또한 공화의 사상에 익숙해지던 무렵이었으나 '대한민국'은 3·1 운동을 겪은 후에야 비로소 출현할 수 있었다.

"우리는 자유를 속박당하고 있으므로 겨우 월급쟁이에 만족하는 것 같은 일은 옳은 일이 아니다."[46] 1910년대 중반부터 쌓여오고 있던 '식민지적 양민(良民)'으로서의 생애에 대한 불만은 3·1 운동을 통해 비로소 출로를 발견했다. 대한제국기의 지사적 대응 이후 사라졌던 민족이라는 지평이 다시 도래하는 가운데 3·1 운동은 대중 주체를 그 지평과 마주 세우는 각성의 과정(learning curve)으로서 기능한다. 강화도 지역 3·1 운동에 참여했다 수감됐던 조봉암은 그 각성 과정을 다음과 같이 술회한 바 있다.

> 고향으로 돌아온 나는 서대문형무소로 갈 때의 나와는 전연 딴 사람이었다. 나는 나라가 무엇이라는 것을 알게 되었고, 내 민족을 위해 무엇을 할 것인가 하는 것을 생각하는 사람이 되었다. …… 어떻게 하면 직업이나 얻어볼까 하던 생각은 아예 없어졌고, 그 환경에서 그대로 살 생각을 아니했다.[47]

---

44 안수길, 『안수길 전집 13: 성천강』(글누림, 2011), 788쪽.

45 박찬승, 「3·1 운동의 사상적 기반」, 한국역사연구회·역사문제연구소 엮음, 『3·1민족해방운동 연구』, 412~413쪽.

46 「유극로 신문조서」, 『한민족독립운동사자료집 16』, 175쪽.

47 조봉암, 「내가 걸어온 길」, 박태균, 『조봉암 연구』(창작과비평사), 17~18쪽에서 재인용.

3·1 운동 속에서의 주체화 경험은 군주에게 통치권·대표권을 위임하는 익숙한 삶으로의 회귀를 차단시킨다. 스스로 결의하고 선언하고 대표가 되어 궐기했던 경험 속에서 죽은 왕에 대한 애도는 불가능해진 과거에 대한 애도로 낙착된다. 3·1 운동은 왕도주의에서 민족적 분노에까지 이르는 넓은 스펙트럼에서 출발했던 애도와 추모의 경험이 민주와 공화의 감각으로 귀결된 역사적 사례이기도 하다.

5. '밤'의 노동자

3·1 운동, 즉 1919년 3~5월 한반도 전역에서 일어난 봉기는 대낮 장터에서 만세를 부르짖는 수백 수천의 인파로 각인돼 있다. 그러나 3·1 운동은 낮의 사건인 만큼 밤의 사건이다. 상당수 시위가 밤에 일어났다는 점에서 그렇고, 민족주의적 위광(威光) 뒤편에 실로 다양한 개인적·집단적 동기와 실천 방식이 묻혀 있다는 점에서도 그렇다. 전자를 물리적 '밤'으로, 후자를 상징적 '밤'으로 명명한다면 이 글에서 먼저 다루어본 것은 말 그대로 야간에 벌어진 시위, 그중에서도 3월 말 서울 곳곳에서 일어났던 시위다. 밤의 시위는 3·1 운동의 전개 과정에서 중요한 역할을 담당하고 있다. 서울에서 3월 1일과 5일의 대규모 시위를 거치면서 점화된 3·1 운동은 3월 23~27일 밤의 시위를 통해 다시 타올랐고, 이후 강원·충청·경기 일원에서는 밤에 봉화 올리고 만세 외치는 일을 중요한 시위 방법 중 하나로 삼았다.

3월 1일 서울에서부터 야간 시위는 목격된다. 오후 2시 탑골공원에서 시작된 시위행진이 세 갈래로 갈라져 만세를 외치다 해산한 것은 해질 무렵, 그러나 저녁 11시경에는 연희전문 부근에 100명가량이 모였고, 자정을 넘긴 후에는 종로네거리에 400여 명이 운집했다. 특히 뒤의 시위에서 "군중은 개(皆) 노동자"로서 학생은 "혹 참집(參集)"하는 정도였다고 한다.[48] 3월 말 서울에서의 시위는 바로 그런 '밤'의 시위를 변형·확대하는 양상으로서 번져나갔다. 앞에서 여러 번 짚었지만 이 '밤'의 운동을 주도한 주체는 1910년대 공업시설 확대와 더불어 늘어나고 있던 노동자다. 앞서 썼던 대로 3월 말 시위에서 검거된 사람들 중 절반 이상은 노동자로 알려져 있는데,[49] 구체적으로 그 직업은 구두 직공, 양복 직공, 연초회사 직공, 정미소 인부 등에서부터 상점이나 음식점 종업원, 부청(府廳) 임시고용인 등을 망라한다.

막 부상하기 시작한 계급이자 신분으로서 노동자들이 이렇듯 3·1 운동의 밤을 이끌었던 원인은 무엇이었을까. 민족주의는 이익 동기를 초과하고 심지어 부정하지만, 한편 개인적·집단적·민족적 이해 관계의 일치를 그 이념적 원형으로 보존한다. 식민 통치에 대한 불만으로 각종 신설세 부담이나 토지조사사업에 대한 불만을 열거한 사람들은 민족이 독립함으로써 세금이 경감되고 '빼앗긴 땅'을 되찾을 수 있으리라고 기대했다. 한 걸음 더 나아가 "조선이 독립하면 국유지는 소작인의 소유지가 되니 이때 만세를 부르는 것이 득책"이라는 소문이 돌았으며,[50] 충청남도 및 전라남도 일원에서는 재산균분설까지 퍼졌다. 더불어 태형령이나 공동묘지령 철폐를 요구하고 정치·문화·교육에서의 차별에 분노할 때 민족의 독립은 안전하고도 유망한 개인의 생애 또한 의미하는 것이었다. 3·1 운동은 그렇듯 개인·지역·민족 수준의 이해가 일치한 새로운 세계의 전망을 기반으로 했다. '인류'와 '세계'를 명분으로 삼은 「기미독립선언서」가 보여주듯 그것은 더 나아가 개인·지역·민족·세계의 조화로운 일치를 염원하는 마음에 이어져 있는 전망이었다. 재산균분설의 경우 비단 조선뿐 아니라 세계적으로 재산균분이 실현될 것이고 동서양 구별도 철폐될 것이라는 설명법이 함께 퍼졌다는데,[51] '일본인들 또한' 성원을 보내고 있다는 이런 설명

---

48 覆面儒生(青柳綱太郎), 『朝鮮獨立騷擾史論』(朝鮮研究會, 1921), p.2.

49 이윤상·이지원·정연태, 「3·1 운동의 전개양상과 참가계층」, 248~249쪽.

50 이윤상, 「평안도지방의 3·1 운동」, 한국역사연구회·역사문제연구소 엮음, 『3·1민족해방운동 연구』, 281쪽.

은 일본인이 시위에 참여했다는 일각의 소문과 더불어[52] 신뢰도를 제고할 수 있었을 터이다.

3·1 운동, 즉 1919년 3~5월 한반도 전역에서 일어났던 봉기 중 일부에 대해 내란죄를 적용하려는 시도가 있었다는 사실은 잘 알려져 있다. 총 3건에 대해 적용된 내란죄 명목의 기소를 각하시켜 지방법원으로 돌려보내면서, 고등법원 판사 와타나베 노부(渡邊暢)는 3·1 운동이 직접 독립을 달성하려 한 것이 아니라 "조선독립의 희망이 치열함을 세상에 발표하는 수단으로서 행한 것에 불과"하기 때문이라고 판결 이유를 명시했다. 면사무소나 경찰주재소 등 관공서 습격의 경우일지라도 "그 사무를 집행할 수 없게 함으로써 시위운동 방법으로 삼았음에 그쳤"다는 것이다.[53]

이 판결이 순수 법리적 해석이라기보다 정치적 선택이었을 가능성은 적지 않거니와, 그럼에도 3·1 운동을 '내란'으로 규정하려 한 시각과 '소요'로 간주하려 한 시각이 일본제국의 사법체계 내에서도 충돌했다는 사실은 기억해둘 만하다. 또한 그것은 3·1 운동이 '독립전쟁'이었느냐 '선언'이었느냐의 문제에 닿아 있고, 혁명과 시위 사이 '운동'이라는 용어로 명명법이 낙착된 사정과 결부돼 있다. 도시형·평화형 봉기와 농촌형·공세형 봉기가 교차하는 가운데[54] 3·1 운동은 다른 측면에서도 해득하기 어려운 다중성을 보여준다. 3·1 운동을 통해서는 왕도주의와 공화주의가 공존했고, 촌락공동체의 관성에서부터 민족주의와 세계주의에 이르기까지 다양한 태도와 이념이 동서(同棲)했다. 3월 말 밤의 서울 시위에서의 노동자들 역시 개인적·계급적·민족적 분노와 갈망이

---

51 박찬승, 「3·1 운동의 사상적 기반」, 418~419쪽.

52 일본인의 시위 참여 소문에 대해서는 姜德相, 『現代史資料 25』(東京: みすず書房, 1966), p.399 참조. 실제로 전라북도 옥구군 개정면 영명학교 시위 때는 일본인 교사 두 명이 깃발을 들고 앞장을 선 일이 있었다(「박연세 신문조서」, 『한민족독립운동사자료집 16』, 124~125쪽).

53 독립운동사편찬위원회, 『독립운동사자료집 5』(1972), 350쪽.

54 이정은, 『3·1독립운동의 지방시위에 대한 연구』, 159쪽.

겹치고 엇갈리는 가운데 저마다의 태도를 결정했을 것이다. 그 중첩과 교착의 지점을 제대로 탐구하는 것이야말로 과제일 텐데, 여기서는 그 과제를 숙고해 보겠다는 다짐으로써 일단락을 맺어두고자 한다.

참고문헌

≪개벽≫, 66. 1926.
≪독립≫. 1919.10.7.
≪독립≫. 1919.10.14.
≪동아일보≫. 1949.12.6.
≪문우≫, 1호. 1920.
≪신생활≫, 9호. 1922.
覆面儒生(青柳綱太郎). 『朝鮮獨立騷擾史論』. 朝鮮硏究會. 1921.

강만길·성대경 엮음. 『한국사회주의운동인명사전』. 창작과비평사. 1996.
국사편찬위원회. 『한민족독립운동사자료집 14』. 국사편찬위원회. 1989.
국회도서관. 『한민족독립운동사료(三一運動·其二): 日本外務省陸海軍省文書其四·上』. 대한민국국회도서관. 1978.
김진호·박이준·박철규. 『국내 3·1 운동 2: 남부』. 독립기념관 한국독립운동사연구소. 2009.
박종린. 「1920년대 초 사회주의 사상의 수용과 ≪신생활≫」. ≪사림≫, 49호. 2014.
박태원. 『약산과 의열단』. 백양당. 1947.
안수길. 『안수길 전집 13: 성천강』. 글누림. 2011.
이원규 편저. 『백조가 흐르던 시대』. 새물터. 2000.
이정은. 『3·1 독립운동의 지방시위에 대한 연구』. 국학자료원. 2009.
정병준. 『현앨리스와 그의 시대』. 돌베개. 2015.
정우택. 「황석우의 매체 발간과 사상적 특징」. ≪민족문학사연구≫, 32호. 2006.
______. 「≪문우≫에서 ≪백조≫까지: 매체와 인적 네트워크를 중심으로」. ≪국제어문≫, 47호. 2009.
한국역사연구회·역사문제연구소 엮음. 『3·1 민족해방운동 연구』. 청년사. 1989.
휘문칠십년사발행위원회. 『徽文七十年史』. 휘문중고등학교. 1976.

4장

같은 '개조'를 두고, 표상은 제각기

≪여성과 가정≫에 나타난 여성 담론(1919~1920)

| 옌싱루 顏杏如, 국립타이완대학 역사학과 교수 |

1. 여성 잡지 ≪여성과 가정≫과 '새 시대'

1919년 말, 식민지 타이완에서 여성 잡지 ≪여성과 가정(婦人與家庭·婦人と家庭)≫이 최초로 발행되었다. 1919년은 국가 전체가 이제 막 전운에서 벗어나 새로운 기운이 감돌던 시대였다. 제1차 세계대전이 종식되기 1년 전, 전후(戰後)의 민족자결권을 주장하는 분위기가 전 세계를 휩쓸었고, 식민지는 민족해방운동을 전개하기 시작했다. 이때 일본제국도 식민지와 일본 간의 정치적 관계를 세계적 기류에 맞출 수밖에 없었다. 1919년 조선은 3·1 독립운동을 전개했고, 이후 식민지인 조선을 비롯한 타이완 모두 과거의 무관정치에서 문관정치로 전환되었다. 일본은 '내지연장주의(內地延長主義: 식민지에서도 일본의 법령과 제도를 시행하는 것)'를 채택해 몇 년 동안 점진적으로 식민지와 일본 본토의 제도적 차이를 좁혀나갔다.

같은 시기에 정치 환경의 변화 외에도 민중운동, 여권신장운동 등이 왕성하게 이루어졌다. 1917년 러시아혁명 사상의 영향으로 일본의 노동운동, 농민운동, 보통선거운동이 다이쇼 데모크라시(大正民主) 시대에 활발하게 전개되었다. 1910년에는 서구에서 태동한 여성의 참정권운동, 여성론 등이 일본에 소개되었고, 독립적인 담론이 이뤄지기 시작했다. 1918년 ≪여성공론(婦人公論)≫에서 히라쓰카 라이초(平塚雷鳥)가 '여성보호론'을 주장했고, 이에 요사노 아키코(與謝野晶子)는 '경제 독립'으로, 야마카와 기쿠에(山川菊榮)는 '사회주의' 관점으로 논쟁을 벌이기 시작했다. 1919년 말 여성 참정권 쟁취의 3대 목표 중 하나인 신여성협회는 '사회개혁'을 모토로 1920년에 설립되었다.[1]

민주 사상의 발현, 민중운동의 진작, 여권운동의 태동, 여성의 각성을 외치는 새 시대에 발행된 식민지 타이완의 여성 잡지 ≪여성과 가정≫은 이러한 새 시대의 분위기를 담아낼 수 있었을까? 혹은 또 다른 사회적 분위기 속에서 탄생한 것일까?

≪여성과 가정≫은 소수의 연구자가 자신의 의견을 피력하는 여성 잡지였다. 왕완팅(王琬葶)은 「세계의 목소리: 일본 통치 시기 타이완 여성 잡지의 여성주의 열독(1919~1939)」에서 잡지에 기고된 여성의 창작품을 분석했다. 그는 다수의 여성 창작자들이 일본의 여성 해방 분위기가 고조됨에 따라 기존의 가정, 사회적 성별구조에 반감을 갖기 시작했다고 여겼다. 이 글에 따르면, ≪여성과 가정≫은 '식민지 여성의 현대 생활 지침과 자원 제공의 창구에서 여성의 사회적 지위를 높이고, 신여성(新女性)이라는 목표'를[2] 세웠다. 마치 잡지 자체가 세계적인 목소리에 화답한 산물과 같았다. 그러나 잡지가 정말로 '신여성의 양성'을 목표로 삼았을까? 1910년 히라쓰카 라이초와 잡지 ≪청탑(靑鞜)≫에 나타난 이른바 가족제도와 현모양처를 거부하는 '신여성'이 수많은 여성에게 채워진

1 金子幸子, 『近代日本女性論の系譜』(東京: 不二出版, 1999), pp.103~144; 米田佐代子, 「平塚らいてうと新婦人協會」, 『平塚らいてう: 近代日本のデモクラシーとジェンダー』(東京: 吉川弘文館, 2002.1), pp.128~149.

2 王琬葶, 「世界的聲響: 日治時期臺灣女性雜誌的女性主義閱讀(1919~1939)」, ≪女學學誌 : 婦女與性別研究)≫, 第34期(2014.6), pp.37~75.

족쇄를 풀고 자아를 추구하려고 했을까? 혹은 화자에 따라 다양한 이미지로 구현되었을까? 사실상 ≪여성과 가정≫에 글을 기고한 사람은 대다수가 남성이었다. 한편, 제1차 세계대전 후 '변방'인 식민지는 새로운 사조의 영향을 받았을까? 식민지는 제국 '중심'으로 이루어진 변화의 물결에 어떻게 반응했을까? 이에 대해 같은 잡지에 기고한 남성의 논점을 무시할 수는 없을 것이다. 그러므로 이 역시 ≪여성과 가정≫의 성격과 목적, 그 당시 잡지의 위상과 의미를 이해하는 것과 관련이 있다.

한편, 전쟁 전 일본의 여성 교육은 현모양처 사상을 핵심으로 국체관(國體觀)과 가족국가관의 이데올로기가 존재했고, 그 영향으로 사회는 여성이 가정 내에서 남성의 활동을 지원하고, 근대 국가에 부합하는 '국민'을 길러내기를 기대했다.[3] 학교교육과 시민의식의 조성은 줄곧 연구자들이 주목한 주제였다. 그렇지만 학교교육을 제외하고 점포에 유통되는 신문, 잡지는 이따금 사람의 인지, 인식 및 행동을 지배하기도 했다. 식민지 타이완의 신문, 잡지 중 여성 기고와 관련해 양추이(楊翠)는 잡지인 ≪타이완민보(臺灣民報)≫를 대상으로 1920~1932년 동안 타이완에서 전개된 여성해방운동에 대해 분석했다. 그는 ≪타이완민보≫에 소개된 민족, 계층, 여성이라는 3대 해방 목표와 식민지 타이완 여성이 받았던 식민지의 국민, 자본가, 부권(父權)이라는 3중 압박을 지적했다.[4] 의견 교류의 장이 된 ≪타이완민보≫는 타이완 사람이 주체가 되어 발표한 사설을 게재했다.

≪타이완민보≫보다 조금 일찍 창간했으나 시기적으로 겹치는 ≪여성과 가정≫은 집필자가 거의 일본인이었고, 같은 식민지에 설립된 또 다른 집단적

---

3 小山靜子, 『良妻賢母という規範』(東京: 勁草書房, 1991); 深谷昌志, 『良妻賢母主義の教育』(名古屋: 黎明書房, 1998); 牟田和惠, 『戰略としての家族: 近代日本の國民國家形成と女性』(東京: 新曜社, 1996); 天野正子, 『女子高等教育の座標』(東京: 垣內出版, 1986).

4 楊翠, 『日據時期臺灣婦女解放運動: 以≪臺灣民報≫爲分析場域(1920~1932)』(臺北: 時報文化, 1993).

의견의 장이었다. 바꿔 말하면, ≪여성과 가정≫이 제공하는 다양한 '단초'를 통해 식민지에서 여성 담론을 다른 시각으로 바라볼 수 있는 계기가 된 것이다. 1920년과 그 후, ≪타이완민보≫가 연애를 바탕으로 한 자유결혼 및 여성교육 등에 관한 주제를 다루기 전에 식민지는 제1차 세계대전 이후 국제사회 및 일본으로부터 유입된 새로운 사조에 어떻게 반응했을까? 이때, 여기서 ≪여성과 가정≫에 대한 분석이 가지는 한계, 즉 이 잡지는 타이완에 거주하는 일본인의 목소리를 대변하고 있음을 의식해야 할 것이다. 그렇다면, ≪여성과 가정≫이 정부 당국과 같은 논조를 가졌을까? 혹은 어떤 복잡한 이면을 반영하고 있었을까? 이 부분도 함께 생각해봐야 할 것이다.

이 글은 잡지의 창간 관계자와 화자를 겨냥해 ≪여성과 가정≫의 발행일과 그 성격을 재조명하고, 당시 식민지에서 이루어진 여성에 관한 논점을 정리하고자 하며, 새 시대의 변화를 어떻게 받아들이고 직면했는지 분석할 것이다.

2. ≪여성과 가정≫의 창간

1) 발행인, 요시카와 세마

≪여성과 가정≫의 발행인인 요시카와 세마(吉川精馬)는 창간호의 인사말에서 다음과 같이 말했다.

> 여성과 아동에 관한 잡지는 많다. 특히 최근 이러한 종류의 신문과 잡지가 우후죽순처럼 생겨나고 있다. 이는 긍정적이든, 부정적이든 모두 시대적 수요를 반증하므로, 지금의 이 사회는 축하할 만한 현상으로 보는 것이 맞을 듯하다. …… 이는 여성의 각성이라고 말하기에는 시기상조라 할 수 있다. …… 여성은 남성보다 훨씬 더 뒤처져 있을 뿐만 아니라 인간으로서의 진정한 존엄성,

자존감이 없고, 성찰, 주견, 지식도 …… 없다. ……

그렇지만 최소한 현대 여성사회, 나아가 아이가 중심이 되는 가정을 양성할 수는 있다. …… 매월 간행되는 수많은 여성 잡지는 해마다 다른 출판물을 뛰어넘고 있다. 이러한 추세를 통해 그것이 일반화되었음을 알 수 있다. 또한 여성이든 가정이든 자아 각성을 위해 노력하면 기존의 형식적인 측면에만 국한된 가정생활을 그리 어렵지 않게 개선할 수 있을 것이다. 그러나 이러한 여성의 구독 잡지는 대개 중국 내륙을 중심으로 발행된다. 나처럼 타이완에 거주하는 중국 내륙 사람은 타이완 현지인과 비교하면, 환경과 생활방식 모두 달라 낯설 수밖에 없다. 변화와 차이를 출발점으로 새로운 영토에서, 즉 아열대국가인 타이완의 출판물을 구독하는 것은 입맛에 맞지 않을 수밖에 없다. 따라서 나는 식민지를 중심으로 하든, 배경으로 하든, 특정 여성 잡지 혹은 가정 구독물이 반드시 필요하다고 생각한다. 이렇게 믿는 사람은 비단 나뿐만 아니라 과거 지식인들 역시 그렇게 여겼을 것이다.[5]

요시카와 세마의 인사말을 통해 알 수 있듯이, ≪여성과 가정≫이 발간되기 전 '여성 및 아동과 관련된 잡지'는 이미 시장에 있었고 계속 확산되는 추세였다. 그렇지만 '새로운 영토'를 중심으로 타이완의 환경과 생활방식에 적합한 여성 잡지는 그때까지만 해도 없었다. 게다가 잡지의 창간은 '시대적 요구'에 따른 산물이기도 했다. '진정한 존엄성을 가지지 못한' 여성이 각성하고, '기존의 형식적 측면에만 국한된 가정생활'을 개선하는 것이 당시의 중요한 과제였기 때문이다. 요시카와 세마는 잡지의 발간을 통해 '여성문제'를 바라보기 시작한 사회적 분위기에 보조를 맞추고자 했다. 그렇지만, 과연 요시카와 세마가 진정 '여성문제'를 관심의 주제로 삼았을까? 혹은 잡지의 상업적 측면을 중요

5 吉川精馬, 「≪婦人と家庭≫發刊について」, 臺灣子供世界社, ≪婦人と家庭≫, 創刊號(1919. 12), pp.2~3.

하게 여긴 것은 아닐까?

요시카와 세마의 이력을 추적해보면, 그녀가 간장 사업을 일으킨 후 언론·잡지 산업에 뛰어들었음을 알 수 있다.[6] 1916년 ≪타이완일일화보잡지(臺灣日日寫眞畫報)≫(타이완일일화보잡지사, 1916~1918) 창간, 1917년 타이완아동세계사를 설립해 아동 전문 잡지 ≪타이완아동세계(臺灣兒童世界)≫를 창간했고, 1919년 중·소학교, 공립 어린이 의무교육학교 4학년 이상을 대상으로 한 자매지 ≪학우(學友)≫(1919.1~1919.11)를 출간했다. 1919년 12월 ≪학우≫는 ≪여성과 가정≫으로 대체되었고, ≪학우≫에 기고된 글은 ≪타이완아동세계≫에 실렸다.[7] 이 밖에 1920년에 요시카와 세마는 1907년 ≪실업의 타이완(實業之臺灣)≫을 창간한 잡지사의 편집인 및 사장을 역임했고,[8] 1923년에는 ≪제일교육(第一教育)≫(타이완아동세계사, 1923~1935)을 창간했다.[9]

요시카와 세마는 1916년 이후 다수의 신문과 잡지를 발간했고, 이는 대부분 아동 및 가정과 관련된 것이었다. 요시카와 세마가 아동세계사를 설립하고, 아동과 관련된 잡지를 다수 창간한 것은 당시 구연동화의 확대, 신문·잡지 관련 산업의 발전과 관련이 있을 것으로 보인다. 1916년 동화책 업계의 대가인 이와야 사자나미(巖谷小波)는 처음으로 타이완을 방문했고, 그 기간 '타이완동화회(臺灣お伽會)'[10]를 설립했다. 타이완아동세계사의 설립은 이와야 사자나미가

---

6 요시카와 세마(吉川精馬, 1889~1926)는 오이타현 출생, 메이지 40년(1907년) 타이완으로 건너갔다. 메이지 42년(1909년) 독립 경영을 시작했다[岩崎潔治 編, 『臺灣實業家名鑑』(臺灣雜誌社, 1913), p.44; "吉川精馬氏永眠", ≪臺灣日日新報≫, 1926.12.13].

7 吉川精馬, 「≪婦人と家庭≫發刊について」, ≪婦人と家庭≫, pp.2~3; 游佩芸, 「吉川精馬與兒童雜誌 ≪學友≫」, 『日治時期臺灣的兒童文化』(玉山, 2007), pp.167~185. 요시카와 세마가 창간 및 발행한 잡지에 관해 유페이윈(游佩芸)이 자세하게 정리했다. 사료 부족으로 ≪臺灣子供世界≫와 ≪婦人與家庭)≫의 폐간 연도에 오류가 있다.

8 ≪實業之臺灣≫(實業之臺灣社, 1907~1925). 1907년 ≪實業之臺灣≫의 창간 발행인은 다나카 이치지(田中一二)이고, 이후 도쿠즈키 마사후(德木正風)로 바뀌었다.

9 游佩芸, 『日治時期臺灣的兒童文化』(玉山, 2007), pp.170~173.

10 이와야 사자나미(巖谷小波)는 일본 아동문학계의 3대 작가 중 한 명이다. 1896년 교토에서 구연동화를 했고, 1898년 이후 學習院幼稚園의 아동 구연동화를 직접 창작했다. 1908년 ≪少

타이완을 방문한 이듬해에 이루어졌고, 그곳에서도 아동대회를 개최한 적이 있었다.[11] 실제로 1916년 8월에 창간한 ≪타이완일일화보잡지≫를 통해 아동, 가정, 여가 등에 대한 요시카와 세마의 관심을 엿볼 수 있다. 제2기(다이쇼 5년 8월 하권)에서도 동화소설을 게재했다.[12]

한편, 이 시기는 일본의 여성 잡지, 아동·청소년 잡지 등이 타이완에 대량 수입된 시기였다. 제1차 세계대전 전후, 일본의 자본주의체제가 정립되었다. 여성노동자는 꾸준히 증가했고, 여성 교육도 보편화되었으며, 여성 잡지 역시 상품화·대중화의 여건을 갖춰나갔다.[13] 이런 여성 잡지가 식민지 타이완에 유입되기 시작하면서 도서시장에서 빠르게 자리를 잡았다. 1909년의 조사에 따르면, '내륙 잡지'의 판매량 중 상위 5위 안에 드는 잡지는 ≪여성세계(婦人世界)≫, ≪실업의 일본(實業之日本)≫, ≪여학세계(女學世界)≫, ≪태양(太陽)≫, ≪문예클럽(文藝俱樂部)≫ 등이었으나, 1920년 중반에 이르러 가장 많이 유입된 것은 여성 잡지와 소년잡지였다.[14] ≪학우≫, ≪여성과 가정≫이 창간된 1919년, ≪타이완일일신문≫에서 ≪소녀의 친구(少女之友)≫, ≪유년의 친구(幼年之友)≫, ≪소년세계(少年世界)≫, ≪소녀세계(少女世界)≫, ≪소년(少年)≫, ≪소녀(少女)≫, ≪여학세계≫ 등의 잡지광고를 볼 수 있다. 또한 타이완 잡지 ≪학우≫가 가격을 정하는 것을 보면, 일본에서 수입되는 잡지와의 경쟁을 얼마나 의식했는지를 분명

女世界≫, ≪少年世界≫의 편집장으로서, 잡지 홍보를 위해 일본 각지를 돌아다니며 공연을 했다. 구연동화는 다이쇼 시기에 전성기를 구가하면서 일본 각지에 동화연구회가 설립되었고, 아동문화단체도 동화대회를 개최하기도 했다(游佩芸, 『日治時期臺灣的兒童文化』, pp.36~45).

11 「臺灣子供世界社主催 お伽大會の記」, ≪學友≫, 2:11(1919.11), pp.12~13.

12 『臺灣日日寫真畫報 大正五年 八月上の卷』(臺灣日日寫真畫報社, 1916.8); 『臺灣日日寫真畫報 大正五年 八月下の卷』(臺北: 臺灣日日寫真畫報社, 1916.9).

13 永嶺重敏, 『雜誌と讀者の近代』(東京: 日本エディタースクール出版部, 1997), pp.162~ 188; 佐藤卓己, 『≪キング≫の時代: 國民大衆雜誌の公共性』(東京: 岩波書店, 2002), pp.28~29.

14 李承機, 「臺灣近代メディア史研究序說: 植民地とメディア」(東京大學 博士學位論文, 2004. 7), pp.252~253.

히 알 수 있다.[15]

≪여성과 가정≫ 발간 기념 인사말에서 "매월 간행되는 수많은 여성 잡지는 해마다 다른 출판물을 뛰어넘고 있다"라고 언급한 것만 보아도 알 수 있다. 1921년 요시카와 세마는 「신문·잡지의 대대적인 활용(大に新聞雜誌を善用す可し)」이라는 제목의 글을 발표했고, 서두에서 ≪오사카매일신문≫, ≪도쿄일일신문≫, ≪오사카아사히신문≫ 등 10만 부 이상의 판매 부수 기록, 두터운 독자층을 보유한 신문들을 언급했다.[16] 이는 요시카와 세마가 사업가로서 신문, 잡지 구독시장을 예견했음을 알 수 있다.

1916년 창간한 ≪타이완일일화보잡지≫에서는 요시카와 세마가 아동, 가정의 여가(餘暇) 수요, 신문·잡지산업의 발전 가능성을 암시하는 글도 다수 볼 수 있다. 창간호(8월 상권)에는 타이베이도서관(총독부도서관) 아동열람실 개관 사진이 게재되었다. 이에 대해 도서관 방문자의 수가 160~170명에 이를 정도로 붐볐다며, "소년·소녀의 놀이터와 같았다"라고 묘사했다. 한편, 요시카와 세마는 판권장에서 화보를 '가정의 구독물'로 정했고, 창간 취지를 "식민지 타이완에는 가정의 여가 및 오락거리가 부족하므로 화보를 통해 이러한 부분을 보완할 수 있기를 바란다. 오락성과 실용성을 겸비한 잡지가 각 가정에 좋은 벗이 되기를 희망한다"라고 설명했다. 이후 화보는 매월 2회 발행에서 1회 발행이 되기까지 '화보 기사' 형식에서 잡지 책자 형태로 점차 발전했다. 내용은 주로 타이완 거주 일본인 사회를 중심으로 정부에서 민간, 가정에서 사회, 크고 작은 단체, 모임의 동향 등을 다루었고, 가족 단결, 여성 공동체 활동에 관한 사진도 상당히 실려 있었다.[17] 마치 타이완아동세계사의 설립과 ≪여성과 가정≫의 창간을 알리기

---

15 游佩藝, 『日治時期臺灣的兒童文化』, pp.178~179.

16 吉川精馬, 「大に新聞雜誌を善用す可し」, ≪實業之臺灣≫, 13-2(1921.2), pp.4~5. 정치를 위한 민중의 힘과 여론의 목소리 활용을 언급했다.

17 『臺灣日日寫真 大正五年 八月上の卷』(臺灣日日寫真畫報社, 1916.8); 『臺灣日日寫真』(臺灣日日寫真畫報社, 1918.1).

라도 하듯이 말이다. 어쨌든 이때에 기틀이 마련되기 시작했다.

앞서 서술한 바를 종합해보면, ≪여성과 가정≫이 '여성의 각성', '새로운 흐름'이라는 사회적 분위기 속에서 나타났지만, 창립자인 요시카와 세마의 여성관은 1910년대 '신여성' 담론 이후를 내다보고 있었다. 그녀는 '여성의 각성'을 여성과 아동교육, 가정생활을 동일한 범주에 두고 생각했다. 이는 창간호 인사말과 잡지 이름인 ≪여성과 가정≫에서도 충분히 드러나고 있다. 다시 말해, '여성의 각성'은 자아를 추구하는 '신여성' 담론과는 다르며, '여성의 각성'을 위해서라기보다는 이를 토대로 새로운 시대적 흐름에 편승하기 위해 발간한 것이라 할 수 있다. 따라서 잡지 창간의 추진은 잡지 상품화의 첫걸음이자 발단이었다.

2) 고지마 구사미쓰 고문의 여성관

≪여성과 가정≫이 창간되었을 때, 발행인인 요시카와 세마는 ≪타이완신문(臺灣新聞)≫에 「여성과 사회」라는 칼럼을 기고한 고지마 구사미쓰(小島草光)를 고문으로 영입했다. 고지마 구사미쓰는 1919년 여름 타이완으로 건너왔고, 오기 전 조선, 일본 산인(山陰) 지방에서 '여성문제'를 주제로 강연을 열어 이에 관심이 있는 사람들과 왕래했다. 1920년 9월 과거 「여성과 사회」 칼럼에 발표한 글, 조선·도쿄·산인 등 각지 신문사에 게재한 글을 한데 모아 『여성을 위해(婦人の爲に)』라는 책을 출판하기도 했다.[18] 이 서적이 출판되었을 때 구마모토 시게키치(隈本繁吉, 타이베이고등상업학교장), 후루야마 에이사부로(古山榮三郎, 타이완총독부편수관) 등은 책의 머리말을 썼고, 하라구치 다케지로(原口竹次郎, 와세다대학교 교수, 타이완총독부과목조사장)가 후기를 남겼다.[19] 고지마 구사미쓰의 인맥은 정부

18 小島草光, 「本誌關係の動機と私の婦人概觀」, ≪婦人と家庭≫, 創刊號(1919.12), pp.82~84; 本間生, 「男女教育平等論 女子教育茶話會にて」, ≪婦人と家庭≫, 創刊號(1919.12).

교육 관계자와 밀접한 관련을 맺고 있음을 알 수 있다.

고지마 구사미쓰가 ≪여성과 가정≫에 발표한 글을 보면, 여성문제보다 아동문제에 관심을 가졌던 것으로 보인다. 여성문제와 관련해 그의 논점은 대부분 가정, 아동교육, 가정 내 민주 사상의 주장, 아동 중심주의에 집중되어 있다.[20] 반면에 생활 개선, 여성의 해외 노동과 관련한 글은 적었다.[21] 전체적으로 고지마 구사미쓰는 ≪여성과 가정≫을 통해 아동교육에 대한 관심을 집중적으로 피력했다. 1910년 후반 민주 사상의 유입에 따라 교육계는 적잖은 영향을 받게 되었다. 아동을 중심으로 아동의 개성과 자유를 고양하고 아동의 주체성을 존중하는 등의 교육 방식과 이른바 '신교육운동'을 강조했다. 이 역시도 서양에서 유입된 의견이었다.[22] 고지마 구사미쓰의 '아동 중심주의' 등 아동교육의 방법과 이념을 보면 일본에서 전개된 신교육운동을 연상케 한다.

한편, ≪여성과 가정≫에서 '신여성'과 관련된 고지마 구사미쓰의 글은 찾을 수 없다. 고지마 구사미쓰는 다양한 글을 통해 "여성은 독립적인 인격을 가진다", "여성은 물건이 아니다" 등의 관점을 피력하기는 했지만, 이것이 고지마 구사미쓰가 주장하는 의견의 핵심은 아니었다.

오히려 『여성을 위해』라는 책에서 고지마 구사미쓰의 여성관을 엿볼 수 있다. 고지마 구사미쓰는 제1편 「여성과 사회생활」 중 '식민지의 현지 여성'이라

---

19 小島草光, 『婦人の爲に』(臺北: 臺灣圖書刊行會, 1920); 「近刊豫告」, ≪婦人と家庭≫, 2-2(1920.2), P.77.

20 小島草光, 「大人本位の家庭から子供本位の家庭: 子供を天性の儘に發育せしめよ」, ≪婦人と家庭≫, 創刊號(1919.12), pp.4~7; ≪就學前の子供を持てる母親へ≫, 2-3(1920.3), pp.2~5; 「子供は何うして育てる注意したい若木の將來に就て」, ≪婦人と家庭≫, 2-8(1920.9), pp.6~9.

21 小島草光, 「最近感じた二三の事ども」, ≪婦人と家庭≫, 2-7(1920.8), pp.2~6; 「服裝改善の根本方針に就て = まづ婦人方の自覺に訴えたきこと」, ≪婦人と家庭≫, 2-9(1920.10), pp.6~11; 「婦人方に讀んで頂きたい二問題」, ≪婦人と家庭≫, 2-11(1920.11), pp.6~8; 「主婦の働きは何よりも先づ人間であれ」, ≪婦人と家庭≫, 2-2(1920.2), pp.2~5.

22 秋枝蕭子, 「良妻賢母主義教育の逸脱と回收: 大正·昭和前期を中心に」, 奧田暁子 編, 『女と男の時空: 日本女性史再考』(東京: 藤原書店, 2000), pp.451~480.

는 글 서두에 이렇게 말했다. 본인은 식민지에 거주하는 여성들이 전례 없는 자유를 누리며, 자신의 개성을 발휘하고 새로운 생활을 개척하며 이상적인 가정을 꾸릴 수 있다고 여겼으나 실제로는 완전히 반대였다고 고백했다. 그는 타이중(臺中) 청장(廳長)의 발언을 인용해 식민지의 여성은 "게으르고, 근면하지 않고, 인내심이 없고, 독서 개념이 없고", "생명력과 사랑이 없는 가정생활"을 보낸다고 지적했다. 게다가 여성은 그저 폐품 이용, 염색 등 '생활과 괴리된 오락거리'만 즐겼다며, 시간과 돈을 절약하는 데는 아무 관심이 없고 심지어는 화려한 옷차림을 하고 손님을 맞이하는 등 허례허식에 여념이 없었다는 것이다. 고지마 구사미쓰는 이러한 상황에 대해 세계가 '여성해방'을 부르짖는 가운데, 여성이 여성의 권위와 존엄에 대해 애정도, 자각도 없다는 것에 분노와 슬픔을 느낀다고 말했다. 이는 그가 『여성을 위해』를 통해 제반 문제를 비판한 까닭이기도 하다.[23] 주목할 점은 타이중 청장이 비난한 식민지의 나태함과 사치풍조는 세계적으로 불어닥친 '여성해방' 기류와 그 맥락이 완전히 다르다고 지적한 것이다. 전자는 근면함과 인내심 등 유가 사상의 가치관에 대한 기대라면, 후자는 전통적인 가족제도의 속박을 깨뜨려 자아 추구를 강조한 것이다. 고지마 구사미쓰는 이것을 함께 다루고 있다.

그렇다면, 고지마 구사미쓰가 가지고 있는 여성관은 무엇일까? 『여성을 위해』에서 보듯이 고지마 구사미쓰의 여성관은 다양한 요소가 복잡하게 얽혀 있음을 알 수 있다. 예컨대, 그는 여성의 사회노동을 찬성했으나 그 역시 여성의 본업은 집안일이라고 생각했으며, 여성은 가족이나 남편뿐만 아니라 '국가와 사회'를 위해 가정을 돌봐야 하는 것으로 여겼다.[24] 식민지의 일본 여성에 대해 '내조하는 사람'으로서의 역할을 자각해 '국경일'에 국기를 게양해야 한다고 주장했다. '타이완 사람'도 국기를 게양하는 만큼 이는 '일본 여성의 체면'과 관련

23 小島草光, 「植民地の內地婦人」, ≪婦人の爲に≫(臺北 : 臺灣圖書刊行會, 1920), pp.1~5.
24 小島草光, 「祭日と國旗」, ≪婦人の爲に≫, pp.30~34.

된 일이며, 더욱이 '국민성의 발휘는 국가 존엄의 새로운 빛'이라고 생각했다.[25] 고지마 구사미쓰는 여성을 국가 및 일본제국의 사정거리에 꾸준히 편입시켰던 것이다. 한편, 당시 시마무라 호게쓰(島村抱月)와 마쓰이 스마코(松井須磨子)와의 불륜이 사회적 지탄을 받고 있는 것에 대해 고지마 구사미쓰는 윤리적 관점을 넘어 시마무라 호게쓰의 인격은 훌륭하다고 치켜세웠다. 그는 "대단히 아름다운 사랑을 하고 있다", "일반적인 사랑과 동일시할 수 없다"며 그 둘을 옹호했다. 그는 시마무라 호게쓰와 마쓰이 스마코의 불륜 사건이 비극으로 끝맺은 것에 대해 "과거의 사랑 없는 결혼이 낳은" "사회적인 죄악"이라고 단언했다.[26] 이토록 시대를 앞서가는 논점은 사실 자유연애를 통하지 않은 결혼에 반대하는 것에서 기인한 것이다. 이 밖에 그는 여성이 부엌에서 해방되어야 한다며, "여성을 부엌에 묶어두면 진정한 자유해방은 없다"라고 주장했다. 그는 실현 가능한 방식으로 아베 이소오(安部磯雄)가 언급한 '식사가 배달되는 시대', 혹은 이전 세대 사람이 실험한 노동자 식당처럼 중산층 이하 가정에서 부엌을 없애 공용식당에서 식사하는 방법을 꼽았다. 이토록 진보적인 여성해방론의 이면에는 가정의 합리화 및 효율 상승이 있었다.[27]

바꿔 말하면, 이처럼 획기적인 주장은 당시의 새로운 논점을 반영하기는 했지만, 양성 관계를 바라보는 기본 논조에서는 여전히 벗어나지 못하고 있었다. 또한 국가나 사회가 주장하는 현모양처론과 결합하면서, 옛것과 새것이 뒤섞인 양상까지 보였다. 그렇지만, 여성의 해방, 효율의 상승, 국가적 의식이 유기적으로 연결되어 상호 보완적인 성격을 띠게 되었다. 고지마 구사미쓰의 여성론은 전통을 타파하려는 시각에서 요시카와 세마보다 훨씬 극단적이었다. 이는 '명칭'에서도 잘 나타나 있다. 요시카와 세마가 잡지의 이름을 ≪여성과 가정≫으로 지었

---

25 小島草光, 「打破すべく婦人観」, ≪婦人の爲に≫, pp.5~7.

26 小島草光, 「結婚と悲劇」, ≪婦人の爲に≫, pp.7~18.

27 小島草光, 「食物問題」, ≪婦人の爲に≫, pp.39~43.

을 때, 고지마 구사미쓰는 ≪타이완신문≫의 칼럼에서 "여성과 사회"를 논하고 있었다.

3) 상업 잡지로서의 구성과 특징

≪여성과 가정≫은 1919년 12월 창간호에서 1920년 12월 제2권 제12호까지 총 12권이 발행되었다.[28] 그러나 사실상 1925년 9월까지 ≪타이완일일신문≫의 「신간소개」에서 ≪여성과 가정≫에 대한 소개 글을 볼 수 있다. 마지막 「신간소개」를 통해서는 경영자가 3번이나 바뀐 것을 알 수 있다.[29] 『타이완총독부통계서(臺灣總督府統計書)』에 따르면, 1920년부터 1924년까지 ≪여성과 가정≫의 발행부수는 각각 6만 권, 1만 9851권, 1만 8004권, 7890권, 7838권이었다.[30] 이를 보면 잡지는 최소 1925년 9월까지 발간되었음을 알 수 있다.

그렇다면, 『타이완총독부통계서』의 발행부수는 당시에 어떤 의미를 가지고 있었을까? 1934년 이전 『타이완총독부통계서』의 발행부수 통계는 회차별 발행부수가 아닌 연간 발행부수를 가지고 산출했기에 발행횟수가 발행부수에 영향을 주었다. 1920년부터 1921년까지 발행부수가 1/3로 급감한 이유가 잡지 발행의 불안정성, 발행부수 부족과 연관이 있는지는 정확히 알 수 없지만 발행부수가 전반적으로 감소하고 있음을 알 수 있다. 1920년 기준, 당시 현존했던 잡지를 보면, ≪여성과 가정≫이 '잡지류' 가운데 최고의 발행부수를 기록했고, ≪타이완아동세계≫는 5만 9500권으로 그 뒤를 맹추격 중이었다. 신문과 월간 잡지를 함께 따져봐도 ≪여성과 가정≫은 ≪타이완경찰협회잡지(臺灣警察協會雜

28 제2권 제10호는 발행되지 않았다. 출간 일자가 밀린 것으로 보인다. 제10호는 유실된 것이 아니라 출간되지 않은 것이다. 제2권 제9호 출간일은 1920년 10월이고, 제2권 제11호 출간일은 1920년 11월이다.

29 현존하는 창간호에서 마지막 호까지(제2권 제12호, 1920년 12월) 판권장의 발행처는 撫臺街 二丁目의 臺灣子供世界社로 되어 있다.

30 臺灣總督官房調查課, 『臺灣總督府第統計書』, 臺灣總督官房調查課, 1922~1926.

誌)≫(9만 9540권) 다음으로 높은 판매 부수를 기록했으며, ≪타이완통계협회잡지(臺灣統計協會雜誌)≫(5만 3928권), ≪타이완시보(臺灣時報)≫(4만 2928권) 등 국가적 색채가 농후한 잡지보다도 발행부수가 많았다. ≪여성과 가정≫은 해당 연도에 총 11회를 발행해 회차마다 평균 잡지 발행부수는 약 5455권에 달했다.

아동, 가정 및 여가에 대한 관심과 주제를 잡지 사업의 영역으로 삼은 요시카와 세마는 교육계와도 밀접하게 교류했다. 최신 여성 담론 및 동향에 관심을 보인 고지마 구사미쓰의 협력하에 ≪여성과 가정≫에 어떤 변화가 나타났을까?

일반적으로 다이쇼 시기의 상업적 여성 잡지는 광범위한 독자층을 확보하기 위해 약간의 계몽주의와 뚜렷한 상업주의적 성격을 가졌다. 내용은 보통 시대적 변화에 따라 독자가 관심을 보이는 주제를 담았고, 이 밖에 사랑문제, 고백기사, 산아제한 방법, 가족계획, 질병 치료, 양복, 미용 등 실용적 기사와 소설[31] 등 독자의 흥미를 이끌어낼 수 있는 주제도 많았다. ≪여성과 가정≫의 구성 내용만 봐도 이와 크게 다르지 않음을 알 수 있다. 모든 잡지의 앞머리에는 총독부터 지방관료, 학교교장 등 행복한 가정의 모습을 담고 있는 사진이 실려 있었다. 이 밖에 관료 부인, 각계각층의 부인, 여성이 주축이 된 모임과 활동(여성회, 여성송별회, 명함교환회 등), 혹은 여학교와 여학생에 관련된 사진(학교활동, 수학여행, 여학생 복장, 졸업생 등)도 간혹 있었다. 차례 다음 장에는 잡지에서 가장 중요한 지면을 장식하는 논설문이 여러 편 실렸고, 그 다음에는 인지도 있는 작가, 무명의 작가가 기고한 사설(독자칼럼, 여성칼럼 등) 등이 게재되었다. 이 글들의 주제와 내용은 결혼과 연애, 성교육, 여성 교육, 생활 개선(복장 개량, 가정생활, 독서, 교양 등), 직업문제, 여성의 특징 등 다양했다. 아울러, 오락, 심적 치유를 위한 그림과 소설, 부인의 방문기, 동화, 장편소설, 시, 약간의 의료 지식, 가사일 기술, 일상용품 구매 방법, 시장 현황 등도 다루었다. 내용과 주제가 다양하고 복잡한 듯하지만, 전체

31 三鬼浩子, 「大正期の女性雜誌: 働く女の機關誌を中心に」, 近代女性文化史硏究會, 『大正期の女性雜誌』(1996)(東京: 大空社, 2016), pp.3~53.

적으로 봤을 때 논설문이 잡지에서 가장 많은 지면을 차지했다. 일본의 여성 상업 잡지와는 다르게 질병 치료, 양복, 미용 등 실용적인 기사들은 극히 드물었고, 아예 양복·미용 칼럼 없이 유행에 대해 간단한 정보를 전달하는 데만 그치는 경우도 있었다. 상업 잡지로서 다루는 주제는 계몽적이고 논술적이라 독자의 시선을 사로잡을 수 있는 오락성 및 상업성과는 크게 벗어나 있었다.

이러한 성격은 식민지 타이완에서 상업성을 띤 여성 잡지가 이제 막 발걸음을 뗀, 아직까지 모색하는 단계에 머물러 있음을 잘 보여주고 있다. 이는 ≪여성공론≫(1916년 창간)처럼 계몽성이 두드러진 잡지의 노선을 답습하고, ≪주부의 친구(主婦之友)≫(1917년 창간)를 상징으로 하는 상업 잡지의 영향을 받았기 때문인 것으로 풀이된다. 잡지를 상품으로 바라본 요시카와 세마와 여성문제에 관심을 가진 고문 고지마 구사미쓰는 각각 이러한 노선을 반영했고, 이것이 잡지의 성격에 영향을 주었다.

이제 포커스를 지면에서 많은 지면을 차지하는 논설로 옮겨보자. 이 잡지는 시대적 변화를 어떻게 담아냈으며, 이면에 어떤 여성관을 드러냈을까? 여성과 사회, 국가의 관계를 어떻게 조명했을까? 당시 사조와는 어떤 관계가 존재했을까? 다음에서는 잡지에 실린 각종 논설문의 유형과 그 스펙트럼을 정리해 보고자 한다.

3. '새 시대'를 향해: 창간호에 실린 여성 담론

제1차 세계대전 종식 후 다양한 형태의 사조가 등장했다. 1919년 말 타이완에서 '탄생'한 ≪여성과 가정≫에서도 시대적 변동의 분위기를 담아내고 있었다. 글 마디마디에서 '여성문제', '여성 각성' 등의 어휘가 빈번하게 등장했고, 다이쇼 데모크라시 시기의 '새 시대적' 색채가 좀 더 뚜렷해졌다.

창간호는 당시 정치사조의 새 바람과 상하 관계와 계급을 타파하려는 '평민' 기류를 강조했다. 고지마 구사미쓰는 과거의 가족형태, 아버지와 조부 등 남성과 장자가 중심이 되는 가족의 모습을 비판했고, 아이는 '쓸모없는 사람(無用)'으로 불린 어머니와 함께 다루었다. 그는 최근 유행하고 있는 '민주주의'라는 개념을 가정에 적용해, 기존의 어른 중심에서 아동 중심주의로 전환해야 한다고 주장했다.[32] 타이완총독부 타이베이사범학교 교장 오타 히데호(太田秀穗)는 '일본인의 습관적인 상하 복종, 평등하고 동등한 교류에 대해 느끼는 거북함' 등을 비판했다. 그는 식민지의 여성은 남편의 신분과 지위 고하를 불문하고 "윗사람에게든 아랫사람에게든 평등하게 대해야 한다"고 지적했다. 또한 "자신의 우월함을 뽐내기 위해 영어를 쓰거나 제국의 이야기"를 하거나 교육을 받지 못한 사람을 무시해서는 안 되며, "아동이 평민교육을 받도록 해야 한다"고까지 주장했다. "시대는 갈수록 변하고 있고", "현재 육군 장군의 자녀가 회사의 직원으로 근무하고 있으며, 총리대신의 자녀가 이등병인 사실이 당연하게 여겨지고 있으니" 말이다.[33]

고지마 구사미쓰의 글에서 알 수 있듯이, 그는 여전히 가정에서의 자녀양육을 여성의 일로 바라보고 있지만, 가부장제도에서 연장자인 남성의 권위를 비판하고 있다. 아울러 '민주주의'라는 어휘를 사용해 가족구성원 간의 관계와 아동교육의 방법을 재해석했다. 이는 새로운 정치사조가 가정교육과 양성 관계에 반영되고 있다는 걸 방증하는 것이다. 오타 히데호는 계급, 상하 관계를 무너뜨리고 '평민'의 독립정신을 강조했는데, 이는 당시 정치 당국의 전환과 밀접한 관계가 있다. 1918년 9월 하라 다카시(原敬)는 일본 내각의 총리로 당선된 후 '평민의 재상'으로 이름을 떨쳤기 때문이다.

앞서 '민본' 색채가 강한 글 이외에도 후지이 유메지(藤井ゆめぢ)와 모리야 미쓰바(守屋三葉, 문학사)는 서로 다른 형식으로 결혼문화를 성찰하기 시작했다. 후

32 小島草光, 「大人本位の家庭から子供本位の家庭: 子供を天性の儘に發育せしめよ」, pp.4~7.
33 太田秀穗, 「殖民地婦人に對する私の希望」, ≪婦人と家庭≫, 創刊號(1919.12), pp.8~14.

지이 유메지는 다수의 남자가 단지 자질구레한 가사를 맡기고 성관계 대상을 찾기 위해서 결혼을 선택했다며, 그런 남자들은 가정이 가지는 신성함, 사랑, 위안 등을 무시하고 있다고 비난했다. 그는 엘런 케이(Ellen Karolina Sofia Key) 등 서방 여권운동가의 주장을 언급하며, 결혼 관계에서 사랑의 존재를 강조했고 스파르타식 속박을 벗어나야 한다고 목소리를 높였다. 글의 마지막에 여성해방운동으로 인해 여성들도 자각하고 심지어는 '사랑과 일'을 주장하기 시작했다며, 여성들은 사회와 싸워야 할 책임이 있다고 언급했다.[34] 스웨덴 사상가 엘런 케이가 쓴 『연애와 결혼』은 1913~1914년 사이 일본에 소개되었고, 그녀는 자신의 저서에서 연애의 자유, 이혼의 자유, 모성의 존중 등을 이야기했다. 그렇지만 일본이 보편적으로 받아들인 것은 연애의 자유에 관한 부분이었다.[35] 후지이 유메지의 주장은 이러한 논점을 계승해 결혼 관계에서의 애정을 강조했다. 게다가 가정이라는 범주에서 여성문제를 고찰한 데 그치지 않고, 더 나아가 사회와의 관계를 강조했다.

모리야 미쓰바는 세상을 떠난 아내의 일기를 통해 아내를 다시금 이해하게 되었고, 과거의 결혼생활을 반성했다. 그도 남성 중심의 가정생활과 양성 관계를 비판하면서, 일기 속에 드러난 누구도 알지 못하는 아내의 일면을 이렇게 묘사했다. "분명한 자기주장과 견해를 가지고 있으며, 확고한 가족관으로 이상적인 삶을 살아가기 위해 노력했다. 그런 아내는 남편을 위해 자아를 희생하며 살았다." 그는 말미에 "나는 지금 변화를 위해 노력하고 있다. 만약 다시 남편의 삶으로 돌아갈 수 있다면, 그때는 완전히 새로운 나를 볼 수 있을 것이다"[36]

---

34 藤井ゆめぢ, 「斯くの如き男に掛るな 忌むべき近代結婚の新傾向」, ≪婦人と家庭≫, 創刊號(1919.12), pp.26~29.

35 井上輝子, 「恋愛觀と結婚観の系譜」, 『日本女性史論集4: 婚姻と女性』(東京: 吉川弘文館, 1998), p.237. 1920년대 ≪타이완민보≫에 자유연애, 결혼의 자주성을 둘러싸고 논쟁이 한창이었다. ≪민보≫의 의견, 타이완 결혼 양식의 변화 등에 관해 楊翠, 『日據時期臺灣婦女解放運動: 以≪臺灣民報≫爲分析場域(1920~1932)』(臺北: 時報文化, 1993); 洪郁如, 『近代臺灣女性史』(東京: 勁草書房, 2001), pp.185~238 참조.

고 했다. 그는 여성을 독립적인 주체이자 감성적이고 이성적인 모습으로 묘사했고, 이러한 개념을 바탕으로 가정의 평등한 양성 관계 정립을 외쳤다.

고지마 구사미쓰의 글에서부터 후지이 유메지, 모리야 미쓰바의 글까지 각자의 포커스가 다르기는 했지만, 공통적으로 주장한 부분은 바로 독립적 주체로서의 여성이다. 여성은 '가정'에서 '평등'한 지위를 누려야 한다는 것이다. 이 개념은 일본의 전통적인 가족제도의 방향을 바꿀 수 있고, 국가나 사회가 주장하는 '현모양처'와 위배되지 않은 채 공존할 수 있다. 이에 대해 후지이 유메지만 가정 이외의 영역을 언급했다.

한편, 창간호에서도 여성이 '집'이라는 틀을 벗어나야 한다고 주장한 글이 있었다. ≪타이완일일신문≫ 기자인 구보시마 덴레이(久保島天麗)[37]는 「여성의 사회화」라는 논문에서 제1차 세계대전 종식 후 각국의 여성은 일터로 몰려들었으나 일본의 여성직장인 증가 추이는 유럽과 미국에 한참이나 뒤떨어져 있었고, 그 주된 원인이 가족제도에 있다고 꼬집었다. 일본의 전통적인 가족제도는 여성의 활동을 제약했고, 여성의 교육과 사회화에 불리하게 작용했으며, 심지어는 여성의 직업을 일종의 수치로 여겼다. 여자가 직업이 없고 생산에 종사하지 않아도 국가의 생산력에 영향을 미치지 않기 때문이다. 그는 영국의 입헌정치가 발달할 수 있었던 것은 여성의 사회화와 관련이 있다고 여겼다.[38] 이처

---

36 守屋三葉, 「逝きし我愛妻の日誌を辿りゆきて」, ≪婦人と家庭≫, 創刊號(1919.12), pp.47~51.

37 구보시마 덴레이는 와세다대학 출신으로 1918년 혹은 1919년에 타이완으로 건너갔을 것으로 추정된다. ≪타이완일일신문≫에서 경제면 전문 기자로 활동했다. 1921년 5월 미국 보스턴대학 진학을 위해 신문사를 그만두고 일본으로 돌아갔다. 『臺灣經濟政策論』(臺北: 臺灣之經濟社, 1920)을 썼다[久保島天麗, 「國家の本質」, ≪臺灣警察協會雜誌≫, 48(1921.5), pp.57~60]. 현재 구보시마 덴레이는 제법 알려진 인물로 1920년 『臺灣大學設置論』을 썼고, 이를 중심으로 '臺灣大學期成同盟會'를 조직했다. 徐聖凱, 『日治時期臺北高等學校與菁英養成』(國立師範大學出版中心, 2012), pp.32~35; 李恒全, 「臺北帝國大學成立史に關する壹考察」, 『神戸大學発達科學部研究紀要」, 14(1), pp.45~54; 久保島天麗 編, 『臺灣大學設立論』(東京: 臺灣大學期成同盟會, 1920) 참조.

럼 구보시마 덴레이는 일본의 전통적 가족제도가 여성에게 가하는 속박을 직접적으로 비판했고, 여성이 일을 갖거나 정치에 참여하는 것을 권장했다. 비록 국가 발전에 대한 고민이 배경으로 존재했으나 여성이 더는 '현모양처'의 역할에 머물러서는 안 된다고 여겼다. 그는 활동의 영역을 가정(혹은 가정을 통한 국가와 연결)으로 제한하지 말고 여성이 사회에 진출할 수 있는 여성의 사회화를 촉구했다. 이 밖에 기타노 사토코(北野里子)는 자신의 산문 『나도 여자인가(私も女だろうか)』에서 무엇이 여성이고 아내인지 고찰했고, 가정과의 관계를 날카롭게 분석했다. 산문에 적혀 있는 수많은 어휘들은 정확하게 전통적인 가족제도, 혼인제도 및 여성을 속박하는 갖가지 족쇄와 억압을 예리하게 겨냥하고 있다. 기타노 사토코는 이러한 제도에서 여성은 하나의 도구에 불과하며, 개인의 존엄성은 말살될 수밖에 없다고 비판했다.[39] '새 시대'적인 분위기가 농밀하게 녹아든 창간호에서 앞의 두 편의 글은 극도의 비판적인 성격을 띠고 있는 데다가 국가나 사회가 요구하는 현모양처에 대해 반문하고 거부했다.

이렇게 서로 다른 포커스에 착안한 논점을 다시금 정리해보면 두 가지 차원의 여성 담론을 발견할 수 있을 것이다. 첫째, 여성을 독립적인 주체(사람)로서 존중하는 인식을 토대로 그 연장선에서 양성 간의 평등을 논하는 것이다. 가정에서 양성의 관계를 재정립하고, 민주주의적 요소를 도입하며, 사랑을 전제로 한 결혼 등을 강조했다. 둘째, 마찬가지로 평등을 기초로 했지만, 여성에 대한 논점은 가정의 영역을 벗어나 '신여성'이라는 스펙트럼에 좀 더 가깝게 있다. 첫 번째 측면의 관점은 두 번째 차원의 관점으로 발전할 수 있지만, 아마도 가정의 범주에만 국한될 것이다. 첫 번째 측면에는 여성의 변화, 가정의 변화

---

38 久保島天麗, 「婦人の社會化を論す」, ≪婦人と家庭≫, 創刊號(1919.12), pp.52~53.

39 北野里子, 「私も女だろうか」, ≪婦人と家庭≫, 創刊號(1919.12), pp.60~63. 예를 들면 "남편은 나를 아내라 부르고, 아이는 나를 엄마라 부른다. 어머니는 일부 여성에 대한 존칭이다. 아내라는 건 믿을 수 있는 하녀 정도가 아닐까? …… 대를 잇는 도구거나 ……", "남자는 국가가 있고, 사회가 있고, 일이 있고, 세계가 있다. …… 그럼 여자는 ……" 등등.

를 지지하고, 연애의 자유, 평등한 양성 관계, 여성의 자아인격, 여성과 남성 모두 이성적인 존재 등의 시각이 포함되어 있다. 이러한 관점은 서구의 자유주의와 여권운동의 개념에서 비롯된 것으로, 1910년 중반에 번역되어 일본에 소개되었다. 창간호에 글을 기고한 화자들은 이러한 개념을 받아들여 식민지에서 발행되는 여성 잡지를 통해 널리 알렸다.

단, 어느 차원에 속하든 앞의 글들은 모두 ≪여성과 가정≫의 창간호에 실렸으며, 제1차 세계대전 이후의 새 시대 분위기를 반영해 민주주의 요소의 도입, 계급주의 타파를 비롯해 기존의 속박으로부터 벗어난 여성 등 신여성 사조를 담고 있었다. 이는 전통적인 현모양처 개념에 반하는 것이었다. 제1차 세계대전 종식 후 휩쓴 새로운 사조가 '창간호'에 완전 새로운 변화를 가져다주었고, 시대적 분위기를 담는 이미지를 구축할 수 있게 되었다. 아울러, 창간호 인사말처럼 '시대적 요구', '여성의 각성' 등 창간의 배경에도 호응했다.

4. 또 다른 변화: '가정'에서 '국가'까지

그렇다면, ≪여성과 가정≫에 실린 기사 모두가 불평등한 양성 관계의 개선, 전통적인 가족제도 타파, 현모양처 사상의 거부 등과 같은 주제를 다루었을까? 아니면 여성, 가정의 변화에 대해 또 다른 방향을 제시한 글도 있었을까? 사실상 창간호에는 또 다른 관점도 있었다. 이는 여성과 국가의 연결이었다.

창간호에서 타이완총독부고등여학교(臺灣總督府高等女學校) 교장 아키요시 오토지(秋吉音治)는 「여성의 활동은 무엇을 배경으로 삼아야 하는가(婦人の活動は何を背景とせなばならぬか)」라는 글을 발표해 현재 국가의 가장 시급한 당면과제는 국력의 유지와 발전이라고 지적했다. 그는 세계 5대 강국의 지위를 유지 및 발전시켜나가려면 남녀노소 모두 자각하고 결심해야 한다고 주장했다. 그는 당시 여성의 '개인주의', '이기주의'를 비판하면서, 앞으로 국가와 단결해야 한다

고 강조했다. 그가 제시한 구체적인 방법은 가냘픈 여성이 아름답다는 인식을 버리고 신체 건강에 힘쓰며(자녀 양육과 생산력 관련), 위생을 고려한 의식주를 개선해나가야 한다는 것이다.[40] 아키요시 오토지의 주장에서 남성의 변화, 여성의 인격 존중(여성을 노리개로 여기지 않음) 등, 앞서 첫 번째 차원의 논점과 공유하는 개념이 있음을 알 수 있다. 그러나 아키요시 오토지의 관점은 여성의 사회화를 독려하는 것이 아니다. 그는 여성이 가정에만 머물러 있을 것이 아니라 시각을 국가로 돌리라는 것이다. 또한 여성이 자녀 양육, 경제, 일상생활의 '개선'에 힘써 국력의 유지와 발전에 이바지해야 하다고 여겼다.

사실상 아키요시 오토지와 마찬가지로 여성과 국가의 연결을 강조한 논점은 ≪여성과 가정≫에서 반복적으로 등장했고, 창간호 이후에는 등장 횟수도 큰 폭으로 증가했다. 제2권 제1기만 보더라도 대략 알 수 있다.

총독부가 설립한 고등상업학교의 구마모토 시게키치 교장은 해당 기수의 잡지에서 제1차 세계대전 중 후방 지원 및 보급, 구조 작업에 임했던 영국, 미국의 여성농업단체와 이 여성들의 헌신적 행동을 소개했다. 아울러 "국민의 절반을 차지하는 여성이 의지, 신체 건강, 지적 성장을 꾀하고, 의미 있는 헌신과 희생이 요구되는 활동에 참여하기를 바란다"[41]고 말했다. 이는 국가에 대한 여성의 헌신이 일종의 '새로운 사조'라는 걸 암시하는 것이다. 총독부 시학관(視學官) 히라노 쇼지로(平野象二郎)는 영국 잡지 ≪19세기≫에 게재된 「3C(church, children, cookery)」라는 글을 소개했다. 이 기사는 영국 여성이 가정 내에서 혁명을 꾀해야 한다는 것으로, 여성이 가사, 자녀 양육을 자신의 소임으로 삼고 가정을 지켜 국가를 위해 힘이 되어야 한다는 내용을 담고 있다. 히라노 쇼지로는 이러한 관점을 토대로 일본의 여성을 고찰했고, 갖가지 '일상생활 속 변화'를 주장했다.

---

40 秋吉音治, 「婦人の活動は何を背景とせなばならぬか: 大火事が起こるぞ火元の用心を願ひます」, ≪婦人と家庭≫, 創刊號(1919.12), pp.15~21.

41 隈本繁吉, 「英米に於ける婦人農業團: 彼等の愛國的活動に感激せよ」, ≪婦人と家庭≫, 2-1 (1920.1), pp.10~16.

그는 이러한 '변화'가 결국 국가의 이익과 관련되며, 건강한 신체를 가진 사람이 건강한 후손을 길러낼 수 있다고 여겼다. 또한 출생률을 높여 국력 유지를 공고히 하고, 화려하고 사치스러운 생활을 개선해 전후(戰後) 경제 등에 도움이 되어야 한다고 주장했다.[42] 히라노 쇼지로는 여성 역시 국가가 발전하는 과정에서 관리하고 통제해야만 하는 대상으로 바라보았다.

이 밖에 타이베이여자고등보통학교 교사 히로마쓰 요시오미(廣松良臣)는 '타이완' 여성을 논의의 대상으로 삼아 '국가의 가정 완벽주의'를 주장했다. 그는 국가 간의 경쟁이 치열한 시대에 여성과 남성은 동일한 책임을 가지며, 과거 여성의 가사는 '가족'을 위한 것이었으나 앞으로는 '국가'를 위한 것이어야 한다고 여겼다. 그는 가정 내 국어교육 도입, 여성 교육 중시, 신체 건강, 성실한 노동 등 구체적인 방법을 제시했다.[43] 히로마쓰 요시오미는 여전히 여성을 가정의 영역에 두고, 가정 내 역할을 통해 여성과 국가를 연결해야 한다고 주장했다.

아키요시 오토지, 구마모토 시게키치, 히라노 쇼지로에서 히로마쓰 요시오미까지 논술의 방식, 강조의 대상은 달랐지만, 모두 여성의 '변화'를 논했다. 단지 이 변화가 여성의 자아 추구나 사회에서의 역할을 통해 이루어지는 게 아니라 국가에 헌신하거나 가정을 통해 국가와 연결하는 것으로 구현해야 한다고 믿었다. 이러한 관점에서 여성은 국가 동원의 대상이자 국가의 경쟁과 발전이라는 '사정거리' 안에 편입되는 대상이다. 흥미로운 점은 구마모토 시게키치와 히라노 쇼지로가 논술 과정에서 서방의 사례를 인용해 여성과 국가의 연결을 강조했다는 것이다. 서방의 동향과 여론을 인용 및 소개한 것은 새 시대에 발맞추고자 한 의도였다고 볼 수 있다.

42 平野象二郎,「婦人と日常生活の改造」, ≪婦人と家庭≫, 2-1(1920.1), pp.44~47.

43 廣松良臣,「本島婦人と家庭生活の改善は如何にすべき?」, ≪婦人と家庭≫, 2-1(1920.1), pp.57~62.

5. '신여성'에 대한 공방: '현모양처'로의 회귀

1) 숨겨진 '현모양처'

그러나 민주 사상과 혁신 및 변화를 향한 외침만 있을 뿐, 어떻게 나라를 변화시키고 문명을 건설해야 할지에 대한 분명한 방침은 나오지 않았다. 그저 국민의 사상적 혼란만 야기했을 뿐 나아갈 방향을 잡지 못한 것이다.[44]

이에 대해 히라노 쇼지로는 「여성의 일상생활 변화」라는 글에서 다이쇼 시기 일본 사회의 모습을, ≪여성과 잡지≫에서 여성에 관한 쟁점과 현황을 생생하게 반영했다. 아울러 그는 총독부 시학관으로서 자신이 가지고 있는 견해를 밝혔다.

창간호에 실린 새 시대에 관한 다수의 글부터 구마모토 시게키치, 히라노 쇼지로, 히로마쓰 요시오미가 강조한 여성과 국가의 연결까지 모두 여성의 변화, 가정의 변화를 강조하고 있다. 그렇지만 각자가 생각하는 변화의 방향은 완전히 달랐고 변화를 외쳤지만 오히려 대중의 혼란을 야기했다. 히라노 쇼지로는 자신의 글에서 새 시대의 흐름이 가져온 여러 가지 '어지러운 상황'을 무시할 수 없음을 은연중에 밝히고 있다. 그 역시 '변화'라는 새 시대의 구호를 외치면서 '새로운 사조'에 대한 공방을 피할 수 없었다.

사실상 여성과 국가의 연결을 강조한 앞의 의견들을 보면, '또 다른 방향의 변화'를 강조하는 것 외에도 현모양처 규범에서 벗어나려는 의견을 바로잡으려 하고 있다. 이것은 국가적인 여성 교육 방침인 '현모양처'의 '정상궤도'와 밀접한 관계가 있다.

이렇듯 여성과 국가의 연결을 강조하는 관점에 대해서 아키요시 오토지의 논점을 고찰해볼 필요가 있다. 같은 시기에 아키요시 오토지가 다른 잡지사에 기고한 글을 대조해보면, 여성과 관련된 의견에 대해 좀 더 뚜렷하게 윤곽을

---

44 平野象二郎, 「婦人と日常生活の改造」, ≪婦人と家庭≫, 2-1(1920.1), pp.44~47.

잡을 수 있을 것이다. ≪여성과 가정≫에서 여성과 국가의 연결을 주장한 관점을 보면, 이것이 국가나 사회에서 요구하는 '현모양처'의 '숨겨진 버전'임을 발견할 것이다.

아키요시 오토지는 여성 교육에 대한 견해를 피력할 때 세계인이 '현모'와 '양처'에 관한 내용을 새롭게 고찰해야 한다고 호소했다. 그는 여성의 도덕성, 건강미와 지혜로움을 강조했고, 전통적인 가정에서 남편에게 복종하고 웃어른의 시중을 드는 등 여성 인격에 대한 억압을 반대했다. 아울러 그는 여성이 교육을 받는 과정에서 의지를 단련하고 강한 체력을 길러 여성이 직면한 억압을 해결해야 한다고 주장했다.[45] 이 주장은 앞서 창간호에서 새 시대의 물결을 따라 여성 인격에 대한 존중을 강조한 첫 번째 차원의 논점들과 겹친다. 그러나 외부 사상을 논할 즈음, 아키요시 오토지는 오히려 교육칙어를 적극적으로 추종했다. 그는 외부의 사조가 난무할 때, 교육칙어가 이전의 복잡하게 얽히고설킨 국민 사상을 통일할 수 있다고 여겼다.[46] ≪여성과 가정≫의 창간호에서도 아키요시 오토지는 여성의 다양한 '변화'를 통해 국력을 유지하고 발전시켜야 한다고 강조했다.

그렇다면, 아키요시 오토지가 주장한, 복잡하고 사리에 맞지 않고, 선진적인 듯하지만, 보수적인 관점을 어떻게 이해해야 할까? 전쟁 이전의 '현모양처'에 관해 아키에다 쇼코(秋枝蕭子)는 동일한 어휘 이면에는 여러 가지 의미가 담겨 있다며, 현모양처에 내포된 여성관 역시 상당히 다를 수밖에 없다고 지적했다. 예컨대, 남존여비, 유교적 여성관에 기초한 '현모양처'는 근대 서구 사상의 자유와 평등에 기초한 '현모양처'와 다르다. 또한 갑오전쟁, 러일전쟁을 승리로 이끈 후 교육에 관한 칙어를 제정해 '충신애국', '국위선양' 교육을 '현모양처' 교육과 결합시켰다. 이렇듯 내부적으로 천황제국가를 기반으로 한 가족제도, '내

45 秋吉音治, 「女子教育に対する感想」, ≪臺灣教育≫, 204(1919.5), pp.7~10.
46 秋吉音治, 「教育勅語と外來思想」, ≪臺灣教育≫, 222(1920.10), pp.9~11.

조하는 현명한 아내'와 '군국의 지혜로운 어머니'를 결합한 '현모양처 교육'은 1899년 '고등여학교령(高等女學校令)'이 반포된 후 설립된 국공립 여학교의 교육 이념이 되었고, 이후 전국적으로 보급되었다. 여성을 국가의 일부분으로 바라보는 것 역시 전통적인 유가 사상의 현모양처 교육과 굉장히 달랐다. 이는 국가주의가 강화되면서 현모양처 교육을 '가족국가'를 강화하는 교육으로 편입시키고 말았다.[47]

여러 글에서 나타난 아키요시 오토지의 관점을 새로 정리해보면, 아키요시 오토지가 '현모양처'를 비판한 듯하지만, 사실은 전통적 유교 사상 중 남존여비를 토대로 한 '현모양처'를 반대한 것임을 알 수 있다. 사실상 총독부고등여학교 교장인 아키요시 오토지의 여성 교육에 대한 견해는 여전히 '현모양처' 틀에서 벗어나지 않았다. 그는 근대 서방의 인류 자유, 평등관을 기반으로 한 '현모양처'를 표방했고, 국가주의와 결합해 그 최종 목표를 국력의 발전과 유지에 두었다. 다시 말해, 아키요시 오토지가 ≪여성과 가정≫ 창간호에 발표한 글을 보면, '현모양처'라는 어휘를 사용하진 않았지만 그 이면에는 국가와 사회가 요구하는 현모양처에 관한 논조와 궤를 같이한다는 것을 알 수 있다. 그러나 글의 기조를 '변화'로 포장해 시작부터 '남녀노소 모두 다 세계적인 흐름을 향해 나아가야 한다'라고 표방한다. 아울러, 각각의 측면에서 여성, 남성, 가정, 삶의 변화를 어떻게 이끌어낼 것인지를 설명하면서, 마지막에는 옛것을 타파하고 낡고 부패된 경계에서 각성해야 한다고 주장했다. 국민으로서의 여성이 '단상'에 떠밀려 올라올 때까지 보수적 관점의 '현모양처' 사상을 기저에 숨겨놓고 꺼내 들지 않은 것이다.

여성과 국가의 연결을 강조한 교육자의 논점을 되짚어보면, 그들 모두 '현모양처'라는 어휘를 사용하지 않은 채 그저 여성과 국가의 관계만을 지속적으

47 秋枝蕭子,「良妻賢母主義教育の逸脱と回收: 大正·昭和前期を中心に」, 奥田暁子 編,『女と男の時空: 日本女性史再考』(東京: 藤原書店, 2000), pp.451~480.

로 강조했다는 것을 알 수 있다. 그러나 이러한 관계는 국가가 요구하는 여성 교육의 방침인 '현모양처'의 틀을 벗어나지 않은 것이다. 다시 말해, 그들은 새 시대의 유행어인 '변화'로 실질적인 '현모양처' 정책을 포장하고, 또 다른 새 시대의 조류를 배척했다고 볼 수 있다.

2) '현모양처'에 대한 주장

그러나 신여성에 대한 공방에서 굳이 국가와의 연결을 강조할 필요도 없고, '변화'로 포장해 숨길 필요도 없었다. 앞서 언급한 다수의 교육자는 새 시대의 분위기 속에서 '현모양처'라는 말을 사용하지 않은 채 여성과 국가의 연결만을 강조했지만, 반면에 총독부 관료들은 ≪여성과 가정≫이 주장한 '흐름'을 부정했다. 그들은 '현모양처'의 교육방침을 강조했고, 심지어는 남녀평등도 부정했다. 타이완총독부의 편수관(編修官) 후루야마 에이사부로는 「여성문제에 관해」라는 글의 서두에서 "최근 세간의 분위기가 어지럽다. 노동문제, 보통선거문제, 여성문제에 대해 떠들어대기 바쁘다"라고 밝혔다. 그는 더욱이 여성문제에 대해 남녀평등, 여성의 참정권을 부정했고, '내조', '육아'가 여성의 천직이라고 주장했다. 아울러 여성 교육의 방침은 현모양처이고, 이를 바꿀 여지도 필요도 없다고 여겼다. 후루야마 에이사부로는 변화가 필요한 것은 오로지 가정과 학교에서의 여성의 지위뿐이라고 여겼다. 가정에서 남성에게 의존하는 풍조도 반성할 필요가 있고, 남성은 여성을 도구나 노리개로 삼지 말아야 가정 내에서 여성의 지위를 개선할 수 있다고 주장했다. 그는 학교에서 여성 교육을 강화해야만 아내가 남편의 의논 상대가 될 수 있고, 자녀 양육도 교육을 통해 이루어져야 한다고 생각했다.[48]

후루야마 에이사부로의 '현모양처'는 근대 서구 사상의 영향을 받았다. 즉,

48 古山榮三郎, 「婦人問題に就いて」, ≪婦人と家庭≫, 2-5(1920.5), pp.2~8.

자유와 평등에 입각한 '현모양처'로 여성을 도구나 노리개로 여기지 말아야 한다고 강조한다. 그러나 그의 말에서 여성이 추구하는 것은 자아 혹은 사회의 발전이 아니며, 여성의 활동 영역도 가정으로 고정되어 있음을 알 수 있다. 교육을 받는 것은 자녀교육과 남편의 대화 상대가 되기 위한 것이다. 이렇듯 '현모양처'의 함의는 국력의 발전과 관련된 것 외에도 일본의 자본주의 발전과도 밀접한 관계가 있다. 러일전쟁 후, 자본주의의 발전에 따라 주거지와 일터가 분리된 노동형태가 도시를 중심으로 확산되기 시작했다. 남성이 걱정 없이 산업에 종사할 수 있도록 가사를 안심하고 맡길 수 있는 '좋은 아내'가 필요했고, 국가는 나라의 미래인 어린이를 양육하는 데 도움이 되는 '어진 어머니'가 필요했다. 집안의 전반적인 관리, 자녀교육, 남편을 위로하고 남편과 대화 상대가 될 수 있는 여성이 중산층 전업주부에게 요구되는 능력이었다.[49] 또한 후루야마 에이사부로는 국가를 언급하지 않았지만, 이러한 '현모양처'가 그 외연을 확장하게 되면 가정을 통해 건강한 다음 세대를 길러내고 미래의 국민을 양성할 수 있어 결국 국가와 연결되게 된다고 믿었다.

≪여성과 가정≫에서 국가적 의미의 '현모양처' 교육보다 더 보수적인 관점도 없지는 않았다. 이를 테면, 총독부 학무과장 가타야마 히데타로(片山秀太郎)는 세계는 어떤 원칙이나 법칙에 따라 움직이는 것이라고 여겼다. '예로부터 성인군자들에게는 효자와 열녀가 되는 길이 천하 만물의 큰 진리이자 큰 원칙이었다'라며, '이단자의 말이 유행해 이러한 진리와 가치가 가려진다고 해도 일단 구름이 걷히고 나면 본질과 실상이 더 분명하게 비춰질 것'[50]이라고 말했다. 가타야마 히데타로는 후반에 일본의 건국 스펙트럼 외에도 공자의 말씀에 담긴 만고불변의 이치를 언급하면서, 이상적인 부녀자의 도(道)는 국가가 요구하는 '현모양처'일 뿐만 아니라 유교의 남존여비 사상을 기초로 한 '현모양처'도 포

49 秋枝蕭子, 「良妻賢母主義教育の逸脱と回收: 大正·昭和前期を中心に」, pp.451~480.
50 片山秀太郎, 「人道地に墜ちんとす」, ≪婦人と家庭≫, 2-1(1920.1), pp.37~41, p.43.

함한다고 말했다.

주목할 점은 후루야마 에이사부로와 가타야마 히데타로가 말한 '현모양처'의 함의는 서로 다르지만, 그들은 공통적으로 하나의 '주적'을 가지고 있다는 것이다. 이 적을 가리켜 가타야마는 '이단'이라고 불렀고, 후루야마 에이사부로는 "현모양처 사상을 바꿀 필요가 없다"라고 풀었다. 이 '주적'의 그림자는 타이완 총독부 시학관인 마쓰이 미노루(松井實)의 글에서 더욱 분명하게 느낄 수 있다. 그는 "여자는 그냥 여자다. 여자가 남자로 바뀔 수는 없다"라고 말했다. 그는 현대여성에게 필요한 자각은 참정권, 평등권이 아니라 여성의 천직인 자녀 출산과 양육이라고 여겼다. 이 밖에 가정노동 역시 여성이 마땅히 해야 할 '자각'이었다. 이 점을 해결하지 못하면, 여성의 정치 참여와 직업문제를 합리적으로 논할 수 없다.[51] 이렇듯 마쓰이 미노루는 여성과 남성의 동등한 권리 보유를 반대했다. 그는 여성의 활동범위를 집안으로 한정짓고, '현모양처'의 규범에서 벗어나기만 하면, 가정을 벗어나 사회로 진출하고 정치에 참여하고 일을 나가기만 하면, 모두 비판의 대상으로 삼았다. 이는 제1차 세계대전 종식 후 여성 직장인의 꾸준한 증가와 더불어 신여성의 그 당시 동향과도 밀접하게 관계가 있다. 1919년 말, 히라쓰카 라이초, 이치카와 후사에(市川房枝), 오쿠 무메오(奥むめお)를 중심으로 일본의 최초 여성단체인 '신여성협회(新婦人協會)'가 발족되었다. 협회강령을 통해 남녀 간 기회의 평등, '치안경찰법 제5조 개정',[52] '성병에 걸린 남성의 결혼 제한' 등을 주장했고, 넓은 의미의 여성해방운동을 전개하고자 했다.[53] 마쓰이 미노루의 글에서 그가 비판하는 대상을 좀 더 분명하게 알 수 있는데, 이는 당시 여성의 참정권, 남녀평등에 관한 관점이었다.

종합적으로 보면, 가타야마 히데타로, 후루야마 에이사부로, 마쓰이 미노

51 松井實, 「婦人の自覺すべき二つの問題」, ≪婦人と家庭≫, 2-9(1920.10), pp.17~19.

52 치안경찰법 제5조, 여성의 창당 및 정치적 연설 참여 금지.

53 三鬼浩子, 「大正期の女性雜誌: 働く女の機關誌を中心に」, pp.3~53; 米田佐代子, 「平塚らいてうと新婦人協會」, pp.128~149.

루의 관점은 '신여성'과 관련된 쟁점에 대한 공방으로 점철된다. 그들은 여성을 여성해방이라는 필드에서 끌어내 '현모양처'라는 프레임으로 회귀시키고자 했다. 그러나 그들이 싸울 대상은 언론, 즉 잡지를 통해 현모양처의 궤도에서 벗어나라고 주장하는 여론이자, 현실계에서는 여성노동자와 '신여성'일 것이다.

사실상 ≪여성과 가정≫에는 이에 동조하는 형식의 글도 적지 않았다. 이들은 고향을 떠나 진학하는 걸 반대했고, 딸과 아내의 본분을 요구했으며, 온순함과 미덕을 잃어서는 안 된다고 주장했고, 이성적으로 미래를 생각하라고 호소했다. 대부분 가정과 남편 중심의 의견이었다.[54] 이렇듯 편지 형식의 글은 젊은 여성이 '신여성'에 편향되는 것을 막기 위한 것이지만, 아이러니하게도 그들 역시 새 시대의 여성이 필요하다고 강조하고 있었다.

6. 식민지의 '현모양처'

앞서 '현모양처'를 둘러싼 의견은 두 가지 견해로 나타났다. 하나는 '변화'로 포장한 채 여성과 국가의 연결을 강조한 '현모양처'이고, 다른 하나는 '현모양처'를 직접적으로 언급해 당시 일본 여성의 여권신장운동과 관련한 의견을 정면으로 부정하고 여성을 현모양처라는 '정상궤도'에 회귀시키려는 시도였다. 전자는 식민지에서 정부의 입장을 널리 알리려는 것이고, 후자는 식민지에서 '신여성'에 대한 확산을 막으려 한 것으로 풀이된다. 이렇듯 '현모양처' 사상에 관한 연장선에서 식민지에 따라 등장한 의견도 존재했다.

1920년 1월 타이베이 니시혼간지(西本願寺) 별원(別院)에서 구마모토 시게키

54 水島八重, 「上京を望む愛する妹へ」, ≪婦人と家庭≫, 2-3(1920.3), pp.20~23; 廣瀨陶醉, ≪婦人と家庭≫, 2-3(1920.3), pp.47~49; 田淵秋汀, 「寄宿舍の妹へ」, ≪婦人と家庭≫, 2-4(1920.4), pp.39~41.

치는 '우리 삶의 의미'라는 제목으로 강연했다. 강연에서 그는 개인적 삶의 의미를 불어넣으려면 가정생활과 습관의 개선부터 '심신이 건강한 국민'이 되어야 한다고 주장했다. 그의 강연 내용은 상·하편으로 나뉘어 ≪여성과 가정≫에 실렸다. 상편에서 "일본은 3000년의 역사를 가지고 있으며, 천자는 일본인이 숭배하는 대상이고, 메이지 시대 이후 개혁과 전쟁을 거쳐 세계 5대 강국으로 발돋움했다, 이러한 일본의 국민이라면 의미 있는 삶을 살아야 하고, 특히 식민지에 온 일본인은 타인의 본보기가 되도록 해야 한다, 이를 위해 습관과 가정생활을 개선하는 데 힘써야 한다"고 주장했다.[55] 하편에서는 공혼(共婚)과 공학(共學) 등 갖가지 동화정책이 시행되는 이때에 일본인이 모범이 되어야 한다는 내용이 담겨 있다. 글의 마지막에는 당시의 세계적 흐름을 언급하고 있는데, 여기에는 중국에서 유행하는 보이콧 운동도 포함되어 있었다. 그는 러시아를 중심으로 한 급진주의가 존재하며, 이는 세계질서의 붕괴를 획책하고 있다, 전 세계가 "사회적·사상적으로 몹쓸 병이 걸렸다"고 묘사했다. 이에 타이완인, 조선인도 최대한 빨리 건강한 일본 국민이 되어 정신적·사회적인 '몹쓸 병'을 물리치고, '모국인'은 가정이든 개인이든 모범이 되어 타이완 사람을 지도해야 한다고 주장했다.[56]

구마모토 시게키치는 당시 세계 각지에서 발생하는 운동, 사조를 홍수와 맹수로 비유했다. 그는 사회질서를 천황 중심의 국가질서로 회귀해야 한다고 주장했으며, 동화정책을 통해 식민지 사람을 국민으로 편입시키고, '모국인'이 국민의 지도자, 본보기 역할을 해야 한다고 여겼다. 이러한 의견은 내지연장주의의 방침을 전제로 전개되었다. 이 관점은 국가와 사회가 요구하는 현모양처 사상의 연장선에 있었다. 여성을 국가가 동원하는 대상으로 삼아 식민지 타이

55 隈本繁吉, 「吾人の生活をして意義あらしめよ(上)」, ≪婦人と家庭≫, 2-2(1920.2), pp. 49~55.

56 隈本繁吉, 「吾人の生活をして意義あらしめよ(下)」, ≪婦人と家庭≫, 2-3(1920.3), pp.8~19.

완 사람을 '동화'하려는 의도가 있었다.

도쿄여학교(東京女學校) 교장 다나하시 아야코(棚橋絢子), 공립여자직업학교(共立女子職業學校) 교장(이자 창립자) 하토야마 하루코(鳩山春子)는 식민지라는 특수한 상황을 감안해 ≪여성과 가정≫을 통해 현모양처의 시각에서 식민지 여성이 갖춰야 할 모습을 논했다.

다나하시 아야코, 하토야마 하루코는 모두 일본의 유명한 여성 교육자였다. 1900년대 일본에서 여성 잡지가 등장했으나 기사는 대부분 재봉이나 세탁법 등에 관한 내용에 국한되어 있었다.[57] 1911년 ≪청탑≫이 간행되고, 신여성들이 전통적인 가족제도와 사회관습에서 해방되려고 노력할 때, 하토야마 하루코와 다나하시 아야코는 반대하는 목소리를 높였다. 하토야마 하루코는 여성의 자립과 발전을 일정 부분 장려했으나 본질적으로는 현모양처의 신봉자였고, ≪청탑≫ 및 그 관련자를 위험한 사상을 가진 사람으로 바라보았다.[58] 현모양처 사상의 여성교육자인 다나하시 아야코 역시 1913년 도호쿠제국대학(東北帝國大學)이 여학생 3명을 본과 학부로 입학시키려 하자, 그는 현모양처가 되려는 일본 여성은 대학교육을 받을 필요가 없다고 반대했다. 따라서 대학에 입학한 여학생은 결혼 적령기를 넘긴 독신자이거나 "신여성 사상에 넘어간 사람"이라고 단정 지었다.[59]

≪여성과 가정≫에 게재된 「도쿄여학교 교장 다나하시 아야코의 식민지 여성관(東京女學校長 棚橋絢子女史の植民地婦人觀)」이라는 제목의 글은 기자가 다나하시 아야코와의 대화를 기록한 것이다. 이 글에서는 주로 남성을 보조하기 위한 여성, 식민지로의 이주에 관한 내용이 담겨 있었다. 이를 바탕으로 다나하시 아야코는 식민지의 여성이 일본의 국정을 이해하고 인내심을 길러야 한다고 여겼다. 여성은 현명하게 내조하고 '일본 국민'을 양육하며 황화(皇化)를 보급하고 일본의 품격을 높은 가치에 두어야 한다고 생각했다.[60] 1900년대 일본 본토

57 金子幸子, 『近代日本女性論の系譜』(東京: 不二出版, 1999), p.105.

58 秋枝蕭子, 「良妻賢母主義教育の逸脱と回收 : 大正·昭和前期を中心に」, pp.451~480.

59 秋枝蕭子, 같은 글, pp.451~480.

에서 제국의 경영을 위해 여성이 일정 부분 역할을 해야 한다는 주장이 일기 시작했다. 이러한 의견은 신문뿐만 아니라 여학교 교사들 사이에서도 등장했다.[61] 여성의 '대외' 이동, 식민지 개척을 독려했지만, 여성의 역할은 '남성을 보좌'하는 위치에 국한된 채 '현모양처'라는 틀에서 벗어나진 못했다. 다나하시 아야코도 이러한 의견을 계승해 여성의 '내조'와 '남자의 보좌관'으로서의 역할, 대외 개척을 강조했다. 아울러 앞서 구마모토 시게키치의 주장과 교집합을 이루는 부분이 식민지 일본 여성의 '모범'적 역할을 기대하는 것이다.

하토야마 하루코의 「타이완 여성에 대한 기대(臺灣の婦人に望む)」를 보면, 그는 식민지 여성이 지나치게 화려하고 독서와 예술에 대한 뜻이 없다고 꼬집는 한편, 현재 정치 및 사회에 끼친 폐해를 비판했다.[62] 식민지 풍조에 대한 하토야마 하루코의 비판은 앞서 고지마 구사미쓰가 타이중 청장을 방문했을 때를 떠올리게 한다. 그는 식민지 여성에 대해 '나태'하고, '독서 관념이 없고', 절약을 모르며, 허례허식만 생각하는 여성으로 조목조목 비판했다. 이러한 비판은 당시 흔히 볼 수 있는 일이었으며, 식민지의 '가정 변화'와도 관련이 있다. 단, 이러한 '변화'는 여성의 개인적 수양으로만 한정짓고 가정생활의 범위 내에서만 이루어지는 것이며, 여성의 자립과 발전은 여전히 사회적 차원으로 확산되지는 않았다.

식민지의 일본 여성에 대해 이들의 관점은 여성 교육의 '현모양처' 방침을 기초로 삼고 있다. 그 연장선에서 식민지의 일본 여성은 일종의 모범이 되는 대상으로, 남성의 대외 개척을 돕는 한편, 자신의 수양을 통해 식민지의 사치

---

60 在京記者, 「東京女學校長　棚橋絢子女史の植民地婦人觀」, ≪婦人と家庭≫, 2-6(1920.6), pp.25~28.

61 加藤千香子, 「帝國日本における規範的女性像の形成: 同時代の世界との關係から」, 早川紀代 外 編, 『東アジアの國民國家形成とジェンダ: 女性像をめぐって』(東京: 青木書店, 2007), pp.64~86; 竹中信子, 『植民地臺灣の日本女性生活史』(田畑書店, 1995.12), pp.241~243; 顏杏如, 「與帝國的腳步俱進: 高橋鏡子的跨界, 外地經驗與國家意識」, ≪臺大歷史學報≫, 第52期 (2013.12), pp.243~294 참조.

62 鳩山春子, 「臺灣の婦人に望む」, ≪婦人と家庭≫, 2-8(1920.9), pp.13~14.

풍조를 근절해야 한다는 것이다.

7. '신여성'에 대한 소수의 목소리

앞서 서술한 분석과 정리를 통해 ≪여성과 가정≫이 창간한 날부터 새 시대의 풍조와 흐름을 반영해 여성과 가정의 변화를 외치고 있음을 알 수 있다. 전체 잡지의 내용을 살펴보면 신여성을 배척하고 가로막고 있음을 알 수 있다. 여성들을 '현모양처'의 궤도에 올리려는 시도는 '신여성', '새로운 사조'와 크게 괴리된다. 그렇지만 이것이 창간호 이후 더는 '현모양처의 탈피'를 주장한 관점이 등장하지 않았다는 것은 아니다.

창간호에서 여성의 사회화를 주장한 구보시마 덴레이는 이후 지속적으로 기고했고, 일본의 전통적 가족제도가 여성의 사회화에 미치는 부정적인 영향을 비판했다. 제2권 제2기의 「여성동정록(女子同情錄)」이라는 글을 보면, 가족제도가 일본 여성의 사회적 대우를 세계적 수준 이하로 끌어내렸다고 비판했다. 또한 가족제도는 여성의 사회화를 제약하는 구조적인 문제이므로 이러한 가족제도가 존재하는 한 이 같은 현상은 지속될 것이라고 주장했다. 그렇지만 구보시마 덴레이는 가족제도 타파를 주장하진 않았다. 심지어는 "여성이 완벽하게 가정을 벗어나기는 불가능하다"라고 말했다. 그는 다만 여성의 개인적 자각과 여성에 대한 사회의 이해를 강조했고, 가정·사회에서 여성의 지위와 처우 개선을 주장했다.[63] 이 밖에 구보시마 덴레이는 ≪여성과 가정≫에서 당시 사회에서 유행한 민주 사상, 보통선거, 여성운동 등의 새로운 사조를 소개했다. 이

---

63 久保島天麗, 「女子同情錄」, ≪婦人と家庭≫, 2-2(1920.2), pp.31~41, p.58. 구보시마 덴레이는 해당 글에서도 가족제도가 일본 여성의 사회적 처우를 세계 각국의 수준 이하로 끌어내렸다며, 가족제도가 존재하는 한 이런 현상은 지속될 것이라고 보았다. 가정과 사회에서 여성의 지위를 높여야 한다고 호소했다.

가운데 여성운동과 관련해서 교육 평등, 직업 평등, 법적 평등, 지위 평등 등을 설명했다.[64]

구보시마 텐레이가 같은 시기에 다른 잡지에 기고한 글을 살펴보면, 그의 사상적 스펙트럼을 좀 더 잘 살펴볼 수 있다. 1919년 말 구보시마 텐레이는 ≪실업의 타이완≫에 「사회문제극(社會問題劇)」이라는 글을 기고했다. 주인공인 대학 졸업생이 세상의 노동자를 구하기 위해 노동자가 된 스토리를 다루고 있다. 그가 노동자를 동정하는 공장주의 딸과 만난 후 두 사람은 노동환경 및 처우 개선에 힘쓰고, 마침내 노사 양측이 대화합을 이루면서 결말을 맺는다. 구보시마 텐레이는 주인공의 입을 통해 노사는 이익과 손해를 함께 짊어지므로 양측이 반목하지 않고 서로를 이해하기만 하면 사회의 발전을 이룰 수 있다는 메시지를 전달하고 있다.[65] 이 밖에 구보시마 텐레이는 「노동문제의 발생과 그 귀착점(勞働問題の發生と其歸著點)」이라는 글을 기고해 산업혁명 이후 노동문제가 발생했다고 지적했다. 산업조직이 변화하기 시작했으나 이익 분배는 구태의연하게 이어졌고, 이로 인해 자본가가 이익을 독식하게 되었다. 이에 그는 기고를 통해 노동운동의 필요성과 노동자의 자각을 호소했다.[66] 이처럼 일련의 글에서 구보시마 텐레이가 약간의 사회주의 사상을 가지고 있지만, 그래도 온건한 개혁노선을 지지하고 있음을 알 수 있다. 1921년 구보시마 텐레이는 ≪타이완경찰협회지(臺灣警察協會誌)≫에 투서해 국가 본질에 관한 자신의 관점을 피력했다. 그는 관련 학설을 종합해 "국가는 선천적으로 통치권을 가진 주체로 개체를 통합한다"라고 정의를 내렸다. 대다수 사람은 공동체 유지를 위해 기꺼이 피지배자가 된다.[67] 구보시마 텐레이의 글에서 그가 서구 사상의 영향을 받았으며, 사상적 스펙트럼 역

---

64 久保島天麗, 「婦人と時代思想」, ≪婦人と家庭≫, 2-5(1920.5), pp.9~13.

65 久保島天麗, 「(社會問題劇)〈輝き〉」, ≪實業之臺灣≫, 119(1919.12), pp.38~43; 「(社會問題劇)〈輝き〉」, ≪實業之臺灣≫, 120(1920.1), pp.34~41.

66 久保島天麗, 「勞働問題の發生と其歸著點」, ≪臺法月報≫, 14-1(1920.1), pp.37~40.

67 久保島天麗, 「國家の本質」, ≪臺灣警察協會雜誌≫, 48(1921.5), pp.57~60.

시 보수 및 전통과 대척점에 있는 것을 알 수 있다. 『타이완대학설립론(臺灣大學設立論)』에서 구보시마 덴레이의 논점 중 하나는 일본의 국력을 기초로 한 확대로,[68] 그가 국권주의자임을 알 수 있다. 그러나 그의 국가관은 천황을 중심으로 한 가족국가관이라기보다는 민본주의적 색채가 강한 국가관에 더 가깝다. 이는 그 역시 일본의 전통적 가족제도를 비판한 것이지만, 그렇다고 국가관과 정면으로 대치하지는 않는 것으로 보인다.

구보시마 덴레이는 일본에 유입된 세계적 사조를 '사상의 변화'로 보고, 이러한 사상이 권력의 남용을 예방하고 평등하고 합리적인 사회를 만들 수 있을 것이라 생각했다.[69] 그가 ≪여성과 가정≫에 기고한 글에서도 '새로운 사조'에 가까운 관점을 볼 수 있지만, 그는 무엇보다 노동문제에서 온건한 노선과 방법을 취해야 한다고 여겼다. 여성문제를 해결하는 방식에 있어서도 여성의 사회적 지위의 향상만 호소할 뿐 가족제도의 전복을 언급하지는 않았다. 한편, 기타노 사토코는 창간호에 여성이란 무엇인가를 성찰하는 에세이를 기고한 후에도 ≪여성과 가정≫에 꾸준히 글을 발표했다. 이 가운데 예술과 성별, 정신 간의 관계를 연구한 「남성 중심의 예술에서 여성 중심의 예술(男性中心の藝術から女性中心の藝術へ)」이라는 글이 눈에 띈다. 그는 교육의 진보, 양성의 교류, 여성의 직업 발전 등에 따라 남녀 간의 거리가 좁혀지고, 새로운 개념의 중성이 탄생된 것이라고 밝혔다. 중성에 가까운 정신을 가진 사람 중에 분열된 성이 자리잡고 있는 사람도 있단다. 따라서 그는 예술의 진리는 '성별'을 초월해 완전한 인간으로 성숙되는 것이라고 여겼다. 그녀는 과거 남성이 장기간 예술을 지배해온 결과 인생에 대한 가치관이 자신도 알게 모르게 고착화되었다고 밝혔다. 따라서 과거 남성 중심의 양식을 모방하는 여성 예술가들은 자신의 '성'을 완전

68 李恆全, 「臺北帝國大學成立史に關する一考察」, 『神戸大學發達科學部研究紀要』 14(1), 45~54쪽; 久保島天麗 編, 『臺灣大學設立論』(東京臺灣大學期成同盟會, 1920).

69 久保島天麗, 「改造思想と權力」, ≪新臺灣≫(1921.1), pp.26~27.

히 뿌리 뽑아야 깊고 심오한 생명의 원천을 찾아낼 수 있다. 글의 마지막에 그녀는 "'새로운' 여성작가들이 자신의 '성'을 각성하고, 과거 남성 중심의 예술과는 상반된, 풍부하고 여성 중심의 예술을 발전시켜나가야만 예술로서 '완전한 인간'이 될 날도 머지않아 찾아올 것"이라고 말했다.[70]

기타노 사토코는 이 글에서 더는 '현모양처'의 규범을 힐문하거나 공격하지 않았다. 오히려 이러한 틀을 초월해 다른 차원의 논점으로 진입했다. 기타노 사토코는 성별의 경계선을 무너뜨리고 성별과 무관한 '인간 전반' 등에 관한 관점을 제시했다. 이는 요사노 아키코의 논점과 상당히 유사하다.[71] 그렇지만 요사노 아키코의 「여성이 마땅히 갖춰야 할 모습은 무엇인가」(1921.1) 및 기타 유사한 논점, 즉 「성의 특징」(1920.8), 「남녀 분업 사상의 붕괴」(1920.12) 등이 발표된 시기는 기타노 사토코보다는 뒤였다.[72] 이 밖에도 생리적이고 정신적인 성별의 분열에 관한 것도 요사노 아키코의 논점과 궤를 같이하지 않았다. 주목할 점은 기타노 사토코가 글에서 프랑스의 동성애자인 여성화가 로사 보뇌르(Rosa Bonheur)[73]를 언급했다는 것이다. 이것으로 보아 기타노 사토코의 관점은 당시 여성과 신체, 동성애 등에 관한 서구 담론에 영향을 받았을 것으로 예상된다. 그러나 이 역시 더 많은 연구가 필요한 부분이다.

기타노 사토코의 관점 중 여전히 분명히 밝혀진 게 없는 것도 있지만, 그래도

---

70 北野里子, 「男性中心の藝術から女性中心の藝術へ」, ≪婦人と家庭≫, 2-2(1920.2), pp.29~31.

71 왕완팅은 기타노 사토코의 이 같은 의견은 요사노 아키코의 '여성의 중성화' 주장의 연장선에 있다고 여겼다. 요사노 아키코는 '여성이 마땅히 갖춰야 할 모습'이 있다며, 여성을 육아와 남성을 보필하는 일에 속박해두었다. 여성의 인격 성장을 제한했고, 그러면서도 성차별 없는 사회, 여성이 자유의 의지로 '사람'을 선택할 수 있는 삶을 기대했다[王琬葶, 「世界的聲響日治時期臺灣女性雜誌的女性主義閱讀(1919~1939)」, ≪女學學誌婦女與性別研究≫, 第34期 (2014.6), pp.37~75].

72 與謝野晶子, 「性的特徵に就て」; 「男女分業思想の崩壞」; 「女らしさとはなにか」, 『定本與謝野晶子全集』, 第18卷(東京: 講談社, 1980), pp.130~132, pp.212~218, pp.253~264.

73 로사 보뇌르(Rosa Bonheur, 1822~1899)는 여성주의 초기를 대표하는 인물로, 동성애자이다.

식민지에 관한 여론에서 기타노 사토코가 가진 선진화된 사상을 엿볼 수는 있다. 즉, 성별의 경계선을 허물고, 중성 개념을 제시하고, 생리적이고 정식적인 측면의 성별 분열 등처럼 말이다. 그녀는 여성이 과거 남성 중심의 세계관을 뛰어넘어 자기의 성을 직면하고 성별에 무관한 '완전한 사람'이 되기를 강조했다.

이 밖에 ≪여성과 가정≫에서는 일본 본토에서 온 '신여성'의 그림자와 언설을 볼 수 있다. 요사노 아키코, 하라 아사오(原阿佐緒)의 시는 창간호를 비롯해 이후에 발간된 잡지에도 잇달아 실렸다.[74] 이 밖에 와세다대학 교수인 아베 이소오(安部磯雄) 역시 이 잡지에 기고했다.[75] 이 가운데 요사노 아키코는 시 외에도 논설문 2편을 기고하기도 했다. 하나는 "남녀 간의 차별 폐지"라는 제목의 글로, 여기서 법적인 부분에서, 활동 영역에서 남자와 차별되는 부분을 타파하고, 치안경찰법 제5조와 같은 여성의 생존권을 유린하는 법률을 개정해야 한다고 목소리를 높였다.[76] 이는 요사노 아키코, 신여성협회와 입장이 일치하며, 이를 식민지의 여성 잡지에 발표한 것이다. 다른 하나는 「여성의 힘(婦人之力)」이라는 글로 최근 발족된 여성단체를 축하하는 내용이 담겨 있다. 히라쓰카 라이초가 조직한 신여성협회의 경우, 내부적으로 각 회원의 목소리를 듣고 미신을 타파하며, 남성과 관료에 의지하지 말아야 한다고 주장했다. 이와 반대로 그는 과거의 여성회에 지배자의 특권이 존재했었다고 인식했다. 그래서 그는 애국 여성회를 신랄하게 비판했다. 말하자면, 애국 여성회는 영웅을 맹목적으로 숭배해서 다수의 여성이 한 사람의 지휘를 받도록 했다는 것이다. 이로 인해 여성은 자신을 무능력자에 비천한 존재로 여기게 된 것이다. 최근 우애회(友愛會) 여성부가 실패한 이유도 남성의 보호에 의지했기 때문이다.[77] 두 편의 글

---

74 ≪婦人と家庭≫, 1-1(1919.1), pp.22~24; ≪婦人と家庭≫, 2-1(1920.1), p.1; ≪婦人と家庭≫, 2-7(1920.8), pp.20~21; ≪婦人と家庭≫, 2-8(1920.9), p.6.

75 安部磯雄, 「結婚問題」, ≪婦人と家庭≫, 2-2(1920.2), pp.18~23. 이 글은 주로 결혼문제를 다루고 있다. 아베 이소오는 연애를 전제로 한 결혼을 주장했고, 민족과 유전 등을 고려하고 배우자 선택 시 신체조건도 잘 봐야 한다고 여겼다.

76 與謝野晶子, 「男女間の差別撤廢」, ≪婦人と家庭≫, 2-9(1920.10), pp.4~5.

말미에 요사노 아키코는 여성 연합의 힘을 강화해야 한다고 호소했다.

종합해보면, ≪여성과 가정≫에는 여성해방과 관련된 쟁점이 존재하고 있으며, 전통적인 가족제도, 권력구조 등 낡은 제도와 낡은 구조에 대한 비판에서 여성의 사회화를 독려하고 지위와 처우를 개선하며 참정권을 주장하고 심지어는 성별의 틀을 타파하고 정신을 강조하는 등과 관련된 의견들이 존재한다. 그러나 전체적으로 봤을 때, 현모양처의 규범과 대치되는 의견은 창간호 이후에 그 수가 갈수록 줄어들었고, 비판 능력도 눈에 띄게 힘을 잃었다.

8. '현모양처' 프레임을 둘러싼 공방전

≪여성과 가정≫에서 다루는 '변화'의 흐름은 제1차 세계대전 종식 후 새 시대에서 태동했다. 잡지가 다루는 여성 담론은 자유와 평등 등 새로운 사조의 영향을 받았지만, 국가와 사회가 요구하는 현모양처 프레임에서 여전히 벗어나지 못했다. 이 두 극단적인 관점에서 각축전과 공방전은 끊임없이 이어졌다. 그러나 국가가 주장하는 '현모양처' 혹은 자아를 추구하는 '신여성'에 대해 잡지는 획일적이고 한결같은 논점으로 다루지 않았다. 따라서 이를 스펙트럼에 비유했다. 스펙트럼의 중앙은 근대 서구의 자유평등 사상에 나타난 인격 존중, 양성 평등 등을 기초로 한다. 이러한 가치에서 현모양처를 힐문하고 가족제도를 비판하고 정치적으로나 사회적으로 여성의 평등을 모색하며, 심지어는 성별 프레임의 붕괴를 꾀하기도 한다. 이렇듯 '신여성'에 가까운 관점은 스펙트럼의 한쪽을 차지한다. 반대로 동일한 가치를 기초로 삼았지만, 자아를 추구하거나 사회화를 추진하지 않고, 가정의 변화, 가정 내 양성 관계의 평등을 논하며, 가정을 국가와 제국의 경영자에 연결한다. 이처럼 국가의 '현모양처' 방침을 극

77 與謝野晶子, 「婦人の力」, ≪婦人と家庭≫, 2-12(1920.12), pp.8~10.

단으로 몰게 되면, 남존여비가 기저에 깔린 '현모양처'가 된다. 이 관점은 스펙트럼의 또 다른 한쪽을 차지한다. 이 스펙트럼에서 다양한 쟁점은 새 시대, 새로운 사조에 대한 응답, 혹은 흡수, 반대의 의견을 담고 있으며, 이 두 극단을 잡아당기는 힘도 담고 있다. 다만 잡지의 내용 전체를 살펴보면, 신여성을 배척하고, 여성을 '현모양처'의 프레임으로 회귀시키려는 관점은 '신여성'의 발전을 갈수록 요원하게 하고 있음을 알 수 있다.

다양한 의견의 유형과 사회 군락 간의 관계를 '횡적'으로 파악해보면, 다음과 같은 사실을 발견할 수 있다. 첫째, 학교교장, 교사, 총독부 문교국 관료 등 교육 관계자는 '현모양처'의 방침을 견지하면서도 '현모양처'라고 분명히 말하지 않는다. 오히려 '새 시대' 흐름에 편승해 여성의 '변화'와 가정의 연결을 논한다. 반면, 총독부의 관료는 '현모양처'라는 여성 교육 방침을 자주 분명하게 주장했고, 심지어는 남녀평등까지도 부정했다. 이는 여론과 현실 세상에서 '신여성'의 그림자조차 발을 들이지 못하도록 막아선 것으로, 이러한 경향은 1920년 하반기에 더욱더 뚜렷하게 나타났다. 이 밖에 일본, 식민지의 교육 관계자는 타이완 사람에 대한 동화정책과 일본인의 모범적인 역할을 강조했다. 한편, 신여성 쪽에는 남성 기자, 여성론자, 일본의 여권운동가 등이 있으며, 창간호에 이들의 글이 다수 실리기는 했지만 이후 갈수록 감소했다. 그들은 가족제도의 비판, 여성의 사회화 문제에 대해 온건한 방식으로 관점을 피력하고 있다.

그들은 다양한 목표, 심지어는 상반된 관점을 호소하면서도, '새로운 흐름', '새 시대'의 분위기 속에서 '변화'에 대한 다양한 관점을 선보였다. 또한 서구에서 비롯된 '새로운 사조(보수주의)'를 통해 당시 일본으로 끊임없이 유입되는 서구의 '또 다른 새로운 사조(여성해방, 여권운동)'에 대항했다.

≪여성과 가정≫에서 다양한 쟁점이 오갔고, 심지어는 두 극단적인 관점 간에 치열한 공방전 양상까지 나타났다. 이는 잡지가 창간되던 때와 관련이 있다. ≪타이완민보≫와 다르게 ≪여성과 가정≫은 분명한 입장, 주장에 기반을 두고 있지 않았다. 이 잡지는 특정한 이념을 보급하기 위해 발행되었고, 새 시

대의 흐름에 따라 잡지 상품화 과정에서 나타나게 된 것이다. 여기서 여성과 가정의 '변화'는 최대공약수였던 셈이다. ≪여성과 가정≫은 서로 다른 입장에 선 사람이 자유롭게 발언하고, 때로는 쟁점화할 수 있는 여론의 장을 제공해 주었다. 따라서 당시 식민지의 지식인, 언론인, 정부, 여성문제에 관심이 있는 사람들이 모여 '사상적 스펙트럼'을 만들어낸 것이다.

그러나 ≪여성과 가정≫에서 발현된 이 스펙트럼도 사실은 제한적이라는 것을 알아야 한다. 이 잡지는 엄연히 말해서 일본 정부 입장의 여성 교육과 민간 여권운동 측면의 '주류' 관점이 오가는 공간이었다. 예를 들어 ≪타이완민보≫에서 다룬 민족적 계급적 입장에 기반을 둔 여성 담론, 일본 본토에서 발생한 불혼론, 이혼의 자유, 모성 보호, 사회주의 등 더 많은 요소의 색채를 담은 여성과 관련된 관점이 ≪여성과 가정≫에서 다루어지지 않았다. 잡지 발행인 요시카와 세마의 상업적인 경향, 보수적인 여성관, 여기에 고문인 고지마 구사미쓰는 '신여성'에 가까운 관점을 가졌으나, 교육계, 정부의 인맥 때문에 ≪여성과 가정≫의 언론 스펙트럼의 경계와 범위는 제한적일 수밖에 없었다.

이상으로 필자는 ≪여성과 가정≫의 상업성과 계몽성을 정리해보았다. 새로운 사조가 끊임없이 나타나는 시대에서 '변화'는 '신여성'과 '현모양처'에 대한 담론을 쌍방향 공방으로 치닫게 만들었다. 잡지에 기고된 사설을 보면, 일본의 주류 쟁점을 잘 담아내고 있고, 서구의 여론을 적절히 인용했으나, 이러한 논점이 흡수 및 전파되는 과정에서 나타날 수 있는 오류, 전환, 기타 가능성, 심층적인 관계에 대해서는 좀 더 고찰해볼 필요가 있다.

이 밖에 잡지는 언론매체로서 공적인 여론의 장이자 사적인 구독 공간이기도 하다. 잡지에 발표되는 이슈는 사상적 선전이나 일상생활의 규범일 수 있다. 하지만 독자의 입장에서, 다양한 관점을 어떻게 선택적으로 읽을 것인가, 어떤 가치를 실천할 것인가, 관점을 수용·실천하는 과정에서 식민지 사회에 어떤 영향을 줄 것인가 등은 여전히 끝나지 않은 연구 과제로 남아 있다.

참고문헌

≪臺灣警察協會雜誌≫, 48. 1921.5.
≪臺灣教育≫, 204. 1919.5.
≪臺灣教育≫, 222. 1920.10.
≪臺灣日日新報≫. 1926.12.13.
≪臺法月報≫, 14-1. 1920.1.
≪婦人と家庭≫, 創刊號. 1919.12.
≪婦人と家庭≫, 1-1. 1919.1.
≪婦人と家庭≫, 2-1. 1920.1.
≪婦人と家庭≫, 2-2. 1920.2.
≪婦人と家庭≫, 2-3. 1920.3.
≪婦人と家庭≫, 2-4. 1920.4.
≪婦人と家庭≫, 2-5. 1920.5.
≪婦人と家庭≫, 2-6. 1920.6.
≪婦人と家庭≫, 2-7. 1920.8.
≪婦人と家庭≫, 2-8. 1920.9.
≪婦人と家庭≫, 2-9. 1920.10.
≪婦人と家庭≫, 2-11. 1920.11.
≪婦人と家庭≫, 2-12. 1920.12.
≪新臺灣≫. 1921.1.
≪實業之臺灣≫, 119. 1919.12.
≪實業之臺灣≫, 120. 1920.1.
≪實業之臺灣≫, 132. 1921.2.
≪就學前の子供を持てる母親へ≫, 2-3. 1920.3.
≪學友≫, 2-11. 1919.11.
久保島天麗 編.『臺灣大學設立論』. 東京: 臺灣大學期成同盟會. 1920.
臺灣總督官房調査課.『臺灣總督府第統計書』. 臺灣總督官房調査課. 1922~1926.
小島草光.『婦人の爲に』. 臺北: 臺灣圖書刊行會. 1920.

近代女性文化史研究會.『大正期の女性雜誌』(1996). 東京: 大空社. 2016.

金子幸子.『近代日本女性論の系譜』. 東京: 不二出版. 1999.
李承機.「臺灣近代メディア史研究序說: 植民地とメディア」. 東京大學 博士學位論文. 2004.7.
牟田和惠.『戰略としての家族: 近代日本の國民國家形成と女性』. 東京: 新曜社. 1996.
徐聖凱.『日治時期臺北高等學校與菁英養成』. 國立師範大學出版中心. 2012.
小山靜子.『良妻賢母という規範』. 東京: 勁草書房. 1991.
深谷昌志.『良妻賢母主義の教育』. 名古屋: 黎明書房. 1998.
顔杏如.「與帝國的腳步俱進: 高橋鏡子的跨界, 外地經驗與國家意識」. ≪臺大歷史學報≫, 第52期. 2013.12.
岩崎潔治 編.『臺灣實業家名鑑』. 臺灣雜誌社. 1913.
楊翠.『日據時期臺灣婦女解放運動: 以≪臺灣民報≫爲分析場域(1920~1932)』. 臺北: 時報文化. 1993.
與謝野晶子.『定本與謝野晶子全集』, 第18卷. 東京: 講談社. 1980.
永嶺重敏.『雜誌と讀者の近代』. 東京: 日本エディタースクール出版部. 1997.
奧田暁子 編.『女と男の時空: 日本女性史再考』. 東京: 藤原書店. 2000.
王琬葶.「世界的聲響: 日治時期臺灣女性雜誌的女性主義閱讀, 1919~1939)」. ≪女學學誌: 婦女與性別硏究)≫, 第34期, 2014.6.
游佩藝.『日治時期臺灣的兒童文化』. 玉山. 2007.
井上輝子.「戀愛觀 と結婚觀の系譜」.『日本女性史論集4: 婚姻と女性』. 東京: 吉川弘文館. 1998.
早川紀代 外 編.『東アジアの國民國家形成とジェンダ: 女性像をめぐって』. 東京: 青木書店. 2007.
佐藤卓己.『≪キング≫の時代: 國民大衆雜誌の公共性』. 東京: 岩波書店. 2002.
竹中信子.『植民地臺灣の日本女性生活史』. 田畑書店. 1995.12.
天野正子.『女子高等教育の座標』. 東京: 垣內出版. 1986.
洪郁如.『近代臺灣女性史』. 東京: 勁草書房. 2001.

5장

1923년 관동대지진과 '모던' 도쿄의 시대감각

곤 와지로의 고현학을 중심으로

| 함동주 이화여자대학교 사학과 교수 |

1923년 9월 1일, 도쿄 일대에 대규모의 지진이 발생하며 엄청난 경제적 피해를 가져왔다. 도쿄와 요코하마 일대의 산업시설들이 파괴되고 민가 등의 건물들은 뒤이은 화재로 인해 상당 부분이 소실되었다. '관동대지진'이라고 불리는 천재지변은 도쿄의 근대화에도 커다란 분수령이 되었다. 메이지 초의 '문명개화'가 전통적인 에도를 긴자로 상징되는 서구적 도시로 변모시키는 첫걸음이 되었다고 한다면, '관동대지진'은 에도의 자취를 파괴하며 도쿄를 본격적인 '모던' 도시로 변모시키는 전환점이 되었다. 따라서 관동대지진은 일회적 자연재해를 넘어서 도쿄 전체를 근대적 생활공간으로 바꾸는 획기(劃期)로서의 역사적 의의를 지닌다. 1920년대 '모던' 도쿄의 변화 과정을 기록한 대표적인 인물로 곤 와지로(今和次郎, 1888~1973)를 들 수 있다. 그는 고고학이 과거의 유적을 연구하는 데 비해 현재를 연구한다는 의미로 고현학(考現學, Modernology)이라고 이름 붙인 새로운 학문을 주창한 것으로 널리 알려져 왔다.

관동대지진 이후의 일본의 관심은 대부분 도시 재건과 경제 회복, 정당정치와 보통선거 등의 정치적·경제적 발전과 진보에 집중되어 있었다. 그러한 속에서 곤 와지로는 당대의 모습을 '기록'하는 데 심혈을 기울이며, 자신의 학문적 접근법을 고현학이라고 부른 것이다. 그러나 고현학에 대한 관심은 1920년대 중반에서 1930년대 초까지의 짧은 기간 존속했을 뿐이다. 그런 점에서 일종의 시대적 유행과 같은 면을 지닌다. 고현학의 주창자인 곤 와지로도 마찬가지로 다른 분야들로 관심을 옮겨갔다.

고현학의 성립과 유행은 관동대지진 이후 도쿄가 '모던' 도시로서 변모하는 과정을 직접 경험하며 새로운 일상생활에 빠르게 적응해가던 당대인들의 현실에 따른 결과였다. 따라서 고현학의 등장과 퇴장은 1920년대라는 시기가 지닌 시대적 특수성을 보여주는 귀중한 사례로서 주목할 필요가 있다.

이 글은 고현학이 관동대지진 이후의 기간 등장하고 소멸했던 배경과 과정을 두 개의 자료를 중심으로 살펴보고자 한다. 첫째, 1925년『도쿄긴자가풍속기록(東京銀座街風俗記錄)』은 긴자(銀座)의 풍속에 대한 철저한 통계 자료의 채집을 통해 도쿄의 현재를 기록하고자 한 것이다. 고고학이 유물·유적을 다루듯이, 긴자의 풍속과 거리의 모습을 객관적으로 관찰해 자료를 축적하고자 했다. 둘째, 1929년의『신판대도쿄안내(新版大東京案內)』의 내용과 특징을 보고자 한다. 이 단계가 되면 서술의 중심은 통계적 관찰에서 도쿄의 새로운 발전상을 조감도처럼 그려내는 것으로 옮겨갔다. 그리고 도쿄가 대지진의 피해를 복구해 새로운 '모던' 도시로서 끊임없이 변해가는 모습을 최대한 다각도로 서술하고 있다. 이 자료들의 비교를 통해 1920년대 도쿄의 시공간이 지닌 역사성을 읽어보고자 한다.

1. 곤 와지로와 고현학의 시대

곤 와지로는 고현학 탄생의 중심인물이다. 그는 도쿄미술학교를 졸업한 후 와세다대학 건축학과의 조수를 거쳐 교수로서 재직했다. 또한 '전 일본(全日本)

건축사회' 초대회장 등을 역임했다. 관동대지진 이전에는 야나기다 구니오(柳田國男)가 결성한 백모회(白茅會)의 일원으로 농촌의 민가 연구에 참여했으며, 1922년에는 조선총독부의 촉탁으로 조선의 민가 조사 연구를 담당하기도 했다.[1]

곤 와지로는 관동대지진 직후에 결성된 '바라크 장식사(バラック裝飾社)'라는 단체에서 활동했다. '바라크 장식사'는 주택연구가인 곤 와지로와 도쿄미술학교의 후배와 제자들에 의해 결성되었다. 그는 "이번 재난에 처해, 지금까지 특별한 주장을 지니고 있던 우리는, 인습에서 벗어난 아름다운 건축물을 위해 가두에서 일하기로 합의했다. 바라크 시대의 도쿄가 우리의 예술을 시험할 좋은 기회라고 믿는다"고 그 활동 배경을 설명했다.[2] 폐허 위에 세워진 바라크에 그림을 그리는 작업을 통해 대지진의 현장에 직접 투신한 것이다.

관동대지진은 학문적으로 곤 와지로의 관심을 농촌의 민가 등의 조사에서 현대의 도시로 옮기게 했다. 관동대지진을 계기로 곤 와지로는 고현학, 즉 과거가 아니라 도쿄와 같은 당대의 도시 공간 조사로 방향을 전환했다. 그의 고현학과 관련된 주요 업적으로 1925년 『도쿄긴자가풍속기록』, 1927년 기노쿠니야(紀伊國屋)에서의 고현학 전람회 개최, 1929년 『신판대도쿄안내』, 1930년 『모더놀로지(考現學, モデルノロヂオ)』 등이 있다.

그런데 고현학에 대한 세간의 관심과 연구는 오래 지속되지 못했다. 고현학의 존속 기간은 대개 1925년에서 1930년대 초까지로, 채 10년이 되지 못한다. 고현학의 방법을 활용해 1937년 후진노토모사(婦人之友社) 편집부의 의뢰로 19개 도시에서 2만 5000명의 여성을 대상으로 해 관찰 조사를 했다. 이 조사에 의해 양장, 즉 서양식 여성복을 입은 여성의 비율이 1925년 긴자 조사의 1%에서 26%로 증가했다는 등의 결과를 얻었다. 그러나 이 작업은 고현학의 마지막

1 今和次郎, 『日本の民家: 田園生活者の住家』(鈴木書店, 1922); 『朝鮮部落調査特別報告 第一冊』(朝鮮総督府, 1923).
2 구라카즈 시게루, 『나 자신이고자 하는 충동』(갈무리, 2015), 51~52쪽.

성과로 평가된다. 톰 길(Tom Gill)은 1930년대라는 시기가 관찰의 목적이 합리성과 진보를 위해서가 아니라 정치적 감시의 수단으로 변한 시대였다고 보았다. 이는 1930년대 이후 고현학이 쇠퇴할 수밖에 없었던 이유로 자유로운 조사활동이 불가능해진 정치적 상황을 지적한 것이다.[3]

곤 와지로의 학문적 관심도 1931년 요시다 겐키치(吉田謙吉)와 공저로 출간한 『고현학채집(考現學採集, モデルノロヂオ)』을 간행한 이후 고현학에서 멀어졌다. 1930년대 이후의 연구들은 주택, 복장, 가정학, 생활학 등의 주제에 집중되었다.

2. 관동대지진의 복구와 긴자 조사

1) 관동대지진과 도쿄 재생 사업

1923년 관동대지진은 도쿄 일대를 파괴하고 수많은 사상자를 냈다. 관동대지진은 도쿄부와 가나가와현(神奈川県) 중심으로 주변 지역에 광범위하게 피해를 입혔다. 도쿄는 그중에서도 가장 큰 물적·인적 피해를 기록했다. 도쿄 시내의 피해 세대수는 31만 1721세대로 전체의 64%에 달했으며 손실은 산정 불가능한 액수에 달했다. 도쿄시 거주 약 250만 명의 6할이 집을 잃으면서 약 100만 명이 일시 시외로 피난을 해야만 했다.[4]

일본 정부는 지진 피해를 복구하기 위해 당시 도쿄시장이던 고토 신페이(後藤新平)를 총재로 한 '제도부흥원(帝都復興院)'을 설립하고 대대적인 재개발 사업을 추진했다. 고토 신페이는 지진 피해 복구에 적극 앞장서면서, 단순한 지진 피해

---

3 Tom Gill, "Kon Wajiro, Modernologist," *Japan Quarterly 43*, No.2(1996), p.205.

4 毎日新聞社 編, 『大正という時代: '100年前'に日本の今を探る』(毎日新聞社, 2012), p.87.

복구가 아닌, 도쿄의 대대적 재개발계획을 추진했다. 고토 신페이를 비롯한 개혁적 관료들은 도쿄의 도시개혁과 사회개조론을 받아들여 완전히 새로운 도쿄의 건설이 필요하다고 주장하고 이를 위한 대규모 재건계획을 수립했다.[5] 그러나 제도부흥원은 심각한 내분과 정치적 알력의 장이 되었고 고토 신페이의 정치적 영향력도 약화되면서 1924년 내무성 산하의 '부흥국(復興局)'으로 격하되었다.

1923년 12월에는 도쿄와 요코하마의 도시계획을 규정한 '특별도시계획법'이 공포되고 그에 따라 토지구획 정리 사업이 추진되어 기존의 시가지를 근대적 도시 구조로 정비하고자 했다. 그러나 재건 계획의 규모와 방향을 둘러싼 대립이 이어지면서 계획은 도로 정비와 교량 건설 위주로 축소되어 실행되었다.[6]

이런 문제에도 불구하고 대지진 이후 도쿄는 간선도로망을 갖춘 근대적 도시로 재건되어갔다. 긴자의 벽돌 거리는 완전 소실된 이후 철근 콘크리트조의 건물들로 대체되었다. 신축 건물들에는 내진설계가 도입되었다.

2) 긴자의 풍속 조사와 고현학의 성립

고현학의 첫 작업으로, 1925년 5월에 곤 와지로는 4일간에 걸쳐 교바시(京橋)에서 신바시(新橋)까지의 구간에서 긴자 거리를 지나는 사람들의 복장, 행동 등을 기록하는 작업을 진행했다. 조사의 결과는 '도쿄긴자가풍속기록'이라는 제목으로 ≪부인공론(婦人公論)≫ 7월호에 게재되었다.

고현학의 방법론은 특정 장소에서, 일정한 기간 관찰 조사를 통해 수집한 자료를 양적으로 분석하는 것이었다. 관찰 조사의 주요 항목으로는 ① 사람의 행동에 관한 것, ② 주거와 관련한 것, ③ 의복과 관련한 것, ④ 기타였다.[7] 주요

---

5 Charles J. Schencking, "The Great Kanto Earthquake and the Culture of Catastrophe and Reconstruction in 1920s Japan," *Journal of Japanese Studies 34*, No.2(2008), pp.313~314.

6 Charles J. Schencking, 같은 글, p.322.

조사 내용은 다음과 같다.

- 조사 샘플은 1000명 이상
- 남자 대 여자 비율 2 : 1
- 연령 20~29세, 대부분 35세 이하
- 의복의 남녀 차이: 남자 서양식 복장 66%, 여자 1%
- 색상: 점잖고, 유행에 따름
- 계급 차이: 조사 현장마다 신사와 노동자의 행동 차이 분명함. 강력한 계급 체계 확인[8]

긴자에 대한 대규모 조사는 조사 참여자들의 현지 공동조사라는 점에서 야나기다 구니오의 조사 방법을 차용한 것이다. 한편, 곤 와지로는 노동자와 빈민들의 생활 실태에도 깊은 관심을 가졌다. 그는 긴자에서의 조사 활동에 이어서, 당시 혼조와 후카가와 지역의 빈민에 대한 조사를 실시했다. 그 내용은 「본소심천빈민굴부근풍속채집(本所深川貧民窟付近風俗採集)」이라는 제목으로 ≪부인공론≫ 1925년 12월호에 게재했다. 또한 도쿄의 교외 지역에도 관심을 갖고 고엔지(高円寺), 아사가야(阿佐ヶ谷)와 같은 교외 지역을 조사해 「교외풍속잡경(郊外風俗雜景)」이라는 제목으로 ≪부인공론≫ 1926년 5월 호에 게재했다.

그리고 1927년에는 고현학 전람회를 개최했다. 1927년 10월 15일에서 21일 사이에 신주쿠의 기노쿠니야 서점 갤러리에서 열린 전람회[정식 명칭: しらべもの(考現學)展覧會]는 그동안의 조사 결과를 종합해 전시한 것으로, 전시회 명칭에서 처음으로 '고현학'이라는 용어를 사용했다.[9] 전시 내용은 〈표 5-1〉에서 확인할 수 있다.

---

7 今和次郎, 「考現學とは何か」, 『モデルノロヂオ(考現學)』(春陽堂, 1930), p.358.

8 Tom Gill, "Kon Wajiro, Modernologist," pp.201~202.

9 畑中章宏, 『柳田國男と今和次郎 : 災害に向き合う民俗學』(平凡社, 2011), pp.181~190.

〈표 5-1〉 고현학 전람회 전시물 목록

번호	작품명	번호	작품명
1	蟻の歩き方	28	諸展覧會大勢一覽
2	丸ビル, モダンガール散歩コース	29	丸ビル本屋の立讀み手の具合
3	丸ビル紳士ゐねむり狀態	30	東京山の手下町下水口
4	東京附近貸家しらべ	31	東京長屋便所のクミ取口
5	犬箱	32	日本各地ゴミ箱採集(其一)
6	某新婚家庭物品一切しらべ	33	おしめの紋様帳
7	某畫家の客間しらべ	34	深川猿江町大工サン一室物品調べ
8	茶碗のワレ方	35	深川石島町花屋さん一室物品調べ
9	ガラスのワレ方と補貼	36	ホシモノ
10	奈良お寺の燈火臺	37	鼻のたらし方
11	一九二六年東京全史街燈採集	38	洋服のヤブレ個所
12	一九二五年東京全史暮の賣出し裝飾	39	駄菓子の實測圖
13	東京夕刊賣風俗と裝置	40	日・露・獨・佛展覧會作品分析
14	勞働者露臺利用休息狀態	41	築地小劇場俳優臺帳第一部
15	東京露店商人コシカケ	42	競馬騎手ユニフオーム
16	九段大祭露店一覽	43	おんぶの形式(其一)
17	神田明神露店一覽	44	一九二五年東京阿佐ヶ谷住宅の狀態
18	甲州馬子の衣服	45	諸公園散歩者組々調べ
19	踏切カンヌキ棒其他	46	東京場末女人の結髪
20	荷車人夫の具合	47	魚のアキ箱の符牒
21	三大學ぐるり調べ	48	井の頭公園自殺者地圖 井の頭公園花見人分布圖
22	學生所有物品調べ		
23	帝大セツルメント兒童服裝調査	49	田舍の小祠帳
24	潮來十二橋	50	田舍の便所帳
25	宿屋の部屋と御馳走	51	越後雪の風俗
26	一九二六年銀座カフエー女給の服裝	52	青森雪の風俗帳(其一)
27	某々女學校作品展覧會分析	53	東京めしやのサゲ看板

자료: 今和次郎コレクション[しらべもの(考現學)展覧會](工學院大學圖書館特別コレクション).
http://www.lib.kogakuin.ac.jp/collection/kon/shirabemono.html 참고.

도쿄에 대한 곤 와지로의 관심은 대지진 이전부터 시작되었다. 그는 진재(震災) 이전, 계속 화려함으로 기울고 있던 도쿄인의 풍속을 반드시 기록해두고자 하는 생각을 했었으며, 이를 위해 조사 방법을 여러모로 공부하며 실행의 기회를 만들려고 생각하고 있었다.[10] 그런데 기존의 학문들에서 문명인의 습관 내지 풍속은 연구 대상이 아니었다고 지적하면서, "문화사회의 물질적 모습을 명확히 기록하지 않으면 각종 계획을 작성할 수 있을 수가 없다"라면서 고

10 今和次郎, 「一九二五年 初夏 東京銀座街風俗記錄」, 『モデルノロヂオ(考現學)』(春陽堂, 1930), p.1.

현학의 필요 근거를 주장했다. 그는 민속학자가 야만인에 대해 하는 것 같은 연구를, 고고학자가 고물에 대해 하는 것 같은 연구를, 또한 생물학자가 곤충에 대해 하는 것 같은 연구를, 문명인의 현재 모습의 연구에 적용시켜보고자 한다고 했다.[11] 나아가, "현대의 풍속의 기록으로서, 십 년, 백 년 후의 사람들에게 우리의 이 작업이 남겨질 가능성을 생각하면 다시금 유쾌해진다"라고 그 학술적 가치에 대해 자신감을 보였다.[12]

고현학에 대한 체계적인 설명은 1927년에 쓰인 『고현학이란 무엇인가?』라는 글에서 찾아볼 수 있다. 먼저, 고현학의 명칭과 성격에 대해 "우리 동지들이 현대 풍속 혹은 현대 세상 연구에 대해 채택하고 있는 태도 및 방법, 그리고 그 작업 전체"를 고현학이라고 부르고, 그 명칭은 "고고학에 대응하려고 하는 의식"에서 만들었으며, 고고학이 고대의 유물유적을 연구하는 데는 과학적 방법으로 연구하는 발전을 보인 데 반해 현대의 것들을 연구하는 데는 과학적인 연구가 되고 있지 않다는 아쉬움에서 그 방법을 확립하고자 한다고 했다.[13]

곤 와지로가 농촌 민가에서 도쿄로 연구 대상을 옮긴 직접적 계기는 관동대지진이었다. 그는 당시의 상황을 다음과 같이 서술했다.

> 그것은 1923년의 대지진 무렵부터였다. 그때까지 우리는 죽은 도시로부터 도망쳐나온 예술가들과 같은 일을 하고 있었다. 우리는 그때의 도쿄의 흙 위에서 있었다. 그리고 거기서 응시하지 않으면 안 되는 많은 것을 느꼈다. 내가 눈에 보이는 여러 가지를 기록하는 것에 심취했던 것은 그 무렵부터가 획기였다. 그곳에서 사람들의 행동, 모든 행동을 분석적으로 보는 것, 그리고 그것의 기록 방식에 대해 공부하는 것, 그런 것이 그 아무것도 없는 폐허의 땅 위에서 나를 재촉했다. 물론 그것은 이전, 산 속과 불편한 시골의 토지에서 여러 가지 기록을

11 今和次郎, 같은 글, p.2.
12 今和次郎, 같은 글, p.4.
13 今和次郎, 「考現學とは何か」, p.353.

만드는 작업에 상당하는 것이어서, 마침 그것들과 환경적으로 같은 기분에서 그것들을 수행하는 것이 진전되었다. 지진 전까지는 대도시 사물에 대한 기록 작성이라고 하는 것이 너무 복잡해 손을 댈 수 없다고 생각하지 않을 수 없었다. 그러나 원시적 상태로 돌아간 그 당시의 도쿄에서는 기록 작성이 용이했었다.[14]

다시 말해, 관동대지진은 곤 와지로를 비롯한 동료들에게 대지진의 폐허를 보면서 도쿄라는 도시가 언제든지 사라질 수 있다는 점을 깨닫게 했다. 이전부터 도시 조사에 관심을 가졌던 곤 와지로는 이를 통해 도쿄에 대한 기록을 만들기로 결심하게 되었던 것이다.

이처럼 고현학은 관동대지진의 여파로 도쿄 일대가 한순간에 파괴된 사실에 충격을 받은 결과 당시의 도시 공간과 그 속에서의 생활상에 관심을 갖게 된 것이다. 도쿄에 대해 관심을 갖게 되면서 과거 지향적인 야나기다 구니오의 민속학과 결별하고 당대의 도쿄에 대한 자료 수집을 추구한 것이 고현학의 시작이었던 것이다. 그리고 그동안 농촌 민가 연구를 통해 과거의 일본 문화를 찾으려던 야나기다 구니오의 민속학을 '고고학'으로 빗대어, 자신의 학문을 '고현학'이라고 칭했던 것이다.

3. '모던' 도쿄의 확장과 『신판대도쿄안내』

1) '모던' 도쿄의 확장과 근대적 일상생활

관동대지진에 따른 파괴에 의해 시작된 '모던' 도시로의 변화는 1925년 긴자 조사 작업 이후에도 계속되면서 도쿄의 변화는 한층 확대되었다. 도쿄의 주

14 今和次郎, 「考現學とは何か」, p.355.

요 거리에는 새로운 거리와 빌딩들이 등장했을 뿐 아니라, '모던 보이'와 '모던 걸'로 상징되는 문화생활(modern life)이 유행했다.

미리엄 실버버그는 "일본 근대 문화의 역사를 관동대지진이 발생한 1923년부터 태평양전쟁이 끝나기 약 7년 전까지로 설정"하고, 그 시기를 "에로틱 그로테스크 난센스의 시기"라고 했다.[15] 1923년 이후의 일본이 새로운 문화적 단계로 진입했다는 점에 주목한 것이다. 관동대지진 이후의 일본 문화의 키워드는 '모던'으로, 이는 미국 문화를 주축으로 하는 서구 문화가 일상생활에 침투해가는 시대를 지칭한다. 관동대지진에 의해 촉진된 도쿄의 '모던' 도시로의 변화는 도시 외관의 근대화에서 먼저 진행되었다.

첫째, 도쿄의 재건은 간선도로의 건설과 더불어 도심의 변모에서 찾아볼 수 있다. 대지진으로 파괴된 긴자에는 새로운 빌딩들이 건설되었다. 대지진 후 얼마 안 된 1923년 11월 1일에 마쓰야(松屋)가 최초로 긴자에 개점을 했고, 1925년에는 철근콘크리트 구조의 마쓰야 신관이 완성되었다. 1924년 마쓰사카야(松坂屋) 진출, 1930년 미쓰코시(三越) 지점 건물 완공, 1931년 긴자 4정목(丁目) 교차점의 상징적 건물인 핫토리(服部) 시계점 본사 빌딩 등이 속속 자리를 잡았다. 긴자의 거리는 벽돌 구조 건물에서 내진·내화성이 높은 철근콘크리트 구조물로 변신했다.[16]

마루노우치(丸の内)는 마루노우치 빌딩(흔히 丸ビル로 약칭됨)이 1923년 2월 준공되었다가 대지진의 피해로 인해 보강공사를 진행해 마무리된 것이 1926년이다. 이후 대규모 빌딩들이 늘어선 대표적인 오피스 거리로 발전했다. 도심의 인구 증가로 인한 주택 부족이 심각해지면서 교외의 확대와 새로운 주택지의 건설이 진행되었다. 그 결과 도쿄 주변 농촌 지역이 도쿄시로 편입되거나 교외

---

15 미리엄 실버버그, 『에로틱 그로테스크 넌센스』(현실문화, 2014), p. 18[원저: Miriam Silverberg, *Erotic Grotesque Nonsense: The Mass Culture of Japanese Modern Times*(The University of California Press, 2007)].

16 內田青藏, 『消えたモダン東京』(河出書房新社, 2002), pp. 43~44.

주택지로 개발되어, 도쿄 일대의 도시화가 빠르게 진행되었다. 도쿄의 외적 팽창과 더불어 시내 중심가의 개발과 성장도 진행되었다. 도심에는 1927년 최초의 지하철이 아사쿠사(淺草) - 우에노(上野) 간에 개통되었고, 시부야(渋谷)·신주쿠(新宿)·이케부쿠로(池袋)는 도심과 교외를 잇는 사설 철도의 기점이 되면서 새로운 번화가로 성장했다. 대도쿄는 지진 복구 과정에서 도쿄의 교통망이 교외로 확장되었으며, 1932년 10월 1일에는 도쿄에 인접한 5개 군을 모두 포함한 대도쿄(도쿄도)가 완성되었다.[17]

외형적 서구화보다 더 의미 있는 변화는 일상생활의 서구화·근대화이다. 대지진 이후 긴자 거리에는 모보·모가로 불리는 새로운 세대가 등장했다. 이들은 서양의 최신 유행을 따르며 의복과 머리 모양, 문화 취향 등을 선도했다. 대지진 후 파괴된 가옥의 재건이 진행되면서, 서양식과 일본식을 절충한 '문화주택'이 이상적 주택으로 선전되었다. 문화주택은 주거생활의 과학화·합리화를 명분으로, 도시 중간층 가족의 관심을 끌었다.[18] 또한 전기가 가정에 적극 보급되었고, 대지진 이후 라디오 보급이 국책으로 추진되었다.[19] 1920년대 후반의 도쿄에는 영화와 라디오, 신문과 대중잡지, 엔본(円本) 등이 급격히 확산되면서 서구 문화가 가정의 일상생활에까지 자리를 잡았다. 이처럼 대지진의 복구가 진전되면서 1920년대 후반의 도쿄는 진정한 의미의 '모던' 도시로 변화했다. 도시 대중은 일상생활을 통해 과거와 다른 시대적 감각을 자각하며 적극적으로 참여했다.

---

17 内田青蔵,『消えたモダン東京』, pp.24~41.

18 内田青蔵, 같은 책, p.56; 南明日香,「『痴人の愛』と「文化生活」の言說」, ≪國文學研究≫, 138(2002), p.34.

19 村瀨敬子,「'家庭電化'のディスプレイ」,『博覧の世紀』(松戸: 梓出版社, 2009.7), p.63, p.70.

2) 『신판대도쿄안내』에 나타난 '모던' 도쿄의 시공간

1929년 곤 와지로는 『신판대도쿄안내』를 편찬해 중앙공론사(中央公論社)에서 출판했다. 『도쿄긴자가풍속기록』이 긴자의 특정 지점에서 개인들의 복장과 행동 등의 풍습을 집중적으로 조사했다면, 『신판대도쿄안내』는 대지진으로 변모한 도쿄의 전체상을 그려내고 있다. 1929년이 되면 1925년의 긴자 조사의 시점에서 바라본 범위와 속도를 넘어서는 도쿄의 시공간, 그리고 변화된 일상문화를 반영한다.

일본에는 에도시대부터 유람·여행 안내서들이 출판되었으며, 메이지 중반 이후 교통이 발달하면서 각종 안내서들이 등장했다. 『신판대도쿄안내』라는 제목처럼 도쿄 '안내'를 목적으로 한 서적들도 꾸준히 출판되었다.[20] 『신판대도쿄안내』와 가까운 시기에 간행된 것으로는 관동대지진 직전인 1922년에 출판된 『도쿄시찰안내(東京視察案內)』와 『유람도쿄안내(遊覽東京案內)』가 있다.[21] 『신판대도쿄안내』는 대지진 이후 처음 '도쿄안내'라는 제목으로 출간된 것이었다.

『유람도쿄안내』는 도쿄에서 평화박람회가 개최되는 것을 기념해 국내외에서 도쿄를 방문할 사람들을 위해 전반부의 상당 부분을 할애해 기업들의 상품광고와 명소의 사진들을 좌우로 배치했다. 본문에서는 도쿄의 구별로 주요 유적과 기관 등의 내력과 위치, 특징 등을 차례로 소개했다. 하단에는 '3일간 도쿄 볼거리'라는 항목으로 주요 시설과 기관 등의 소재지를 소개했다. 이처럼 『유람도쿄안내』는 기존의 여행 안내서들처럼 도쿄 관광에 필요한 내용을 충실히 제공하는 것을 목적으로 했다.

이에 비해 『신판대도쿄안내』는 박람회와는 다른 의미의 이벤트로서 '모던'

---

20 森田義規·羽生冬佳·十代田朗, 「明治以降戰前までの東京案內本の記載情報の變遷: 舊東京15區6郡を對象として」, ≪觀光 硏究≫, 15, No.1(2003.9), pp.11~18.

21 明治圖書會社 編輯部, 『東京視察案內』(編者 刊, 1922); 大東社, 『遊覽東京案內』(編者 刊, 1922).

도쿄의 전체 상을 담아내는 것을 목적으로 했다.

『신판대도쿄안내』의 목차에서 확인할 수 있다.

서곡(序曲)

도쿄의 얼굴(東京の顔)

움직이는 도쿄(動く東京)

번화가(盛り場)

향락의 도쿄(享樂の東京)

유람의 도쿄(遊覽の東京)

도쿄의 교외(東京の郊外)

특수한 거리(特殊街)

화류가(花柳街)

도쿄의 여관(東京の旅館)

생활의 도쿄(生活の東京)

영세민의 도쿄(細民の東京)

학예의 도쿄(學藝の東京)

시정과 사업(市政と事業)

『유람도쿄안내』가 박람회 관람을 위한 도쿄 방문객을 위한 것이었다면, 『신판대도쿄안내』는 지진의 폐허 속에서 '모던' 도시로 재탄생한 도쿄에 대한 입체적 조감도를 그려내기 위한 것이었다.

『신판대도쿄안내』는 도쿄의 변화와 이에 대한 고현학의 대응을 두 가지 면에서 반영하고 있다. 첫째로, 도쿄의 발전과 확장에 대한 적극적 확인이다. 즉, "현재의 도쿄는 '최근의 도쿄 대수난 이후의 진전 상황, 재흥된 도쿄'"로서, "문자 그대로의 '신도쿄'를 가리킨다"는 것이다.[22] 대지진 이후 진행된 "제도(帝都) 재건의 역사적이고 장엄한 부흥 사업은 오늘날의 제도의 외모를 만들었다. 전국민의 후원과 시민의 분투와 그리고 근대 과학공학의 도움에 의한 것"[23]이며, "현대 대도시가 지니고 있는 성질 모두를 우리 도쿄는 안고 있다"라고 했다.[24] 1925년의 조사가 긴자 등의 제한된 공간의, 1925년 5월이라는 특정 시간의 풍속을 대상으로 한 것에서 벗어나, 이제는 대지진 이후 도쿄 전체의 변화를 연구해야 한다는 입장을 보여준다.

두 번째로, 앞으로의 도쿄에 대한 전망으로 '팽창'을 강조했다. 당시의 사회적 추세가 도쿄의 팽창이라고 하는 점을 인지하며, 그러한 경향이 앞으로도 계속 이어질 것이라고 예측했다.[25] 다만, 과거에는 도시 규모의 팽창이 무질서하게 이루어진 데 비해, 점차로 정리된, 그리고 일정한 통제하에서의 팽창이 전개될 것이라고 보았다.[26] 필자는 "장래의 도쿄는 세계의 일반적 감화하에 진보해, 재래적인 도시 나름의 개성에 따른 도시의 정조라는 것은 잃어버리게 될 것"이라고 서술했는데, 이는 전통적 면모를 대신해 서구적인 '모던' 도시로 발전할 것이라는 의미를 지닌다.[27]

그런데 도쿄가 더욱 팽창을 거듭해 '신도쿄(新東京)'·'대도쿄(大東京)'가 될 것이라는 점은 고현학에 커다란 한계로 작용한다. 고고학의 현대판을 지향한 고현학에서 도쿄의 계속적인 팽창과 서구화는 연구 대상의 끝없는 변화와 확장을 의미한다. 대지진 직후의 도쿄라는 도시가 축소된 것에서 비로소 고현학 조사를 시도할 용기를 냈다는 곤 와지로의 고백은 고현학의 학문적 한계에 대한 고백이기도 했던 것이다. 『신판대도쿄안내』에 그려진 1929년의 도쿄는 고현학의 연구자들에게뿐만 아니라 고현학의 청중이었던 일반인들에게도 마찬가지의 걸림돌이 되었다. 도쿄의 새 빌딩과 거리가 친숙해지고 서구적 일상생활

22 今和次郎 編, 『新版大東京案內』(中央公論社, 1929), p.14.
23 今和次郎 編, 같은 책, pp.15~16.
24 今和次郎 編, 같은 책, p.16.
25 今和次郎 編, 같은 책, p.17.
26 今和次郎 編, 같은 책, p.19.
27 今和次郎 編, 같은 책, p.20.

에 익숙해진 이들에게 도쿄의 현재 풍속을 세밀화처럼 그려내어 보여주는 작업은 더는 흥미롭지 않았기 때문이다.[28]

고현학은 현재적 학문으로서, 대지진으로 인한 피해의 극복이라는 시대적 특수성을 반영한다. 지진으로 인해 파괴된 일상생활의 복구에 대한 대중적 관심의 표현인 것이다. 한편으로 고현학은 과학적·합리적 학문의 외양을 지녔지만, 세부적인 것을 철저히 기록하려는 곤 와지로의 태도를 감성적 차원에서 보자면 지진으로 인해 한순간에 파괴된 과거에의 상실감, 또는 노스탤지어적 감각을 엿볼 수 있다. 이처럼 고현학은 태생에서부터 1923년이라는 시간에 의해 규정되었기 때문에 그 시간에서 멀어지면서 그 존재 또한 희미해질 수밖에 없었던 것이다.

---

28 Izumi Kuroishi, "Urban Survey and Planning in Twentieth-Century Japan," *Journal of Urban History*(2016), p.566.

참고문헌

今和次郎·吉田謙吉. 『モデルノロヂオ 考現學』. 春陽堂. 1930.
______. 『大東京案內』. 中央公論社. 1929.
______. 『日本の民家: 田園生活者の住家』. 鈴木書店. 1922.
______. 『朝鮮部落調査特別報告 第一册』. 朝鮮総督府. 1923.
松本信廣. 「大東京史蹟案內, 一高史談會編, 育英書院發行」. ≪史學≫, Vol.11, No.4. 1933.
帝都復興院, 『帝都復興計画案ノ大綱』. 編者 刊. 1923.
山口孤劍. 『東都新繁昌記』. 京華堂書店[ほか]. 1918.

구라카즈 시게루(倉數茂). 『나 자신이고자 하는 충동』. 갈무리. 2015.
실버버그, 미리엄(Miriam Silverberg). 『에로틱 그로테스크 넌센스』. 현실문화. 2014.
최석영. 「일제하곤와지로(今和次郎)의 조선민가(民家) 조사방법과 인식」. ≪사림≫, 35. 2010.

久保田淳. 「文學の流れを遡る(1)「大東京繁昌記」の刊行」. ≪文學≫, 5, No.2. 1994.
南明日香. 「『痴人の愛』と「文化生活」の言說」. ≪國文學硏究≫, 138. 2002.
內田青藏. 『消えたモダン東京』. 河出書房新社. 2002.
毎日新聞社. 『大正という時代: '100年前'に日本の今を探る』. 毎日新聞社. 2012.
北原糸子. 「關東大震災の避難民: 地方の行政資料から」. ≪硏究紀要 災害復興硏究≫, 3. 2011.
森田義規·羽生冬佳·十代田朗. 「明治以降戰前までの東京案內本の記載情報の變遷: 舊東京15區6郡を対象として」. ≪觀光硏究≫, 15, No.1. 2003.9.
杉田早苗. 「市區改正期から戰災復興期まで(1880~1940年代)の街路計画標準とその背景思想の變遷に關する硏究」. ≪ランドスケープ硏究≫, 67, No.5. 2004.
朝倉治彦. 「『東京案內』の諸本(1)」. ≪日本古書通信≫, 69, No.5. 2004.
中邨章. 「震災復興の政治學 試論·帝都復興計劃の消長」. ≪政經論叢≫, 50, No.3~4. 1982.
黒石いずみ, 「今和次郎の『民家硏究』と『朝鮮調査』」, ≪青山學院女子短期大學紀要≫, 55, No.93~112. 2001.

Gill, Tom. "Kon Wajiro, Modernologist." *Japan Quarterly*, 43, No.2. 1996.
Hayter, Irena. "Modernism, Gender and Consumer Spectacle in 1920s' Tokyo." *Japan Forum*. 2015.

Kuroishi, Izumi. "Urban Survey and Planning in Twentieth-Century Japan." *Journal of Urban History*. 2016.

Schencking, J Charles. 2009. "1923 Tokyo as a Devastated War and Occupation Zone: The Catastrophe One Confronted in Post Earthquake Japan." *Japanese Studies*, 29, No.1.

______. "The Great Kanto Earthquake and the Culture of Catastrophe and Reconstruction in 1920s Japan." *Journal of Japanese Studies*, 34, No.2. 2008.

Tipton, Elise K. "Faces of New Tokyo: Entertainment Districts and Everyday Life during the Interwar Years." Japanese Studies, 33, No.2. 2013.9.

6장

100년 전 '신형 매체'의 진보와 역사 경관의 변화

| **장칭** 章清, 푸단대학 역사학과 교수 |

'신형 매체'의 '역사'에 대한 새로운 접근은 최근 몇 년 동안 이미 국내외 역사학자들에게 매우 중시되었다. 이른바 '신형 매체'라는 것은 인쇄출판물을 가리킬 뿐만 아니라, 정보 전달에 영향을 미치는 각종 물질과 기술 진보까지도 포괄한다. 뤄즈톈(羅志田) 교수가 강조했던 것처럼, 만일 신문 여론이 견문을 넓히고 인식을 깨우치는 데 효용이 있었다면, "물질 측면의 전보와 철로, 기선 등은 아마도 더욱더 직접적으로 견문을 넓히는 역할을 했고", "이러한 새로운 사물들은 지역성 사무의 영향력을 확대시킴으로써 지역의 경계를 넘는 일에 대한 관심을 높였다"[1]는 것이다.

어떤 요소가 훨씬 중요했는지는 각자가 보기 나름이고, 이러한 요소들은 본래 공동으로 작용하게 마련이다. 중요한 것은 이러한 매체의 출현이 근대 역

1 羅志田, 「天下與世界: 淸末士人關於人類社會認知的轉變: 側重梁啓超的觀念」, ≪中國社會科學≫, 第5期(2007), pp.191~204. 이 방면의 연구는 蘇全有, 『淸末郵傳部研究』(中華書局, 2005) 참조.

사의 경관을 변화시켰을 뿐만 아니라, 근대 세계의 정보를 있는 그대로 보존할 수 있게 했다. 근대 역사를 다루는 어려움이 부분적으로 여기에 있다. 우리가 더욱 신경을 써야 하는 것은 근대 역사의 특질과 깊이 관련되어 있는 이 매체들이 도리어 근대 역사를 드러내기 어렵게 만든다는 것이다. 매체에 근거해 역사를 해석하는 일은 더욱더 어렵다. 이하에서는 근대 시기 '신형 매체'의 출현이 당시 중국 지식인의 '정보세계'에 어떤 영향을 끼쳤고, 이것이 역사 경관에 어떤 변화를 초래했는지에 대해 간략히 살펴본다.

1. 신형 매체가 만들어낸 '근대 역사'

청 말에 중요한 영향을 끼쳤던 책 *The Nineteenth Century*는 '전문사'를 '일반사'의 시야에 넣는 방식으로 영국의 "신문사가 처음 활동을 시작할" 때의 상황을 묘사했다. 즉, "윤선(輪船), 자동차(輪車), 전보가 모두 능히 통할 수 있게 되었지만, 아마 모든 사람들이 이것을 알았던 것은 아닌데, 신문사도 마찬가지"였다고 했다. 여기에서는 '신문'의 의의를 강조하는 데 목적이 있었으나, 더불어 '윤선', '자동차' 등 교통수단의 역할도 긍정했던 것이다. 특히 신문은 "모두 윤선이나 자동차에 의해 소포로 우송"된다는 점을 명시했다.[2]

1896년 ≪신문보(新聞報)≫에 재직했던 쑨위성(孫玉聲)도 매체의 발달에 근거해 중국 신문의 성장을 검토했다.[3]

> 당시에는 아직 철도가 개통되지 않았고 교통은 느렸다. 각 항구에 우편물이

2 Robert MacKenzie, 「第16節 報館初行」, Timothy Richard 譯, 『泰西新史攬要(The nineteenth century)』(1880), 卷9上(海書店出版社, 2002), pp.12~13.

3 孫玉聲, 「新聞報三十年來之回顧」, 沈恩孚 編, 『新聞報館三十年紀念冊』(上海亞東圖書館, 1923), p.6.

도착하려면, 멀리서 오는 것은 십수 일에서 수십 일이 걸렸다. 쑤저우(蘇州)나 항저우(杭州)처럼 가까운 곳도 2~3일은 기다려야 했다. 전보는 지시만 하면 바로 외부로 전달될 수 있었으나 몇 글자밖에 쓸 수가 없었다. 따라서 정무를 보는 사람들은 매일 신문에서 자료를 얻어야 했는데 어려움이 매우 많았다.

교통수단이 발전해 신문이 뉴스를 전달하는 능력이 커지는 일은 선통 연간(宣統, 1909~1911년) 이후에야 가능했다.

선통 연간 이래 철도가 널리 통하고 우체국이 두루 세워져, 아침에 출발한 천 리 밖의 우편물이 저녁이면 닿았다. 이에 따라 신문의 내용이 더욱 풍부해지고, 독자도 점차 많아졌다. 신문사 또한 날로 많아지고 각자 경쟁심이 팽배해져 뉴스는 반드시 신속해야 했고, 이에 '전보기사' 전문 코너가 생겨났다. 예를 들어 지방에 중요한 사건이 일어나면, 곧바로 특파원이 전보를 보내와서 기사로 실었다.

이는 인쇄기술뿐만 아니라 정보를 전파하는 능력이 크게 성장했음을 명확히 보여준다. 인쇄기술의 진보에서 가장 두드러진 것은 서양에서 발전한 신식 인쇄기술이 도입된 점이다. 그렇지만 정보 전달 기술의 변화에서 가장 중시해야 할 것은 의심할 나위 없이 '전보'다. 정보를 빨리 전달하기 위해 ≪신보(申報)≫는 적잖은 투자를 했다. 1882년 10월 25일 ≪신보≫에 게재된 과거시험 합격자명단(壬午科順天鄉試題名錄)은 본래는 신속하게 전달하기가 매우 어려운 소식이었는데, 이 기사의 '부기(附記)'에서 설명하기를, "13일 새벽에 합격자 명단이 나붙었는데, 경성에서 약 300리 떨어진 톈진(天津)에는 오전 8시에 전달되었다. 장쑤(江蘇), 저장(浙江), 안후이(安徽) 등의 합격자 명단은 전신국을 통해 상하이(上海)로 전해졌는데, 신속하기가 실로 이전에는 없었던 일이었다"라고 했다.[4] 베이징(北京)

---

4 「壬午科順天鄉試題名錄」, ≪申報≫, 1882.10.25.

의 과거시험 결과가 겨우 하루 만에 상하이에 전달된 것은 이전에는 미처 상상할 수 없는 일이었다. 1897년 게재된 기사에서도, ≪신보≫가 어떻게 전보의 도움을 빌려 가을에 실시한 과거시험 소식을 저장성에 전했는지를 설명해준다. 또한 ≪신보≫는 다른 신문사들이 "자금 부족으로 전보 비용을 감당할 수 없어서", ≪신보≫가 게재한 기사를 "훔쳐서 게재했는데", 심지어 "직접 전보를 받았다"는 거짓말까지 했다고 비난했다.[5]

우편 업무도 신문의 발전에 중요한 버팀목을 제공했다. 청대(淸代) 우편행정은 로버트 하트(Robert Hart)가 해관에서 우편행정을 겸해 처리했던 것에서 시작되었다. 이후 상하이, 톈진, 한커우(漢口), 광저우(廣州), 푸저우(福州) 등지에서 해관의 우정 사업이 잇따라 개시되었다. 1896년 '대청우정(大淸郵政)'이 정식으로 설립되었고, 1906년에는 '우전부(郵傳部)'가 성립했다. 1902년 하트는 '우편행정을 얼마나 널리 보급했는지'를 다음과 같이 보고했다. "총국과 분국을 비롯해 300여 곳에 우편기관을 설치했는데, 각 행정 단위의 주요 지점에 즐비하게 설치하니 차차 유능해지고, 수년 이래 성과가 뚜렷해졌다."[6]

바로 앞에서 언급한 물질과 기술의 진보 때문에 뉴스의 주요 운반체인 신문에도 의미 있는 다양한 변화가 나타났다. 무엇보다 중국 지식인들이 '신문'을 접하게 됨으로써 '정보세계'와 같은 것이 구축되었다. 또한 '정보세계'의 판도가 점차 확장되어 더욱더 확대되었다. 근대 시기 처음으로 '눈을 떠 세계를 보았던 선각자', 린쩌쉬(林則徐)나 웨이위안(魏源)이 활동할 때는 아직 신문을 발행하려는 움직임은 없었으나 정보를 주고받는 통로는 만들어졌었다. 나아가 중문(中文)을 쓰는 지역에서 처음 창간된 신문은 서양인이 창간했든, 중국인이 창간했든 '중국과 외국의 소통'이라는 요구에 부응하고자 했다.

---

5 「不恥剿說」, ≪申報≫, 1897.10.10.

6 「1902年7月3日(光緒二十八年五月二十八日)赫德致外務部申呈第274號」, 中國近代經濟資料叢刊編輯委員會 主編, 『中國海關與郵政』(帝國主義與中國海關資料叢編之八)(中華書局, 1983), p.107.

아무튼 이는 외국 신문의 정보를 대량으로 빨아들여서 '정보세계'를 더욱더 확장시켰다. 1853년 8월 1일 홍콩에서 창간된 *Chinese Serial*(遐邇貫珍)은 창간호부터 이미 보도된 세계 각지의 '뉴스'만을 골라 실었다. 1896년 창간한 ≪시무보(時務報)≫도 '유지를 공손히 기록함(遺旨恭錄)', '상주문의 요체를 기록함(奏折錄要)', '지방 최근 소식(京外近事)', '역외소식번역(域外報譯)', '서양소식번역(西電照譯)' 등을 배치했는데, 이후 항목에 약간의 조정이 있었지만 대체로 이러한 기본 틀을 지켰다.

기존 연구에 따르면, '역외소식번역'에 실린 뉴스는 "번역자가 준비한 것도 있었지만, 신문사가 나서서 기사를 빌리거나 구매하기도 했다. 대략 40종의 영자 신문을 대상으로 했는데, 영국·미국·일본, 조선과 중국 본토를 포괄했다. 이 밖에 30종 가량의 일어 신문, 9종의 프랑스어 신문, 7종의 러시아어 신문과 4종의 스페인어 신문도 검토했다".[7] 여기에 중문 신문을 더하면 기사를 고를 검토대상으로 삼은 국내외 신문의 수가 결코 적지 않았다.

이처럼 서양과 동양, 국내 신문, 잡지를 포함해 여러 신문의 기사들을 모아서 지면을 구성하는 방식은 청 말 신문의 보편적 형식이었다. 1904년에 발행한 ≪시보(時報)≫와 ≪동방잡지(東方雜志)≫는 매우 전형적이다. ≪시보≫의 '일러두기(發刊例)'를 보면, "우리 신문은 신문계의 여론을 만들어보려고 한다. 국내외 중문 신문이 60여 종에 이르는데, 우리 신문은 그 모든 신문과 기사를 교환한다. 매일 뛰어난 논설을 골라 그 요지를 게재함으로써 독자들은 각 신문에서 가장 뛰어난 글들을 모두 볼 수 있게 된다. 이는 동서양 각 신문사에서 흔히 볼 수 있는 사례"라는 내용이 눈에 띈다.[8]

≪동방잡지≫는 '잡지 중의 잡지'라는 명성을 가지고 있었는데, 지면 구성을 위해 논설을 고르고, 뉴스를 폭넓게 수집했을 뿐만 아니라, 각종 민관의 신

---

7 廖梅, 『汪康年: 從民權論到文化保守主義』(上海古籍出版社, 2001), p.85.

8 「發刊詞」, ≪時報≫, 創刊號(1904.6.12), p.2.

문과 잡지의 '뛰어난 논설과 중요 기사'를 골라서 수록했다. 동시에 외국에서 온 원고도 접수했다. "우리 잡지는 일본의 ≪태양보(太陽報)≫, 영미 계열 ≪리뷰에 대한 리뷰(Review of Review)≫의 지면 구성을 모방했는데, 논설을 널리 고르고, 뉴스를 폭넓게 편집했을 뿐만 아니라, 민관의 각종 월간지·순보·주간지·격일지·일간지의 뛰어난 논설과 중요 기사도 골라서 수록"한다고 했다. 또한 "내지 인사들이 각종 뉴스를 손쉽게 접하고, 국내외 최근 사건들을 두루 알 수 있게 하는 것"을 충분히 실현할 수 있기를 바란다고 했다.[9]

이렇게 해서, 신문이 사회에 영향을 미치는 방식이 점차 심화되었다. 중요한 것은 신문이 근대적 정보를 가장 풍부하게 담을 수 있는 지면 구성을 취했고, 근대적 사회 변천을 가장 '진실'하게 묘사했다는 점이다. ≪신보≫는 발간 50주년을 맞이해 『최근 50년(最近之五十年)』이라는 책을 출판했는데 이 책에 다음과 같은 서술이 있다.[10]

> 작디작은 신문지에 50년 동안의 사상계·물질계의 진화가 보이는구나. 인심과 풍속의 후하고 박함이, 사회생활 수준의 높고 낮음이 나타나 있구나. 기록하지 않을 수 없다. 분야에 있어 조금도 꺼림이 없고, 문장에 있어 조금도 꾸밈이 없으며, 성가심을 조금도 두려워하지 않았다.

이상의 언급은 물질과 기술의 진보가 정보의 보존에 끼친 지대한 영향을 잘 설명해준다. 이처럼 근대 역사를 '담고 있는 물질', 즉 신형 매체가 있다는 사실은 근대가 다른 역사시대와 구별되는 특질이라고 할 수 있다.

---

9 「新出≪東方雜志≫簡要章程」, ≪東方雜志≫, 第1卷 第1號(1904.3.11), pp.1~2.

10 李嵩生, 「本報之沿革」, 申報館 編, 『最近之五十年: 申報館五十周年紀念刊』, 第三編(申報館, 1923), p.29.

2. 기술 진보가 가져온 변화: '지방'의 근대사

이른바 '지방'의 근대사란 공간만을 의미하는 것은 아니다. 여기에서 '근대'라는 것도 시간을 의미하는 것에 그치지 않는다. 우선적으로 '지방'이 국가 건설의 구조 안에 포함되는 것을 가리킨다. 의심할 여지가 없이 국가 건설은 근대 중국의 제도 변천에서 가장 중요한 매듭이었다. 국가 건설의 구체적 효과는 확립된 종적·횡적 통치구조에서 구현되었다. 이와 관련해서는, 기술의 발전이 초래한 변화도 하나의 관건이 되었는데, 근대 시기 기술 발전 중에서 가장 큰 영향력을 발휘한 정보전파매체가 지방과 지방을 연결시키고, 지방을 더 큰 무대에 등장하도록 추동했다. 다시 말해서, 근대 시기의 '지방'은 이전의 지방과 구별되는데 가장 기본적인 차이는 철도와 전보, 출판인쇄물이 출현한 것이다. 이러한 기술의 출현은 근본적으로 '지방'의 색채와 경관을 변화시켰다.

'저보(邸報)'와 같은 전통 시기의 매체는 권력의 의지를 구현하는 것이었다. '저보'나 '경보(京報)'는 모두 황제 지배체제에서 정보를 포고하는 형식이었고, 위에서 아래로의 통치에 기여하는 것이었다. 분명히 '저보'는 상하를 연결시키는 통로로서 철저히 권력의 의지가 반영되었다. 그래서 '저보'는 결코 일반적 의미의 정보는 아니었다.

중국 지식인이 처음으로 신문을 알게 되면서 신문을 창간하는 활동에 나섰을 때, 이것이 '상하(上下)를 소통하게 하려는 것'이든, '중외(中外)를 소통하게 하려는 것'이든 간에, 과거 황제 지배체제 다음에서 신문 비슷한 기능을 수행했던 '저보'를 연상했을 것이다. 즉, 신문 창간 활동에는 '저보'와 같은 과거의 흔적이 남아 있었다. 그러나 정보의 전파라는 측면에서 보면, 신문의 출현은 그 자체로 분명히 중대한 의미를 갖는 변화라고 강조할 만하다.

1917년 「상하이신문소사」라는 글에 따르면,[11] "신문은 '저보'에서 비롯된 것

---

11 姚公鶴, 「上海報紙小史」, ≪東方雜志≫, 第14卷 第6號(1917.6.15), p.196.

인데, '저보'는 원래 황제와 대신의 국사 논의를 기록한 시정기(時政記)와 황제의 일상 언행을 기록한 기거주(起居注)에서 시작되었다. '저보'는 오직 정치 관련 정보를 전달하는 용도였고, 서적으로 인쇄된 후에는 사회에 공개되었는데, 쓸모가 매우 각별했다"고 했다. 신문과 관련해 '저보'를 연상하고 있음을 알 수 있다.

반면에, 신문 읽기의 유익을 논한 어느 글에서는 문제의 관건을 잘 지적했다. "오늘날 신문의 실체를 '저보'로 간주하는 것은 마치 큰 바다를 한 방울의 물로 여기는 것과 같다"[12]는 것이다. 신문을 어떻게 인지했든지 간에, 일단 신문 창간에 돌입하는 것은 뉴스의 '생산'에 진입하는 것을 의미하고, '상하의 소통'을 추구하는 동시에 '중외의 소통'을 실현하려는 것이다. 이처럼 '상하의 소통'과 '중외의 소통'에 근거해 신문의 위상을 평가하는 사람들이 적지 않았다. 천츠(陳熾)가 지은 『용언(庸言)』에는 「신문사(報館)」라는 글이 수록되어 있는데, "이른바 집 밖을 나서지 않고 천하의 일을 두루 안다는 것은 신문사가 아니고서는 할 수가 없다"고 했다.[13]

의심할 여지가 없이, 신문의 발전이 상당 정도에 이르자 신문이 구성한 '네트워크'나 '정보세계'도 크게 달라졌고, 이에 상응해 신문이 크게 늘어나자 신문사끼리 서로 기사를 옮겨 싣는 독특한 풍경이 생겨나기도 했다. 이른바 '필드'가 여기에서 여실히 체현되었다. 신문이 사회에 작용하는 방식이 점차 심화되었고, 이러한 의미에서 신문이 조성한 '필드'를 잘 들여다보면, 신문이 만들어낸 '필드'에 '지방'이 포섭되는 광경도 볼 수 있게 된다.

그 광경을 ≪시무보(時務報)≫를 통해 살펴볼 수 있다. ≪시무보≫가 가지고 있는 '시범(示範)'이라는 의미는 여러 가지 양상을 띤다. ≪시무보≫처럼 청 말에 발행된 신문은 '지방성'이 현저했다고 할 수 있다. 이뿐만 아니라, 다음에서 위로 정보를 전달하는 방식으로 정보를 심화시켰다. 이는 본래 긍정적인 측면

---

12 楊槩, 「論閱報之有益」, ≪湘報≫, 第14號(1898.3.22), p.53.

13 陳熾, 「報館」, 『庸言』, 趙樹貴·曾雅麗 編, 『陳熾集』(中華書局, 1997), pp.105~106.

이라고 할 수 있으나, 또 다른 측면에서 보자면 어렵지 않게 문제를 발견할 수 있다. ≪동방잡지≫(제18권 제17호)의 '독자논단'에 실린 「지방 신문의 편집」이라는 글에[14] 따르면, 지방 신문의 상황이 그리 이상적이지는 않았다.

> 오늘날 우리나라의 지방 신문은 대체로 중앙이나 전국 또는 세계 각지의 기사를 마구잡이로 게재하고, 지방을 본위로 삼은 것이 드물다. 심각한 일은 지방 사람들이 이미 읽은 베이징과 상하이의 신문을 가위질해 지면을 채웠기 때문에, 지방 사람들 중에 조금이라도 상식이 있는 사람이면 그냥 베이징과 상하이의 신문을 읽지, 지방 신문을 읽지 않는다. 이뿐만 아니라 베이징과 상하이의 신문들은 아직 '지방판'이나 '지방 부록판'을 발행하지 않고 있는데, 만약 '지방판'을 발행하게 되면, 지방 신문의 운명은 더욱더 곤경에 빠지게 될 것이다.

작자가 이러한 글을 쓴 이유는 바로 다음을 설명하기 위함이었다.

> 대도시에서 발행하는 신문은 지방 도시에서 발간하는 신문과 자본의 규모는 물론 발간 목적과 내용에서 차이가 나게 마련이다. 소자본이더라도 대도시에서 발행되는 신문은 편집 방침에서 전국적 논조를 취하게 마련이고 일종의 '국민적 신문'으로 육성하려고 할 것이다. 그러나 지방 도시에서 발행되는 신문의 편집 방침은 '지방적' 범위에서 벗어날 수가 없다. 그러므로 지방 신문의 편집은 대도시 신문의 편집과 구별해 연구할 필요가 있다.

저자가 구체적으로 거론한 편집 방침은 '지방'을 핵심으로 부각시켰고, 언설의 중심은 '지방'을 본위로 삼아야 한다는 것을 강조했다.

새로운 정치가 새로운 매체를 촉발하기도 했는데, 이는 또 다른 변혁 기조

---

14 任白壽, 「地方報之編輯」, ≪東方雜志≫, 第18卷 第17號(1920.9.10), pp.96~100.

를 구성했다. 그 하나는 '국가 건설'에 호응해 창설한 각종 신문이다. 이런 부류에 속할 수 있는 신문은 대략 다음의 몇 종류로 나눌 수 있다. 첫째, 새로 건설된 정권의 각급 기관보가 청조의 관보를 대체해 대량으로 출판되었다. 명칭은 대부분 청 말의 '관보(官報)'에서 '공보(公報)'로 바뀌었다. 가장 대표적인 것은 1911년 12월 26일 북양정부(北洋政府)가 주관한 ≪정부공보(政府公報)≫(처음에는 ≪임시공보(臨時公報)≫라고 했으나 1912년 5월 1일에 ≪정부공보≫로 개칭)인데, 1928년 6월까지 발행되었다. 기타 정부 부문에서 출판한 각종 공보도 적지 않다. '중앙정부의 각 부서, 성정부(省政府), 참의원이나 중의원 같은 곳에 각자의 공보가 있었다. 그 이름을 일일이 열거하기도 어려운데 시대가 요구하는 바이기도 했다.'[15] 조사에 따르면, 1899~1919년간 출판된 113종의 각종 공보 중에서 신해혁명 이전에 출판한 것은 49종, 이후에 출판한 것은 64종이었다.

둘째, 청 말 이후 교육 사업의 흥기에 따라 다수의 교육 관련 신문, 잡지가 한꺼번에 쏟아져 나왔다. 신해혁명 전후로 각지에서 발간된 교육 관련 잡지가 118종에 달하는데, 그중 1911년 이전에 출판된 것이 27종이었고 1912~1919년에 창간된 것이 97종이었다.[16] 앞서 서술한 두 가지 공보가 대량으로 출현한 것은 청정부가 새로운 형세에 대응해 통치 수단 강화의 일환으로 발행했기 때문에 과거의 '저보'와 유사하다.

셋째, 정당에 복무하는 간행물이 대량으로 출현했다. 장위파(張玉法)가 조사한 것에 따르면, 민국 초에 312개 정치결사가 있었는데 신문, 잡지를 간행하는 것이 정당의 가장 보편적인 선전 수단이었다. 민국 초 양대 정당인 국민당(國民黨)과 진보당(進步黨)은 정치 선전에서도 격렬히 경쟁했다. 국민당 쪽의 선전 기구는 전국 각지에 널리 퍼져 있었다. 상하이, 베이징과 톈진, 우한이 중심 지역이었다. 진보당의 경우도 유사한데, 다만 진보당이 통일당, 공화당, 민주당을

15 戈公振, 『中國報學史』(生活讀書新知三聯書店, 1955), p.59.

16 丁守和 主編, 『辛亥革命時期期刊紹介』, 第5集(人民出版社, 1987), pp.579~602, pp.547~ 578.

합병해 만든 것이기 때문에 3당의 간행물이 모두 진보당으로 흡수되었다. 아울러 당파 배경이 없는 여러 간행물은 대개 정부를 지지해, 진보당의 간행물과 입장이 거의 같았다.[17]

앞에서 서술했듯이 신문, 잡지가 대량 출현한 것은 모두 민국 초 정치 형세와 맞물려 있다. 이는 민국 초 간행물이 만들어낸 '사상 지형'을 이해하는 데 중요한 자료가 되고 있다. 간단히 언급하자면, 앞서 서술한 간행물들이 지방 신문의 발전에 끼친 영향을 쉽게 간파할 수 있다는 것이다. 서로 다른 여러 성(省)에서 대체로 비슷한 궤적을 따랐다. 이는 '공보', '관보' 및 교육, 실업 계통의 신문들이 정기간행물의 주종을 이룬 이유이기도 하다. 이처럼 관부(官府)의 소식을 전하는 정기간행물이 신문의 기원이라고 할 수 있다.

신문이 만들어낸 '사상 지형'에 '중심'과 '주변'의 구분이 있다는 것은 두말할 나위가 없다. 신문의 발행에는 원래 '중심'에서 '주변'으로 확장해나가는 문제가 있다. '신문을 읽는 문제'에서도 마찬가지로 '중심'에서 '주변'으로 침투해 나가는 것이 있다. '주변'에 위치한 지식인이 '중심' 도시에서 발행한 신문을 접할 기회를 갖게 하는 것이다. 신문이 이어놓은 '중심'과 '주변'은 두 가지 부분에서 파악할 수 있다. 하나는 대형 신문이 통신원 제도를 갖추고 이를 통해 각지의 소식을 보도한 것이다. 또 하나는 각지에 신문사를 널리 설립하는 것이다.

정보통신 네트워크의 건설과 관련해서도 '지방'은 없어서는 안 되는 중요 부분이다. 사실 신문의 발전을 제대로 파악하려면 처음부터 이러한 특질에 주의를 기울여야 한다. 예컨대, 한 논자에 따르면 "중국의 신문은 대개 두 가지 종류로 구분할 수 있는데, 하나는 ≪항저우일보(杭州日報)≫, ≪한커우일보(漢口日報)≫와 같은 지방 신문이고, 다른 하나는 상하이의 대형 신문들과 같은 전국 신문"이라고 했다.[18] 상하이의 신문을 '전국적' 신문의 대표로 간주함으로써 상하이에 중

17 張玉法, 『民國初年的政黨』(嶽麓書社, 2004), p.35, p.178, p.203.

18 樊仲雲, 「中國報紙的批評」, 黃天鵬 編, 『新聞學演講集』(現代書局, 1931), p.55.

심적 지위를 부여했다. 당시 사람들은 대개 상하이의 신문이 여론을 좌우한다고 평가했다.

> 상하이는 중국에서 가장 개방적인 첫 번째 개항장이다. 전국의 풍조는 상하이에서부터 바뀐다. 전국의 사상은 상하이에서부터 고취된다. 상하이에서 발신하면 전국이 받들어 곧 풍미하니, 상하이를 일컬어 풍조를 얻는 데 가장 앞선 곳이다.
>
> 요컨대 여론의 향배를 장악한 신문으로만 여론을 좌우할 수 있다. 따라서 상하이는 전국의 스승이고, 상하이의 신문은 상하이 전체의 스승이다.[19]

이에 대해 당시 사람들은 다른 각도에서 긍정하기도 한다. 앞서 서술한 「상하이신문소사」에서도 상하이 신문의 중심 지위를 확인할 수 있다.

> 전국 신문은 상하이에서 가장 먼저 발달했다. 오늘날에도 상하이의 신문이 가장 명망이 있다. 베이징에서는 상하이의 신문을 남보(南報)라고 부르고, 광둥과 홍콩, 남양군도에서는 상하이의 신문을 호보(滬報)라고 불렀는데, 모든 일이 상하이의 신문에 등재된 것을 거치지 않고서는 검증될 수 없었다. 이는 상하이의 신문이 충분히 자부할 만한 일이었다.[20]

다음 글도 어떻게 해서 상하이가 '중심'이 되었는지를 보여주었다.

> 청일전쟁 이후 중국인이 간행한 수많은 신문이 상하이, 톈진, 한커우, 광둥으로 널리 퍼져나갔다. 의화단사건 이후 군주를 옹호하거나 반대하는 신문들이

19 雷鐵厓, 「論上海報紙觀察廣東義師之誤」, ≪光化日報≫(檳榔嶼)(1911.5.22).
20 姚公鶴, 「上海報紙小史」, ≪東方雜志≫, 第14卷 第6號(1917.6.15), p.197.

등장했는데, 어떤 것은 내지에서 인쇄하고, 어떤 것은 개항장에서 발행했다. 상하이는 기계의 도움, 환경의 우월함, 인재가 집중된 덕분에 삽시간에 전국 신문의 중심지가 되었다.[21]

앞에서 서술한 『동북연감』은 또 다른 각도에서 "내지 간행물 중에 동북에서 팔리는 것은 상하이에서 출판한 것이 대부분을 차지"한다고 설명했다.[22]

상하이가 신문업의 중심 지위를 확립한 것은 각종 세력이 신문매체의 도움을 얻고자 할 때, 종종 상하이를 선택해 일을 진행했다는 것을 뜻하기도 한다. 신문 등 신형 매체가 상하이에 과도하게 집중된 것이 종종 '지방'의 쇠락을 초래했다고도 할 수 있다. 옌징대학(燕京大學) 신문학과에서 일했던 버넌 내시(Vernon Nash)와 루돌프 뢰벤달(Rudolf Löwenthal)은 중국 신문업의 발전을 가로막았던 4가지 '장애'를 지적했다. 즉, 교통의 불편, 심각한 문맹, 통일되지 않은 언론통제 제도, 신문을 읽을 수 없을 정도로 가난한 인민 등이다. 더욱 분명한 것은 이러한 요인의 영향으로 인해 중국 신문의 판로가 연안의 대도시, 상하이로 집중되었다는 점이다. 다음 글은 이런 사정을 구체적으로 보여준다.

난징, 상하이, 광둥, 베이핑(北平), 톈진 등의 신문 판매량은 전국의 2/3가량을 차지한다. 그러나 인구는 약 800~900만으로, 전체 인구의 2%에 불과하다. 나머지 98%의 인구는 나머지 1/3의 신문만을 분배받는다. 이나마 1/3의 신문은 대부분 지방의 소도시에 집중되었다. 실제 향촌에 들어간 신문은 극소수이다. 평균적으로 향촌에서는 1000명당 신문 1부가 배당된다. 1000명 중에 식자 능력이 있는 사람은 200명 정도이다. 향촌은 땅은 넓고 인구가 희박하니, 신문을 읽을 수 있는 200명이 함께 신문 1장을 읽을 수는 없다. 향촌에는 아직 전보나 라디오방

21 胡道靜, 「上海的日報」, ≪上海市通志館期刊≫, 第2卷 第1期(1934), p.219.

22 東北文化社年鑒編印處 編纂, 『東北年鑒』(1931), p.1444.

송 등이 없으니 신문은 실로 정부의 명령을 전달할 수 있는 유일한 도구였다. 사정이 이러하니, 농민이 국가의 정치·경제 상황을 잘 알지 못하게 되는 것은 불을 보듯 뻔하다. 이 점이 바로 공산당이 농촌 선전에서 성공한 큰 원인이다.[23]

여기에서 언급한 숫자가 꼭 정확한 것은 아니었고, 신문의 발행이 판매와 일치하는 것도 아니었다. 그러나 이러한 상황이 확실히 존재했다. 지방 신문의 개수가 점차 일정한 규모를 갖추어나갔지만, 발행부수나 판매 부수는 여전히 중심 도시에서 창간된 대형 신문이 훨씬 많았고 지방 신문의 성장은 그다지 괄목할 만한 성과를 거두지 못했다. 이것이 문제의 관건이었다. 1936년에 출판된 『장시연감(江西年鑒)』은 장시(江西) 신문의 발전을 언급하고 있는데, 특히 난창(南昌)을 사례로 들어 "신문, 잡지 사업은 경제적 영향으로 인해 여전히 유치한 단계"라고 설명했다.

난창은 장시(江西)의 정치 중심이고, 신문, 잡지 사업은 각 현에서 비교적 발달 했다. 최근의 조사에 따르면, 신문사는 20여 개, 잡지는 20종이 있다. 신문사 중에는 ≪민국일보(民國日報)≫가 비교적 넉넉한 재원을 갖추었고 판매 부수도 많은 편이다. 역사가 가장 오래된 것은 ≪공상일보(工商日報)≫이다. 각 신문의 일일 판매 부수는 최다 5000여 부를 넘지 않았다. 적은 경우엔 겨우 수백 부이다. 전체를 합해도 만여 부를 넘지 않는다. 이런 저조한 판매 부수에서 장시성(江西省)의 낮은 사회문화 정도, 경제적 궁핍을 알 수 있다. 각 신문의 광고 수입도 가장 많은 경우가 1000위안을 넘지 않는다. 적은 것은 겨우 백 수십 위안이다. ≪민국일보≫와 같이 소액의 기금이 있는 곳을 제외하고는 실로 비바람에 흔들

---

23 聶士芬·羅文達, 「中國報業前進的阻力」, ≪報人世界≫, 第6期(1936.12), pp.1~3. 이 글은 원래 영문인데, *The Chinese Social and Political Science Review*, Vol.20, No.3(Oct, 1936), pp.420~423을 번역한 것이다.

리지 않는 날이 하루도 없다. …… 주장(九江), 지안(吉安), 간저우(贛州) 등 소수의 현을 제외하고는 현 단위에도 신문사가 없고, 있어도 겨우 구색만 갖춘 것에 지나지 않을 따름이다.[24]

이른바 '중심'과 '주변'은 중심 도시와 지방의 차이를 통해 구현될 뿐만 아니라, 남북이나 동서의 차이를 통해서도 구현되었다. 근대 중국의 역사를 서술함에 있어 '남과 북'을 구분하는 것은 우리에게 매우 익숙하다. 신문의 발전도 이러한 맥락에서 정리할 수 있다. 다음의 서술은 이런 사정을 잘 말해준다.

남방의 ≪신보≫나 ≪순환일보(循環日報)≫가 홍기했을 때, 중국 북부에는 아직 신문이 없었다. 한참을 지나 청 말에 이르러 신문이 조금씩 등장하기 시작했다. 그러나 전제(專制)정부 아래에서 각 신문은 감히 경솔하게 시비(是非)와 곡직(曲直)을 논할 수가 없었다. 신문이 게재한 것은 늘 지방 뉴스에 한정되었다. 한마디로 아직 미숙한 시절이었다.

(민국 원년에 이르러 북방의 신문도 점차 규모를 갖추게 되었는데) 베이징에 세워진 신문사는 30~40여 개를 넘었다. 톈진 같은 곳에서도 그 수가 적지 않았다. 다만 아쉬운 점은 각 신문이 정당과 관계가 있지 않으면, 정부 기관에 속했다는 것이다. 정부를 감독할 수 없을 뿐 아니라 사회를 이끌 수도 없었다. 광고를 상업 진흥의 원동력으로 삼을 수 있다는 생각은 아무도 하지 못했다.[25]

「베이징신문소사(北京報紙小史)」라는[26] 글에서도 이런 사정을 전해주고 있다.

---

24 江西省政府統計室 編輯, 『江西年鑒』, 第一回(1936), p.1238.

25 熊少豪, 「五十來年東北報紙之事略」, 申報館 編, 『最近之五十年: 申報館五十周年紀念刊』, 第三編(申報館, 1923), p.24.

26 管翼賢, 「北京報志小史」, 『新聞學集成』, 第6冊(中華新聞學院, 1943), pp.279~282.

베이징은 1900년부터 신문사를 세우기 시작했으나 겨우 형태만 갖추었을 뿐이다. 광서 연간 말기에 이르러 베이징에 신문사가 여러 개 생기기 시작했다. 선통 초에는 각 성 인민 대표가 베이징에 와서 국회 속개를 주청하고 헌법 실행을 촉구했기 때문에 각 성의 뜻있는 인사들이 베이징으로 몰려들었다. 이어 자정원(諮政院)을 설립하면서 일시에 신문사가 즐비하게 되었다. 각기 필력을 과시해 위대한 정론을 펼쳤는데, 편집인 등은 줄곧 문단의 권위자, 애국지사에 속하는 이들이었다.

사실 상하이 같은 도시와 비교했을 때, 수도 베이징에 신문이 출현한 시기는 너무 늦은 것이었다. 이는 정치적으로 장애 요인이 있었기 때문이었다. 이치로 따지자면 정치의 중심인 베이징이 가장 먼저 정보매체의 각축장이 되어야 했었는데, 상하이에 비해 신문업의 흥기가 늦어진 것은 정치 환경 때문이었다는 것이다. 「베이징신문소사」에서, "신문 사업의 우열과 진퇴는 결국 정치의 새로움과 낡음에 따라 정해지는 것"이라고 평가한 것은 이상할 것이 없다. 또 다른 글에서는 이에 근거해 다음과 같이 신문의 성장에 영향을 미친 요소를 검토 했다.

수십 년 전 신문이 처음 만들어지기 시작했을 때 그 시작은 사실 보잘것없었는데, 정말 이는 이상할 것이 없다. 당시 전제정부 아래에서 언론이 자유를 얻을 수 없던 것도 당연했다. 그런데 십수 년이 지났음에도 신문은 여전히 보잘것없으니 이상하게 여길 만하다. 청조는 이미 수명을 다했고, 언론은 자유롭다고 할 만하다! 그러나 전제(專制)정치는 이전과 다름이 없고 기관 공보의 마지막 모습도 전과 다름이 없다. 불편부당하고 직언으로 간언하는 신문의 종국도 대부분 이와 비슷하다.[27]

27 熊少豪, 「五十來年東北報紙之事略」, 申報館 編, 『最近之五十年: 申報館五十周年紀念刊』, 第三編(申報館, 1923), p.25.

정치적 요인이 베이징, 톈진 등 북방도시에 영향을 미쳤고, '지방'에 대해서는 더욱 직접적인 영향을 미쳤다. 청 말, 민국 시기 각 지역 신문 발전의 상황을 검토하는 것은 앞서 서술한 각종 자료 이외에, 몇 가지 소소한 자료에 근거해서 간단히 설명을 덧붙일 수 있다. 이에 근거해 신문매체의 지방에서의 성장과 사회에 작용한 방식을 파악할 수도 있다.

아무튼 신문에 나타난 근대 중국의 '사상 지형'에 입각하면 지방성 신문은 없어서는 안 되는 중요 부분이다. 최근 몇 년간 클리퍼드 기어츠(Clifford Geertz)가 거론한 '지방성 지식' 덕분에 중국 근대사 연구에서 이른바 '지방'이 역사가들의 주목을 받았다. 중요한 것은 어떤 관점에서 '지방'을 볼 것인가, '지방'에 어떠한 위상을 부여할 것인가에 있다.[28] 지방 신문의 성장이라는 관점에서 보면, 관건이 되고 있는 두 가지 문제는 '국가 건설'의 효과적 구현과 '중심'에서 '주변'으로 침투하는 양상이다. 동시에 지방의 '특성'을 비추어주는 또 다른 거울이 있는데, 누가 신문을 창간할 것인가, 내용은 어떻게 할 것인가, 효용은 어떠한가에 주의를 기울일 만하다. 이와 관련해 다음의 글에 주목할 만하다.

> 선통 연간에 이르러 내지의 부현(府縣)이 모두 지방 신문을 발간했다. 신속하게 소식을 공표해 민의를 선전하는 때가 된 것이다. 우한(武漢)에서의 최초 봉기에 전국이 호응하는 과정에서 신문의 전파에 공이 없다고 할 수 없다. 한때 민중의 의기가 충천하자 정당의 각 정파는 신문을 발행해야 한다고 앞다투어 주장했다. 수도 베이징에는 신문이 20여 개에 이를 정도로 급증했고, 상하이 일각에도 십여 개가 생겨났다. 신문업은 마침내 세찬 밀물처럼 일어났다. 개항장에 신문사가 즐비했을 뿐만 아니라, 내지의 작은 읍에도 지방 신문 한두 개는 있었다.[29]

---

28 吉爾茲, 『地方性知識: 闡釋人類學論文集』, 王海龍·張家誼 譯(中央編譯出版社, 2004), p.273.

29 秦理齋, 「中國報紙進化小史」, 申報館 編, 『最近之五十年: 申報館五十周年紀念刊』, 第三編(申報館, 1923), pp.23~24.

1938년에 출판된 『중국 근대의 신문업』은 1928년 이래 신문업의 변화를 잘 설명하고 있다. 특히 '지방 신문의 발달'이 국민정부의 '국가 건설'과 불가분의 관계에 있음을 지적했다.

> 지방 신문의 발달이 국가 건설에 끼친 영향에 관해서는 대략 두 가지의 특징이 있다. 원래 내지의 민중은 지방 관념이 매우 강한 반면에, 자기 집과 마을을 제외한 전체 국민에 대해서는 매우 냉담했다. 그런데 이제 신문이 깨우쳐준 바에 의거해 전체 국민의 안위를 생각하게 되었다. 말하자면, 신문을 통해 자기 고향 마을의 안위에 관건이 되는 문제로서 국민의 이해(利害)를 최우선시하게 되었는데, 이것이 첫 번째 특징이다.
>
> 국민의 이해(利害)가 무엇보다 중요하다는 것을 알게 되었을 뿐만 아니라, 외세의 침략으로 인한 수모가 날로 심해지니 이제 모두가 나라를 구하겠다는 책임감을 가지고 고군분투해야 한다는 생각을 갖게 되었다. 이처럼 신문을 통해 자기 한 몸의 책임을 다해야 한다고 생각하게 되었는데, 이것이 두 번째 특징이다.[30]

여기에서 깊이 생각해보아야 할 문제가 있다. 근대 시기 신문, 잡지가 중국 사회의 '중심'과 '주변'을 모두 담아냈는지 아닌지는 사회 발전의 정도를 가늠할 수 있는 하나의 지표이다. 또한 신문, 잡지가 당시 중국 사회 관련 데이터를 완전히 드러내고 있느냐 아니냐는 정부의 '사회 통제력'이 얼마나 구현되었는지를 보여준다. 난징국민정부 성립 이후 사회에 대한 통제력이 강화되었고, 신문에 대한 관리도 과거와는 비교가 되지 않았다. 그러나 『신보연감』 등의 자료가 보여주는 상황은 만족스럽지 못하다. 당시의 전체 상황이 반영되어 있지 않다.

이뿐만 아니라, 신문이 만들어낸 '사상 지형'을 파악하려면 기본적으로 각

30 趙君豪, 『中國近代之報業』(文海出版社, 1938), pp.93~94, p.98.

지에서 발행된 신문을 살펴보아야 한다. 발행 상황을 포함시켜 살피는 것도 중요하다. 중심 도시에서 출판된 신문을 지방이 충분히 수용할 수 있었는지도 중요한 정보이다. 이는 관방에서 제공한 통계 수치로는 설명이 부족하고, 출판사와 신문사가 제공하는 자료에 의존해 복원할 수 있다.

3. 정보전파기제가 형상화한 역사 경관

물질과 기술의 진보가 어떻게 역사 서술의 기조를 변화시키는지는 매우 중요한 문제이다. 청 말, 민국 시기 정보전파기제의 성장이 역사 발전 과정에 심대한 영향을 끼쳤다는 것은 이해하기 어렵지 않다. '경보'나 '저보'와 같이 정치와 직결된 소식지는 황제지배 시기 정보전파의 주요 통로를 형성했다. 청 말의 지식인, 특히 공을 세우고자 하는 지식인은 흔히 '저보'와 같은 매체를 통해 외부세계에 대한 정보를 얻었다.

그렇다면, 신문매체가 나타난 후에는 정보를 수집하는 경로와 방식에 어떠한 변화가 일어났을까? 우선, 신문매체가 근대 역사 인물의 생활 양태를 크게 변화시켰음을 알 수 있다. 단적으로 외부 세계에 대한 정보를 취득하는 방식이 달라졌다. 점차 '저보'와 같은 소식지를 읽는 것에서 근대적 의미의 신문을 읽는 것으로 바뀌었다.

청 말에 발행된 각종 신문은 정보 '생산'의 측면에서 보면 이미 '전 지구'적 의미를 가졌다고 할 수 있다. 그러나 '정보'의 유통과 관련해서는 '구역(區域)'적 색채가 짙다. 신문의 발행은 보통 '중심'에서 '주변'으로 확장된다. '신문 읽기'도 '중심'에서 '주변'으로 침투된다. '주변'에 위치한 독자는 대개 중심 도시에서 발행된 신문을 접하게 마련이다. 중요한 것은 유통의 범위를 어떻게 가늠할 것인가에 있다.

앞서 서술했듯이, 중국 지식인이 신문이라는 것을 처음 알게 되었을 때는 과거에 있었던 신문 비슷한 것, 즉 관보를 통해 신문을 인식했을 것이다. 신문 자체도 비교적 초기 단계의 조악한 수준이었다. 여기에서 '초기'라고 하면, 신문이 '뉴스'를 전파하는 책임을 감당하기에 아직 부족한 것이 많다는 의미이다. 게다가 신문 발행 자체가 종종 큰 제약을 받았고, 신문을 구독하는 일은 여전히 매우 드문 일이었다. 한 저널리스트의 회고에 따르면, "내 유년기의 벽촌에서는 모두들 ≪신보(申報)≫를 신문과 동의어로 여겼다"고 한다. 그 이유는 어릴 적에 접할 수 있었던 신문이 매우 제한적이었기 때문이다. 물론 ≪신보≫가 세상에 나온 것 자체는 매우 긍정적으로 보았다. ≪신보≫가 나옴으로써 "일반 대중을 독자로 삼고, 전통적인 정부 공보 수준에서 벗어나기 시작했다. 국내외의 큰 사건을 취재해 기사로 내고, 시정의 자질구레한 소식과 사회 변화에도 주의를 기울였다. 이로써 최초로 현대적 의미의 중국 신문을 만들 수 있었다"고 설명했다.[31]

당시 교통 여건이 좋지 않았기 때문에 이른바 '뉴스(新聞)'는 '철 지난 소식(舊聞)'이 되기 일쑤였다. "어제 오전에 나온 상하이의 ≪신보≫를 오늘 오후 3~4시면 쑤저우(蘇州)에서 볼 수 있었다"는[32] 회고도 있지만, 이는 매우 '예외'적인 상황이다. 일반적으로는 열악한 교통 사정으로 인한 제약을 많이 받았다. 교통 및 통신 수단이 발전함에 따라 비로소 신문이 '중심'에서 '주변'으로 확산될 수 있었다.

신문이 확산됨에 따라 전통적 중국 지식인의 '읽기 세계'에 외부 세계의 뉴스가 들어가게 되었다. 예컨대, 청 말의 유명한 문장가인 왕카이윈(王闓運)은 자신의 문집에 친구나 학생과 주고받은 편지와 대화를 기록해두었는데, 편지와 대화는 그가 외부 세계를 이해하는 주요한 통로였다. 또한 전통적인 '저보'나 '경보'도 그가 외부 세계를 이해하는 정보의 중요한 출처였다. 그런데 그의 독서 생활에

---

31 徐鑄成, 『報海舊聞』(上海人民出版社, 1981), pp.8~9.

32 包天笑, 『釧影樓回憶錄』(臺北文海出版公司, 1974), pp.105~106.

변화가 일어나기도 했다. 그가 일기에서 빈번하게 언급한 '서양식 신문(洋報)'이 바로 그것이다. 여기에서 신문은 대개 외국인이 관리하는 ≪신보≫와 같은 신문이었다. ≪신보≫ 등을 읽고 남긴 그의 기록에 따르면, 그는 신문을 '저보'나 '경보'와 비슷한 것으로 인식했다. 그러나 왕카이윈처럼 전통적인 성향의 지식인조차 이제 새로운 형태의 전달 매체를 이용하지 않을 수 없게 되었다.

신형 매체가 왕카이윈에게 미친 영향은 의외로 매우 뚜렷했다. 그가 오래된 방식, 즉 서신 왕래나 '저보' 등은 시간이 많이 걸리기 때문에 이를 통해 얻은 '뉴스(新聞)'는 '철 지난 소식(舊聞)'이 되기 일쑤였다. 특히 그는 주거가 일정치 않았기 때문에 통신에 애로가 있었다. 그러나 신문을 접한 후에는 상황이 달라졌다. ≪신보≫가 점차 그의 생활에 영향을 끼치기 시작했다.

현성(縣城)에 피해 살던 왕카이윈은 전보가 어떻게 한 사람의 삶에 개입할 수 있는지를 보여준다. 팔순을 넘긴 왕카이윈은 베이징으로 들어와 국사관장(國史官長)을 맡아달라는 요청을 받는다. 만약 여전히 편지 왕래에만 의지했더라면 위안스카이(袁世凱)가 그렇게 쉽고 빠르게 왕카이윈을 찾아내 연락하지 못했을 것이다. 결국 왕카이윈은 당시 복벽(復辟) 풍조 때문에 화를 입을까 걱정해 고작 몇 개월 만에 황급히 베이징을 떠나 한커우에 도착해, 위안스카이에게 국사관장을 사임하는 편지를 보냈다.

왕카이윈의 독서생활은 구식 지식인의 상황을 보여준다. 이와 비슷한 사례가 여러 곳에서 보이는데, 산시(山西)의 사대부 류다펑(劉大鵬)의 일기에서도 이러한 사례를 발견할 수 있다. 왕카이윈과 매우 비슷하게, 류다펑이 외부 세계의 소식을 얻는 통로도 변화했다. 그의 일기에 따르면, 원래 류다펑이 정보를 획득하는 주요 통로는 서신 왕래였다. 지방에 관한 정보든, 국방이나 국정에 관한 정보든, 서신을 통해 알게 된 것이 많았다. 지방에 관한 일은 친지를 직접 만나 듣는 경우도 많았다. 이처럼 서신 왕래나 대화를 통해 외부 세계를 이해했는데, 이는 향촌에서 생활하는 평범한 사대부의 일반적 상황이었다.

그런데 류다펑은 1896년 어느 부유한 상인의 집에서 개인교사를 하게 되면서 정보를 얻는 경로에도 변화가 생겼다. 일기에는 여전히 친구로부터 서신을 받았다는 기록이 있고, '저보'를 읽었다는 기록도 있다. 예컨대 청일전쟁에 관한 소식은 친구의 서신을 통해 들었고, 의화단운동에 대해서는 '저보'를 통해 이해했다. 이처럼 정보를 얻는 경로는 기본적으로 유지되었다. 하지만 점차 새로운 매체를 통해 정보를 얻는 경우도 늘어났다. ≪신보≫ 이외에 현지에서 출판된 신문도 여기에 포함된다. 주인집에 부탁해서 얻은 각종 신문이 소식을 듣는 주요 통로가 되었다. 특히 민국 시기에 들어 각종 신문을 통해 외부 세계의 소식을 이해하는 것이 '읽기 생활'의 중요한 일부가 되었다.

또 다른 사례로 쑨바오쉬안(孫寶瑄)을 보자. 그는 청 말 명문가의 자손으로 태어나 오랫동안 중심 도시에서 생활했고, 평범한 지식인보다 훨씬 더 많은 새로운 문물을 접할 수 있었다. 그는 '저보'와 같은 전통 시기 정보 매체를 통해 중심 지역의 소식을 알 수 있었으나, 새로운 형태의 매체가 중국에 광범위하게 출현하면서 대량의 신문, 잡지를 접할 수 있었다. 그의 일기에는 30여 종의 신문이 언급되어 있다. 이 밖에 '전보'를 칭찬하는 이야기도 일기에 많이 썼다. 요컨대 "오늘날의 전보는 전하고 싶은 말을 순식간에 수천만 리 먼 곳까지 전달할 수 있다"고 언급했다.[33]

1906년 일기에서는 '전화'의 이용을 언급하기도 했다. 1월 28일, "친구가 큰 눈이 온 날에 내게 시 한 수를 전화로 읊어주어 받아 적었다"[34]는 것이다. 그의 일기에서 그가 전화를 사용하기 시작한 시점을 정확히 파악하기는 어렵지만, 그가 드러낸 '호기심'에서 사용한 지 얼마 되지 않았음을 짐작할 수 있다. 이틀이 지나고 그는 다시 또 다른 "친구와 전화로 시를 논했다"는 기록을 남겼다. 9월 1일 자 일기에서는 매우 재미있는 장면을 하나 언급했다. "듣자니 낮에 황

33 孫寶瑄, 『忘山廬日記: 上冊(光緒二十三年五月初一日)』(上海古籍出版社, 1983), pp.101~102.

34 孫寶瑄, 같은 책, p.815.

제의 지시가 있었는데 입헌을 선포한다는 것이다. 저녁에 돌아와 힘들이지 않고 전화로 말을 전했는데, 조서(詔書)의 전체 문장을 읽자니 수백 자에 이르렀으나, 헌법의 종지를 분명히 전달할 수 있었다"[35]는 것이다. 이는 분명 의미심장한데, 과거에는 '저보'를 통해 세상 소식을 파악했고, 이어 신문으로 한 걸음 더 나아갔고, 지금은 전화로 의사를 소통한다는 의미이다.

아무튼 신형 매체를 접한 근대 시기 중국의 지식인들은 이에 대해 열정적으로 반응했다. "구미의 학자들이 증기와 체신은 만국 개화의 근원이라 했는데, 사실 어찌 그렇지 않겠는가! 사람들이 가진 지혜를 통신으로 서로 교환하게 되면 이것이 날로 향상될 것이다." "증기선과 증기차가 있어 우편이 더욱 빨라지고, 사람들의 사상 저술이 인쇄된 신문이 며칠 만에 멀고 가까운 곳에 막힘없이 두루 닿고 있구나!"[36]

35 孫寶瑄, 『忘山廬日記: 上冊(光緒三十二年正月十四日)』(上海古籍出版社, 1983), p.819.

36 孫寶瑄, 같은 책, p.963.

참고문헌

≪光化日報≫(檳榔嶼). 1911.5.22.
≪東方雜志≫, 第1卷 第1號. 1904.3.11.
≪東方雜志≫, 第14卷 第6號. 1917.6.15.
≪東方雜志≫, 第18卷 第17號. 1920.9.10.
≪報人世界≫, 第6期. 1936.12.
≪湘報≫, 第14號. 1898.3.22.
≪上海市通志館期刊≫, 第2卷 第1期. 1934.
≪時報≫, 創刊號. 1904.6.12.
≪申報≫. 1882.10.25.
≪申報≫. 1897.10.10.
江西省政府統計室 編輯.『江西年鑒』(第一回). 1936.
東北文化社年鑒編印處 編纂.『東北年鑒』. 編者 刊. 1931.
申報館 編.『最近之五十年: 申報館五十周年紀念刊』, 第三編. 申報館. 1923.
趙君豪.『中國近代之報業』. 文海出版社. 1938.
沈恩孚 編.『新聞報館三十年紀念册』. 上海亞東圖書館. 1923.
黃天鵬 編.『新聞學演講集』. 現代書局. 1931.

戈公振.『中國報學史』, 生活讀書新知三聯書店, 1955.
吉爾玆.『地方性知識: 闡釋人類學論文集』. 王海龍·張家諠 譯. 中央編譯出版社. 2004.
羅志田.「天下與世界: 淸末士人關於人類社會認知的轉變: 側重梁啓超的觀念」.『中國社會科學』, 2007年 第5期. 2007.
廖梅.『汪康年: 從民權論到文化保守主義』. 上海古籍出版社. 2001.
徐鑄成.『報海舊聞』. 上海人民出版社. 1981.
蘇全有.『淸末郵傳部硏究』. 中華書局. 2005.
孫寶瑄.『忘山廬日記』上册(光緒二十三年五月初一日). 上海古籍出版社. 1983.
張玉法.『民國初年的政黨』. 嶽麓書社. 2004.
丁守和 主編.『辛亥革命時期期刊紹介』, 第5集. 人民出版社. 1987.
趙樹貴·曾雅麗 編.『陳熾集』. 中華書局. 1997.
中國近代經濟資料叢刊編輯委員會 主編.『中國海關與郵政』(帝國主義與中國海關資料叢編之

八). 中華書局. 1983.
包天笑.『釧影樓回憶錄』. 臺北文海出版公司. 1974.
MacKenzie, Robert.『泰西新史攬要(The nineteenth century)』(1880), 卷9上. Timothy Richard 譯. 上海書店出版社. 2002.

7장

근대 시기 중국인은 해외여행에서 무엇을 보았나?*

여행자의 시선을 통해 본 '근대 여행'

| **박경석** 연세대학교 국학연구원 교수 |

1. '근대 여행'과 여행자의 시선

근대 여행이 아니더라도 일반적으로 여행은 일상적으로 거주하는 지역을 벗어나는 일정한 경계넘기를 수반한다. 그리고 그 경계의 건너편에는 낯선 땅(타지)과 사람들(타인)이 있다. 이주는 결국 '타지'의 정체성을 공유하게 되지만, 여행에는 귀환이 전제되어 있기 때문에 시종일관 '타지'와 '타자'가 존재한다. 따라서 타자를 목적어로 해서 기록한 여행기는 공간 이동을 매개로 형성된 인식의 차이, 즉 타자 인식의 한 측면을 조명하는 데 유용하다. 이런 관점에서 중화민국 시기 중국인이 쓴 '해외여행기'를 분석해, 여행 과정에서 자연스럽게 내재화되어 표출되는 타자에 대한 인식에 접근해보려고 한다. 더욱이 당시는 자기와 타자의 경계선과 인식이 새롭게 형성되던 시기였다.

여행기에 나타나는 타자 인식에 접근하려면 여행자들이 어떤 맥락에서 무엇

* 이 글은 ≪동양사학연구≫, 107(2009)에 실린 논문을 책의 취지에 맞게 수정한 것이다.

을 보려고 했는지, 즉 시선을 어디에 두었는지를 밝힐 필요가 있다. 관광학자로서 여행자의 시선(tourist gaze)에 관한 선구적 이론을 내놓은 존 유리(John Urry)는 여행자의 시선을 크게 낭만적 시선(romantic gaze)과 집단적 시선(collective gaze)으로 나누었다.[1] 이를 약간 변형시켜 '해외여행기' 분석에 적용해보면, 여행기에 혼재되어 있으면서도 길항하는 두 부류의 시선을 상정해볼 수 있을 듯하다.

하나는 이국적인 자연풍광이나 여행지의 일상, 풍속 등에 주목하면서 즐거움을 찾으려는 시선이다. 이는 기본적으로 '레저로서의 여행', '여행 자체가 목적이 되는 여행'을 추구한다. 또 하나는 여행에서 무엇인가 국가 건설에 도움이 되는 교훈 또는 식견, 지식 등을 얻어야 한다는 시선이다. 근대 중국의 지식인이 자신에게 '근대성'의 문제를 새롭게 제기한 '서구'의 현실을 보고 느끼면서, 그들의 무엇을 배워 자신의 무엇을 어떻게 고쳐야 하는가의 문제를 깊이 생각했다면 이는 매우 자연스럽다. 이 글에서는 앞서 서술한 두 가지의 시선을 염두에 두면서 '해외여행기'에 담긴 '여행자의 시선'에 주목한다.

중국의 '근대 여행'은 19세기 중반 이후 자본주의 경제의 초보적 발전, 새로운 교통망의 확충, 국내외 이동과 여행의 증가, 여행업 및 숙박업의 발전 등 초보적인 형태를 갖추었다고 보고 있다.[2] 하지만 대체로 '근대 여행'의 특징을 '여행하는 중산층이 출현해 여행을 여가활동으로 즐기는 일이 하나의 사회현상으로 정착된 것'이라고 파악할 수 있다면,[3] 근대 시기 중국이 명실상부하게 '근대

---

1 John Urry, *The Tourist Gaze: Second Edition*(SAGE Publications, 2002), pp.43~44, p.150. 이 밖에 구경꾼(spectatorial) 시선, 경건한(reverential) 시선, 인류학적(anthropological) 시선, 환경보호적(environmental) 시선, 대중매체를 거친(mediatized) 시선 등의 다양한 유형을 언급하고 있다.

2 張俐俐, 『近代中國旅游發展的經濟透視』(天津大學出版社, 1998); 王淑良·張天來, 『中國旅游史(近現代部分)』(旅游教育出版社, 1999); 鄭焱, 『中國旅游發展史』(湖南教育出版社, 2000) 등 참조. 특히 중국 최초의 근대적인 여행사인 中國旅行社가 근대 여행 성립의 상징으로 강조되었다[鄭炎, 「中國近代第一家旅行社: 中國旅行社述論」, ≪史學月刊≫(1996.4); 張俐俐, 「近代中國第一家旅行社述論」, ≪中國經濟史研究≫(1998.1); 易偉新, 「中國近代旅游業興期的背景透視: 兼析中國第一旅行社誕生的條件」, ≪求索≫(2004.3)].

여행'으로서의 내용을 갖추기까지는 여전히 많은 시간이 필요했다. 그나마 '근대 여행'의 기반이 되는 '여행 인프라' 또한 피동적으로 서구에서 이식된 측면이 강했다.[4]

그러나 '근대 여행'과 관련해서는 이러한 구조적인 문제 이외에, 개별적인 '여행 체험'을 구체적으로 드러내고 나아가 여행자의 시선이나 인식을 살펴볼 필요가 있다. 그래야 근대 시기 중국의 여행이 가진 특징적 면모를 온전히 밝혀낼 수 있다. 나아가 여행자들이 '여행 체험'을 통해 근대를 어떻게 체감했는지에 접근할 수 있다. 그래서 필자는 여행자의 시선이 어디에 있었는지를 해명함으로써, 그들이 '근대 여행'이라는 근대적 변화를 (그것이 불완전한 것이라 할지라도) 어떻게 실감했는지 살펴보려고 한다. '레저로서의 여행'이 대중화되었다면 여행자들의 시선은 이국적이고 아름다운 풍경에 꽂혔을 것이고, 내셔널리즘이 여행자의 시선을 압도했다면 여행을 가서도 '나라 걱정'을 하지 않았을까.

기본적으로 여행기는 어떤 사실을 기록하는 것이 아니라 감상을 적는다. 극단적으로 말해서 하나의 여행기는 여행자 개인의 느낌이고 이야기일 뿐이다. 그것이 문예 작품으로서는 의미가 있겠으나 역사 사료로는 문제가 된다. 이런 문제점을 고려한다면, 역사적 관점에서 여행기를 분석할 때는 여러 편의 여행기를 비교·고찰하고 종합적으로 조망할 필요가 있다. 비교·고찰을 위해서는 여러 지역에 대한 여행기가 망라될 필요도 있다. 유럽이나 미국을 여행하면서 갖는 여행자의 시선이나 인식은 일본이나 동남아시아를 여행할 때와 다를 것이다. 그래서 가급적 폭넓게 다루려고 했다.

다음에서는 우선 해외여행을 둘러싼 제반 여건을 살펴보고, 분석 대상으로 삼은 '해외여행기'와 여행자들을 소개한다. 이어, 여행자들이 주로 어디에 시선

---

3 여행의 근대성에 대해서는 닝왕(王寧), 이진형·최석호 옮김, 『관광과 근대성: 사회학적 분석』(일신사, 2004); Erik Cohen, "Who is a Tourist?: a Conceptual Clarification," *Sociological Review*, 22(1974) 참조.

4 박경석, 「근대 중국의 여행 인프라와 이식된 근대 여행」, ≪중국사연구≫, 53(2008) 참조.

을 두었는지, 타자와 자기에 대한 그들의 인식이 어떤 내용을 갖는지에 대해 살펴본다.

2. 유무형의 '여행 인프라'와 여행자들

1) 국경을 넘기 위한 '여행 인프라': 여권과 비자, 교통망, 여행사

19세기 중반 서구 제국주의의 침략으로 중국의 문호가 열리면서, 상인·선교사·학자·모험가 등 서양인들이 대거 중국을 여행하기 시작했다. 이뿐만 아니라 중국인들도 해외로 여행을 떠나기 시작했고, 이는 세계와 접촉하는 방식 중 하나가 되었다.

이런 해외여행에는 반드시 국경 넘기가 수반된다. 국경 넘기를 구성하는 요소로는 여권(旅劵), 비자, 출입국관리소 및 절차, 거류 외국인 관리 등이 있는데, 이 중에서 여행자와 직접적으로 관련이 있는 선결 요소는 여권과 비자이다.

18세기 이래 서구를 중심으로 '근대 여행'이 세계사적 지평을 획득하고 국민국가의 이른바 '주권성'과 '영토성'이 강조되면서, 일반 여행객의 '국경 넘기'에 대한 국가 권력의 통제가 일반화되고 제도화되어갔다. 이런 흐름은 중국도 예외가 아니어서 19세기 중반 서구 제국주의 열강과 새로운 관계를 설정하는 과정에서 출입국 관리 문제가 불가피하게 제기되었다.

그 최초의 계기는 청정부(清政府)가 외국인의 내지(内地) 여행을 허용하게 되는 '톈진조약(天津條約)'(1858)이었다. 이를 계기로 여권 및 비자와 관련된 영국과 청정부의 교섭, 이른바 '여행비자 교섭사안(游歷護照交涉案)'이 진통 속에 진행되고, 근대 중국의 출입국 관리제도가 수립되었다.[5] 이후 베이징정부 시기를 지

5 胡忠良, 「從檔案談晚清歐洲在華游曆」, ≪曆史檔案≫, 2002.2.

나, 난징국민정부 외교부가 '국제관례에 따라' 1930년 8월 '외국인입국비자검사규칙(查驗外人入境護照規則)', 1931년 1월 '비자조례(護照條例)'를 공포함으로써,[6] 비교적 완전한 여권 및 출입국 관리제도가 정착된다.

중국인이 해외로 여행을 떠날 수 있었던 것은 국제적인 교통망이 중국에 접속되었기 때문이다. 윤선과 철도의 도입이 국제여행을 가능하게 했고, 여행의 범위를 전 세계로 확대시켰다. 구체적으로, 1903년에 개통된 시베리아 횡단철도를 이용하기도 했지만, 대개는 상하이나 홍콩에서 출발하는 대형 여객선을 이용했다. 미국으로 갈 경우에는 일본을 경유해 태평양을 건너갔다.

≪여행잡지(旅行雜誌)≫에 실린 국제여객선 시각표를[7] 통해 당시 상황을 살펴볼 수 있다. 이에 따르면, 1931년 3월 한 달 동안 상하이에서 유럽으로 가는 여객선은 모두 13편에 달했다. 대략 이틀에 한 번꼴이니 적지 않다. 이 여객선들의 유럽 쪽 관문은 프랑스 마르세유였다. 1만 톤급 일본우선공사(日本郵船公司)의 하코네마루호(箱根丸號)의 경우, 3월 3일 상하이를 출발해 4월 4일에 마르세유에 도착하는 일정이었다. 다른 여객선도 마찬가지로 유럽까지 가는 데 대략 1개월 남짓이 소요되었다.

상하이를 출발해 미국으로 가는 여객선은 1931년 3월 한 달 동안 모두 10편이었다. 대개 샌프란시스코나 시애틀로 들어갔는데 보름 남짓이면 미국에 도착할 수 있었다. 미국으로 가는 여객선들은 예외 없이 일본의 요코하마나 고베를 거쳐갔다. 중국인이 쓴 여행기를 보아도, 미국을 왕래하는 경우 4~5일 정도 유람하면서 일본을 경유하는 것이 통례였다. 이를 겨냥해 일본우선공사에서 4일간의 패키지 여행 상품을 내놓기도 했는데, 요코하마에서 도쿄나 교토를 거쳐 고베에 이르는 코스였다.[8]

유럽이나 미국으로 가는 장거리 여객선을 운영한 윤선회사들은 모두 외국

---

6 ≪南京國民政府外交部公報≫, 第3卷 第5號, 第3卷 第10號.

7 「赴歐船期表」, ≪旅行雜誌≫, 5-1(1931.1), p.97.

8 日本郵船有限公司, ≪東遊嚮導: 起日遊歷指南≫(編者 刊, 1936.10), pp.18~20.

회사였다. 유럽행은 영국의 대영윤선공사(Peninsular and Oriental S. N. Co., 大英輪船公司), 남연통윤선공사(Blue Funnel Line, 藍烟囱輪船公司), 미국의 달러윤선공사(Dollar Line, 大來輪船公司), 프랑스의 프랑스우편윤선공사(法國郵船公司, Compagnie des Messageries Maritimes), 독일의 북독일윤선공사(Norddeutscher Lloyd, Bremen, 北德輪船公司), 일본의 일본우편윤선공사(日本郵船公司) 등이 담당했고, 미국 노선은 미국의 달러윤선공사, 미국우편윤선공사(American Mail Line, 美國郵船公司), 캐나다의 캐나다·태평양윤선공사(Canadian Pacific Express Co., 昌興輪船公司), 일본의 일본우편윤선공사가 취항했다. 중국의 윤선초상국(輪船招商局)도 1879년 미국 취항을 시도한 적이 있었으나 막대한 적자가 발생해 이후 다시는 국제노선에 취항하지 못했다.[9]

앞서 서술했듯이, '근대 여행'에 대해서는 여행의 즐거움 자체를 목적으로 하는 '레저로서의 여행'이 대중화되어 하나의 사회현상으로 자리 잡았다는 점을 가장 두드러진 특징으로 꼽을 수 있다. 이를 위해서는 여행을 어렵고 위험하게 만들었던 장애를 제거해야 했고, 여행의 근대화는 바로 그 장애들을 점차로 제거해나가는 과정이었다. 이 과정에서 가장 핵심적인 역할을 한 것이 여행사이다. 중국에 근대적인 여행사가 등장한 것은 1910년대 서구 및 일본의 유명 여행사들이 들어오면서부터이다. 예컨대, 영국의 토머스 쿠크 앤드 선스(Thomas Cook & Sons, 通濟隆世界旅行社), 미국의 아메리칸 익스프레스사(American Express Co., 運通), 일본의 국제관광국(國際觀光局) 등이 상하이, 베이징 등에서 활동했다.[10] 이에 자극을 받아 1920년대 중반에 최초로 자생적인 중국여행사(中國旅行社)가 설립되고, 우성여행단(友聲旅行團)과 같은 여행 클럽이 활동하기 시작했다. 이들의

---

9 朱福枝, 「試述中國近代航運的誕生與發展」, ≪武漢交通管理幹部學院學報≫(1994.2), p.30.

10 徐芳田, 「中國旅行社與早期的北京旅遊」, 中國人民政治協商會議 北京市委員會 文史資料委員會 編, ≪文史資料選編≫, 第29輯(北京出版社, 1986), pp.185~186; 潘泰封, 「早期之中國旅行社」, 中國人民政治協商會議 全國委員會 文史資料研究委員會 編, ≪文史資料選輯≫, 第71輯(中國文史出版社, 1980.10), p.134.

각종 서비스는 낯설고 막막하게 느껴졌을 법한 해외여행을 실행하는 데 크게 기여했을 터이다.

2) 무형의 '여행 인프라': 여행에 대한 인식의 제고

그래도 해외여행에는 막대한 비용, 번거로운 절차, 언어 소통의 곤란 등 많은 난관이 따랐다. 그러나 당시 중국 지식인의 여행에 대한 열정은 매우 뜨거웠다. 중국 여행사가 펴낸 ≪여행잡지≫의 편집인 자오쥔하오(趙君豪)가 상하이 최고의 명사 19명을 인터뷰하고 그 내용을 시리즈로 낸 『여행강좌』를 보면, 모두가 여행에 대해 매우 강한 호감과 관심을 표명하고 있다. 실제로 유럽, 미국, 일본 여행은 기본이었고, 국내의 유명 여행지도 몇 군데씩은 대개 가보았다. 게다가 당연히 그래야 한다고 생각했다. 특히, 판궁잔(潘公展)은 "바빠서 그다지 외국에 나가보지 못했는데, 이는 매우 부끄러운 일"[11]이라고 했고, 다른 인터뷰이(interviewee)들도 어떤 곳에 가보지 못했음을 말할 때는 대개가 "부끄럽게도(慚愧)"라는 표현을 습관처럼 사용했다. 아무래도 여행에 관심이 많았던 사람을 인터뷰 대상으로 선정했을 터이지만, 당시 해외여행을 비롯한 많은 여행 경험 또는 견문이 '사회 지도층'으로서 갖추어야 할 기본 소양으로 인식되었음을 알 수 있다.

이런 분위기는 학교교과서에서도 살펴볼 수 있다. 각급 국어·상식 교과서 등에는 국내외 여행기가 반드시 포함되었다. 예컨대 『상식교과서』는[12] 「여행잔도(旅行棧道)」, 「여행와집(旅行窩集)」, 「국내유력(國內遊歷)」 1~3, 「주유세계(周遊世界)」 1~3 등에서 여행을 적극적으로 다루고 있다. 『사회교과서』는 여행을 바람직한 오락의 하나로 고취하고 있다.[13] 이는 여행과 새로운 세계에 대한 지대

---

11 趙君豪, 「旅行講座: 潘公展先生訪問記」, ≪旅行雜誌≫, 9-5(1935.5).

12 范祥善 編, 『(新學制)常識教科書: 小學校初級用』(上海: 商務印書館, 1924~1929).

13 丁曉先·常道直 編, 『(新學制)社會教科書: 小學校初級用 第八冊』(上海: 商務印書館, 1927), p.44.

한 관심을 반영한 것이기도 하지만, 동시에 여행에 대한 관심과 인식을 제고하는 데 크게 기여하기도 했을 것이다. 『국어교과서』에 실린 「스위스여행기」를[14] 읽고 많은 어린이들이 스위스 여행의 꿈을 키웠을 터이다. 교과서와 학교 교육은 여행에 대한 인식을 제고한 여러 통로 중 하나였다.

19세기에 선구적으로 여행을 떠났던 인물들의 여행기 또한 해외여행에 대한 인식을 높이고 흥미를 불러일으키는 데 큰 역할을 했다. 또한 이들이 표현했던 해외 각지에 대한 이미지는 지속적으로 영향을 끼쳤다. 예컨대, 빈춘(斌椿)이 지은 최초의 유럽 여행기인 『승사필기(乘槎筆記)』는 서구와 여행에 대한 관심을 처음으로 일깨웠다. 청 말의 저명한 시인이자, 정치가, 외교가인 황쭌셴(黃遵憲)은 1877년 청정부에 의해 외교관으로 파견되어 1894년까지 일본에 머물렀는데, 이 기간에 미국, 영국, 싱가포르, 베트남, 스리랑카, 파리, 수에즈운하 등을 두루 여행했다. 또한 그의 여행 관련 시들이 해외 세계에 대한 관심을 고취시켰을 뿐만 아니라, 많은 중국인을 해외여행의 길에 나서게 함으로써 해외여행의 발전을 촉진했다.[15] 이 밖에 많은 여행 관련 도서들이 많은 영향을 끼쳤다.[16] 이러한 해외여행에 대한 사회적 관심과 호감은 다른 어떤 '여행 인프라'보다 여행의 흥기에 중요한 역할을 했다.

3) 여행자들은 어떤 사람이었나?

초보적인 '여행 인프라'가 갖추어지고 관심이 고조되었다고 하더라도, 막대한 비용이 필요하고 번거로운 절차를 거쳐야 했던 해외여행은 쉽게 엄두를 낼

---

14 莊適 外 編, 『(新學制)國語教科書: 小學校高級用 第四冊』(上海: 商務印書館, 1926), pp.57~ 58.

15 李理·張海平, 「黃遵憲與中國近代出境旅遊」, 『企業家天地·理論版』(2006.12), pp.153~154.

16 王韜의 『漫遊隨錄』, 『扶桑遊記』, 李圭의 『環遊地球新錄』, 志剛의 『出使泰西記』, 孫家穀의 『使西記程』, 張德彝의 『航海述奇』, 徐建寅의 『歐遊雜錄』, 康有爲의 『歐洲十一國周遊記』, 梁啟超의 『新大陸遊記』와 『歐遊心影錄』 등등[張楠楠·金宗欽, 「近代(1840~1919)中國出境旅行活動的特征及意義」, p.40].

수 없었던 일이었다. 일례로 한 여행자가 유럽 여행을 위해 상하이에서 3000원을 환전했는데,[17] 당시 중국의 1인당 국민소득은 51원가량이었다.[18] 5인 가족으로 치면 가구당 1년 소득이 255원에 불과한 상황이었다. 자비로 해외여행에 나설 수 있었던 사람은 지극히 제한될 수밖에 없었을 것이다. 그렇다면, 이런 상황에서 해외여행을 가고 여행기를 남겼던 사람들은 어떤 사람들일까?

역대 해관의 출입국 자료를 보면 1880년대 중국인 출입국 유동인구가 대략 40만 명 수준이던 것이 1910~1920년대에 이르면 200~300만 명으로 증가한다. 이들은 경제 압박으로 인해 밀려난 이민자, 해외유학생, 무역상, 정부와 민간 조직에서 파견한 각종 시찰단 등이었을 것으로 추정된다.[19] 그런데 이민이나 유학을 제외한 '귀환을 전제로 한 여행'만을 고려한다면, 근대 중국의 해외여행은 전반적으로 '정치색이 농후했다'는 특성을 보인다.

우선 정부에서 비용을 제공해 파견한 경우가 많았다.[20] 예컨대, 1866년 빈춘(斌椿)이 동문관(同文館) 학생들을 이끌고 유럽을 여행했고, 1876년 리구이(李圭)가 중국 상공업계를 대표해 필라델피아 세계박람회에 참가했다. 궈쑹타오(郭嵩燾), 황쭌셴(黃遵憲), 쩡지쩌(曾紀澤) 등 관원들이 외교 사절의 신분으로 동서양을 여행했다. 1872년 200명의 국비 유학생 파견을 비롯해 많은 유학생을 파견했는데, 이들은 유학생활 중에 주변 지역을 여행하곤 했다. 또한 수많은 정치적 망명가의 해외여행도 근대 해외여행에서 중요한 부분을 차지하는데, 이들도 정치색이 강했다.

형식이나 계기는 다양했지만 이렇듯 정치색 강한 여행의 목적 내지 지향은 하나였다. 독립되고 부강한 나라를 건설해 '나라를 구하자(救亡圖存)'는 것이다. 이

17 趙君豪, 「旅行講座: 沈君怡先生訪問記」, ≪旅行雜誌≫, 9-6(1935.6).

18 劉佛丁 外, 『近代中國的經濟發展』(山東人民出版社, 1997), p.71.

19 張俐俐, 『近代中國旅遊發展的經濟透視』(天津大學出版社, 1998), pp.89~94.

20 王曉秋, 「晚清中國人走向世界的一次盛擧: 1887年海外遊曆使初探」, ≪北京大學學報(哲學社會科學版)≫, 第3期(2001) 참조.

들은 여행을 통해 세계 각국의 사회 풍모를 이해하고, 외교 업무를 처리하고, 선진 과학기술을 학습하며, 자본주의 경제체제를 시찰하고, 사회·정치와 사상·문화를 고찰하고, 민족 부흥의 새로운 출로를 모색했다.[21] 이런 특성과 흐름은 시간이 갈수록 점차 그 농도가 옅어지지만 기본적으로는 지속된다고 볼 수 있다.

'정치색'이라는 특성은 이 글에서 분석 대상으로 삼는 '해외여행기'[22]의 필자들에게서도 발견할 수 있다. 단편 여행기를 모아놓은 '선집(選集)'을 우선적으로 고려했기 때문에 각주에서 언급한 여행기들에는 모두 76명의 여행자가 등장한다. 그들의 출신 배경과 경력 등을 살펴보면, 여행기를 남기는 사람들은 기본적으로 정치색이 강한 경향이 있다. 여행 당시 정부 기관에서 일했거나 그 이후에 정부 기관에서 일하게 되는 인물들이 많다. 그중에서도 유학을 경험했던 사람들이 많다. 반면에, 정치와 직접적인 관계가 없었고 유학 경험도 없었던 왕샤오라이(王曉籟)의 경우는 대조적이다. 상하이의 기업가·사회사업가로서 명성을 떨치던 그는 여행에 관심이 많았고 경제력도 갖추고 있었으나, 해외여행 경험은 필리핀을 여행한 것에 불과했고[23] 특별한 여행기도 남기지 않았다.

또한 여행기를 남긴 사람들 가운데는 왕자전(王家禎), 왕퉁링(王桐齡), 린즈쥔(林志鈞) 등 학자로서 왕성하게 활동했던 사람들도 상대적으로 눈에 띈다. 이 밖에 차오구빙(曹谷冰)이나 양강(楊剛) 등 언론에 종사했던 인물들도 적극적으로 여행기를 남겼다. 평소 문필 활동에 종사하던 사람들이었다. 이들은 아무래도

21 張楠楠·金宗欽, 「近代(1840~1919)中國出境旅行活動的特征及意義」, pp.37~38.

22 출처는 姚祝宣 編, 『國外遊記彙刊(第1-8冊)』(上海: 中華書局, 1924.10); 孫季叔 編, 『世界遊記選』(上海: 亞細亞書局, 1934.7); 趙君豪 等, 「旅行講座」, ≪旅行雜誌≫(1935.1.~1937.1); 江伯訓 編, 『中外新遊記(第1-4卷)』(上海: 商務印書館, 1928.4); 趙君豪 編, 『當代遊記選』(上海: 中國旅行社, 1935.6); 吉鴻昌·孟憲章, 『環球視察記』(北平: 東方學社, 1932.5); 王家楨, 『歐美環遊印象記』(上海印刷所, 1935.2); 鄒海濱(鄒魯), 『環遊二十九國記』(上海: 世界書局, 1929.5); 盧錫榮, 『歐美十五國遊記』(上海: 國光書店, 1937.3); 褚民誼, 『歐遊追憶錄』(上海: 中國旅行社, 1932.10); 孫紹康, 『歐亞環遊記(旅行指南)』(哈爾濱: 商業印書局, 1921.7) 등이다.

23 趙君豪, 「王曉籟先生訪問記」, ≪旅行雜誌≫, 10-6(1936.6).

'세상 걱정', '나라 걱정'을 많이 해야 하는 사람들이고, 이런 성향이 그들의 여행기에 반영될 개연성이 높았다. 이처럼 여행기를 남긴 여행자들의 강한 정치색, 또는 여행자들이 '나라 걱정'을 업으로 삼는 관료·학자·문필가였다는 점을 고려해볼 때 그들의 시선과 여행기는 내셔널리즘에 경도되기 쉬운 구조였다.

3. 근대 중국인의 해외여행과 내셔널리즘

여행은 일종의 만남이다. 타자의 눈과 생소한 현실이 직접적으로 만난다. 자연스럽게 자기의 문제를 통해 타자를 보게 되고 타자를 통해 자기가 속한 역사와 현실을 반추하게 된다.[24]

그런데 중국은 19세기 중반 이후 역사상 겪어보지 못했던 전혀 이질적인 서구 제국주의 세력의 침입 앞에서 전통적 중화주의를 대체할 새로운 자기 정체성을 모색해야 했다. 외부세력에 의한 존재의 위협을 계기로 중국에 '민족의식' 또는 '국가의식'이 크게 고양되었다. 중국 근대사는 내셔널리즘이 근대성을 쟁취해 '강한 중국'으로 복귀하려는 몸부림이었다. 결국 서구 부강의 요체로 보이는 '국민국가'의 건설을 위한 움직임으로 구체화되었다.

이런 상황에서, 근대 중국의 지식인이 자신에게 '근대성'의 문제를 새롭게 제기한 서구와 세계의 현실을 보고 느끼면서, 일국으로서의 자기 정체성을 인식하고 '구국'을 위해 외국의 장점을 배우고 때론 침략에 저항하는 문제를 깊이 생각했음은 당연한 일이었다. 이는 청 말에 이미 구미와 일본을 여행했던 수많은 명망가들의 사례에서 잘 나타났다. 민국 시기 중국의 해외여행도 근대 중국을 압도했던 내셔널리즘 내지 '구국구망'의 문제에서 자유롭지 못했다. 강한 내

---

24 周憲, 「旅行者的眼光與現代性體驗: 從近代遊記文學看現代性體驗的形成」, ≪社會科學戰線(文藝學硏究)≫(2000.6), p.115.

서널리즘의 반영은 '근대 여행'의 출현이라는 근대적 변화를 규정했던 주요한 특징적 면모 중 하나였다고 할 수 있다.

그렇다면, 이 글에서 분석 대상으로 삼은 '해외여행기'에서 내셔널리즘이 어떻게 표출되어 있는지, 여행기가 내셔널리즘에 경도되어 있기 때문에 나타났던 현상과 특징에 대해 살펴보자.

첫째, 대개의 여행기가 형식과 내용 면에서 '지리서'의 성격을 농후하게 갖는다는 점이 눈에 띈다. 여행기들은 가급적, 현지 사정을 체계적이고 역사적으로 상세히 알 수 있게 하려는 정보와 '근대 국가 건설'이라는 현실적인 목적에 부합하는 지식을 담으려고 노력하고 있다. 상대적으로 주관적 경험과 개인적 에피소드, 심리 변화와 정서 등은 배제되어 있다. 말하자면, 여행기에 개인적인 경험 세계가 없고, '체험으로서의 여행'이 빠져 있다. 지나치게 고답적이고 지적이다. 여행이 아니라 그 지역에 대해 공부하지 않으면 알 수 없는 이야기들로 가득 차 있다.

그래서 형식상 구성이 '지리서'와 흡사한 여행기가 많다. 우선, 독일을 여행하고 쓴 장진펀(張近芬)의 여행기를 보면,[25] 독일인의 국민성, 조국에 대한 관념, 납세, 복지, 용모, 교육, 대학생의 생활, 여성, 아동, 가옥, 음식, 가정, 오락, 음악, 연극, 영화, 외교 등 단편 여행기에서는 도저히 모두 다룰 수 없는 거시적인 주제들을 단락을 지어 나열식으로 언급하고 있다. 쉬바오첸(徐寶謙)도 뉴욕에 대한 견문을 물질문명, 정신문명, 사교와 생활, 중미 관계로 나누어 설명하고 있는데,[26] 이는 일반적으로 여행기에서 채택할 만한 구성은 아니다. 왕퉁링의 조선 여행기도[27] 압록강 교량, 조선인의 성격과 체격, 운송 방법과 운반기구, 복장, 가옥, 음식, 관기, 철로, 산악 등을 장절로 나누어 언급하고 있는데, 전체

25 張近芬女士, 「遊德的觀察」, 孫季叔 編, 『世界遊記選』(上海: 亞細亞書局, 1934.7), pp.194~207.

26 徐寶謙, 「紐約見聞」, 孫季叔 編, 『世界遊記選』, pp.272~287.

27 王桐齡, 「遊朝鮮雜記」, 孫季叔 編, 『世界遊記選』, pp.21~30.

적으로 정보 차원에서 접근해 보고 들은 것을 있는 그대로 서술하고 있다. 1929년 중소 간에 발생한 '중동철도문제'를 계기로 소비에트 러시아에 대한 사회적 관심이 증폭된 상황에서, ≪대공보(大公報)≫의 기자 차오구빙이 러시아를 다녀와 쓴 보고서가[28] '여행기(遊記)'로 선택된 것도 같은 맥락으로 볼 수 있다. 물론 이 보고서는 노동자 주택, 농민회관, 부녀보호소, 소년원, 교도소 등 제반 사회시설을 비교적 상세히 설명하고 있을 뿐이다.[29]

이 밖에도, 쉬위원(徐玉文)의 도쿄 여행기는 여행의 기록이라기보다는 도쿄의 역사를 소개하는 글에 가깝다.[30] 필명 '자오스(昭實)'가 쓴 제네바 여행기는 '도망자', '여행객', '정객'을 화두로 제네바의 유래와 역사, 발전 과정을 깊이 있게 설명하고 있으나, 제네바에 대한 '여행 체험'과 주관적 감상 등은 들어 있지 않다.[31] 내용을 보면 굳이 여행기의 형식을 빌리지 않았어도 괜찮았을 듯하다.

둘째, 여행의 감상이 상당 부분 '나라 걱정', '국가 건설'의 문제로 점철되어 있다는 것도 중요한 특징이다. 예컨대, '기방(綺芳)'이라는 필명의 여행자는 「쿠릴열도의 풍물」[32]이라는 여행기에서(제목에서는 '풍물'을 보겠다고 해놓고) '보라는' 풍물은 보지 않고 엉뚱하게도 중국 당국의 안일함과 무지에 대해 깊은 한숨을 쉬고 있다. 요컨대 "일본의 영해 침범 불법어로에 대해 러시아와 미국은 크게 항의해 시정조치를 받아내는데, 수시로 중국 영해를 침범하는 일본 어선에 대해 중국의 당국자는 그 사실조차 알지 못하고 있다"라고 한탄하고 있다. 나아가 일본 수산업의 경쟁력을 부러워하면서 낙후된 중국의 수산업을 태산같이 걱정하고 있다. 또한 이 궁벽한 곳에까지 와서 영업을 하는 중국인 상인들을 보고 감격해 마지않는다. 이런 '나라 걱정'이 여행기의 전부이다.

---

28 王鵬, 「≪蘇俄視察記≫ 出版前後」, 『新聞記者, 編輯部郵箱』, 7期(2002).

29 曹穀冰, 「蘇俄之社會設施」, 孫季叔 編, 『世界遊記選』, pp.141~152.

30 徐玉文女士, 「東京的今昔」, 孫季叔 編, 『世界遊記選』, pp.1~5.

31 昭實, 「日來弗考察談」, 孫季叔 編, 『世界遊記選』, pp.235~241.

32 綺芳, 「千島風物」, 孫季叔 編, 『世界遊記選』, pp.18~21.

민국 시기 문필가이자 출판인이던 비윈청(畢雲程)은 하와이 호놀룰루 해변에서 수영을 즐기면서까지 '나라 걱정'을 하고 있다. 그대로 옮기면 다음과 같다.

> 우리가 이번 여행에서 가장 심각하게 느낀 인상은 우리나라 사람의 체력이 허약하고, 이는 가장 중요한 문제 중 하나라는 것이다. 강건한 체력은 각종 사업의 기초일 뿐만 아니라, 강국강종(强國强種)의 기초이다. 우리가 느끼기에, 중국인의 총명함이나 지혜는 다른 사람에 뒤지지 않으나, 체력이 강하지 못해 항상 걱정이다. **내가 호놀룰루에 와서 수영을 한 것은 체력을 키우기 위한 것**이다. 체육에 더 많은 신경을 써야 한다.[33] – 강조는 인용자

사실 이런 '나라 걱정'은 여행기에 비일비재하다. 이런 심정이 여행자의 시선을 국가 건설이라는 현실적인 목적에 유용한 정보와 지식으로 이끌었다. 인터뷰에서 리포터가 '여행에서 흥미로웠던 일'을 묻자, 쉬스잉(許世英)은 중산층 이상의 생활을 누리면서 빈부 격차도 거의 없는 덴마크의 농촌 상황, 이틀이나 돌아다닐 정도로 거대한 파리 하수도의 유용성, 정말로 작은 백악관에서 민주국가를 배워야 한다는 이야기 등 해외여행에서 얻은 실용적인 정보와 지식만 늘어놓는다.[34] '해외여행기'에서도 구미의 '선진적' 정치제도, 도시행정, 신문사, 박물관, 백화점, 빌딩, 교통, 종교와 교육, 수리 사업, 농촌 건설 등 정치적·사회적·경제적 발전의 모델로 삼을 만한 사례들이 자주 언급되었다. 자연스럽게 여행자의 전공이 여행자의 시선에 영향을 끼쳐 여행기에 반영되었다. 여행기에 어울리지 않게 자기가 가장 잘 아는 전공 영역(수리, 농촌 등)을 중심으로 각국의 사정을 서술하는 식이다.

셋째, 이런 '나라 걱정' 끝에 타자와 자기를 끊임없이 비교하는 시각을 나타

---

33 畢雲程, 「檀香山觀察記」, 孫季叔 編, 『世界遊記選』, pp.290~291.

34 趙君豪, 「許靜仁先生訪問記」, ≪旅行雜誌≫, 9-4(1935.4), pp.57~59.

낸다. 왕퉁링은 「일본 관찰 이야기」라는 여행기에서[35] 지면의 대부분을 할애해 베이징과 도쿄의 공업, 교통 기관, 가옥, 도로, 날씨, 화재 빈도, 유흥지, 관료의 생활, 중산층 가정생활, 일반 인민의 생활, 음식, 동식물 등을 직접적으로 비교하고 있다. 구체적으로는 대개가 '진보된' 서구와 일본의 발전상을 '낙후된' 중국의 현실과 비교하는 내용이다. 요컨대 "도쿄의 장엄한 건축과 번화한 거리의 군중은 놀랄 만한 진보를 이루었고, 그 하나하나가 여행자의 신경을 자극한다. 여행자는 낙오해 비틀거리는 자국의 모습에 부끄러움을 느낀다"라고 적었다.[36] 국민성도 비교되었다. 강직하고 참을성 있고 권리를 중시하고 질서를 잘 지키고 용감하고 준법정신이 투철한 독일인은 "큰일이든 작은 일이든 매우 진지하고 성실하게" 대처하는데, "안빈낙도, 무사안일, 겸양, 대충대충, 적당히" 등과 같은 중국인의 특성은 이와는 완전 반대이다.[37] 심지어는 고대의 건축물과 보물을 잘 보호하고 있는 일본에 비해 그렇지 못한 자기 나라가 한탄스럽기도 하다.[38] 중국의 낙후된 현실을 돌아보면서 여행지의 온갖 휘황찬란한 문물은 선망의 대상으로 비쳤다.

이런 시선의 연장선에서, 타자(타국)가 자기(자국)를 어떻게 생각하고 있는지에 대해 매우 과민하게 반응하고 있는 모습을 볼 수 있다. 이 또한 내셔널리즘의 압박과 밀접히 관련되어 있다고 볼 수 있다. 예컨대 쉬바오첸은 중미 관계를 언급하면서 중국인에 대한 뉴요커들의 부정적인 인식을 가장 비중 있게 다루고 있다. 그는 중국인에 대한 인식이 열악하게 된 연고에 대해 다음과 같이 설명한다. 문맥에서 그 우려의 정도를 느낄 수 있다.

---

35 王桐齡, 「日本觀察談」, 姚祝宣 編, 『國外遊記彙刊(1冊): 卷之二』(上海: 中華書局, 1924.10), pp.1~28.

36 徐玉文女士, 「東京的今昔」, 孫季叔 編, 『世界遊記選』, p.3.

37 張近芬女士, 「遊德的觀察」, 孫季叔 編, 『世界遊記選』, p.195.

38 徐玉文女士, 「江都記遊」, 孫季叔 編, 『世界遊記選』, p.17.

① 세탁 노동자: 미국에 사는 중국인 중에 세탁업에 종사하는 사람이 많아, 중국인을 하등 직업 종사자로 인식한다.

② 차이나타운: 어느 곳이나 차이나타운이 있는데, 아편, 도박, 암살, 매춘이 횡행해 이미지가 좋지 않다. 영화에서도 차이나타운을 부정적으로 묘사하곤 하는데, 이에 대해 어느 미국인 친구는 "고의는 아니고, 다른 나라는 모욕하기가 쉽지 않은데, 중국은 너무 유약해 이를 빌미 삼아 (영화업자들이) 그들의 배금주의를 달성한다"고 말했다. 정말 대꾸할 말이 없었다.

③ 출판물: 중국의 상황, 심리를 흑암으로 묘사하곤 한다. 중국인 유학생이 중국을 서술한 서적도 손가락으로 꼽는다. 미국 신문에 중국 소식이 실리는 경우는 극히 적다.[39]

또한 '창파(滄波)'라는 필명의 여행자는 런던의 한 '밀랍인형 전시관'이 "쑨원(孫文)을 희한한 모습으로 만들어놓고 설명도 자기 마음대로 붙여놓았으며, 중국을 '아편굴'로 표현해" 공사관이 정식으로 항의해 성과를 거둔 일을 소개하고 있다.[40] 비윈청은 하와이의 신문 중에 "중국의 명예를 더럽히는 경우가 많아 화교 중에 유식자들이 중국의 무고함을 호소했는데, 그중에 펑두이퉁(彭棣桐)이 중국을 멸시하는 요상한 소문들을 바로잡으려고 많은 노력을 기울였다"라고 해, 실명까지 거론하며 애써 칭찬하고 있다.[41]

이런 경우들은 여행자들이 해외여행 중에 중국에 대한 평판에 매우 민감하게 반응했음을 잘 보여준다. 이는 근대 '세계 체제'가 수립된 이래 주변부 국가와 인민에게서 흔히 볼 수 있는 익숙한 현상이다. 어쩌면 오늘날까지 지속되고 있기도 하다. 근대 이후 '보편성'을 창출한 중심부로서는 굳이 타자 또는 주변부로부터 자신을 인정받으려 노심초사할 필요가 없었다.

---

39 徐寶謙, 「紐約見聞」, 孫季叔 編, 『世界遊記選』, pp.281~283.

40 滄波, 「倫敦閒話」, 孫季叔 編, 『世界遊記選』, pp.174~175.

41 畢雲程, 「檀香山觀察記」, 孫季叔 編, 『世界遊記選』, p.289.

그렇다면 해외여행기에 이처럼 내셔널리즘이 팽배했던 이유는 무엇일까? 우리가 쉽게 짐작할 수 있듯이, 아편전쟁 이래 당시 중국의 긴박했던 처지를 우선 고려할 수 있다. 또한 앞서 서술했듯이 여행자의 배경이나 경력으로 볼 때 여행기가 내셔널리즘에 경도될 개연성이 높았다. 이들은 자의건 타의건 간에 '나라 걱정'을 하지 않을 수 없는 처지였다.

이 밖에 여행기나 여행 자체에 대한 전통적 인식에서도 그 요인을 찾아볼 수 있다. 요컨대 명 말 청 초부터 여행에 참여하는 계층이 확대되면서, 여행을 통해 현실 사회를 정확히 판단하는 정보와 지식을 획득하려는 새로운 '천하경영(經世)'의 의지가 나타났고, 그 결과 여행기는 '문학(詞章之學)'에 머물지 않고 '지리학(輿地之學)'의 성격을 갖기 시작했다는 것이다.[42] 다시 말해 여행기는 본래 지리서로서의 성격을 갖는다는 '전통'이 있었고, 이것이 민국 시기에까지 이어져 영향을 끼쳤을 가능성이 있다.

1935~1937년 당시 여행 자체에 대한 인식을 보면, 일부 자연의 아름다움을 감상할 수 있어 좋다는 생각도 있었으나, 대개는 여행을 통해 견문을 넓히고 또 무엇인가 배워야 한다는 점을 강조하고 있다. 예컨대, "여행지를 투시해서 봐야지 겉모습만 보아서는 안 된다"[43]거나, "우리가 쓰는 여비는 바로 학비이다. 여행하는 사람은 물론 산수도 즐기겠지만, 풍토와 교육, 경제 상황 등에 주의를 기울여야 한다"[44]라는 언급들이 좋은 사례이다. 애초에 여행의 목적으로 학습이나 실질적 효용성을 강조하는 분위기는 해외여행이 내셔널리즘으로 기울어지기에 좋은 토대를 제공했다.

---

42 차혜원, 「명청교체기의 북경여행: 遊記 『北遊錄』의 교유와 여정」, 『동아시아 역사 속의 여행 Ⅰ(경계, 정보, 교류)』(서울: 산처럼, 2008.8), 318~340쪽; 김유철, 「총설: 동아시아사에서의 경계넘기와 정보·교류」, 『동아시아 역사 속의 여행 Ⅰ(경계, 정보, 교류)』, 28쪽 참조.

43 趙君豪, 「旅行講座: 葉玉甫先生訪問記」, ≪旅行雜誌≫, 9-3(1935.3).

44 趙君豪, 「旅行講座: 王儒堂先生訪問記」, ≪旅行雜誌≫, 9-10(1935.10).

4. 여행기에 나타난 타자 인식의 특징

여행자의 시선이 내셔널리즘에 경도되어 있다는 특징과 여행기에 나타난 타자 인식 사이에는 어떤 관련성이 있을까. 다시 말해 여행자의 인식이 내셔널리즘에 압도되어 있음으로 인해 여행기에는 어떤 타자 인식이 나타날까. 여행과 타자 인식 사이에 내셔널리즘이라는 필터를 끼워보면, 여행 속의 타자 인식은 어떤 모습으로 보일까. 이런 문제 제기를 바탕으로 여행기를 통해 본 타자 인식의 특징을 간추려본다.

첫째, 여행자의 시선이 내셔널리즘에 압도되어 있기 때문에, 여행의 대상 즉, 타자는 '중국이라는 나라(Nation)'에 뭔가 보탬이 되어야 하고, 그래서 무엇인가 배워야 할 점을 찾아내야 하는 대상이 된다. 일반적으로 그렇듯이, 여행을 통해 이루어지는 타자나 타지에 대한 인식은 자기의 필요를 기준으로 이루어진다. 타자는 원래 있는 그대로 (객관적으로) 이해할 수 있는 그런 존재가 아닐지 모른다.[45] 자기의 필요에 따라 타자에게서 보고 싶은 것이 있고, 그래서 보고 싶은 것을 보고 그것을 기록한다. 민국 시기 중국의 '해외여행기'에서 그 필요는 바로 '나라 구하기'와 근대 국가 건설에 소용이 될 만한 지식과 정보, 교훈을 얻는 일이었다.

그래서 타자는 대개 '학습 모델' 아니면, '반면교사'이다. 그들은 정치적·사회적·경제적 발전의 모델이었다. 그러나 세계에는 중국과 마찬가지로 '근대화'에서 소외된 존재들도 있었는데, 그들은 '반면교사'로서 교훈을 준다. 그들에 대한 이해와 동정, 공감대 형성은 상대적으로 매우 미흡하다. 필명 '심위(心危)'가 쓴 '워싱턴 여행기'에서 볼 수 있듯이, 아메리카 인디언의 몰락한 모습에서

---

45 타자를 이해했다고 생각하는 순간, 타자는 '他者性(理解不可能性)'을 상실해 더 이상 타자가 아닌 것이 되어버리는 역설이 발생할지도 모른다[川谷茂樹, 「和辻哲郎『風土』における他者理解について: 旅行者というアプローチ」, ≪北海學園大學學園論集≫, 第127號(2006.3), p. 25].

자신의 모습을 발견하고 깜짝 놀라 근심을 가누지 못하는 중국인의 모습이 매우 인상적이다.

> 포토맥(Potomac) 폭포에 갔는데, "아메리카 인디언이 산 위에서 연극을 함"이라는 팻말이 있었다. …… 아메리카 인디언 3~4명이 앉아 있다. 흉악한 생김새가 그림에서 본 것과 같다. 다시 보니 연기자마다 성명이 있는데, 어떤 것은 국왕이고, 어떤 것은 왕비이다. 그러니까 모두가 아메리카 인디언 귀족이다. 스스로 강해지지 못해 나락에 빠짐이 이와 같다. 이를 보니 우리 또한 어찌 두렵지 않겠는가! **가슴속 깊이 우러나는 근심에, 차마 눈뜨고 보지 못하겠더라**. 돌아오는 길에서조차 그 여운이 길게 남더라.[46] – 강조는 인용자

이런 '반면교사'의 역할은 조선에도 주어졌다. 20세기 초반의 조선은 대한제국이 망하고 일본 제국주의의 식민지로 전락한 것으로 특징된다. 이에 대해 중국 지식인은 국민의 각성을 촉구하고 나아가 자강을 이루기 위해, 조선 내부에서 망국의 원인을 찾았고, 이를 '타산지석'으로 삼고자 했다. 조선이나 베트남 등이 식민지로 전락한 역사가 중국인에게 '반면교사'가 되어 중국인의 투지를 격발할 수 있기를 희망했던 것이다. 비록 조선의 입장을 이해해 일본의 배신과 불의, 침략 행위를 책망했지만 이는 부차적이었다.[47]

이런 인식이 여행기에 반영되어, 저명한 역사학자 왕퉁링조차 조선인과 일본인의 성격을 일반화하는 오류를 범하고 있다.

> 일본인은 얼굴 전체에 맑고 밝은 기운이 가득하고, 조선인은 음직한 기운을 띠고 있다. 일본 국민의 기운은 왕성하고, 조선인의 기운은 잠잠하다. 정복한

46 心危, 「華盛頓七日記」, 孫季叔 編, 『世界遊記選』, p.270.

47 王元周, 「認識他者與反觀自我: 近代中國人的韓國認識」, ≪近代史研究≫(2007.2), pp.62~67, p.79.

국민과 정복당한 국민의 성격이 같지 않다.

조선인은 시기심과 음흉한 마음이 많은데, 이는 약자가 흔히 가지고 있는 속성이기도 하다.

조선인은 저축하려는 마음이 가장 박약하다. …… 장래에 대비하지 않는다.[48]

둘째, 내셔널리즘의 필요를 얼마나 어떻게 충족시킬 수 있느냐에 따라, 타자 간에 일정한 위계(hierarchy)가 존재했다. 다음과 같은 량치차오(梁啓超)의 언급은 이런 극적인 심리상태를 생동감 있게 전해주고 있다.

(중국) 내지에서 온 자가 홍콩이나 상하이에 이르면 곧바로 시야가 크게 트인다. 이제 내지는 누추하고 보잘것없다. 일본에 이르면 시야가 한 번 더 트인다. 홍콩이나 상하이는 누추하고 보잘것없어진다. 바다를 건너 태평양 연안에 이르면 시야가 또 한 번 트인다. 일본은 누추하고 보잘것없다. 대륙을 횡단해 미국 동부에 이르면 또 한 번 시야가 트인다. 태평양 연안에 있는 여러 도시도 누추하고 보잘것없어진다. 이는 대체로 여행자들이 알고 있는 바이다.[49]

서열은 내셔널리즘이 지향하는 바, 즉 '근대화'를 얼마나 성취했느냐에 따라 매겨졌다. 쉽게 짐작할 수 있듯이 구미, 일본, 동아시아, 기타로 이어지는 위계가 설정되었다고 볼 수 있다. 당대 유명한 여행가 거궁전(戈公振)이 간략히 소개한 세계여행 코스를 보아도[50] 당시 중국인이 중시했던 여행지의 위계가 드러난다. 그는 세계여행 코스를 중국·일본, 미국·일본, 미국·영국, 영국·프랑스, 프랑스·스위스, 스위스·독일, 유럽·아시아 등 모두 7개의 코스로 나누어

48 王桐齡, 「遊朝鮮雜記」, 孫季叔 編, 『世界遊記選』, pp.22~23.

49 梁啓超, 「新大陸遊記」, 鍾叔河 主編, 『走向世界叢書』(岳麓書社, 1985), p.459.

50 戈公振, 「周遊世界之簡程」, 趙君豪 編, 『當代遊記選』(上海: 中國旅行社, 1935.6). pp.269~294.

설명하고 있다. 7항목 중에 5항목이 구미와 관련되어 있고, 나머지 2항목은 일본과 기타 아시아 지역의 여러 나라가 같은 비중으로 취급되고 있다. 구미·일본·동아시아로 이어지는 위계가 분명히 드러난다. 또한 대개의 세계여행기가 그렇듯이 지홍창(吉鴻昌)이 쓴 세계여행기에[51] 담겨 있는 여행지를 보아도 구미와 일본이 압도적인 비중을 차지하고 있다.

다소 비판적 입장에서 접근한 여행기가 없지 않았으나, '해외여행기'에 나타나는 구미는 대개가 부러움의 대상이었다. 비록 서구를 모방한 것이기는 하나, 일본의 신속하고 성공적인 '근대화'도 선망의 대상이었다. 동남아시아의 경우 식민지로 전락한 원인과 관련 부정적 언급이 많았으나, 그렇다고 '서구의 비서구 세계에 대한 인식을 스스로 내면화하고 흉내 내서 깔보는'[52] 식의 인식을 갖지는 않았다. 대개가 긍정적인 측면을 보려고 애쓰는 경향을 보였고,[53] 특히 화교에 대해 상세히 언급함으로써 동남아시아에 대해 친근감을 피력하곤 했다. 이와 같이 여행자의 타자 인식 안에 존재하는 타자 간의 위계는 여행을 통해 본 근대 중국인이 가진 타자 인식의 특징적 면모라고 할 수 있다.

셋째, 여행기에는 '위대한 과거'와 '낙후된 현재'라는 두 가지 상반된 관념이 한 세트를 이루어 자아관념을 구성하고 있다. 앞에서도 서술했듯이 타자를 보는 것은 결국 자기의 문제를 보는 것인데, 이는 자아에 대한 반추임과 동시에 자기의 역사와 전통에 대한 재인식 과정이기도 하다. 이런 가운데 시선이 '현재'를 향하면 모든 면에서 '낙후된' 중국의 현실과 만나게 된다. 구미는 말할 것

51 吉鴻昌, 『環球視察記』(東方學社, 1932.8).

52 차혜영, 「지역간 문명의 위계와 시각적 대상의 창안: 1920년대 해외기행문을 중심으로」, ≪현대문학의 연구≫, 24(2004), 39쪽.

53 예컨대, 난징국민정부의 외교부장을 역임하는 王正廷은 南洋群島에 대한 인상을 묻는 질문에, "회의 참석 차, 필리핀, 싱가포르, 자바, 베트남 등을 방문했다. 역시 지내면서 얻은 바 印象이 심히 아름답다. 南洋 일대의 인민들은 대다수가 어떤 일에 무척 애를 쓰면서 정성을 들이고 있음을 느꼈고, 지방의 물산이 매우 풍부하고, 인민의 체격이 강건함을 느꼈다"고 답하고 있다[趙君豪, 「王儒堂先生訪問記」, ≪旅行雜誌≫, 9-10(1935.10)].

도 없고 '서구화'에 성공한 일본의 발전도 '하나하나가 신경을 자극하고, 크나큰 부끄러움을 느끼게' 했다. 조선이나 동남아시아의 경우도 '식민지 근대화'로 인한 성과가 부러움의 대상으로 여겨졌다. 하지만 '과거'로 시선을 돌리면 자신(중국)의 '위대한 역사와 전통'이 나타난다. 자신의 '위대한 과거'와 '낙후된 현실'이 뚜렷하게 구별되면서도 하나의 세트를 이루고 있는 자아관념은 특히 '일본 여행기'에서 잘 드러난다.

> 대개가 우리나라 옛날의 도시와 건축을 모방한 것이다. …… 우리나라의 고대 건축 양식과 같지 않은 것이 없으니, 일본이 **우리나라의 문명을 매우 지극히 앙모해** 모방했음을 알 수 있다.
>
> 교토의 미인은 일본 사람이면 누구나 크게 칭찬하는데, 이는 우리나라 수당대 사대부의 음탕하고 사치스러운 풍속을 **모방한 것**이다. 가무는 태평을 표현하는 요소이고, 음악과 여색은 명사(名流)의 필수품으로 여겼다. 일본인이 **우리나라를 숭배할** 때에, 나쁜 것까지 **일률적으로 모방**했음을 알 수 있다.[54] — 강조는 인용자

일본의 도시와 건축 양식이 중국과 다소 유사하다거나 '여색'을 즐기는 풍속이 있다고 해서, 이를 두고 '앙모', '숭배', '모방' 등을 운운하는 것은 어딘가 지나침이 있다. 이렇게 노골적으로 언급하지는 않더라도, '일본 여행기'에서는 역사 유적을 언급할 경우 대부분 자신의 전통과 연관 지어 설명하곤 했다. 전통 문명의 원천이 중국에 있음을 은근히 드러내려는 것이다. '서구 여행기'나 '동아시아 여행기'에서도 마찬가지로 전통문화를 선양하는 서술들을 엿볼 수 있다. 하지만 서구의 경우 일본의 경우와는 확연히 톤을 달리한다. 예상과 달리 동남아시아나 조선의 경우에도 '일본 여행기'에 비해 한결 톤이 떨어진다. 일본에 대해 '위대한 과거'를 특별히 강조하는 것은 아마도 전통 시기 '지역질

54 馬鳴鸞, 「京都奈良」, 孫季叔 編, 『世界遊記選』, p.6.

서'의 변방에 있던 일본이 이제 여러 분야에서 중국을 능가하는 상황에 대한 무의식적인 반작용일 터이다.

아무튼, 이런 지나침은 '문화민족주의'가 발현된 결과라고 볼 수 있다. 위대한 역사와 전통을 통해 민족적 자긍심을 높이고, 현재는 '낙후'되어 있으나 미래에는 과거의 영광을 되살려야 한다는 복잡한 생각이 바탕에 깔려 있다.

또한 근대 중국이 전통적 중화주의 세계관에서 '근대 민족주의'로 넘어오는 과정에서 겪었던 정서적 곤경이기도 하다. 전통적으로 중국인은 '세계의 중심, 지대물박(地大物博)'이라는 인식이 강해, 굳이 국경을 넘을 필요를 많이 느끼지 못했다. 기본적으로 타자에 무관심했고, 자기와 동등한 타자를 상정하지도 않았다. 그러나 근대 이후에는 달라졌다. 중국인들은 타자 이해에 매우 미숙한 상태에서 타자를 이해하는 일이 매우 중요해진 근대를 맞이하게 되었던 것이다. 근대 이후 여행을 포함해 서구와 직접 대면하면서 중국은 서구에 대한 낡은 인식, 즉 '중화주의'적 인식을 변화시켜 다원적 세계관을 확립한다. 그러나 전통적 세계관이 완전히 사라진 것은 아니고, 일본과 조선 등에 대해서는 복합적이었다. 중화주의 세계관에서 자신을 일국으로 인식하는 '근대적 민족주의'로 넘어오는 과정에서 한동안 '허둥댔던' 중국의 모습이 '해외여행기'에도 반영되어 있다.

이상에서 살펴보았듯이, '강한 내셔널리즘의 반영'은 '근대 여행'의 출현이라는 근대적 변화를 규정했던 주요한 특징적 면모였다. 내셔널리즘이 여행자의 시선을 압도함으로써, 여행지는 배움의 대상으로 인식되었고 여행지들의 타자 간에는 일정한 위계가 있었으며, '위대한 과거와 낙후된 현재'라는 자아관념이 나타났다. 결론적으로, 근대 시기 여행기에 드러난 중국인은 '민족적 위기감'을 통해 '근대적 변화'를 체감했다고 볼 수 있다. 이들에게 '근대'는 곧 '위기'였다.

그러나 이런 구조가 단지 지배적이었다는 것뿐이지 전부였다는 것은 아니다. 여행기를 남기지 않은 '평범한' 여행자들의 시선이나 태도, 인식은 다를 수 있다. 사실 '근대 여행'은 여가활동의 하나이고, 각종 '여행 인프라'가 발전하면서 여가생활 가운데 여행이나 관광이 차지하는 비중이 줄곧 확대되어왔다. 대략 1930년대에 이르면 '구국구망'의 압박에서 어느 정도 벗어나 있는, '순수하게 즐기기 위한 해외여행'이 나타났을 개연성이 높다.[55] '레저로서의 여행'은 여행조차 내셔널리즘에 압도되었던 '중국적 근대'와 동전의 양면을 이루었던 또 하나의 '근대적' 체험이었다. 이들은 앞서 서술한 두 가지 여행자의 시선 중 '낭만적 시각'에 가까웠을 터이고, 이들이 여행기를 쓴다면 필자의 주관적 경험과 개인적 심리, 정서 등이 내러티브의 핵심을 이루었을 것이다.

55 1930년대에 이르면 '레저로서의 여행'이 하나의 풍조를 이룬다. 또한 기행문학에 서정성이 강화되고, ≪旅行雜誌≫ 등에 실리는 다양한 여행기에 드러나는 여행자들의 시선이 역사, 정치, 제도, 정신, 관념 등에서 일부 일상생활이나 자연풍광으로 옮겨지며, 무명 인사들의 여행기가 증가하기도 한다(박경석, 「民國時期 上海 友聲旅行團과 "레저 여행"」, 66쪽).

참고문헌

≪旅行雜誌≫, 5-1. 1931.1.
≪旅行雜誌≫, 9-3. 1935.3.
≪旅行雜誌≫, 9-5. 1935.5.
≪旅行雜誌≫, 9-6. 1935.6.
≪旅行雜誌≫, 9-10. 1935.10.
≪旅行雜誌≫, 10-6. 1936.6.
江伯訓 編.『中外新遊記(第1-4卷)』. 上海: 商務印書館. 1928.4.
吉鴻昌.『環球視察記』. 東方學社. 1932.8.
吉鴻昌·孟憲章.『環球視察記』. 北平: 東方學社. 1932.5.
盧錫榮.『歐美十五國遊記』. 上海: 國光書店. 1937.3.
范祥善 編.『(新學制)常識教科書: 小學校初級用』. 上海: 商務印書館. 1924.
孫季叔 編.『世界遊記選』. 上海: 亞細亞書局. 1934.7.
孫紹康.『歐亞環遊記(旅行指南)』. 哈爾濱: 商業印書局. 1921.7.
王家楨.『歐美環遊印象記』. 上海印刷所. 1935.2.
姚祝宣 編.『國外遊記彙刊(第1-8册)』. 上海: 中華書局. 1924.10.
日本郵船有限公司.『東遊嚮導: 起日遊歷指南』. 編者 刊. 1936.10.
莊適 等編.『(新學制)國語教科書: 小學校高級用 第四册』. 上海: 商務印書館. 1926.
褚民誼.『歐遊追憶錄』. 上海: 中國旅行社. 1932.10.
趙君豪 編.『當代遊記選』. 上海: 中國旅行社. 1935.6.
鄒海濱(鄒魯).『環遊二十九國記』. 上海: 世界書局. 1929.5.

닝왕(王寧), 이진형·최석호 옮김.『관광과 근대성: 사회학적 분석』. 일신사. 2004.
박경석.「근대중국의 여행 인프라와 이식된 근대여행」. ≪중국사연구≫, 53. 2008.
차혜영.「지역간 문명의 위계와 시각적 대상의 창안: 1920년대 해외 기행문을 중심으로」. ≪현대문학의 연구≫, 24. 2004.

李理·張海平.「黃遵憲與中國近代出境旅遊」, ≪企業家天地·理論版≫, 2006-12. 2006.
王淑良·張天來.『中國旅游史(近現代部分)』. 旅游教育出版社. 1999.
王元周.「認識他者與反觀自我: 近代中國 的韓國認識」. ≪近代史研究≫, 2007-2. 2007.

王曉秋.「晚淸中國人走向世界的一次盛擧: 1887年海外游曆使初探」. ≪北京大學報(哲學社會科學 版)≫, 2001-3. 2001.
劉佛丁 外.『近代中國的經濟發展』. 山東人民出版社. 1997.
張俐俐.『近代中國旅遊發展的經濟透視』. 天津大學出版社. 1998.
鄭焱.『中國旅游發展史』. 湖南教育出版社. 2000.
鍾叔河 主編.『走向世界叢書』. 岳麓書社. 1985.
周宪.「旅行者的眼光與現代性體驗: 從近代游記文學看現代性体驗的形成」. ≪社會科學戰線(文藝學研究)≫, 2000-6. 2000.
川谷茂樹.「和辻哲郎『風土』における他者理解について: 旅行者というアプローチ」. ≪北海學園大學學園論集≫, 第127號.2006.3.
胡忠良.「從檔案談晚淸歐洲在華游曆」. ≪曆史檔案≫, 2002-2. 2002.

Cohen, Erik. "Who is a Tourist?: a Conceptual Clarification." *Sociological Review*, 22. 1974.
Urry, John. *The Tourist Gaze*, 2nd ed. SAGE Publications. 2002.

8장

근대 중국에서 중등교육의 사회사적 분석

난징국민정부 시기(1928~1937)를 중심으로

| 오사와 하지메 大澤肇, 주부대학 국제관계학부 교수 |

현재까지 1920~1930년대 중국의 중·고등학교 기관이나 학생에 대해서는 주로 학술사 혹은 학생운동이나 정치 활동의 문맥에서 파악해 연구가 되어왔다.[1] 그러나 이런 관점에서는 근대 교육기관에 몸담은 '학생'이라는 새로운 사회집단을 탄생시키고 있던 민국 시기의 학교교육의 기능이나 학교교육과 사회의 관계 등이 보이지 않는다는 문제가 있다.

반면에 고등교육기관의 학생(대학생)에 대해 그들을 민국 시기 중국 사회 가운데 위치 지어 평가하고자 하는 연구가 최근 나타나고 있다. 대표적인 연구로서는 학생과 학생운동 자체, 그리고 그 변용을 상세히 분석하는 루팡상(呂芳上)의 연구나, 대학에서의 상업교육을 논한 이와마 가즈히로(岩間一弘)의 연구, 대

1 예를 들어 平野正, 『北京一二·九學生運動　救國運動から民族統一戰線へ』(硏文出版, 1988) 와 唐屹軒, 『無錫國專與傳統書院的轉型』(國立政治大學歷史學系, 2008) 등. 영어권에서는 John Israel, *Student Nationalism in China: 1927~1937*(Stanford: Stanford University Press, 1966)과 Jeffrey Wasserstrom, *Student Protest in Twentieth-Century China: The view from Shanghai*(Stanford: Stanford University Press, 1991) 등.

학·학생문화를 민국사회사 가운데 위치지은 예원신(葉文心)의 연구가 있다.[2] 단, 안타깝게도 뤼팡상의 연구는 1930년대는 논하지 않았고, 또 이와마 가즈히로의 연구는 대상이 지나치게 좁혀져 있었다. 그리고 예원신의 연구는 학교나 학생의 문화·생활 스타일을 당시의 사회나 정치와 연결해 논하는 점이 우수하지만, 대학생의 모체가 되는 중등교육과 중등교육의 학생들을 상세히 논하지 않았다. 학교교육이 사회와 관계를 맺는 방식 중 하나인 취직이나 학생의 진로 선택이라는 문제에 관해서는, 대학만이 아니라 오히려 중등학교나 중등학교를 대상으로 전개한 직업교육 자체가 직면하던 문제였기 때문이다.

그러한 점에서 이 글은 우선 장쑤성(江蘇省)·상하이(上海)에서의 중등·고등교육의 발전을 개관한 후에 1920년대부터 1930년대에 걸쳐서 장쑤성 중등교육기관 소속의 학생의 실태, 진로 지향, 그리고 실제 진로 등을 분석함으로써, 당시 학생의 학교·직업관과 현실의 갭, 즉 진로 문제의 내실과 교육계·정부의 이 문제에 대한 대처를 밝힌다. 그에 더해, 근대 학교교육에 의해 형성된 새로운 사회그룹 중 하나로서 이 글에서는 학력을 가진 여성에 주목한다. 따라서 여자중등교육의 이념과 실태에 대해서도 분석한다. 이를 통해 장쑤성을 중심으로 하는 당시의 중국 사회에서 중등교육기관 소속의 학생들의 실태·심성·사회적 계층을 밝히고, 민국 시기에 중등교육이 가지고 있는 기능, 즉 민국 시기의 중국 사회에 있어서 '학교교육'의 위치와 기능에 대해서 고찰한다.

이러한 학교교육의 사회적 기능·'진로 문제'의 분석을 통해, 근대화의 과정에서 중국 사회가 도시·농촌 격차나 문화적 단층이 넓어져가는 상황을 구체적으로 밝혀볼 수 있을 뿐만 아니라, 한편으로는 사회구조가 변용하는 가운데 사회적 유동성이나 사회계층 형성의 일단도 밝혀볼 수 있을 것이다. 이상의 목

---

2 呂芳上, 『從學生運動到運動學生』(中央硏究院近代史硏究所, 1994); 岩間一弘, 『上海近代のホワイトカラー』(硏文出版, 2011); Yeh Wen-Hsin, *The Alienated Academy: Culture and Politics in Republican China, 1931~1937*(Cambridge: Harvard University Press, 1990).

적을 달성하기 위해 이 글에서는 주로 교육 관련 정기간행물에 게재된 논고, 통계 데이터, 조사 보고 등을 이용해 서술을 진행한다. 거기에는 ≪교육잡지(教育雜誌)≫나 ≪교육과 직업(教育與職業)≫, ≪중학생(中學生)≫과 같은 잡지 외에 중등학교가 독자적으로 발행하던 정기간행물 등도 이용한다.

1. 장쑤·상하이의 학교교육 발전과 그 문제점

이하에서는 논의의 전제로 1920년대까지의 장쑤성·상하이의 학교교육의 발전을 간단하게 개관하려고 한다. 여기에 상하이도 포함한 것은 중등교육 이상을 포함하면 장쑤성의 교육계는 상하이와 장쑤[그리고 난징(南京)]는 거의 일체였기 때문이다. 예를 들어 뒤에서 서술할 황옌페이(黃炎培)의 네트워크는 장쑤와 상하이 쌍방을 포함하는 데다가, 1932년의 장쑤성 각 현의 교육국장의 이력을 보면 최종 학력은 장쑤성 혹은 상하이의 고등교육기관이 차지하고 있는 것을 알 수 있다.[3]

1) 장쑤·상하이에서의 중등교육의 발전과 그 과제

장쑤성에서는 1905년 과거가 폐지되자 신식 학당이 왕성하게 설치되었다. 1907년에는 전문학당 9개교(학생 수 774명), 실업학당(實業學堂) 16개교(학생 수 993명), 사범학당 26개교(학생 수 2619명), 중학당(中學堂) 23개교(학생 수 2602명), 소학

3 이력(최종 학력)이 판명되는 56명 가운데 45명이 장쑤성(난징을 포함해) 내의 학교를 졸업했고 그 외의 10명이 장쑤성(난징 포함) 이외의 고등학교기관을 졸업했는데, 3명이 일본(弘文學院, 明治大學, 東京女子高等師範 각 1명씩), 그 외 7명은 모두 상하이의 학교를 졸업했다(大夏大學 3명, 龍門師範 1명, 光華大學 1명)(「江蘇省各県教育局現任局長一覧表」, ≪江蘇教育≫, 1卷 1期, pp.138~141).

당 1413개교(학생 수 4만 3642명)가 설치되고 있었다.[4] 한편으로 상하이에서는 19세기부터 기독교 교회에 의한 학교 운영이 계속되었지만, 민국 초기인 1910년대에 외국 이외에 중국인 스스로에 의해 운영되는 학교가 급증하고 있었다.[5]

이후 중국의 중·고등학교는 급속히 확대되어갔다. 특히 고등교육에 대해 말하자면, 1915년에는 전국에서 전과(專科) 이상의 학교 수는 86개교에 달하고,[6] 그 후에는 더욱 증가했다. 이 급격한 증가의 원인은 지방 군사지도자나 지역 엘리트의 지역 진흥책 외에, 경제 발전에 수반되는 각종 전문 인재에 대한 수요 증가가 배경에 있었다.[7] 난징국민정부가 성립하자 대학은 각 대학구(大學區)에 설치된 중산대학(中山大學)에 합병되어 관리가 강화되고 학교 수도 정리되고 있었다. 한편으로는 상하이를 중심으로 기독교계의 '교회학교'도 증가하고 있었다.[8]

1935년에는 전과학교(專科學校) 이상의 고등교육기관은 상하이시에 25개교(국립 9개, 사립 15개), 난징시에 5개(국립 3개, 사립 2개), 장쑤성에 5개(성립 1개, 사립 4개)가 존재했다. 전국 전과 이상의 학교 총수(111개)의 3할을 점하고 있었던 것이다.[9] 또한 학생 총수도 해당 세 지역의 총계가 1만 4596명을 헤아리고 있었다.[10] 한편, 중등학교(중등교육기관)는 1932년도 통계에 따르면 상하이시에 141개

---

4 王樹槐, 『中國現代化區域研究: 江蘇省, 一八六〇~一九一六』(中央研究院, 1984), pp.241~242.

5 熊月之, 『上海通史』, 第10卷(民國文化)(上海人民出版社, 1999), p.133.

6 「教育統計」, 教育年鑑編纂委員會 編, 『第二次中國教育年鑑』(商務印商館, 1948), 第14編, 總 p.1400.

7 金以林, 『近代中國大學研究』(中央文獻出版社, 2000), p.68.

8 『上海近代教育史』(上海教育出版社, 2003), pp.390~392, pp.542~575.

9 「二四年全國專科以上學校之分布狀況」, 申報年鑑社 編, 『第三次申報年鑑』(申報館特種發行部, 1935), p.980. 또한 이 표에 근거해 나온 교육부 21년도 전국 고등교육 통계에는 미등록 사립대학(예를 들어 聖約翰大學 등)은 포함되지 않는다. 학생 수도 마찬가지이다.

10 「全國各大學二十一年度之概況」, 「全國各獨立學院二十一年度之概況」, 「全國各專科學校二十一年度之概況」, 申報年鑑社 編, 『第三次申報年鑑』, pp.990~996. 上海女子醫學院 및 中央國術館體育專科學校에 의하면 학생 수가 기재되어 있지 않기 때문에 학생 총수 가운데는 포함되어 있지 않다.

교(중학 120개, 사범학교 8개, 직업중학 13개), 난징에 25개교(중학 25개), 장쑤성에 186개교(중학 123개, 사범학교·직업중학 합계 63개교)가 존재하고 있고, 학생 총수도 해당 세 지역만으로 총계 약 7만 5000여 명에 달하고 있었다.

그러나 중·고등교육의 발전에 문제가 없었던 것은 아니었다. 이미 1910년대 초기부터 다양한 문제가 지적되고 있었다. 특히 중등교육에 대해 말하자면, 1914년 당시 교육총장이었던 탕화룽(湯化龍)이 "일반 사회는 학교교육에 대해 과거(科擧)의 눈으로 보고", "고등·전문교육의 예과의 성격을 중시해왔다"[11]라고 서술했다. 게다가 당시에는 고등교육기관의 수가 충분하지 않기도 했고, 실제로는 진학이 불가능한 많은 중등학생의 졸업 후 진로가 거의 존재하지 않았던 상황이었다. 예를 들어 차이위안페이(蔡元培)는 신문기자와의 좌담에서 장쑤·저장(浙江) 두 성의 교육의 문제점으로서 보통교육이 과도하고 사회에서 생계를 꾸려나가기 어렵다고 하는 것을 지적하고 있었다.[12] 각종 조사나 언설에서는 졸업생 가운데 진학이 가능한 사람은 1/3을 넘지 않고, 약 반수는 미취업이라는 베이징(北京)·톈진(天津) 지구의 중학교의 예나,[13] 진학자 수가 약 25%, 미취업자 수가 약 30%라는 장쑤성 중학교의 상황을 볼 수 있다.[14]

이러한 상황에 대해 위기감을 가진 교육계에 의해 중등교육 학제개혁의 움직임이 시작되어 1916년경부터 커리큘럼 개혁이 시작되었다. 중학교에서 문과(일반 클래스)와 실과(직업 클래스) 설치가 승인되어, 실상에 입각해 교수과목이 변경될 수 있도록 했다. 또 문과에서도 부기(簿記) 등 직업교육의 요소가 도입되었다. 또한 1922년의 학제개혁에서는 중학교(중등학교)가 6년제(초급중학 3년, 고급중학 3년)[15]가 되어, 그때까지의 학제에서 4년제였던 중학교의 연한이 연장되었

---

11 湯化龍, 「教育總長關於中學教育之談片」, ≪教育雜誌≫, 6卷 8期(1914), 總 p.7435.

12 蔡元培, 「對大公報記者談話」, 『蔡元培全集』, 第3卷(浙江教育出版社, 1997).

13 蔡元培, 「中華職業教育社宣言書」, 『蔡元培全集』, 第3卷, p.21.

14 黄炎培, 「考察本國教育筆記」, ≪教育雜誌≫, 7卷 5期(1915), 總 p.8687.

15 초급중학(교)는 전기(前期) 중등교육기관, 고등중학(교)은 후기 중등교육기관에 상당한다.

다.[16] 이에 의해 진학을 위한 보통교육과 사회로 진출하기 위한 실과적인 교육 쌍방이 충실해지고, 학생의 학력 향상과 진로 문제 해결이 시도되었다고 할 수 있다. 그러나 차이위안페이가 지적했듯이,[17] 실과를 설치한 데는 각 학교가 부속설비(농공업의 실습시설)와 그것을 지도할 수 있는 인재를 갖추는 데 비용이 들고, 또한 무엇보다도 실과를 지망하는 학생이 적다고 하는 실상이 있었다. 차이위안페이가 딩셴중학(定縣中學)의 연설에서 학부형은 학교에서 졸업하는 것만을 원하는데, 마치 과거(科擧) 시대의 생원이 거인으로, 진사로 되어가는 것처럼 학교가 자격 부여 기관이 되고 있다고 지적하고 있듯이,[18] 중등교육기관은 대학 진학의 자격을 얻기 위한 예비기관으로 생각되고 있었다. 실제로, 문과와 실과 두 과를 모두 설치한 베이징고등사범부속중학에서는 실과 지망자가 점차로 감소하고 있었다고 한다.[19]

2) 여자교육의 발전과 중등교육

한편으로, 중등교육도 포함한 여자교육의 발전은 어떠했는가. 선행 연구를 이용해 간단히 정리해보고자 한다.

과거 폐지 전부터 여자교육을 제창하고 있던 지식인으로 량치차오(梁啓超)가 있다. 그렇지만 사카모토 히로코(阪元ひろ子)는 그 의도를, 여성의 해방이나 여성의 의사를 존중하는 것이 아니라, 여자교육이 '종족 보존의 출발점'이고

---

16 小林善文, 『中國近代教育の普及と改革に關する研究』(汲古書院, 2002), pp.89~138. 또한 1922년까지 중화민국에서는 고급소학교가 3년제였던 반면에 중학교가 4년제였다[李華興 編, 『民國教育史』(上海教育出版社, 1997), pp.98~102]. 1922년의 임술(壬戌)학제 제정에 있어서 취업교육이나 졸업생의 취직난이 신학제의 내용에 영향을 주고 있던 것은 今井航, 「廖世承の初級中學論」, 『教育學研究紀要』, 第48卷 第1部(2002) 등에서도 서술되어 있다.

17 蔡元培, 「德國分科中學之說明」, 『蔡元培全集』, 第3卷, p.453.

18 蔡元培, 「在直隸省定縣中學的演說」, 『蔡元培全集』, 第3卷, p.54.

19 舒新城, 「中學學制問題」, ≪教育雜誌≫, 14卷 1期(1922), 總 p.19215.

'천하의 존망강약의 대원(大原)'이라고 생각했기 때문에 여자교육을 제창했다고 지적한다.[20] 즉 강한 국민을 낳고 가르치기 위한 '훌륭한' 모친으로서 여성을 교육해야 한다는 의도였다는 것이다. 19세기 말부터 20세기 초에 걸쳐서 중국여학당(中國女學堂, 經正女學), 무본여학(務本女學), 상하이애국여학(上海愛國女學) 등, 개명한 중국 상인이나 지식인에 의해 사립학교도 만들어졌다. 한편으로는 기독교 교회에 의해 여자교육 사업도 각지에서 전개되고 있었다.[21]

1907년에 청조는 '주정여학당장정(奏定女學堂章程)'을 제정해 공교육 일환으로서의 여자교육을 제도적으로 창설했다. 고바야시 요시후미(小林善文)는 여자사범학당과 여자소학교가 각지에 설치되었으나, 교육방침은 전통적인 여덕의 함양에 그쳤다고 지적한다.[22]

신해혁명에 의해 여자중학(중등학교) 등의 정비가 이루어지면서 1910년대 여자교육의 발전은 전체적으로 정체의 기미가 있었다. 그러나 고바야시 요시후미는 1920년대가 되어서는 남녀 공학/분리의 문제는 있지만 사회 전체로는 여성의 진학이 진전되었다고 서술한다. 고바야시 요시후미에 따르면 중등학교의 여학생 수는 1923년에 전국 3294명이었으나, 1929년에는 3만 3072명으로 증가하고 여학생 비율도 3%에서 13%로 상승했다고 한다. 고급소학교의 여학생 수도 1923년에는 전국에서 3만 5182명이었지만, 1929년에는 13만 6857명으로 증가하고 여학생 비율도 6%에서 17%로 상승했다고 한다.[23]

난징국민정부가 성립하고, 1932년에 공포된 '중학법(中學法)'에서는 여자교육에 관한 특별한 규정은 세워지지 않았지만, 1935년에 공포된 '수정중학규정(修正中學規定)'에서는 22조에 "중학생은 남녀 분리 학교 및 분반을 원칙으로 한다"라고 되었는데[24] 커리큘럼에서 차이는 없었다. 이렇게 젠더의 차이를 강조

20 阪元ひろ子, 『中國民族主義の神話』(岩波書店, 2004), p.105.
21 崔淑芬, 『中國女子教育史』(中國書店, 2007), pp.170~177.
22 小林善文, 『中國近代教育の普及と改革に關する研究』(汲古書院, 2002), p.189.
23 小林善文, 같은 책, p.241.

하면서도 여자교육의 발전에 배려하는 자세는 1929년의 국민당 제3차 전국대표대회에서의 결의와 상통한다. 그 결의의 내용은 "남녀의 교육 기회를 평등하게 할 것, 여자교육을 통해 건전한 덕성(德性)을 도야할 것, 모성의 특질을 지키도록 할 것, 양호한 가정생활과 사회생활을 수립하는 데 주의할 것" 등이다.[25] 이뿐만 아니라 진정원(陳姃湲)이 '신현모양처주의(新賢妻良母主義)'의 전형으로 소개한 다음과 같은 사설과도 상통한다. 그 사설은 ≪중앙일보(中央日報)≫의 부간(副刊), 즉 ≪부녀주간(婦女週刊)≫에 게재되어 있다.

> 건강한 몸을 가지는 동시에 위생의 중요함을 알아서 최저한의 국민교육을 받아 각종 상식을 갖춘다. 또한 남편의 애정에 대해 충실히 순결하면서도 동시에 자신의 인격도 존중하고 독립자주의 정신을 갖추어서 오로지 남편에게 의지만 해선 안 된다. 모든 가사 관리를 잘 소화하고, 또한 신과학의 정신에 부합하도록 한다.[26]

또한 위에 적은 논의를 보면 알 수 있듯이, 앞에서 소개한 량치차오의 논의와 연결되는 요소도 전개되고 있었다. 그럼에도 불구하고 매우 흥미 깊은 점은 이러한 여자교육을 둘러싼 언설이 뒤에서 서술할 실제 여학생들이나 그 보호자의 진학 동기와는 전혀 연결되지 않았다는 점이다.

한편, 통계 데이터로 보면 다소나마 장쑤성에서는 여자교육의 발전이 현저했음을 알 수 있다. 1932년 장쑤성의 통계 데이터에 따르면, 소학교 학생 총수는 68만 8244명인데 이 중 여성은 13만 3295명으로 20%를 점하고 있고, 중등학교 학생 총수는 3만 5977명, 여학생은 8970명으로 25%를 점한다.[27] 불완전하지

---

24 「教育部公布修正中學規程」, 中國第二答案館 編, 『中華民國史答案資料彙編』, 第5輯 第1編 教育(1)(江蘇古籍出版社, 1991), p.425.

25 程謫凡, 『中國現代女子教育史』(中華書局, 1936), p.120.

26 陳姃湲, 『東アジアの良妻賢母論』(勁草書房, 2006), pp.248~249.

만 이 통계 데이터로부터 알 수 있는 것은 첫째, 1920년대에 비해 여학생 비율이 증가하고 있는 것, 둘째로 중등학교에서는 여학생 비율이 높아지는 것으로, 진학에 있어서는 젠더보다도 다른 요소의 측면이 컸다는 것을 알 수 있다.

또 1919년에는 여성도 직업교육이 가능하도록 '교육부령(教育部令)'이 반포되어 여자간이직업과(女子簡易職業科)의 설치가 가능해졌는데, 1920년대에는 아직 여성이 취업할 수 있는 직업에 한계가 있어 실제 직업 지도도 별로 구체적인 것은 아니었다. 또한 가정교육을 통해 직업교육을 한다는 구상도 생겼으나, 이것도 졸업 후의 진로에 문제가 있었기 때문에 흐지부지되고 말았다고 한다.[28]

3) 직업교육운동으로 보는 중등교육의 과제

앞에서 다루었듯이 중등교육에서의 학제개혁이 왕성히 논의되고 있던 1917년, 사회에 나와 산업에 종사하기 위한 직업교육을 추진하기 위해 황옌페이를 지도자로 하는 중화직업교육사(中華職業教育社)가 결성되었다. 결성 당시의 사원(멤버) 수는 약 700명이었는데 1919년에는 3000명이 되었고, 또 결성 당시의 사원에는 차이위안페이, 장멍린(蔣夢麟) 등 저명한 교육학자나 첸융밍(錢永銘), 장젠(張謇) 등 유력한 실업가의 이름을 볼 수 있다. 중화직업교육사는 잡지의 발행, 대회, 직업학교 전람회 및 전문가회의의 개최 외에 중화직업학교(中華職業學校)를 운영했다. 이 학교는 처음에는 학생 80명으로 출발해 1923년에는 342명 규모로 확대되었다. 그렇지만 황옌페이는 1917년 이래의 운동이 불충분했다고 인식했기 때문에 1926년에 교육계에 더욱 연계를 호소하는 '대직업교육주의(大職業教育主義)'를 제창하게 되었다.[29] 실제로 중화직업교육사의 영향력이 강

---

27 江蘇省教育廳 編,『江蘇教育概覧』(江蘇省教育廳, 1932), pp.151~153.

28 鐘道贊,「吾國女子職業教育之過去現在興將來」, ≪教育興職業≫, 97期, p.460; 潘仰堯,「女子教育指導」, ≪松江女中校刊≫, 18期(1931), pp.6~9.

29 小林善文,『中國近代教育の普及と改革に關する研究』, p.288.

했을 장쑤성 갑종실업학교(甲種實業學校) 학생의 진로 데이터에 따르면, 졸업 후 실제로 농공상계(農工商界)에 진출한 사람은 3할 정도에 지나지 않고, 진학하는 경우는 고사하고 졸업 후 무직인 경우도 적지 않았다.[30] 이러한 당시의 직업교육의 문제점에 대해서는 황옌페이 외에도 다양한 사람들로부터 지적이 나오고 있었다. 대표적인 경우의 하나가, 푸저우(福州)의 중다오짠(鍾道贊)에 의한 비판이 있다.[31] 여기에서는 중다오짠의 비판을 통해 당시의 직업교육이 품고 있던 문제를 보려고 한다.

중다오짠은 현대 중국의 보통교육은 완비되어가고 있으나 직업교육은 '보통교육화'의 오류를 범하고 있다고 비판했다. 구체적으로는 교재는 진부하고 교학 방식은 과거의 것이며 또한 부적절했다. 이것은 실무를 중시하지 않는 교원과 직업교육의 전문 부문을 설치하지 않는 정부의 책임이라고 했다. 또한 학생에 대해서도 함께 비판을 하고 있다. 즉, 중국 학생의 대다수는 종종 학교에 오는 목적이 불명확하기 때문에, 직업학교로부터도 진학은 가능하지만, 일반 보통직업학교는 똑같이 진학을 원칙으로 하지 않는 것으로 해야 한다고 서술하고 있다. 이것들은, 직업교육에 있어서 실무의 경시와 동시에 당시의 직업학교 졸업생의 많은 수가 취직을 목적으로 하지 않았음을 보여주는 것이다.

같은 경향은 1930년에 중화직업교육사가 진행한 몇 차례의 직업학교 학생 대상 진로 조사에서도 볼 수 있다.[32] 예를 들어 장쑤성립여자잠업학교(江蘇省立女子蠶業學校)에서는 졸업생의 진로는 진학 10%, 취직 50%, 무직으로 집에 있는 자가 26%, 모름이 14%였다. 또 장쑤여자직업중학(江蘇女子職業中學)에서는 교육업으로 취업, 상업으로 취업, 진학 세 가지가 1/3씩이었다. 안후이공립직업학교(安徽公立職業學校)에서는 전문학교에 있는 업종에 진학한 경우는 평균 3할 정도라는

30 盛朗西, 「十年來江蘇中等學校卒業生出路統計」, ≪教育雜誌≫, 17卷 5期(1925), pp.25875~25880.

31 鍾道贊, 「職業教育的幾個重要問題」, ≪教育與職業≫, 106期(1929), pp.1263~1267.

32 「幾個女子職業學校和男女職業學校的問題」, ≪教育與職業≫, 114期(1930), pp.1~10.

대답이 있다. 무엇보다도 양잠업이 발달한 쑤저우(蘇州)에 있는 장쑤성립여자잠업학교[33]는 양잠업이 적었던 1925년 이전에는 취직이 어려웠지만, 당시(1930년) 상황에서는 오히려 인기를 끄는 수요에 맞추지 못했다고 서술하고 있다. 동시에 각 학교들이 직업교육의 문제점을 제시했는데, 그 내용으로는 경비(經費)나 교원 자질의 문제 외에 졸업생의 사회적 신용의 부족, 행정 당국의 멸시, 진학만을 영광으로 생각하고 있는 학생이나 보호자의 사상 등을 들고 있었다.

또 중화직업교육사의 연차총회기록에서도 같은 사정을 볼 수 있다. 예를 들어 1929년에는 직업교육 경비 확정, 직업교육 교원 양성, 직업교육 과정에서 실습의 증가, 성정부 기관에서 직업학교 졸업생 채용 등이 제안 및 결의되고 있었다.[34] 또한 1930년의 연차총회에서는 정시구(鄭西谷)[35]가 "현재 직업학교의 대다수 학생은 보통중학으로의 수험에 실패했기 때문에 직업학교로 진학한 사람들이다. 그들은 보통중학에는 진학하지 못하지만 직업학교에는 진학할 수 있겠지 하고 생각하고 있다. 이것은 매우 잘못된 것이다"라고 말했다. 또한 직업학교 교장인 위루이화(餘瑞華)도 학생이 공장에 안 가고 싶어 한다는 교육현장에서의 고뇌를 토로하고 있다. 한편으로, 전체회의의 주석인 왕야오청(王堯丞)(中央大學)과 류잔언(劉湛恩, 滬江大學 學長)은 이러한 의견에 대해 실습 현장에서 전문 지식을 살려 성공하는 길을 찾은 학생의 이야기를 하고는 있으나, 이것은 '이상형'이고, 앞서 서술한 이야기를 포함해 생각하면 예외적인 것이었다.[36]

이상에서 알 수 있듯이, 1920년대 말기의 직업교육에서는 반드시 직업학교

---

33 蘇州市志編纂委員會, 『蘇州市志』, 第3冊(1995), pp.622~623.

34 「杭州年會報告」, ≪教育與職業≫, 107期(1929), pp.1315~1332.

35 정퉁허(鄭通和, 1899~1985년)는 안후이(安徽) 루장(廬江) 사람이고, 시구(西谷)는 자(字)이다. 1923년 난카이대학(南開大學) 졸업 후 미국으로 건너가 스탠퍼드대학과 콜롬비아대학에서 교육학 석사 학위를 취득, 1926년 중국으로 귀국해 다샤대학(大夏大學) 교수를 거쳐 1927년부터 장쑤성립(江蘇省立) 상하이대학 학장(上海中學校長)이었다. 후에 간쑤성정부(甘肅省政府) 교육청장, 국민대회대표 등을 역임했다[徐友春 主編, 『民國人物大辭典』(華北人民出版社, 1991), p.1487].

36 「會議記事」, ≪教育與職業≫, 116期(1930), pp.47~59.

에서 배운 전공을 살려 직장을 잡을 수 있었던 것은 아니었다. 왜냐하면 불경기였을 뿐만 아니라 졸업생에 대한 사회적 신뢰도 그다지 높지 않았기 때문이었다. 또한 직업학교에 입학했음에도 불구하고 전문기능을 익혀 직장을 구할 생각은 애초부터 없었고 진학에만 뜻을 두기도 했음을 알 수 있다. 이는 학생들뿐만 아니라 보호자들도 그렇게 생각했다. 이런 것들이 1920년대의 직업교육에서 문제가 되었다. 뒤에서 말하겠지만 정부의 인식이나 경비의 문제는 1930년대 중기가 되면 개선된다. 그러나 졸업생에 대한 사회적 신뢰가 부족해 학생들의 취업이 어려워지는 문제, 진학에만 집착하는 일반의 인식 문제 등은 1930년대에도 여전했다. 1930년대 전반적으로 취업교육에서뿐만 아니라, 학교교육에서도 이러한 문제가 지속되었다. 다음에서는 일반 대중의 중등교육에 대한 인식을 상세히 분석해본다.

2. 중등교육의 사회적 기능: 학생의 이상과 현실

이 절에서는 1930년대 초반 장쑤성이나 상하이에 있는 중등교육기관 소속 학생의 진로나 직업 이미지, 보호자 층을 분석함으로써 당시 중등교육이 수행한 기능이나 학생의 출신 계층 등을 밝혀보려고 한다.

1) 학교문화

여기에서는 실제로 학생들의 진로를 검토하기 전에, 당시의 학생 자신이 학교라는 환경 속에서 어떻게 지내고 있었는지, 또한 그 또는 그녀들이 왜 중등학교에 진학했는지 하는 문제에 대해 고찰해보려고 한다. 이를 위해 다음에서는 주로 ≪중학생≫ 잡지에 게재된 학생들의 투서를 통해 당시 중등학생들의 학생생활 실태에 다가간다. 이 ≪중학생≫ 잡지는 1930년 1월에 개명서점

(開明書店)에서 창간호가 출판되었고, 편집은 샤가이쭌(夏丏尊)이나 예성타오(葉聖陶)라는 저명한 문학가가 담당했다. 또 잡지 기사에는 1만 8000부가 인쇄되고 있다는 기술도 있고,[37] 동시에 투고나 현상 논문에서는 상하이뿐만 아니라 타이위안(太原), 베이핑(北平), 샤먼(厦門) 같은 지역에도 독자가 있어 널리 읽혔다는 것을 알 수 있다.

이 ≪중학생≫ 잡지의 제61호에 난창일중(南昌一中)의 리성(麗生)이 쓴 '중학생이 자신들을 구하는 방법을 말한다'라는 기사가 있는데,[38] 이 기사에는 당시 중등학생의 생활 모습이 묘사되어 있다. 이 기사에 따르면, 오전 6시에 기상하고, 오전 7시 45분에 체조를, 오전 8시에 아침 식사를 하고, 오전 8시 30분부터 12시 20분까지 오전 수업을 하고, 오후 12시 30분에 점심을 먹고, 오후 1시 30분부터 4시 20분까지 오후 수업을 하고, 오후 5시에 저녁을 먹고, 오후 6시 30분부터 9시 30분까지 자습을 하고 10시에 취침하는 것이 당시 학생생활의 실태였다. 이것에 덧붙여 작가인 리성은 수학이나 영어 자습, 운동, 교육 자원봉사로 밤중에도 일어나는 것이 보통이라, 시시때때로 철야를 해야만 했다고 기술하고 있다. 그래서 많은 수의 학생들이 혈색이 좋지 않고 환자와 같다고 글에서 지적하고 있다. 앞서 서술한 학생생활을 통해 중등학교에서의 생활이 완전히 면학, 특히 대학 수험 중심으로 짜여 있다는 것을 알 수 있다. 게다가 중학생활이나 수험 공부를 통해 얻는 교양이나 문화라는 것은 일반 사회의 그것과는 크게 다른 것이었다. 예컨대 ≪중학생≫ 잡지에는 스티븐슨, 마크 트웨인이나 발자크 등 서양의 문학작품이 자주 게재되었지만, 이런 것들은 일반의 교양이나 문화와는 매우 상이한 것들이었다.

한편 여학생의 상황은 어떠했을까. 다음에서는 쑹장여자중학(松江女子中學)(이하 '쑹장여중'으로 약칭)의 상황을 보자. 쑹장여중은 1927년 7월에 창설되어, 민

37 徐激厲, 「'中學生'和中學生」, ≪中學生≫, 21號(1932), p.1.
38 麗生, 「談談中學生自救的方法」, ≪中學生≫, 61號(1936), p.321.

국 21년도(1932년)에 학생 약 330명이었는데,[39] 학생의 약 7할이 상업이나 교육·학술 관련 가정 출신이었다.[40] 당시 쑹장여중에서는 노력단(努力團), 진선단(眞善團)과 같은 소규모 서클을 만들어 교육을 진행했다. 교육 프로그램에 따르면, 오후 6시부터 6시20분까지 기상, 침대 정리와 세안, 오후 6시 20분부터 7시까지는 공부와 체조, 오전 7시부터 7시30분까지는 아침과 산책, 오전 7시 30분부터 12시 40분까지 예습과 수업, 오후 12시 40분부터 1시 30분까지가 점심식사, 오후 1시 30분부터 3시 10분까지 수업, 오후 3시 10분부터 6시까지는 운동 혹은 복습, 과외독서, 오후 6시부터 6시 40분까지가 저녁식사와 산책, 오후 6시 40분부터 7시까지가 토론 혹은 중국 음악의 연습, 오후 7시부터 9시 20분까지가 복습, 편지쓰기, 독서의 시간, 오후 9시 30분 취침준비와 취침이라고 한다. 물론 이것은 어디까지나 '계획'이지만 당시 학생생활의 일단을 볼 수 있다.[41]

또 ≪쑹장여중교간(松江女中校刊)≫에 실린 설문조사를 통해 당시 여학생의 학교 및 인생에 대한 관념 일부가 이해 가능하다. 이 설문조사에 따르면, '학교생활에서 가장 즐거운 것은'이라는 질문에 대해 '운동'이라고 대답한 사람이 가장 많은 32명, 이어서 '단체생활'이라고 대답한 사람이 23명, '학습'이라고 대답한 사람이 17명으로 이어졌다. 또 '인생의 목적은'이라는 질문에는 '영화(榮華)'라고 대답한 사람이 가장 많아서 83명, '영화와 금전'이라고 대답한 사람이 61명인 데 반해, '금전'이나 '사회봉사'라고 대답한 사람은 각기 15명과 13명밖에 되지 않았다.[42] 이를 통해 장래보다는 현재의 학생생활을 즐기고 금전에 집착하지 않는 것과 동시에 사회에 대해 무관심한 학생상을 알 수 있게 된다.

마지막으로, 당시 여성종합잡지인 ≪부녀잡지(婦女雜誌)≫의 설문조사(여자중학생 및 고교생, 합계 254명 대답)에 따르면, 여학생이 애독하는 서적은 1위가 『고

39 「本校沿革」, 「歷屆學生統計表」, ≪松江女中校刊≫, 33·34期(1932), p.2.
40 「學生家屬職業統計表」, ≪松江女中校刊≫, 19·20期(1931), pp.22~23.
41 「努力團課外作業時間表」, ≪松江女中校刊≫, 第7期(1929), p.17.
42 ≪松江女中校刊≫, 11期(1929), p.13.

문관지(古文観止)』, 2위가 『홍루몽(紅楼夢)』, 3위가 『홈스 탐정집』, 4위 『쿠오레(사랑의 학교)』, 5위가 ≪부녀잡지≫로, 소설뿐만 아니라 중국 고전도 많이 들어 있는 것이 특징이다.[43]

2) 진학 동기

또한 잡지에 실린 글을 통해 당시 학생의 진학 동기도 살짝 엿볼 수 있다. 예를 들어, 자싱이중(嘉興二中)의 리즈구이(李致貴)의 투고문에서는 부모의 명령으로 중등학교에 진학한 학생이 적지 않다는 것을 알 수 있다. 즉 투고문에서는 학생들을 부류별로 분류하고, 그중 한 부류로 "부모의 명령으로 공부하는 유형"이 있다고 했기 때문이다.[44] 여기에서는 장아이링(張愛玲)이 소설 「원녀(怨女)」에서 묘사했듯이, 부모가 사회적 지위의 하나로서 자녀의 학력을 추구하는 유형도 들어 있는 것으로 보인다.[45]

물론, 학생이 적극적으로 중등학교에 진학하고 공부에 힘을 쓰는 예도 다수 보인다. 그러한 사례에서는 '학업은 입신의 기초'로서 중등학교에서의 공부를 파악하기도 하고, 혹은 이제까지와 마찬가지로 애초부터 대학에 진학하는 것 자체가 목표였던 경우도 있다.[46]

여학생의 진학 동기는 앞의 사례와 같은 부분도 있지만 다른 점도 있다. 남학생과 공통된 것은 부모의 명령에 의한 경우, 혹은 불명확, 놀기 위해라는 경우가 있었다. 당시 여성 종합 잡지였던 ≪부녀잡지≫에서는 다음과 같은 기사를 볼 수 있다.

---

43 「女學生愛読的書籍」, ≪婦女雜誌≫, 17卷 2號(1931.12).

44 李致貴, 「中學生的生活方式」, ≪中學生≫, 3號(1930), pp.3~6.

45 張愛玲, 「怨女」, 『張愛玲文集』, 第3卷(安徽文雲出版社, 1992), p.413.

46 李涼群, 「讀者之頁今後我對於前途的努力」, ≪中學生≫, 5號(1930), p.55; 山莊, 「青年論壇: 受中學教育的雜想」, ≪中學生≫, 75號(1937), p.155.

우리가 필요로 한 것은 하나의 제대로 된 목적이다. 학교에 들어온 것은 지식과 기능을 얻고 도덕과 신체를 단련하는 것, 타인에 의존하지 않고 자립할 수 있는 기능을 추구하는 것이다. …… 그러나 일반적인 여학생들은 이 도리를 잘 모르고, 부형이 학교에 넣어줬기 때문에, 피동적으로 별다른 생각 없이 공부도 열심히 하지 않고 적당히 하면서 보내고, 공부시간에 외모 가꾸기에 신경 쓰거나 그렇지 않으면 친구들과 스타나 배우 이야기를 할 뿐이다.[47]

목적지 없이 끝없는 대해 가운데 이렇게 헤매고 있으면 언제 육지가 보일까? 상륙할 수 있긴 한 것일까? 지금, 일반적으로 진학을 희망하는 많은 수의 여성이 이러한 문제를 안고 있다. 그녀들이 대학이나 중등학교를 졸업한다 하더라도, 감히 일도양단으로 말한다면, 그녀들 중에 태반은 목적이 없다.[48]

본래부터 공부 목적이 불명료한 나는 공부에는 불성실하고, 또 스스로의 총명함을 믿고 자기수양의 시간을 잡담으로 즐겁게 보내고 있다.[49]

천하의 불효자인 나는 진학이 너무 하고 싶어서, 진학의 욕망을 충족시키기 위해 '부모의 명령'을 거역했다. 부모님이 취직하라고 준 돈을 전부 진학 시험 보는 데 써버리고 만 것이다. …… 현재의 교육은 풍족한 집의 도련님, 아가씨들만 받을 수 있다. 우리 같은 빈곤한 가정의 아이들은 영원히 그 달콤함을 맛보는 것이 불가능한 것일까?[50]

다른 한편, 여성만의 진학 동기도 존재했다. ≪중학생≫이나 ≪학생잡지≫에는 확실히 나오지는 않았지만 여성이 학력을 가지는 것, 즉 여학생이 되는 것은 결혼 시장에서 자신의 가치를 높게 만드는 것과 관련되었다고 한다. 다카시마 고(高島航)가 구혼광고(求婚廣告) 연구에서 지적하듯이, "결혼을 잘하기 위해 학

47 成本杭, 「我國婦女界的現象與前途」, ≪婦女雜誌≫, 13卷 7號(1927), p.3.
48 瑪利, 「爲今日求學女子作一警告」, ≪婦女雜誌≫, 15卷 9號(1929), p.20.
49 文元, 「往事」, ≪婦女雜誌≫, 17卷 5號(1931), p.98.
50 唐雲瑞, 「錄取以後」, ≪婦女雜誌≫, 17卷 1號(1931), p.77.

교에 간다고 하는 현상이 일어났다"라고 할 수 있다.[51] 이것은 천허친(陳鶴琴)이 지적하고 있듯이 과거에는 재주 없음이 칭찬받던 것에 비해 부인도 학식을 추구한다고 하는 여성상의 전환이 그 배경에 있었다. 또한 ≪부녀잡지≫에는 "졸업증서가 남성을 이끄는 최고의 액세서리", "졸업증서를 배우자 선택의 비장의 무기로 삼는다"라는 글귀도 있고,[52] 남성이 여성을 반려자로서 선택할 때의 기준 중 하나가 학력이라는 조사 결과도 게재되어 있다.[53] 1935년 상하이여자중학(上海女子中學)에서의 청커셴(程克獻)의 강연 '어떻게 현대의 여학생이 될 것인가?'[54]에는 다음 다섯 가지가 문제점으로 강조되고 있는데, 역시 결혼·연애를 목적으로 진학한 여성이 적지 않았음을 알 수 있다.

① 공부의 목적은 결혼에 있지 않다. 지식을 추구하는 것이다.
② 자신보다 학력이 높은 사람이나 관료에게 시집가는 것만을 영광으로 생각한다는, 결혼에 대한 잘못된 관념이 널리 퍼져 있다.
③ 『홍루몽』의 '린다이유(林黛玉)식의 우아·병약미를 좋다고 여기고 신체 단련의 결핍이 널리 존재한다.
④ 자기를 꾸미는 데만 열중하고, 다소 들뜬 생활로 부친에게 부담만 지우고 있다.
⑤ 국가 관념이 희박하다.

---

51 高島航, 「近代中國求婚廣告史(一九〇二〜一九四三)」, 森時彦 編, 『二〇世紀中國の社會システム』(京都大學人文科學硏究所, 2009), p.68. 무엇보다도 구혼광고라고 하는 매체 자체가 지극히 한정적인 사회계층만을 대상으로 하는 것이었음에 유의할 필요가 있다. 당시 중국의 도시에는 구혼광고에 상응하는 일을 하는, 즉 결혼 상대를 소개해주는 사업이 없었다. 이뿐만 아니라 구혼광고에 부응하려면 신문을 읽는 습관이 있어야 했고, 구혼광고라는 특이한 일 자체에 거부감이 없어야 했다.

52 詹渭, 「男女同學中女性的觀察及批評」, ≪婦女雜誌≫, 12卷 12號(1926), p.13; 喬治, 「新女史應具的條件」, ≪婦女雜誌≫, 13卷 2號(1927), p.8.

53 江文漢, 「學生婚姻問題」, ≪婦女雜誌≫, 15卷 12號(1929), p.10.

54 程克献, 「怎樣作現代的女學生?」, ≪上海女子中學校刊≫, 1卷 12號(1935), pp.151~153.

또한 남학생도 학력을 가지는 것이 결혼 상대를 찾는 데 유리했다. 다카시마 고가 분석했듯이, 학력을 가진 여성을 처로 맞는 것은 상대(여성)보다 한 단계 앞에서 말한 학력을 가져야만 가능했기 때문이다.[55]

그러나 부모나 학생 자신의 이러한 진학 동기와 사회 변화에 의한 중등학교의 기능적 변화와는 미묘한 어긋남이 있었던 것 같다. 예를 들어 ≪중학생≫ 편집부는 편집부에 보내온 "양친의 피와 땀을 대가로 공허와 피로를 얻었을 뿐이었다"라는 중등교육에 실망한 졸업을 앞둔 학생의 편지를 소개하고 있다. 중등학교 졸업은 현재(1930년대 _필자)에는 사회에 나갈 기초적 조건에 지나지 않고, 중학 졸업이 조건이 되고 있는 직업이 많음에도 불구하고 학생 자신은 중등학교에 진학한 것만으로 '영광'을 얻었다고 확신하며, 그 부모들도 또한 중등학교에 입학하면 자식들의 미래가 활짝 펼쳐지게 될 것이라고 생각하는 것은 당시 학생이나 그 부모들의 진학 동기가 전통적인 사대부 관념으로부터 멀리 떨어지지 않았기 때문으로, 그런고로 중등교육에 과도한 기대를 하고 실망을 하는 것이라고 서술하고 있다.[56]

3) 진로 지망 조사를 통해 본 중등학생의 직업관

앞에서 서술한 것과 같은 진학 동기는 학생의 진로 선택이나 모델이 되는 직업의 선택에도 영향을 미치고 있었다. 예를 들면 제46호 ≪중학생≫에는 취업 경험담이 게재되었는데, 거기에 게재된 직업은 우편 사업, 교원, 은행, 무선전신, 철도, 의료, 염무(鹽務), 상점의 도제 같은 직종으로, 이러한 직업 쪽이 당시 중등학생에게는 농업이나 공업보다 주요한 직종이었다는 것을 보여주고 있다. 또는 ≪학생잡지≫에서는 쑤저우의 한 대학에 다니는 대학생이 인력거꾼

55 高島航, 「近代中國求婚廣告史(一九〇二〜一九四三)」, p.67.

56 編者, 「卷頭言慰中學卒業生某君」, ≪中學生≫, 76號(1937), pp.6~9.

이 된 일이 비판적인 논조로 그려지고 있었으니, 이러한 사례로부터 당시 학생들의 육체노동에 대한 거부 반응을 볼 수 있다.[57]

나아가 이하에서는, 당시의 실태를 좀 더 깊이 분석하기 위해 각 학교의 진로 지망 조사에 입각해 당시 중등학생이 장래에 어떤 직업에 취업하고 싶어 했는지를 고찰해나가려고 한다. 우선, 자료로 다룬 것은 ≪중학생≫의 조사이다. 여기에 게재된 자싱(嘉興)의 중등학생에 대한 조사[58]에서는 희망하는 진로가 보통과(普通科), 상과(商科), 의과(醫科), 공과(工科)라고 응답한 경우가 2/3 이상을 점하고 있어서, 조사에서는 농과(農科) 지망자가 적은 것을 문제시하고 있다. 취직 희망지로 가장 인기가 높았던 곳은 은행으로, 전체 응답의 약 2할(254명)을 점하고 있었다. 은행 다음으로 지망자가 많았던 직업에는 교원(146명, 약 11%), 공장·실업(123명, 약 9%)이고, 이 세 가지의 응답이 전체 응답의 4할 이상을 점하고 있다. 그리고 철도·항공·도로 건설과 같은 교통 관계(151명, 약 12%), 의약·군의(軍醫)와 같은 의료 관계(134명, 약 10%), 우편 및 전화·전보(121명, 약 9%) 같은 통신 관계도 각기 1할에 가까운 비율을 점하고 있었다.

한편, 중화교육개진사(中華教育改進社)가 펴낸 ≪교육과 직업(教育與職業)≫에 게재된 「중등학생 직업 흥미 조사 보고」는 상하이의 중등학교 5개교 500명의 남학생과 「중등여학생 직업 흥미 조사 보고」는 상하이의 중등학교 7개교 500명의 여학생을 대상으로 했는데, 공통의 질문 표와 응답 방법을 채택하고 있다.[59] 이 두 조사에서 "대체로 어떤 분야의 직업에 취직하고 싶은가"라는 6분야(농, 공, 상, 교육, 정치, 기타)를 제시해 응답을 선택하게 하는 질문에서는 남녀 모두 상업이 가장 높고 공업을 지망하는 남자를 합하면 응답자의 6할 이상이 상공업을 장래지망하고 있었다. 한편 여자는 상업에 이어 교육업을 지망하는 자가 많은

57 「大學生拉人力車」, ≪學生雜誌≫, 15卷 6號(1928), p.155.

58 許敏中, 「嘉興中等學生生活狀況及其志願的調查」, ≪中學生≫, 44號(1934).

59 陳選善·鄭文漢, 「中學生職業興趣調查報告」, ≪教育與職業≫, 148期(1933), pp.605~612; 陳選善·鄭文漢, 「中學女生職業興趣調查報告」, ≪教育與職業≫, 151期(1934), pp.19~25.

것이 특징이었다. 또한 구체적인 희망 직종에서는 남녀 모두 은행이 가장 높고, 남자는 응답자의 14% 이상, 여자는 응답자의 28% 이상이 장래 취직하고 싶은 곳으로 은행을 선택했고, 이하 남자에서는 기계 공정, 항공 관계가 뒤를 잇고, 여자에서는 교육, 세관 관계가 이어지고 있었다. 단, 응답한 사람은 남녀 모두 120~130명 정도로, 전체 응답자의 1/4 정도에 머물러서, 실제로는 대다수 중등학생은 재학 중에 특별히 지망하는 직업이 없다는 것을 알 수 있다. 그런데 '중학생 직업 흥미 조사 보고'에서는 흥미롭게도 상과를 전공한 학생 대다수가 상업을 하려고 하지 않는다고 지적한다. 또한 두 개의 조사에서는 직업을 결정할 요인에 대해서도 자유 필기 방식으로 학생에게 물어보았는데, 남녀 모두 7할 가까이가 '사회의 필요'와 '개인의 취미·흥미'라고 응답하고 있다. 이는 앞 절에서 다루었듯이 학교문화나 진학을 우선시한 중등학교의 커리큘럼 및 분위기가 학생의 진로 선택과 깊은 관계가 있는 것을 추측할 수 있다.

그리고 쑹장여자중학(쑹장여중)의 경우를 보자. 쑹장여중에서는 초급중학에 해당하는 초중부(初中部), 고급중학에 해당하는 고중보통과(高中普通科), 사범학교에 해당하는 고급중학 사범과(高中師範科)가 있다. 초중부 학생 가운데 약 6할이 쑹장여중의 고급중학부로, 3할이 고급중학 사범과로, 다른 고급중학으로의 진학자가 1할로 거의 전원이 진학하고 있으며, 고중보통과에서도 대학 진학자가 5할을 넘어서고 있었다(고중사범과에서는 8할이 교육기관에 취직).[60] 이 쑹장여중에서는 교지(校誌)를 매월 1회 발행했는데, 이 교지에는 학생들의 흥미에 대한 조사가 게재되어 있었다.[61] 이 조사에 따르면 가장 인기 있는 직업은 '은행원'이고(총계 162명이 대답, 총수의 52%), 다음으로 카메라맨(116명, 38%), 농구선수(95명, 31%)로 이어진다. 은행 관계나 간호와 같은 직업에도 흥미가 모아지는데, 쑹장여중

60 「歷屆初中卒業生出路狀況統計表」; 「歷屆高中師範科卒業生出路狀況統計表」; 「歷屆高中普通科卒業生出路狀況統計表」, ≪松江女中校刊≫, 33·34期(1932), pp.64~66.

61 「本校學生職業興趣調査」, ≪松江女中校刊≫, 29期(1932), pp.7~11.

에서도 전체적으로는 앞서 서술한 ≪중학생≫의 조사와 마찬가지로 도시형·비실업적(非實業的) 직업에 인기가 모아지고 있었다고 말할 수 있다.

4) 사회 상승의 수단으로서의 진학과 학생의 출신 계층

앞에서 다룬 쑹장여중 학생의 보호자는 엄격한 관리를 학교에 요구하고 있고, 또 "건전한 인격 양성'이나 '덕(德)·지(智)·체(體)를 골고루 신장한다"라고 하는 인격 교육적이지만, 실제로는 모호하다고 할 수 있는 희망이 비교적 많았다.[62] 이상으로부터 보호자도 학교에 기대하는 것은 실과교육, 즉 기술을 갖추는 것 같은 공부는 아니었다는 것을 알 수 있다. 또한 쑹장여중 조사에서는 고중사범과에서 교육이나 학술 관계에 관심이 얕다는 점이 흥미롭고, 사범과를 교원이 되기 위한 직업학교인 동시에 상급학교의 일종으로도 보고 있었을 가능성이 높다. 이것은 ≪학생잡지≫에 투고·게재된 소설 속에, 진학을 희망해 시골로 돌아가 사범학교로 진학하는 것은 저비용으로 해결 가능하다고 양친을 설득하는 장면이 나오는 것[63]으로 봐서도(정말로 저비용으로 가능한가 아닌가는 별개로) 당시 그러한 생각이 결코 특이한 것은 아니었다. 또 다른 연구가 보여주고 있듯이 예성타오처럼 교원으로 수년간 근무한 후 퇴직해 상급 학교로 진학하는 것은 당시 그렇게 진기한 일은 아니었다.[64]

그렇다고 하더라도 실제로는 교원이라는 직업은 학력을 가진 여성이 용이하게 취직할 수 있는 얼마 안 되는 직종 중 하나였다. ≪부녀잡지≫에는 다음과 같이 쓰여 있다.

---

62 「歷年學生家長對於本校管理上之意見比較表」, ≪松江女中校刊≫, 33·34期(1932), pp.78~79.

63 裏約, 「三年前的回憶」, ≪學生雜誌≫, 16卷 11號, p.107.

64 大澤肇, 「近現代上海·江南の小學教員層一九二七〜一九四九年」, ≪中國: 社會と文化≫, 22號(2007), p.249.

여성해방운동에서 무엇보다도 중요하게 호소할 것은 '경제 독립'이다. 그러나 어떻게 독립할 것인가? 이것도 중요한 문제이다. 실업계에는 여성을 허용하는 장소가 매우 제한되어 있다. …… 지식의 정도가 높아도 교원이나 간호부 외에는 쉽게 찾아볼 수 없다.[65]

교육계 직업은 부녀가 무엇보다도 참여할 수 있는 것이다. 특히 소학교의 교직원이 그렇다. 아동을 교육하는 것은 부녀의 타고난 특징이기 때문이다.[66]

또한 실제로 필자의 다른 글에 실린 통계적 분석에 따르면 초등교육 수준에서는 여성교원이 일관되게 증가하고 있었다. 상하이시의 공립소학교에서는 1935년 단계에서 교원의 3할이 여성이고, 1946년의 단계에 이르러서는 여성 비율이 약 5할에 달하고 있다(그러나 소학교원의 대우는 별로 좋지 않았다).[67]

마지막으로 중등학생 보호자들로는 어떤 인물이 있었을까. 환언해 이러한 학생들은 어떠한 계층으로부터 나왔는지를 분석해보자. 장쑤성 교육청이 정리한 데이터에 따르면 학생의 출신 가정은, 농업계·상업계·학술계에 속하는 경우가 각각 2할 이상이고[68] 인구의 절대 수는 적지만, 경제계나 학계·교육계 자제들의 진학률이 매우 높았음을 알 수 있다. 개별 데이터로서 난퉁중학(南通中學)의 예를 보아도 부모가 농업 외에는 역시 학술, 상업, 정치의 직업을 가지고 있는 유형이 많았다.[69] 또한 ≪장쑤교육(江蘇教育)≫에 게재된 데이터에서는 당시 중등학생 보호자의 반수는 연 수입 1000위안 이상이고 많은 학생이 비교적 부유한 계층의 출신임을 알 수 있다.[70] 여기에서는 자제를 중등학교에 다니

65 炎華, 「婦女解放聲中的幾個問題」, ≪婦女雜誌≫, 13卷 6號(1927), p.8.

66 邢知寒, 「女性的職業」, ≪婦女雜誌≫, 16卷 2號(1930), p.22.

67 大澤肇, 「近現代上海·江南の小學教員層一九二七~一九四九年」, pp.249~252.

68 「省立中等學校學生家庭職業百分比之比」, 江蘇省教育廳 編, 『江蘇教育概覧』(江蘇省教育廳, 1932), 第4部 p.11.

69 「學生家庭職業」, ≪江蘇教育≫, 1卷 3·4號(1932), p.123.

70 「南通中學普通科各級學生家庭逐年収入調查」, ≪江蘇教育≫, 1卷 3·4號(1932), p.132.

게 하고 대학 등 고등교육기관에 입학시키는 것으로 사회 상승을 노리는 도시 부유층의 태도를 볼 수 있고, 그러한 계층에서 나온 학생에게는 기술자라는 직업이라 하더라도 농촌에서 농업에 종사하는 것이나 공장에서 공업에 종사하는 것은 예외적인 것이나 다름없었다.

이러한 보호자의 교육관이나 학생의 학교관 및 앞에서 검토한 진학 동기를 통해 스마트한 도시생활과 고급의 화이트칼라 직업생활(여자학생에게는 보다 좋은 반려자와의 결혼)을 실현하는, 즉 사회 상승 통로로서의 중등학교상이 1930년대 중등학교에 진학 가능한 가정들에서 공유되고 있었다는 사실을 알 수 있다. 중등학교 진학은 학력과 학비의 문제였는데, ≪중학생≫이나 ≪학생잡지≫에서 졸업생의 진로 문제 이외에 한 차례 화제가 되었던 것은 학생 간의 빈부 격차나 학비 충당의 문제였다. 예를 들어 ≪중학생≫에는 1931년 3월 상하이의 재봉사가 아이의 진학을 위해 필요한 학비 80위안을 빌리지 못해 부끄러워서 자살해버렸다는 사건이 대서특필되었다.[71]

실제, 1930년대 초반에는 초급중학 졸업생 대다수가 고급중학에 진학했다. 예를 들어, 『장쑤교육개람(江蘇教育概覧)』에 진로 데이터가 명시된 성립중등학교 8개교(난징여자, 쑤저우, 쑹장, 쑹장여자, 난퉁, 화이안, 옌청, 쉬저우)에서는 진학자 비율이 41~96%로, 평균 78%이다.[72] 게다가 이런 고급중학 보통과 졸업생의 진로로 가장 많은 경우가 대학·전문학교 진학이었다. 이와 마찬가지로, 『장쑤교육개람』에 진로 데이터가 명시된 성립중등학교 6개교(난징여자, 쑤저우, 쑹장, 난퉁, 화이안, 쉬저우)에서는 진학자 비율이 24~73%로, 평균 58%이다.[73] 이렇게 장쑤성

---

71 郢生, 「一個中學生的父親的自殺」, ≪中學生≫, 14號(1930), p.1.

72 시기와 지역이 다르지만 일본 지배하의 허베이(河北) 농촌에서는 보통 초급중학 3개교 학생의 졸업 후 진로 희망에 대한 조사에서 약 반수의 학생이 고급중학으로 진학을 희망하고 있었다[興亜院華北連絡部文化局, 『華北農村教育調査報告』(興亜院華北連絡部, 1940), p.46].

73 江蘇省教育廳 編, 『江蘇教育概覧』, pp.60~311. 한 학교에서 여러 시기의 진로 데이터가 게재되어 있는 경우 여러 시기 가운데 평균을 취한 것을 이용하고 있다. 또한 진로 데이터에 대해서는 약간의 왜곡이 존재한다. 즉 당시 진로 데이터를 수집 통계·공개하는 중등교육

에서는 초급중학, 고급중학과 함께 상급학교 진학이 졸업생의 진로 가운데 가장 많았다는 것이다.

이런 경향은 학생 수, 학교 수에서도 알 수 있다. 즉 1932년 시점에서 장쑤성에 있는 중등학교는 123개교[초급중학 87개교, 고급중학 과정도 구비한 완전중학(完全中學) 36개교], 학생 수는 대략 2만 8000명(초급중학학생 약 1만 3000명, 완전중학학생 약 1만 5000명)[74]인데 고급중학의 수가 초급중학에 비해 그다지 적은 것도 아니다. 금전적 문제를 별도로 하면 본인의 노력으로 진학 가능했음을 알 수 있다.

개개의 숫자에는 신빙성의 문제가 있지만 전체적인 추세로서, 앞에서 실증했듯이 1920년대에 중등교육기관에서는 실과교육의 실시나 직업교육의 실시·선전이 대대적으로 이루어지고 있었음에도 불구하고 그것이 사회나 학생의 의식을 바꾸는 데까지는 미치지 못했다고 말할 수 있지 않을까.

3. 난징국민정부기 정부·교육계의 인식과 대응

앞에서 실증했듯이 1930년대 초반에도 중등교육에는 진로 문제나 보통교육에의 편중 등의 문제가 존재했다. 그것은 단순한 교육상의 문제에 그치는 것이 아니었다. 즉 사회 불안이나 학생운동 등과 같은 정치적 불안정 요인으로

기관은 유력한 학교였고, 그러한 학교는 유력하지 않은 학교에 비해 진학 지향이 강하다고 예상되기 때문이다. 그렇다고 하더라도 당시 장쑤에서 전 중등학교의 진로 데이터를 망라해 수집하고 지역적 혹은 초급중학과 고급중학 사이의 차이를 밝히는 것은 지면의 제한도 있어 어렵기 때문에 이 글에서는 전체적인 추세를 보여주는 데 그친다. 상세한 검토는 앞으로의 과제로 남겨두려고 한다.

74 江蘇省教育廳 編, 『江蘇教育概覽』, pp.150~153. 완전중학 중에 어느 정도가 고급중학 부분이고 어느 정도가 초급중학 부분인가는 불분명하지만, 난징여자중학이나 쑤저우중학에서는 고급중학 보통부의 학생 수가 초급중학 보통부보다 많고, 고급중학이 없는 지방의 초급중학 졸업생의 진학처가 되었을 가능성이 높다.

인식되었기 때문에 국민정부도 대책을 실행하게 되었다.

1) 직업교육의 추진과 성과

1932년에 천궈푸(陳果夫)는 국민당 제312차 중앙정치회의에서 「교육개혁초보방안(改革敎育初步方案)」을 제출했다. 이 방안은, 당시까지의 중국의 교육 과정이 문(文)·법(法)은 중시하고 농공상의 각 학과는 경시해왔다고 하고, 고등교육에서는 잠정적으로 10년간 문·법·예술과의 학생 모집을 정지하고, 법학과 문학과(法文係)의 경비를 농·공·의과 등의 이공계로 돌릴 것을, 중등교육에서는 농공의과에 연관되는 과학을 중시할 것을 요구했다.[75]

이런 논의에 대해 교육부는 우선 1931년 3월에 훈령을 내려, "우리나라의 소학교와 중학교는 노동공작과 생산 작업을 중시하지 않음으로써 졸업생은 모두 직업을 가질 능력이 없고 생산이 떨어지고 민중의 생활수준이 떨어지고 있으며, 학교교육은 사회의 수요에 적응하지 못한다"라고 하고, 각 성시의 소·중학교는 공작과(工作科), 직업과, 노동작업(勞動作業)을 늘리도록 명령했다. 또한 같은 해 4월에는 "중학교육은 진학과 취직의 준비를 위함"이라고 해 각 성시에서 보통중학 설립의 제한과 직업학교, 클래스의 증설을 훈령했다.[76] 그리고 1934년 8월에는 교육부 고관에 의한 중등교육 개혁플랜이 ≪신보(晨報)≫에 게재되었다. 그에 따르면 현 상태에서는 보통중학이 너무 많기 때문에 고등교육은 '기형적 발전'을 하고 있다고 하고, 그 대책으로서 중등교육 경비의 분배 비율을 직업학교는 35%,

75 陳果夫, 「改革敎育初步方案」, 陳果夫先生奬學基金管理委員會 編, 『陳果夫先生有關敎育文化之遺著選輯』(復興書局, 1971), pp.1~2.

76 「敎育部訓令第471號20年3月24日令各省市敎育廳局爲令飭各中小學增加工作科職業科及勞働作業並將弁理情形具覆備核由」, ≪敎育部公報≫, 3卷 12期(1931), p.17; 「敎育部訓令第536號20年4月2日令各省市敎育廳局爲通令限制設立普通中學增設職業學校在普通中學中添設職業科或職業科目県立初中応附設或改設鄕村師範及職業科由」, ≪敎育部公報≫, 3卷 13期(1931), pp.7~10.

사범학교는 25%, 보통중학은 40%로 한다는 등의 내용을 발표했다.[77]

그렇다면, 실제 지방 수준에서는 어떻게 대응이 이뤄지고 있었을까. 앞서 서술한 국민정부의 방침에 따라 장쑤성에서는 보통중학의 설립 등기의 동결, 중등교육의 경비 배분의 중점을 보통중학에서 직업중학으로 이동하는 등의 조치를 취하게 되었다. 그 결과, 성립중학에서는 고급중학 보통과가 12클래스, 초급중학이 1클래스, 고급사범과가 6클래스가 감소하고, 고급직업과가 6클래스, 초급직업과가 2클래스, 교원훈련과가 5클래스, 향촌사범과가 2클래스가 증가하게 되었다. 또한 이싱직업학교(宜興職業學校)가 성립되어 농림과가 설치되고, 상하이중학의 고급사범과 내에 공과와 이과가 설치되는 등의 조치가 취해졌다. 보통중학이 많은 지역의 사립중학에는 직업학교를 증설하는 등의 권고를 행했다.[78] 앞서 서술했듯이 국민정부의 직업교육 진흥정책도 있었고, 직업교육은 순조롭게 발전해나갔다. 실제 장쑤성 내의 직업학교는 1930년도에는 7개교밖에 되지 않았으나, 1932년도에는 25개교, 1934년에는 42개교까지 증가했다.[79]

이렇게 1910년대 이래의 직업교육이 발전·정착하는 가운데, 직업교육이 사회에서 점하는 위치도 변화해갔다. 그 상황을 ≪교육과 직업≫에 게재된 허칭루(何淸儒)의 논문 「직업학교졸업생 출로조사(職業學校卒業生出路調査)」에서 살펴보자. 허칭루는 전국 28개 직업학교의 최근 3년간의 졸업생을 초급중학 졸업에 해당하는 초급농과·초급공과·초급상과와, 고급중학에 해당하는 고급농과·고급공과·고급상과, 도합 6개 과를 분석했다. 이 분석에 따르면 농과와 공과에서는 졸업 후 취직하는 사람이 평균 7할, 진학하는 사람이 평균 2할, 취직도 진학도 하지 않는 사람이 평균 약 1할(고급공과에서만은 취업자가 8할, 진학자가 1할)인 상황이었다. 조사에서는 오로지 초급상과 졸업생의 취업률만이 6할에 미

77 「教育改造的新動向」, ≪教育雜誌≫, 24卷 2號(1934), p.117.

78 陳果夫 編, 『江蘇省政述要』(文海出版社, 1983, 教育編), pp.13~15.

79 「二三年度全國職教概況」, ≪教育與職業≫, 172期(1935), p.144.

치지 못했지만 전체적으로는 비교적 좋은 상황에 있었다. 그러나 취업률 자체가 나쁘지 않았다고 하더라도 취업한 학생들이 습득한 전문 지식을 살리는 직업에 취업했는가는 또 다른 문제였다. 예를 들어 당시 중앙대학(中央大學) 교육계(教育系)의 교원이던 중다오짠은, "각종 직업학교의 74%의 학생이 취직을 했지만, 그 취업한 곳은 배운 것과 꼭 관계있는 곳은 아니고 다만 그 일부만이 그 배운 것을 사용해 일하고 있다", "최근 진링대학(金陵大學)이 6개소 농업직업학교 293명의 졸업생을 대상으로 한 조사에 따르면, 실제로 농업에 종사하는 경우는 고작 6.8%이고, 기술자가 된 경우가 21.5%, 진학 또는 다른 일에 취업한 사람이 36.4%, 무직 혹은 미상이 35.2%이다. 이로부터로도 현재 직업학교의 졸업생은 많다고는 해도 그 배운 것을 실제에 이용하는 사람은 극히 소수라는 것을 알 수 있다"[80]라고 말하고 있다.

이상의 분석을 통해 보통 중등교육보다 소규모였지만[81] 직업학교·직업교육이 1910~1920년대와는 달리 당시 중국 사회에서 일정 정도의 위치를 획득했으나 졸업생이 모두 직업교육으로 배운 것을 활용한 취직이 가능하지는 않았다는 것을 알 수 있다. 허칭루는 그 원인으로 현행의 직업교육에 문제가 있다고 하고, 실적을 올리지 않고 있고 사회의 신용을 얻지 못하며 실업계와 동떨어져 있고 설비·교원·교학 방법이 좋지 않기 때문이라고 비판하고 있었다. 다만 한편으로 허칭루는 취직률은 학문의 유무와 관계가 없고, 오히려 내륙의 지방 도시 등 학교의 입지와, 신규 기술자·노동자의 구직 방법, 즉 노동시장에서 수요·공급에 의한 것이라고도 서술하고 있다. 예를 들어 융단제조업은 도제제도를 취하는 곳이 많고, 학교에서 공부를 해도 취업이 가능하지 않으며, 더욱이 초급상과학교(初級商科學校)를 졸업해도 구식의 상점에서는 경원시되고 신식의 기관에서는 능

80 鍾道贊, 「職業教育之最近現狀」, ≪教育雜誌≫, 25卷 11號(1935), p.54.

81 「全國每年卒業生人數」, ≪教育與職業≫, 172期(1935), p.145에 따르면 1934년도의 직업학교 졸업생이 전국에서 9015명이었던 데 반해, 초급과 고급사범학교의 졸업생은 2만 2711명, 보통중등교육은 7만 4865명이었다.

력이 부족하다고 고용되지 않는다는 등을 지적하고 있다.[82]

같은 문제의식을 1937년 봄 중국직업교육사대회의 결의에서도 발견할 수 있다. 즉 이 대회의 제1분과 회의에서는 직업학교 졸업생은 진로가 없어 고생하고 있고 공장에서도 또 상당한 기술 인원이 필요하다고 하는 관점과, 공장·상점과 직업학교는 연계가 없어 졸업 후에 공장·상점을 개설하는 학생도 적고 부득이 진로를 구해 소학교원이 되는 사람이 있거나 각 기관 직원이 되는 사람도 있어서, 배운 것이 활용되지 않는다는 이유로 "직업학교는 실업 기관과 제휴를 맺어야 한다"는 제안을 교육부가 채택하도록 의결한 것이다. 또 다른 분과회에서는 전국 공사립 각 실업 기관의 기술 인원에 우선적으로 직업학교 졸업생을 임용해주도록 실업부에 진정하는 것도 결의했다.[83]

이를 통해서 직업학교가 기술자·실무가 육성이라고 하는 교육 목표를 상정하고 있지만 진로로서 본래 상정된 기술자·실무가가 되는 것이 노동시장의 수급 관계에서부터 어려운(혹은 임금 등의 노동 조건 등 때문에 기술자·실업가가 되는 것을 학생들이 기피) 데다가, 진로로서 진학이나 전문 분야 외의 직업을 지향하는 학생도 적지 않았다는 것을 알 수 있다.

2) 직업교육의 한계

1934년 8월, 전 교육부장이자 당시 베이징대학 학장이던 장멍린이 「'중소학교육제도의 수정(修正中小學敎育制度)」이라는 제안을 정부 기관에 제출하고, 또한 ≪대공보≫에 발표했다. 여기에서 장멍린은 "진학에 무게를 두어 소학교가 중학교의 예비 학교가 되고 중학이 대학의 예비 학교가 됨으로써 초등교육과 중등교육이 완전히 원래의 목적을 상실하고 있다", "다수의 학생이 농촌에서

82 何清儒, 「職業學校卒業生出路調查」, ≪教育與職業≫, 166期(1935), pp.385~400.
83 「大會情形」, ≪教育與職業≫, 186期(1937), pp.486~513.

도시(소학교에서 중학교)로 도시에서 성도(省都) 혹은 도시(중학교에서 대학)로 이동하고, 졸업 후에는 농촌으로 돌아가지 않아 도시에서 유민이 되고 농촌에는 인재가 부재하다"라는 점을 지적했다.[84] 이에 대해 후스(胡適)도 "농민들이 어렵게 돈을 내어 아이들을 학교에 보내는 것은 특수한 계급이 되기를 바라는 것으로, 농촌으로 돌아가는 것을 희망하지 않는다"는 현상이 있는 것을 지적했다.[85] 이러한 현상에 대해 장멍린은 학제를 개혁하고 소학교 졸업 이후의 진로를 다양화하며, 고급소학교나 초급중학에 해당하는 직업학교를 증설할 것과 학력이 아니라 재력에 의해 진학하는 문제를 고치기 위해 장학금 제도를 충실히 실시할 것을 주장했다.

장멍린의 이러한 제언을 받아들여, ≪교육잡지≫ 25권 1기에서는 「학제토론 전문호(學制討論專門號)」로 이 문제에 대한 특집을 꾸려 전국 34명의 전문가 의견을 게재했다. 이 가운데는 장멍린의 제언에 대한 찬성도 많이 있었지만, 가장 많았던 것은 "제도를 바꾸는 것만으로는 의미가 없을 뿐만 아니라 아무것도 변화하지 않는다"는 의견이었다. 흥미로운 점은 셰쉰추(謝循初)가 "일반 중국인의 교육에 대한 신념과 습관은 완전히 전통적인 패턴에서 벗어나지 않고 있다. 부모가 자신들의 자제를 학교에 보내는 것은 대개 그들이 장래에 이름을 떨쳐 부모를 널리 알릴 수 있기 때문이거나, 혹은 그들이 학교에서 이(理)를 밝게 하고', '마음을 바르게 하고' '뜻을 진실하게 하고', '수신(修身)'하기 때문이라고 여겨 게으른 자라고 하더라도 문제가 안 된다고 생각하고 있다"라고 서술했고, 우쯔창(吳自强)이 국민성의 문제라고 잘라 말했듯이 민중의 '오래된' 교육관을 문제로 삼는 의견이 많았다는 것이다.

무엇보다도 허칭루의 다른 논문 「직업학교 졸업생의 수입(職業學校卒業生的收

84 吳自強, 「我國中小學敎育制度爲什麽又要變更」, ≪敎育雜誌≫, 24卷 2號(1934), p.23; 「修正中小學敎育制度蔣夢麟等之重要提議」, ≪大公報≫(1934.8.15).

85 胡適, 「敎育破産的救濟方法還是敎育」, ≪大公報≫(1934.8.19).

入)」에서는 민중의 '오래된' 교육관이 어떤 종류의 합리성을 가지고 있다는 점을 알 수 있다. 즉 허칭루는 농과, 초급상과, 고급공과의 방적과(紡績科)와 응용화학과 등 취업률이 낮은 학과는 그 업종의 임금과 상관관계에 있다는 것을 지적하고 있다. 그의 설명에 따르면 수산과(水産科)를 제외한 농과 졸업생의 평균 월수입은 초급 졸업생 고급 졸업생과 함께 20위안 정도이고, 공과의 방적과·응용화학과 졸업생의 평균 월수입은 18위안, 초급상과 졸업생에 이르면 평균 월수입이 14위안이었다. 한편, 고급상과, 방적과, 응용화학과를 제외한 고급공과 졸업생의 평균 월수입은 30위안을 넘어가고 있어서 직종에 따라서는 다시 그 두 배 가까이의 월수입을 거두는 것이 가능하다고 지적하고 있다.[86] 그러나 이와마 가즈히로가 지적하듯이 1930년대 상하이 은행원의 평균 월급은 77위안이었고,[87] 또 대학을 졸업해 중등학교 교원이 되면 월수입은 100위안 이상이며,[88] 소학교 교원이라고 하더라도 대도시에서라면 40~50위안 전후의 월수입을 거두고 있었다.[89]

즉 직업교육 보급에 의해 중등교육 단계에서 직업학교로 진학하고 나아가 거기에서부터 취직을 한다고 하는 통로가 1930년대에 가능했다. 또한 당시 학생의 입장에서 보면 취직률이나 임금을 고려하면 학비가 난관이었다고 하더라도 중등학교 보통과에서 대학으로 진학하는 편이 종합적으로는 임금이 높다고 하는 구조 자체는 변하지 않았던 것이다.

이상과 같이 장쑤성을 중심으로 당시 중등교육기관 소속 학생들의 실태, 심성, 사회적 계층을 살펴보았다. 이상으로부터 당시 중등교육기관이 가지고 있던 기능과 그로부터 파생하는 문제를 고찰해보도록 한다.

---

86 何清儒, 「職業學校卒業生的收入」, ≪教育與職業≫, 168期(1935), pp.555~561.

87 岩間一弘, 『上海近代のホワイトカラー』, p.127.

88 忻平, 『從上海發現歷史』(上海人民出版社, 1996), pp.318~333.

89 高田幸男, 「小學教員」, 菊池敏夫·日本上海史研究会 編, 『上海職業さまざま』(勉誠出版, 2002), pp.106~108.

중등학교를 졸업해 중국의 민간 기업으로 취직하거나 혹은 그것을 희망해 직업학교에 진학하는 것은, 학교 측이 기업·공장 등에 직접 취업을 알선하지 못하는 이상 중등학교에 진학하는 것은 취직에는 결코 유리하지 않았다. '도제'라는 형태로 '직원'이 되는 길도 있었기 때문이다. 도제는 10대 전반기에 직원의 몸으로 주변 뒤치다꺼리나 잡일을 3년 정도 하고 낮은 신분의 직원이 되는 것이다. 그들 중 많은 수가 사숙(私塾)·초급소학(소학4년생)까지밖에 교육을 받지 못하고 읽은 책도 『삼국지』, 『서유기』, 『칠협오의(七俠五義)』 같은 것이 주된 것이었는데, 앞 절에서 서술했듯이 수험 공부나 중학생활에서 서양적인 문화를 습득한 중등학생과 비교해보면 확실한 사회적·문화적 차이가 존재했다. 따라서 도제에서 상당한 외국어 능력과 교양을 필요로 하는 대학이나 외국계 기업으로 이동하는 것은 어려웠다고 말할 수 있다.[90]

그러면 왜 당시의 민중은 중등학교에 진학했을까. 앞서 서술했듯이 민국시대에는 왜 다수의 중·고등교육기관이 탄생하고 수량적으로 발전을 이루었을까. 학생 및 보호자 측의 진학 의식은 앞에서 보았듯이 반드시 명확한 것만은 아니었다. 단, 학생의 직업관을 분석해보면, 도시의 화이트칼라 직업에 관심이 집중되어 있었다. 화이트칼라 직업에 취업하려면 중등학교 학력은 불리했고, 오히려 고등학교로 진학하는 편이 유리했다. 따라서 1930년대 직업교육이 크게 확대되었음에도 불구하고, 대학 진학에만 몰두하는 학생과 학부모의 의식에 아무런 변화가 일어나지 못했다. 결국 직업교육이 '보통교육화'되는 현상을 피할 수가 없었다.

즉, 이상으로부터 민국 시기의 중국 사회에서 중등학교교육의 위치는 다음과 같다고 말할 수 있을 것이다. 민중·학생 입장에서는, 1930년대에는 직업학교를 경유한 취직 통로가 확립되었다고는 하더라도 직업학교로부터 취직하는 경우 임금이 별로 좋지 않고 대학에 진학하는 편이 임금이 좋은 직업에 취직할

90 胡林閣·朱邦興·徐聲 編, 『上海産業與上海職工』(上海書店, 1939), pp.623~631.

가능성이 있으며, 또한 중등교육만의 학력으로는 학생들이 관심을 갖고 있던 화이트칼라 직업으로의 취직에는 불리했기 때문에 중등학교에서 취직하지 않고 대학으로 진학하는 편이 합리적이었다. 그래서 중등교육의 고등교육 진학의 예비 단계로서의 성격은 직업교육의 확대와 침투에도 불구하고 변화하지 않았다. 오히려 직업교육의 '보통교육화'를 초래했다.

또한 도시의 상공업자나 학술·교육자 계층 출신인 학생이 다수를 차지하는데, 그 또는 그녀들의 많은 수가 도회의 화이트칼라 직업을 지망함으로써 대학으로 진학하거나 그러한 사회적 계층의 재생산을 수행하게 되었다. 한편으로 중등학생에게 도회의 화이트칼라 직업이 인기였다고 하는 것은, 농촌 출신 학생들이 중고등교육기관으로의 진학을 계기로 도시 지역으로 유출되고 농촌으로 돌아가지 않았다는 것을 의미한다. 자오팅웨이(趙廷爲)·루제셴(陸覺先)도, "군·정치·학술의 3계의 인재 수용 능력은 유한한데, 졸업생은 매년 증가하고 있고 사람이 남는 현상은 현저하다. …… 한편으로는 실업한 학생 중 많은 수가 도시의 사치스러운 풍습에 오염되어 농촌으로 돌아가 농업 혹은 다른 사회사업에 종사하고 싶지 않다고 생각하고 있다. 그래서 도시에서 유랑하거나 고등 유민이 되고 있다"[91]라고 서술하고 있듯이, 중등교육은 결과적으로는 농촌에서 도시로 인재를 유출시키는 셈이 되었다.[92]

---

91 趙廷爲·陸覺先, 「中國的生産教育」, ≪教育雜誌≫, 27卷 6號(1937), p.27.

92 高田幸男도 같은 논의를 전개하고 있다[高田幸男, 「近代教育と社會變容」, 飯島渉·久保亨·村田雄二郎 編, 『シリーズ二〇世紀中國史近代性の構造』(東京大學出版會, 2009), p.140].

참고문헌

≪江蘇教育≫, 1卷 3·4號. 1932.
≪教育部公報≫, 3卷 12期. 1931.
≪教育部公報≫, 3卷 13期. 1931.
≪教育與職業≫, 106期. 1929.
≪教育與職業≫, 107期. 1929.
≪教育與職業≫, 114期. 1930.
≪教育與職業≫, 116期. 1930.
≪教育與職業≫, 148期. 1933.
≪教育與職業≫, 151期. 1934.
≪教育與職業≫, 166期. 1935.
≪教育與職業≫, 168期. 1935.
≪教育與職業≫, 172期. 1935.
≪教育與職業≫, 186期. 1937.
≪教育雜誌≫, 6卷 8期. 1914.
≪教育雜誌≫, 7卷 5期. 1915.
≪教育雜誌≫, 14卷 1期. 1922.
≪教育雜誌≫, 17卷 5期. 1925.
≪教育雜誌≫, 24卷 2號. 1934.
≪教育雜誌≫, 25卷 11号. 1935.
≪教育雜誌≫, 27卷 6號. 1937.
≪大公報≫. 1934.8.15.
≪大公報≫. 1934.8.19.
≪婦女雜誌≫, 12卷 12號. 1926.
≪婦女雜誌≫, 13卷 2號. 1927.
≪婦女雜誌≫, 13卷 6號. 1927.
≪婦女雜誌≫, 13卷 7號. 1927.
≪婦女雜誌≫, 15卷 9號. 1929.
≪婦女雜誌≫, 15卷 12號. 1929.
≪婦女雜誌≫, 16卷 2號. 1930.

≪婦女雜誌≫, 17卷 1號. 1931.
≪婦女雜誌≫, 17卷 2號. 1931.12.
≪婦女雜誌≫, 17卷 5號. 1931.
≪上海女子中學校刊≫, 1卷 12號. 1935.
≪松江女中校刊≫, 7期. 1929.
≪松江女中校刊≫, 11期. 1929.
≪松江女中校刊≫, 19·20期. 1931.
≪松江女中校刊≫, 29期. 1932.
≪松江女中校刊≫, 33·34期. 1932.
≪中學生≫, 3號. 1930.
≪中學生≫, 5號. 1930.
≪中學生≫, 14號. 1930.
≪中學生≫, 21號. 1932.
≪中學生≫, 44號. 1934.
≪中學生≫, 61號. 1936.
≪中學生≫, 75號. 1937.
≪中學生≫, 76號. 1937.
≪學生雜誌≫, 15卷 6號. 1928.
江蘇省教育廳 編.『江蘇教育概覽』. 江蘇省教育廳. 1932.
教育年鑑編纂委員會 編.『第二次中國教育年鑑』. 商務印商館. 1948.
潘仰堯.「女子教育指導」. ≪松江女中校刊≫, 18期, 1931.
申報年鑑社 編.『第三次申報年鑑』. 申報館特種発行部. 1935.
程謫凡.『中國現代女子教育史』. 中華書局. 1936.
胡林閣·朱邦興·徐聲 編.『上海産業與上海職工』. 上海書店. 1939.
興亞院華北連絡部文化局.『華北農村教育調査報告』. 興亜院華北連絡部. 1940.

菊池敏夫·日本上海史研究會 編.『上海職業さまざま』. 勉誠出版. 2002.
今井航.「廖世承の初級中學論」. ≪教育學研究紀要≫, 第48卷 第1部, 2002.
金以林.『近代中國大學研究』. 中央文獻出版社. 2000.
唐屹軒.『無錫國専與伝統書院的転型』. 國立政治大學歴史學系. 2008.
大澤肇.「近現代上海·江南の小學教員層: 一九二七一一九四九年」. ≪中國: 社會と文化≫, 22號. 2007.
呂芳上.『從學生運動到運動學生』. 中央研究院近代史研究所. 1994.
李華興 編.『民國教育史』. 上海教育出版社. 1997.
飯島渉·久保亨·村田雄二郎 編.『シリーズ二〇世紀中國史 近代性の構造』. 東京大學出版會.

2009.
森時彦 編.『二〇世紀中國の社會システム』. 京都大學人文科學研究所. 2009.
小林善文.『中國近代教育の普及と改革に關する研究』. 汲古書院. 2002.
蘇州市志編纂委員會.『蘇州市志』, 第3册. 編者 刊. 1995.
岩間一弘.『上海近代のホワイトカラー』. 研文出版. 2011.
王樹槐.『中國現代化區域研究: 江蘇省, 一八六〇~一九一六』. 中央研究院. 1984.
熊月之.『上海通史』, 第10卷(民國文化). 上海人民出版社. 1999.
張愛玲.『張愛玲文集』, 第3卷. 安徽文芸出版社. 1992.
中國第二答案館 編.『中華民國史答案資料彙編』, 第5輯 第1編 教育(1). 江蘇古籍出版社. 1991.
陳果夫 編.『江蘇省政述要』. 文海出版社. 1983.
陳果夫先生獎學基金管理委員會 編.『陳果夫先生有關教育文化之遺著選輯』. 復興書局. 1971.
陳姃湲.『東アジアの良妻賢母論』. 勁草書房. 2006.
蔡元培.『蔡元培全集』, 第3卷. 浙江教育出版社. 1997.
崔淑芬.『中國女子教育史』. 中國書店. 2007.
阪元ひろ子.『中國民族主義の神話』. 岩波書店. 2004.
平野正『北京一二·九學生運動救國運動から民族統一戰線へ』. 研文出版. 1988.
忻平.『從上海發現歷史』. 上海人民出版社. 1996.

Wasserstrom, Jeffrey. *Student Protest in Twentieth-Century China: The view from Shanghai*. Stanford: Stanford University Press. 1991.
Israel, John. *Student Nationalism in China: 1927~1937*. Stanford: Stanford University Press. 1966.
Wen-Hsin, Yeh. *The Alienated Academy: Culture and Politics in Republican China, 1931~1937*. Cambridge: Harvard University Press. 1990.

9장

상관행의 변화를 통해 본 '일상'의 근대적 재구성*

근대 시기 중국의 '명문화된 상관행'을 사례로

| 박경석 연세대학교 국학연구원 교수 |

1. 상관행의 명문화와 일상의 '근대적 재구성'

관행은 은연중에 공유되는 것이라서 '의도적으로 조사하거나, 기록하거나, 공지하지' 않는다. 상관행도 마찬가지여서 상식적으로 상인이라면 오랜 세월에 걸쳐 형성된 상관행을 잘 숙지하고 있을 터이니, 관례대로 움직이는 데 문제가 없을 것이다. 따라서 관행은 사회적으로 도드라질 일이 없고 특별히 기록해 공지할 필요도 없다. 말하자면 법조문과 달리 관행은 아예 명문화되지 않는다. 특히 전통 시기에는 상관행이 관철되는 데 상인공동체 외부의 개입이 그다지 필요 없었다. 관행의 준수가 상거래질서를 세워줌으로써 집단의 이익에 부합한다는 공통된 인식과 사회 영역을 작동시킨 질서로서의 관행과 관행의 관철을 확보해주는 '신뢰의 네트워크'만으로 충분했다.

그런데 중국의 경우 근대 이후에 '습관을 조사하는 일'이 많아졌다. 전통 시

* 이 글은 ≪중국근현대사연구≫, 57(2013)에 실린 논문을 이 책의 취지에 맞게 수정한 것이다.

기에도 '행규(行規)'와 같이 '상관행을 명문화'하는 일이 아예 없었던 것은 아니지만, 근대 이후 새로운 차원에서 '상관행을 의도적으로 조사하고, 기록하고, 공지하는' 움직임이 활발하게 전개되었다. 이와 관련해 가장 잘 알려진 것으로는 청 말 민초에 정부 주도로 활발하게 전개된 '민상사습관조사(民商事習慣調查)' 활동이 있다. 그 조사 결과를 바탕으로 『중국민사습관대전(中國民事習慣大全)』(上海法政學社, 1924)과 『민상사습관조사보고서(民商事習慣調查報告錄)』(司法行政部, 1930) 등이 편찬되었다. 이에 앞서 청 말 상법을 제정하는 과정에서도 상관행을 중요하게 참고했는데, 「공사률조사안이유서(公司律調查案理由書)」와 「상법총칙조사안이유서(商法總則調查案理由書)」가 그것이다. 이 밖에 상하이시정부 사회국이 작성한 「상하이상업습관조사」[1]도 확인되고 있다.

상거래관행을 조사하고 명문화하는 작업은 민간에서도 이루어졌다. 주로 당사자인 상인들이 발 벗고 나섰는데, 1933년 상하이시상회(上海市商會)가 펴낸 『상하이상사관례(上海商事慣例)』(新聲通訊社出版部, 1933.2)가 대표적이다. 각급 법원이나 변호사, 정부 기관 등이 재판에 참고하기 위해 상회(商會)에 상업관행을 문의했고 상회는 이에 대해 공문으로 회신했는데, 그 회신한 공문(案牘)을 체계적으로 편집해 출판한 것이다. 또한 정부의 법령에 따라 상인자치조직인 동업공회(同業公會)가 새로이 '업규(業規)'를 제정했는데, '업규'에 당시의 상관행이 반영됨으로써 자연스럽게 '상관행의 명문화'가 이루어졌다. 이 밖에 학술적 차원의 풍속 연구를 통해서도 관행이 조사되었고, 중국 시장에 진입한 일본 상인들도 중국의 상관행을 수집해 기록했다.

기존 연구에서 이것들은 대개 근대적 민법이나 상법을 제정하기 위한 기초작업, 민사 및 상사 관련 사법제도의 운영과 관련해 설명되어왔다. 물론 이 글에서도 입법이나 사법의 의미를 부정하려는 것은 아니고, 이를 확인하는 가운데 '상관행의 명문화'라는 관점에서 이 사안을 고찰하려는 것이다. 말하자면

1 上海特別市社會局, 「上海商業習慣調查」, ≪社會月報≫, 1卷 7號(1929.7).

'법체계의 근대화'라는 좁은 틀에서 벗어나, '상관행의 명문화'가 이루어진 요인을 좀 더 폭넓게 분석하고 '명문화된 상관행'에 보이는 관행의 변화에 주목해, 상업에 종사하던 사람들이 '일상적 생업'에서 근대를 어떻게 실감했는지를 살펴보려고 한다.

이를 통해 '상관행의 근대적 재구성'이 가진 특징적 면모의 한 단면을 조명할 수 있을 것이다. '명문(明文)' 없이 유지되던 상거래관행이 그대로는 더는 유지되지 못하고 '근대적으로 재구성되는' 과정에서 '명문화'를 필요로 하게 되었다면, '상관행의 명문화'은 '관행의 근대적 재구성' 과정에서 새롭게 나타난 주요한 특징 중 하나였다고 할 수 있다.

또한 이는 '일상의 근대적 재구성'이라는 좀 더 포괄적인 차원으로 인식의 폭을 확대하는 의미가 있다. 새로운 제도의 시행과 같은 거시적인 변화는 근대적 변화를 구조적으로 설명할 수는 있지만 근대적 변화에 대한 실감은 일상에서 이루어졌다. 이를 상업 및 상인에 적용해보면, 근대적 변화는 실질적인 상관행의 변화 과정에서 실감되었다고 볼 수 있다. 기존의 관행이 변화되어야 비로소 변화를 실감할 수 있는 것이다. 근대적 변화는 근대 서구가 중국 전통을 구조적으로 일거에 교체하거나 대체한 것이 아니라, 중국의 관행에 변화가 스며들면서 일어났다. 말하자면, 상관행이 근대적으로 재구성되는 과정을 통해 근대적 변화가 일어나고 실감되었다는 것이다.

다음에서는 우선 근대 이후 '상관행의 명문화'가 이루어지는 다양한 양태와 모티브를 간략히 살펴본 연후에, '명문화된 상관행'을 통해 관행에 어떤 변화가 있었는지를 살펴본다.

2. '상관행 명문화'의 다양한 양태와 모티브

1) 입법과 사법을 위한 정부의 상관행 조사

중국에서 근대적 상법의 제정은 청 말 신정(新政)의 일환으로 시작되었다.[2] 청정부는 1904년 1월 '상인통례(商人通例)'와 '공사율(公司律)'로 구성된 '흠정상률(欽定商律)'을 반포한다. 중국 역사상 최초의 근대적 상법이었지만 현실에 맞지 않아 상인들의 호응을 얻지 못했다.[3] 이에 반해, 1907년 상하이예비입헌공회(上海預備立憲公會), 상하이상무총회(上海商務總會), 상하이상학공회(上海商學公會)가 공동으로 상법의 제정을 주창해 크게 호응을 얻었는데,[4] 이들은 상법을 제정하기 위해서는 "습관을 망라해 수집해야 한다"[5]고 제안했다. 이윽고 1909년 12월 '상법총칙' 초안과 '공사율초안'을 제출했고, 각각의 초안에 「이유서」를 첨부했는데, 이를 합쳐 통상 「상법조사안이유서(商法調査案理由書)」라고 한다.

「상법조사안이유서」는 각국의 입법 사례와 함께 중국의 상관행을 참작해 각 조문의 법리를 설명하고 있다. 그래서 각 조문의 '입법 이유'에는 상관행이 상당히 반영되어 있다. 주로 뒤에서 서술할 '민상사습관조사'에서 얻은 결과를 많이 참고했다.[6] 이처럼 '상관행의 명문화' 작업은 근대적 상법 제정을 계기로 시작되었다.

'민상사습관조사'(이하 '관행조사'로 칭함)는 두 차례에 걸쳐 진행되었다. 대략 1907년 10월부터 시작되었는데 청조가 망하면서 중단되었다가 중화민국 수립

---

2 王志華, 「前言」, 『中國商事習慣與商事立法理由書』(中國政法大學出版社, 2003), pp.1~7.

3 楊幼炯, 『近代中國立法史』(上海: 商務印書館, 1936), p.74.

4 王雪梅, 「論清末的 '商法調査案理由書'」, ≪四川師範大學學報(社會科學版)≫, 第32卷 第4期(2005.7), p.77.

5 「預備立憲公會致商務總會商學公會討論商法草案書」, ≪大同報≫, 第7卷 第21期(1907), pp.22~24.

6 王志華 外 編, 『中國商事習慣與商事立法理由書』, p.4, pp.18~19, p.39, p.209 등.

이후 1918년에 재개되어 1923년까지 진행되었다. 전국적으로 전개되어 방대한 분량의 자료를 획득했다.[7] 수집된 자료는 우선 민법과 상법을 만드는 데 활용했고 단행본으로도 출간되었다. 먼저, 민간에서 상관행 부분을 모아 『중국상업습관대전』을 출판했고,[8] 민사관행을 모아 『중국민사습관대전』을 출판했다.[9] 정부 차원에서는 1926년에 베이징정부 사법부가 『민상사습관조사록』을 출판하려고 했으나, 곧 이은 베이징정부의 붕괴로 성사되지는 못했다. 난징국민정부 사법행정부가 이를 이어받아 『민상사습관조사보고록』[10]을 출판했다.

그렇다면 정부가 '상관행을 의도적으로 조사해 기록하고 공지해 명문화한' 동기는 무엇일까. 첫째, 민사 및 상사 입법의 참고 자료로 활용하기 위해서이다. 당위가 아니라 사실로서 존재하는 민·상사(民·商事) 습관이 입법의 원천이며, 민법이나 상법은 관습에 부합해야 한다는 인식이 당시 널리 공유되어 있었다. 무엇보다도 1907년 대리원(大理院)의 장런푸(張仁黼)가 '관행조사'를 발의할 때에 그 목적으로 명시한 것이 '민법과 상법의 제정'이었다.[11]

둘째, 민·상사와 관련된 사법체계의 운영에 매우 요긴하다는 점이다. 중국은 전통적으로 행정법이나 형법 분야에서는 매우 강세를 보였으나 민법이나 상법 분야는 사사롭다는 이유로 홀시되었다. 이런 경향은 중화민국 시기에서도 마찬가지였다.[12] 국가가 제정한 법률이 미비함으로 인해 민·상사와 관련해

---

7 胡旭晟, 「20世紀前期中國之民商事習慣調査及其意義」, ≪湘潭大學學報(哲學社會科學版)≫, 第23卷 第2期(1999); 司法部民事司 編纂, 「民商事習慣調査錄」, ≪司法公報≫, 第242期(1927) 참조.

8 周東白, 『中國商業習慣大全』(世界書局, 1923). 이 자료집은 일본어로 번역되기도 했다[森岡達夫 譯註, 『(實地調査)中國商業習慣大全』(東京大同印書館, 1941)].

9 施沛生, 『中國民事習慣大全』(上海政法學社, 1924)(上海書店出版社, 2002.3) 참조.

10 南京國民政府司法行政部 編, 『民事習慣調査報告錄』(編者 刊, 1930.5)(中國政法大學出版社, 1998.12). 물론 원래 제목은 『民商事習慣調査報告錄』이지만, 商事 부분이 빠져 있기 때문에 『民事習慣調査報告錄』으로 바꾸었음을 '일러두기'에서 밝히고 있다.

11 胡旭晟, 「20世紀前期中國之民商事習慣調査及其意義」, p.3.

12 일례로 謝振民의 『中華民國立法史』를 보면 행정법이나 형법은 내용이 매우 많지만 민법이나 상법은 매우 소략하다[謝振民 編著, 『中華民國立法史』(正中書局, 1937)(中國政法大學出

서는 관습이 중시되었고, 따라서 원활한 사법체제의 운영을 위해서는 관행을 조사하는 일이 필수적이었다.

예컨대, '관행조사'를 최초로 제안한 펑톈고등심판청(奉天高等審判廳) 청장 선자이(沈家彝)는 제안서에 "민사 및 상사 관련 법규가 아직 완비되지 않아 소송 안건에 맞는 법규가 없을 때가 많은데, 관행에 근거해서 판단하려 해도 각종 관행을 미처 다 알지 못해 판단을 내리기가 어렵다"[13]라고 적고 있다. 또한 '관행조사'와 관련된 지침에서도 "민·상사 습관은 재판과 관련해 매우 중대하다"[14]라고 명시했다. 상기한 『중국민사습관대전』과 『중국상업습관대전』의 「범례」에도 같은 맥락의 언급이 나오는데, "민사나 상사에서 분쟁이 발생한 경우 해당 지역의 관행이 명확하지 않으면 안건을 처리하는 사법관, 행정관, 변호사는 기준으로 삼을 만한 것이 없다. 이 책은 참으로 사법관이나 행정관, 변호사가 참고하기 좋다"[15]라고 적었다. 법원이 각지의 '관행조사'를 주도했던 것도 같은 맥락이다.

이상과 같이 청 말, 민국 시기의 '관행조사'와 자료집의 출간을 통해 볼 때, 새로운 근대적 법률체제의 건설과 사법체계의 도입이 근대 이후 '상관행을 의도적으로 조사해 기록하고 공지'하게 한 동기 중 하나였다고 볼 수 있다.

2) 민간 상인조직의 '상관행 명문화'

당연히 상관행의 직접적 당사자인 상인들에 의해서도 '상관행의 명문화'가 이루어졌을 터이다. 그 대표적인 사례로 상하이시상회가 주도해 발간한 『상하

版社, 1999.9].

13 司法部民事司 編纂, 「民商事習慣調查錄」, ≪司法公報≫, 第242期(1927), p.2.

14 司法部民事司 編纂, 같은 글, 70쪽.

15 施沛生 外 編, 「凡例」, 『中國民事習慣大全』, p.1; 周東白 校訂·森岡達夫 譯註, 「凡例」, 『(實地調查)中國商業習慣大全』, p.1.

이상사관례』와 상인자치조직인 동업공회가 제정한 '업규'를 들 수 있다.

『상하이상사관례』[16]는 약 30년에 걸쳐 각지의 각급 법원이나 내외국인 변호사, 정부 기관, 외국 영사관, 동업공회, 기업 등이 상하이시상회에 문의한 상관행에 대해 회신한 공문(案牘)을 오랫동안 해당 업무를 처리했던 옌어성(嚴諤聲)이 체계적으로 편집해 출판한 자료집이다. 『상하이상사관례』를 통해 상하이의 상관행이 상세하고 구체적으로 '명문화'되었고 널리 공지될 수 있었다.

당시 상하이 최고의 명망가 11인이 서문을 써주었는데 여기에는 『상하이상사관례』의 편찬 취지와 의의가 잘 나타나 있다. 요약하자면, 필자 대다수가 사법체계의 운영과 상법 제정에 기여한 바를 강조했고, 상업을 둘러싼 환경의 변화가 이 책에 잘 담겨 있다고 평가했다. 다시 말해 이 자료집을 통한 '상관행의 명문화'는 기본적으로 사법 및 입법과 밀접히 관련되어 있을 뿐만 아니라, 상업의 근대적 발전, 외국 상인의 등장, 국제무역의 증가 등으로 인해 기존 상관행을 모르던 법조인이나 외국 상인도 상관행을 알아야 할 필요가 생겼기 때문에 이루어졌다는 것이다.

『상하이상사관례』에 수록된 186건의 상거래관행을 통해서도 상회가 '상관행을 명문화한 동기'를 살펴볼 수 있는데, 이에 대해서는 다음 절에서 상세히 서술한다. 이것 이외에, 상관행의 직접적 당사자인 상인들에 의해 이루어진 '상관행의 명문화'로는 상인자치조직인 동업공회가 제정한 '업규'가 있다.

국민정부 시기 '업규'의 제정은 '습관과 관례에 의존하던 상관행을 명문화해 제도화하고 법률화하는 조치'였다.[17] 전통적 '행규'와 근대적 '업규'는 상인자치조직(行會와 同業公會)이 상관행을 바탕으로 제정한 공동규약이라는 점에서는 성격상 같지만, 국가권력의 개입이 크게 강화되었다는 점에서 차이를 보인

---

16 嚴諤聲, 『上海商事慣例』(新聲通訊社出版部, 1933.2; 1936.6 增訂再版).

17 이병인, 「南京國民政府時期 工商同業公會와 '業規'」, ≪東洋史學硏究≫, 第97輯(2006), 109쪽.

다.[18] 국민정부 시기 동업공회의 성립 자체가 국가의 법령에 의거하고 있고, '업규'를 제정하고 집행하는 중요한 대목마다 당국의 승인을 받아야 했다. 또한 '업규' 자체가 상하이시정부 사회국이 제정한 '상하이시동업공회업규강요'[19]의 형식과 내용에 의거해 거의 그대로 작성되었다.

전통적 '행규'와 비교해 '업규'는 구체적인 내용에서도 일정한 변화가 있었는데, 가장 주목되는 점은 경쟁을 제한해 기존 업계의 독점적 기득권을 보호하려는 조항을 취소한 것이다. '행규'에서는 개업에 대한 엄격한 제한, 외래인에 대한 영업 제한, 가격 및 생산·판매 등에서의 경쟁 제한이 두드러졌다. 그러나 '업규'에서는 상기한 '상하이시동업공회업규강요'에서 이미 "사회 인민의 생계를 방해해서는 안 된다"라는 원칙을 천명하면서(제4조) 동업공회 입회를 강제해서는 안 되고(제7조), 동업공회에서 결정한 협정가격을 지키되 부득이한 경우 할인판매를 허용하는 보완규정을 두어야 하며(제9조), 생산과 도량형을 제한해서는 안 되고(제10~11조), 고용 관계는 해당 법규를 위반해서는 안 된다(제12조)고 규정했다. 또한 '업규' 위반을 처벌할 때에는 사회국의 사전승인을 얻도록 규정함으로써(제13조) 동업공회의 무단 처벌을 금지했다. 시장에서의 경쟁을 제한하는 요소를 의식적으로 제거하려 했음을 알 수 있다. 이는 근대 이후 상하이를 중심으로 상업이 비약적으로 발전하면서 변화된 시장의 현실이 반영된 것으로 보인다.

이처럼 전통 시기의 '행규'에서 근대적 '업규'로 전환되면서 '국가권력의 개입'이 크게 강화된 것은 분명한 사실이다. 이를 '상관행의 명문화'라는 시각에서 보면, 상관행을 제도화·법률화해 국가권력이 상인단체에 대한 통제력을 강

18 이병인, 「南京國民政府時期 工商同業公會와 '業規'」, 97~99쪽; 朱英·魏文享, 「行業習慣與國家法令: 以1930年行規討論案爲中心的分析」, ≪歷史研究≫, 第6期(2004), p.139; 王雪梅, 「從清代行會到民國同業公會行規的變化: 以習慣法的視角」, ≪歷史教學≫, 第527期(2007, 第5期), pp.38~39 참조.

19 「上海市同業公會業規綱要」, ≪工商半月刊≫, 第3卷 第18期(1931), pp.1~2.

화하고 상업과 시장에 대한 영향력을 확대하며, 상공업의 근대적 발전을 도모하기 위해 '상관행'을 새롭게 명문화했다고 정리할 수 있겠다.

이 밖에도 소소하게 관행 내지 풍속을 조사하고 기록한 사례를 찾아볼 수 있다. 우선 학술적 차원의 풍속 연구를 예로 들 수 있다. 청말민초에 민간 습관에 대한 사회적 관심이 고조되면서 학계에서도 민속 및 풍속에 대한 연구에 관심을 기울이기 시작했고 많은 성과물이 배출되었다. 예컨대, 1922년에 솽다이관(雙黛館)이 편찬한 『전국풍속대관(全國風俗大觀)』(上海: 新華書局, 1922)이 출간되었고, 1923년에는 후푸안(胡朴安)이 편집한 『중화전국풍속지』(上海: 廣益書局, 1923)가 발행되었다. 크게 보면 앞서 서술한 『중국민사습관대전』이나 『중국상업습관대전』도 같은 범주에 있다고 볼 수 있다.[20]

중국의 상관행에 대해서는 중국인뿐만 아니라 외국인도 상당한 관심을 보였다. 특히, 『지나의 동업조합과 상관습』,[21] 『지나상점과 상습관』,[22] 『중국상업습관대전』[23] 등과 같이 일본인에 의해 출판된 저서와 역서를 찾아볼 수 있다. 사실 내용이 다소 부실하다는 느낌을 지울 수 없지만, 중국인과 달리 중국의 진정한 실체를 파악하고 중국과의 상거래에서 실리를 챙겨야 한다는 색다른 '상관행의 명문화' 동기를 엿볼 수 있다.

3. 외국 상인의 시장 진입과 상관행의 근대적 재구성

이상에서 '상관행 명문화'의 양태를 간략히 정리해보았는데, 다음에서는 『상

20 眭鴻明, 「民國初年遵從民商事習慣風格之考證」, ≪河北法學≫, 第23卷 第11期(2005.11), p.91.

21 上海出版協會調查部, 『支那の同業組合と商慣習』(上海出版協會, 1925).

22 米田祐太郎, 『支那商店と商習慣』(東京: 教材社, 1940).

23 周東白 校訂·森岡達夫 譯註, 『(實地調査)中國商業習慣大全』(東京大同印書館, 1941).

하이상사관례』에 수록된 상거래관행을 통해, '상관행이 명문화된 계기'를 염두에 두면서 상관행에 어떤 새로운 요소가 생겨났는지 그 변화의 몇 가지 특징적 면모를 살펴보고자 한다. 1936년 증보판 『상하이상사관례』에는 주문, 납품, 반품, 수수료, 계약, 담보, 보증, 장부, 투자, 임대, 직원 등 상거래 과정의 전반에 걸쳐 총 186건의 상관행 사례가 수록되어 있다. 상회가 조사해 회신한 공문(案牘)을 체계적으로 편집한 것인데, 각 항목은 제목, 일자, 조사자, 의뢰자, 의뢰 내용, 회신 요점 등으로 이루어져 있다. 필요한 경우 누구에게 문의해 조사했는지도 밝혀 두었다.[24]

1) 외국 상인의 등장과 '국내외 상인(華洋商人)'의 분쟁

가장 먼저 두드러지는 특징은 어떤 방식으로든 외국 상인이 개입된, 중국 상인과 외국 상인의 분쟁 사례가 상당수를 차지한다는 점이다. 전체 186건 중, 관행조사 의뢰의 발단이 되었던 분쟁에 외국 상인이 직접적으로 개입되어 있는 사례가 40건이나 되어 전체의 21.5%를 차지한 것이다. 특히, 물품 주문에 관한 항목(定貨類) 중에서는 20건 중에 14건, 납품에 관한 항목(提貨類)에서는 5건 중에 2건, 반품 관련 항목(退貨類)에서는 4건 중에 2건, 매매 항목(買賣類)에서는 17건 중에 6건이 외국 상인이 관련되어 있는 사례였다. 이처럼 주문, 납품, 반품, 매매 등 상거래와 직접 관련된 항목 46건 중에 24건이 중국 상인과 외국 상인의 분쟁이어서 절반을 넘겼다.

환어음 관련 항목(押匯類)은 2건 중에 2건이 모두 외국 상인과의 거래인데, 환어음이 국제무역을 위한 것이므로 당연하다. 이 밖에 직원 관련 항목(夥友類)에 비교적 많은 6건이 포함되어 있는데, 매판과 관련되어 있는 것이 4건이고

24 이 서술은 『上海商事慣例』의 내용을 일일이 파악해 분석한 것이다[嚴諤聲 編, 『上海商事慣例』(新聲通訊社出版部, 1936.6), pp.1~256].

'브로커(跑街)'에 관련된 것이 2건이다. 이 밖에, 담보, 수수료, 이자율, 유가증권, 계약, 보증, 임대, 영업 관련 항목에 소수가 포함되어 있다. 반면에 점포 양도, 합자동업, 채무, 부채, 운송, 증권, 장부 등과 관련해서는 1건도 없는데, 대개는 외국 상인이 개입될 여지가 적은 분야이다.

회신한 내용은 외국 상인에게 유리한 경우도 있고, 중국 상인에게 유리한 경우도 있었다. 대체로 외국 상인에 유리한 회신이 더 많지만, 어느 한쪽에 일방적으로 유리하거나 불리한 경향성은 나타나지 않는다. 이는 청 말 이래 불평등조약(영사재판권)에도 불구하고, 민사나 상사 관련 재판에서는 비교적 공정하게 판결이 이루어졌다는 기존 연구[25]와 일맥상통한다. 예를 들어보면 다음과 같다.

중국인·외국인 간의 물품 주문 관행(華洋定貨習慣)

(1930년 6월에 上海市商會가 上海特區地方法院 楊肇熉에게 회신함)

조사 의뢰 주문: ① 중국인 상점이 외국인 회사(洋行)에게 물품을 주문할 때, 계약물품 이외에 견본품을 구매자에게 주는가? 견본품에 사인이나 도장이 있어야 주는가? ② 견본 없이 물품을 지급하면, 판매자인 외국인 회사의 샘플들 중에 견본을 설정해 표준으로 삼아 주문을 주는가?

회신 요점: 외국인 회사의 영업사원이 번호가 매겨져 있는 견본품을 가지고 고객 상점을 방문, 견본품을 보고 호수(號數)를 지정해 주문하고, 가격 및 제반 조건을 의논해 결정하고, 견본품은 영업사원이 다시 가지고 가, 고객 상점에 교부하지 않는다. 견본품에 사인이나 도장이 반드시 있어야 하는 것은 아니다.[26]

---

25 외국인이 고소를 당했을 경우 외국 영사가 심리에 참여했지만, 외국인이 중국인을 고소했을 경우 영사가 심리에 직접적으로 참여하지는 않았다고 한다. 또한 법원이 편파적으로 외국인 편을 들어주지는 않았고, 상당수의 법관이 사실과 증거에 입각해 법률과 판례 및 사회공리에 따라 비교적·합리적이고 공정하게 판결했다고 한다[何勤華, 「前言」, 直隸高等審判廳書記室 編, 『華洋訴訟判決錄』(編者 刊, 1919)(中國政法大學出版社, 1998), p.3, p.9].

26 嚴諤聲 編, 『上海商事慣例』, p.10.

이 경우 중국인 구매자가 외국인 회사(洋行)의 견본품에 사인이나 도장이 없고 계약 물품 이외에 견본품을 지급하지 않은 것을 문제 삼은 듯한데, 외국인 회사가 견본을 중국인 구매자에게 지급하지 않아도 되고 견본품에 반드시 사인이나 도장이 없어도 되므로 외국인 회사에 유리하게 결론 내려진 경우이다.

증빙 제시 물품 인수 관행(提單取貨習慣)

[1912년 11월에 上海總商會가 변호사인 K. C. Wilkinson(威金生律師)에게 회신함]

조사 의뢰 주문: 혜통전장(惠通錢莊, 중국 상인)과 공리양행(公利洋行, The Colonial Stores: 외국 상인) 사이에 영국공당(英國公堂)에서 송사가 벌어졌다. 본 변호사는 원고인 혜통전장을 대리한다. 혜통전장이 증명을 제시하고 물품을 인수하려고 하나, 공리양행이 호응하지 않고 있다. 본 변호사는 상하이의 관행에 의거, 압류된 물품에 대해 증명을 제시하고 인수할 권한이 있다고 주장했으나, 해당 피고는 그런 관행이 없다고 말한다. 영국공당에서 피차 논쟁했으나 절충하지 못했다. 사안이 상업관행과 관련되어 있어 조사를 청한다.

회신 요점: 상하이의 상업관행은 증명을 제시하고 물품을 인수하는 것이다. 선하증권(提單)이 첨부되어 있으면, 더욱 완전한 물품 인수의 증빙자료가 된다.[27]

중국의 혜통전장이 압류한 물품을 공리양행이 보유하고 있었는데, 혜통전장이 증명을 제시하며 양도를 요청했으나, 공리양행이 이를 거부해 분쟁이 발생했던 것으로 보인다. 상하이 상관행에 따라 혜통전장의 요구대로 양도해야 한다고 회신했으므로 중국 상인에게 유리하다고 할 수 있다.

이상과 같이 중국 상인과 외국 상인의 분쟁은 『상하이상사관례』에서 상당 부분을 차지하고 있다. 말하자면, 기존의 중국 관행에 익숙하지 않은 외국 상

---

27 嚴諤聲 編, 같은 책, pp.29~30.

인이 중국 시장에 진입해 여러 가지 변화를 야기했고, 이로써 '상관행을 의도적으로 조사하고 이를 기록해 공지할' 필요성이 생겨났다고 할 수 있다.

2) 매판의 출현과 경영자(經理)의 권한과 책임

상업을 둘러싼 새로운 요소의 생성과 환경의 변화 때문에 생겨난 상관행이 상당수를 차지했다. 이는 물론 외국 상인의 시장 진입과도 깊이 관련되어 있다. 예컨대 매판과 '브로커(跑街, 掮客)', 조계에서의 토지 거래, 자동차와 같은 신문물 등이다.

우선 외국인 회사에 고용된 매판(買辦)은 "중국인 경영자(華經理)"라고도 불렸으나, '중국인 상점(華商)'의 중국인 '경영자(經理)'와 권한 및 책임이 매우 달랐기 때문에 분쟁이 일어나곤 했다. 『상하이상사관례』에서 매판이 언급된 사례는 모두 9건인데, 다음 사례는 매판의 지위를 잘 보여준다.

매판의 마케팅 책임에 관한 관행(買辦推銷貨物責任習慣)

(1934년 4월, 上海市商會가 江蘇高等法院第二分院에 회신함)

회신 요점: ① 외국인 회사가 고용한 매판은 판로 확장 마케팅이 임무이다. 그 대가로 봉급과 수당을 지급한다. 맡아 판매한 화물을 자유롭게 처분할 권한이 없다. ② 매판이 맡아 판매한 외국인 회사의 물품과 관련, 외국인 회사와 직접적 거래 관계를 맺는 주체는 매판이 아니라 구매자이다. 거래가 이루어지기 이전, 누구에게 판매할지를 선택할 권한은 외국인 회사에게 있다. ③ 판매 대금은 외국인 회사에게 직접 지급해야 하고, 매판이 그 대금을 직접 받아 단기간이라도 자유롭게 사용할 권한이 없다. 그러나 외국인 회사와 매판 사이에 특약이 맺어져 매판이 청부 판매를 할 경우는 사정이 완전히 다르다. ① 매판이 청부 맡은 화물을 자유롭게 처분할 수 있다. ② 외국인 회사와 매판 사이에 직접적인 거래 관계가 성립되므로, 누구에게 판매할지는 외국인 회사가 상관하지 않는

다. ③ 판매 대금에 대해 일정 기간 매판이 자유롭게 사용할 수 있다.[28]

이상에서 보면, 사실상 매판에게는 원칙상 영업상의 실질적인 권한과 책임이 전혀 없다. 또 다른 사례에서, 화훼 관련 동업공회 소속의 중국인 상점이 외국인 회사와 거래를 했는데 대금을 받지 못하게 되어 매판에게 책임을 묻고자 상거래관행을 문의한 적이 있다. 여기에서도 "외국인 회사가 봉급과 수당을 주면서 중국인 매판을 채용한 것은 손님을 끌어들여 장사하기 위함"이고, "매판은 외국인 회사에 대해서만 책임을 질 뿐, 대외적으로는 책임이 없다"[29]라고 회신했다. 이렇게 보면 매판은 마치 월급쟁이 영업사원과 같다. 다만 영업을 청부 맡아 처리하거나 자신의 명의로 계약을 체결한 경우에는 자신의 영업이므로 일정한 권한과 책임을 가졌다. "간혹 매판이 개인 명의로 계약을 체결한 경우가 있는데, 매매계약을 체결한 주체가 중국인 매판의 명의이면 매판이 책임을 져야 하고 외국인 회사 명의라면 외국인 회사가 책임을 져야"[30] 한다는 것이다. 그럼에도 중국 상점의 경영자(經理)와는 위상과 역할에서 매우 달랐다.

> 합자 상점 경영자의 책임에 관한 관행(合夥商號經理責任習慣)
>
> (1931년 6월 上海市商會가 鄭文楷 변호사에게 회신함)
>
> 회신 요점: 합자 형태의 상점에서 주주(股東)가 선임한 경영자(經理人)는 상점의 일체 사무를 주재하고, 전권을 가지고 대외적으로 상점을 대표하며, 법적으로도 법정대리인이다. 상점 명의로 대출을 받을 경우 경영자(經理)만 서명해도 당연히 유효하다. 다만 개인 명의로 대출을 한 경우에는 경영자 개인이 책임을 진다.[31]

---

28 嚴諤聲 編, 『上海商事慣例』, pp.217~218.

29 嚴諤聲 編, 「洋行結欠貨款華買辦責任習慣」, 『上海商事慣例』, pp.212~214.

30 嚴諤聲 編, 같은 글, pp.213~214.

31 嚴諤聲 編, 『上海商事慣例』, p.216.

상점 직원의 보수에 관한 관행(商店職員酬勞習慣)

(1932년 12월 上海市商會가 蔡六乘 변호사에게 회신함)

회신 요점: 경영자(經理)는 주주들의 위임을 받아 상점의 업무를 총괄한다. 보수의 분배도 당연히 경영자가 처리한다. 경영자는 자신의 판단에 따라 보수를 차등 지급할 수 있다.[32]

일반적으로 경영자(經理)는 법적으로나 관행적으로 상점을 완전히 대표하면서 전권을 행사한다. 이런 상황에서 "중국인 경영자(華經理)"라고 불린 매판이 일반적인 경영자(經理)와는 전혀 다른 지위를 가짐에 따라 새로이 '상관행을 명문화'할 필요가 생겼던 것이다.

3) 새로운 '브로커' 관행

외국인 회사가 중국 시장에 들어오면서 중개상인, 즉 '브로커'의 권한과 책임에도 변화가 발생했다. 『상하이상사관례』에서 '포가(跑街)', '견객(掮客)', '장객(莊客)' 등으로 불린 '영업사원이자 브로커'를 언급한 사례는 모두 21건이나 된다.

『상하이상사관례』에 나타나는 포가, 견객, 장객의 존재 양태는 매우 다양하다. 기본적으로 업종, 취급 물품, 역할, 지위, 책임, 보수 등이 '중국인 상점'과 '외국인 회사'에 따라 서로 다르다. 명칭은 경우에 따라 다양하게 붙여지지만 크게 두 가지로 구별할 수 있는데, 일정 회사에 소속되어 있어 고정급과 수당을 받는 경우와 수수료만 챙기는 경우로 나누어볼 수 있다. 대략 포가는 전자와 후자가 모두 있고, 견객와 장객은 후자이다. 견객은 대개 상하이 안에서 영업을 하고, 장객은 상하이와 상하이 밖의 상인을 연결해주는 역할을 한다.[33]

---

32 嚴諤聲 編, 『上海商事慣例』, pp.209~210.

33 嚴諤聲 編, 「莊客購貨付款責任習慣」, 『上海商事慣例』, pp.200~202; 「寧波莊客營業習慣」, 『上海

수수료는 업종과 취급 물품에 따라 각양각색이었고 대개는 물품 대금에 따라 비율로 정했는데, 금속을 취급하는 업종(五金業)의 경우 대금의 0.5~1.5%, 종이 관련 업종(紙類業)의 경우 1.0~1.25%, 담배 관련 업종(煙草業)은 0.25~1.2%였다고 한다. 흥미로운 점은 중개인이 누구냐에 따라서도 수수료 비율이 달랐다는 것인데, 영업 능력이 탁월한 자는 계약에 따라 높은 수수료를 받았다고 한다.[34]

월급과 수당을 모두 받는 포가의 경우 회수할 수 없는 외상값 등에 대해 최종 책임이 없지만, 수수료만 챙기는 포가는 기본적으로 자기 영업이므로 자기가 책임을 졌다.[35] 견객이나 장객은 수수료만을 챙기지만, 기본적으로 '소개하는 사람'의 지위에 있으므로 물품 대금을 받을 수 있도록 노력할 의무만이 있을 뿐, 대개는 회수할 수 없는 외상값에 대해서 책임을 지지 않았다. 그러나 쌀 관련 업종(米業)의 경우, 견객이 수수료로 20%를 취하면 '큰 수수료(大佣)'라고 해서 대금 청산의 의무가 있고, 5~10%를 취하면 '작은 수수료(小佣)'라고 해서 의무가 없었다고 한다.[36] 그럼에도 매매 당사자의 명의로 매매계약이 체결되었을 경우에는 최종 책임을 매매 당사자가 지지만, 만약 중개인 명의로 계약을 체결했다면 중개인이 책임을 져야 한다는 원칙이 관철되었다.[37]

여기에서 중요한 문제는 중국인 상점과 외국인 회사 사이의 차이이다. 『상하이상사관례』에서 외국인 회사를 위해 영업을 하는 '브로커'는 주로 "견객"이라 불렸고, 때로는 "포가"나 "식노부(式老夫)"로 불리기도 했다. 이들에 대한 관습도 일정하지는 않았다. "각국 상인의 같지 않음과 업무 범위의 좁고 넓음, 취급 물품의 가지각색 등 온갖 복잡한 사정으로 볼 때 방법의 다름은 말할 것도 없고, 같은 업종에 속하는 회사에서도 피차 절차가 다르고, 일정한 관행이 없

商事慣例』, pp.203~204.

34 嚴諤聲 編, 「洋行跑街傭金習慣」, 『上海商事慣例』, pp.64~66.

35 嚴諤聲 編, 「印刷商跑街放賬責任習慣」, 『上海商事慣例』, pp.207~208.

36 嚴諤聲 編, 「掮客佣金與責任習慣」, 『上海商事慣例』, pp.61~62.

37 이상의 서술에 대해서는 「菸行跑街傭金習慣」, 「跑街或掮客銷貨責任習慣」, 「辦貨人欠款歸償責任習慣」, 「華洋商號交付貨款習慣」 등 참조.

었다"[38]고 한다.

그럼에도 외국인 회사의 가장 큰 차이는 포가나 견객의 직권이 거래 상담 및 소개에 한정되었다는 점이다.[39] 수수료만 챙기는 '견객'에 가장 가깝다. 우선 외국인 회사가 고용한 포가는 물건을 팔지만, 수금을 하지는 않았다. 고객과 작성한 물품명세서(成單)에는 "영업사원은 수금하지 않으니, 수금은 정식 영수증에 따라 하십시오"라고 안내 문구가 고정적으로 인쇄되어 있었다. 따라서 대금 지급은 반드시 정식 영수증을 받아야 했고 그렇지 않으면 외국인 회사가 책임지지 않았다. 중국인 상점의 포가는 대부분 수금을 겸했는데 문제가 발생하면 중국인 상점이 책임을 졌다.[40] 또한 환수수료(匯水)를 결정하는 일도 외국인 회사의 경우 서양인 경영자(經理)가 처리했다. 중국 상인들은 대개 환수수료를 설정하는 데 편리함을 좇아 각 포가나 견객에게만 통지했는데, 외국인 회사에서는 이런 통지는 의견을 전달한 것에 지나지 않았다.[41]

4) 조계에서의 토지 거래 관행과 신문물

조계에서의 토지 거래 관행도 『상하이상사관례』에서 언급한 새로운 요소였다. 1845년 상하이조계 "지피장정(地皮章程)"이 제정된 이래 조계 안에서는 건물을 지어 '중국인 상점'이나 '중국인(華人)'에게 양도할 수 없었는데(제15~16조),[42] 이러한 규정이 계속 이어져[43] 중국인이 조계의 부동산을 소유하거나 이것을 담

38 嚴諤聲 編, 「洋行跑街傭金習慣」, 『上海商事慣例』, pp.64~66.

39 嚴諤聲 編, 같은 글, pp.202~203.

40 嚴諤聲 編, 「華洋商號交付貨款習慣」, 『上海商事慣例』, pp.12~13.

41 嚴諤聲 編, 「洋行定貨結匯習慣」, 『上海商事慣例』, pp.25~26; 「洋行跑街有無代結匯水權習慣」, 『上海商事慣例』, pp.208~209.

42 徐公肅·邱瑾璋 編著, 「上海地皮章程」, 『上海公共租界制度』(上海國立中央研究院社會科學研究所, 1933)[上海人民出版社(上海史資料叢刊), 1980)], p.48.

43 蒯世勳 編著, 「上海公共租界現行地皮章程的形成經過」, 『上海公共租界史稿』(1934)[上海人民出版社(上海史資料叢刊), 1980], pp. 446~451.

보로 제공할 때에는 새로운 토지 거래 상관행에 따라야 했던 것이다. 관행의 요지는 중국인이 자기의 명의로 조계 내의 부동산을 등기할 수 없으므로, 외국인의 명의를 차용해야 한다는 것이다.

> **상하이조계 부동산 매매 관행**(上海租界地產買賣習慣)
>
> (1932년 10월 上海市商會가 李彩霞, 馬君碩 변호사에게 회신함)
>
> **회신 요점**: 중국인 소유의 부동산을 땅문서(道契)로 등기하는 경우, 해당 부동산 소유의 증빙은 외국인 회사(洋商) 명의로 등기한 땅문서와 해당 외국 상인이 작성한 '명의신탁증명서(權柄單)'로 한다. 따라서 습관상 땅문서(道契)가 있는 부동산의 담보대출은 반드시 땅문서(道契) 혹은 '명의신탁증명서(權柄單)'의 명의 변경을 거쳐, 담보로 설정하거나 담보대출 계약을 맺어야 한다.[44]

상하이의 부동산 관련 동업공회(上海房産公會)에 문의한 결과, 중국인 소유의 조계 내 부동산은 소유의 증빙을 외국 상인 명의로 등기한 땅문서(道契)와 해당 외국 상인이 작성한 '권병단(權柄單)'으로 하므로, 매매로 인해 명의를 변경할 때도 '땅문서'와 '권병단'의 명의를 모두 변경해야 했다. 여기에서 '권병단'이란 명의수탁자(외국 상인)가 실소유주(중국인)에게 작성해주는 것인데, '명의신탁 사실'이 있음을 증명하는 일종의 '명의신탁증명서'이다. 여기에 실소유주와 명의수탁자의 성명을 명기하고 각각 서명했다. 당시 상관행에 따르면 부동산을 담보로 제공할 경우 부동산의 명의를 채권자의 명의로 변경해 소유권을 넘겨야 담보로 제공할 수 있었기 때문에,[45] '땅문서'와 '명의신탁증명서(權柄單)'의 명의를 채권자와 채권자가 지정하는 외국인으로 변경해야 했던 것이다.[46]

---

44 嚴諤聲 編, 「上海租界地産買賣習慣」, 『上海商事慣例』, pp.86~89.

45 이는 動産의 경우도 마찬가지로 소유권을 넘겨야 담보 설정이 성립되었다(嚴諤聲 編, 「抵押貨品習慣」, 『上海商事慣例』, pp.52~53).

46 嚴諤聲 編, 「道契抵押習慣」, 『上海商事慣例』 pp.56~58; 「道契過戶手續習慣」, 『上海商事慣

이 밖에, 자동차와 같은 신문물의 등장도 새로운 요소로 작용했다. 『상하이상사관례』에는 2건의 자동차 관련 사례가 있는데, 하나는 자동차 매매와 관련 반드시 '서면계약'을 해야 하는지가 문제가 되었다. 신차를 구입할 경우 외국에서 수입을 해야 하므로 차량 인수에 시간이 소요됨에 따라 '서면계약'을 하는 것이 일반적인 관례이지만, 수입되어 있는 신차를 구입하거나 중고차를 매매할 경우 반드시 서면으로 계약할 필요는 없었다. 다만, 거래가 성립된 후 판매자가 '명의변경신청서'를 작성해 자동차의 「등록증(照會)」과 번호 등을 밝히면 수속이 종료되었다.[47] 또 하나는 자동차 수리와 관련된 것인데, 자동차회사가 수리비가 얼마인지를 밝히고 쌍방이 동의하면 거래가 성립되었다.[48]

이상과 같이, 외국 상인이 들어오면서 외국인 회사의 "중국인 경영자"라 불린 매판이 일반적인 경영자와는 전혀 다른 지위를 가졌고, '브로커'의 권한과 책임에도 변화가 발생했고, 조계의 토지 소유 및 등기제도라는 새로운 요소가 생겼으며, 자동차와 같은 전에 없던 신문물이 도입됨으로써 새로이 '상관행을 명문화'할 필요가 생겼던 것이다.

5) 국제무역의 증가와 '국제표준'의 영향

『상하이상사관례』에서는 국제무역과 관련된 '국제표준(global standard)'도 판단의 준거로 많이 활용되었다. 예컨대, 중국화학공업사(中國化學工業社)가 미국 기업 무생양행(茂生洋行, American Trading Co.)에 주문한 붕사(硼砂)가 운송 도중에 유실되어 중량이 계약과 맞지 않았는데, 이를 이유로 물품 대금의 일부만을 지급하자 미국 기업이 소송을 제기했다. 이에 대해 상하이총상회(上海總商會)는 계약서에 "CIF"(운임, 보험료 및 수수료 포함 조건)라고 적혀 있으니 납품을 완료해야 판

例』, pp.73~75; 「上海租界地産買賣習慣」, 『上海商事慣例』, pp.86~89 등.

47 嚴諤聲 編, 「買賣汽車習慣」, 『上海商事慣例』, pp.80~81.

48 嚴諤聲 編, 「修理汽車契約習慣」, 『上海商事慣例』, pp.148~150.

매자가 책임을 다하는 것이라고 회신했다. 국제무역 관례를 원용해 중국화학공업사의 손을 들어주었다.[49]

또한 1931년 2월 상하이지방법원(上海特區地方法院)이 상하이시상회에 조사를 의뢰한 사례에서는 특이하게도 「영국공회비안표준성단(英商公會備案標準成單)」, 즉 상하이 주재 '영국상공회의소'가 마련한 '표준주문계약서'를 근거로 판단을 내리고 있다. 중국 상인(피고)이 외국 기업(원고)에 수입 물품을 주문했는데, 물품 도착이 지연되었다. 물품이 도착한 후 원고가 해관(海關)에 세금을 완납하고 피고에게 물품 인수를 요구했으나 피고는 납품 기일을 넘겼다는 이유로 인수를 거부했다. 원고가 진작 왜 연락을 하지 않았냐고 항의하자 피고는 상하이의 관례에 따르면 세금을 완납한 후에야 교섭을 시작할 수 있기 때문에 괜한 소란을 일으키지 않았다고 주장한다. 원고는 이런 관례를 부인하면서, 지연 도착으로 계약을 위반했다면 즉시 항의했어야 했고, 세금을 완납했는데 이제 와서 포기하는 것은 있을 수 없는 일이라고 주장하며 소송을 제기했다. 이에 대해 상하이시상회는 「영상공회비안표준성단」을 자세히 인용하면서, "세금을 완납하지 않았다고 해서 교섭할 수 없는 것은 아니"라고 회신해 원고의 손을 들어주었다.[50]

이 밖에 주문, 선적, 물품 인도, 해상보험, 운임, 하역비, 창고 비용, 환어음(D/P, D/A), 선하증권, 창고증권, 환율 적용 시점, 대금 지급 등 국제무역의 전반에 관한 다양한 상관행들이 언급되고 있고, 모두 당시 준행되던 국제적 기준을 근거로 판단이 내려지고 있다.[51] 이처럼 새로운 국제무역에 따라 많은 상관행들이 생겨났고, 이런 관행의 기준은 모두 서구에서 발신된 국제표준이었다. 이

---

49 嚴諤聲 編, 「定貨走漏責任習慣」, 『上海商事慣例』, pp.4~5.

50 嚴諤聲 編, 「定貨遲到糾紛習慣(附標準成單)」, 『上海商事慣例』, pp.13~21.

51 嚴諤聲 編, 「定貨契約習慣」, 『上海商事慣例』, pp.5~6; 「定貨到埠費用責任習慣」, 『上海商事慣例』, pp.6~7; 「洋商定貨付款結價習慣」, 『上海商事慣例』, pp.23~25; 「商號向洋行購貨付款習慣」, 『上海商事慣例』, pp.26~27; 「運貨押匯習慣」, 『上海商事慣例』, pp.43~46; 「辦理押匯習慣(附中國銀行押匯規則)」, 『上海商事慣例』, pp.46~50; 「購買外國貨幣交割責任習慣(附金業與銀行互守規約)」, 『上海商事慣例』, pp.75~78.

는 마치 현재 중국의 도서관에서 '관례(慣例)'를 검색해보면, 'WTO 관련 국제무역 관례'가 대거 검색되는 것과 마찬가지이다. 당연하지만, 상관행도 서구에 의해 상당 정도 영향을 받았음을 알 수 있다. 말하자면, 새로운 국제표준이 대두함에 따라 이에 익숙하지 않던 중국 상인에게 이를 알게 할 필요가 있었던 것이다. 국제무역 분야 이외에서도 일부 국제적 제도와 관례가 영향을 끼쳤는데 보험[52]이나 배서[53] 등을 예로 들 수 있겠다.

4. 신구 관행의 병존과 상관행의 융통성

이상에서 외국 상인, 외래 신문물, 국제기준 등 상관행의 변화와 '명문화'에 영향을 끼친 새로운 요인들을 살펴보았다. 하지만 『상하이상사관례』가 이런 새로운 요소들로 점철되어 있는 것은 결코 아니다. 오히려 '신구 관행의 병존'이 전체적인 기조라고 할 수 있다. 또한 관행을 획일화하려 하지 않고 관행이 본래 가진 '융통성'을 적극적으로 인정하려는 경향을 보이고 있다.

우선 '신구 관행의 병존'과 관련해 1931년 9월 상하이시상회가 상하이지방법원(江蘇上海第一特區地方法院)에 회신한 바에 따르면,[54] 앞서 서술했던 '외국인 회사의 견본품 지급'과 다른 상관행을 폭넓게 인정하고 있다. 화물의 종류에 따라 견본품의 지급 여부가 다양하게 규정되었다. 당연하지만, 부동산 거래와 관련해서도 앞서 서술했던 조계 지역의 관행과 달리 중국인 사이에서는 나름대로의 관행을 이어갔다.[55] 또한 앞서 서술한 포가, 견객, 장객과 관련해서도 서

52 嚴諤聲 編, 「保險業買辦分紅習慣」, 『上海商事慣例』, pp.246~248; 「保險業付費習慣」, 『上海商事慣例』, pp.248~249.

53 嚴諤聲 編, 「有價證券移轉占有習慣」, 『上海商事慣例』, pp.227~230.

54 嚴諤聲 編, 「買賣上貨樣簽字習慣」, 『上海商事慣例』, pp.22~23.

55 嚴諤聲 編, 「買賣土地習慣(二)」, 『上海商事慣例』, pp.82~84.

양의 '브로커' 개념이 들어왔으나, 여전히 '계약 주체가 누구냐에 따라 책임 소재가 정해지는' 원칙에 따라 중국 자체의 '중개상' 관행도 다양하게 유지되었다. 중국의 전통 관행에는 없던 어음의 배서도 관행상 강요되지 않았고 필요에 따라 하도록 했다.[56]

이 밖에, 금융관행은 대개 '상하이전업영업장정(上海錢業營業章程)'이나 '상하이전업공회영업규칙(上海錢業公會營業規則)'과 같은 동업공회 '업규'를 인용해 판단하고 있는데,[57] 금융 분야는 이미 '상관행이 명문화'되어 있었고, 이는 신구(新舊) 및 중서(中西) 관행의 결합이 일단락된 결과로 볼 수 있다. 이와 관련해 베이징정부 시기 '민상사습관조사'에 깊이 개입했던 리신(李炘)은 「베이징상계 및 은행어음 습관조사의 개황」이라는 글에서 전통적 전장(錢莊)의 '구식 유가증권(票據)'과 근대적 은행의 '신식 유가증권(票據)' 관행을 구별해 설명했는데, "은행의 신식 유가증권의 발행, 배서, 인수, 지급, 상환 청구 등의 행위는 선진 각국의 어음과 다를 바가 없으나, 유가증권의 종류, 기재 양식, 통상적인 사용 방법 등에서는 우리나라 상관행을 따르는 허다한 변통이 있다"라고 서술했다.[58] 이렇게 전통적 전장은 전장대로, 근대적 은행은 은행대로 병존·융합하면서 관행을 정립했던 것이다.

상점 점원을 해고하는 시기와 관련해서도 신구 관행의 병존과 융합을 확인할 수 있다. 중국은 관행적으로 상점 점원을 해고하는 시기가 정해져 있었는데, 대개 음력으로 정월 5일, 5월 5일, 8월 15일 등 3차례에 걸쳐 고용을 해지할 수 있었다. 그중에 정월 5일을 많이 활용했다. 그런데 서양의 양력이 들어온 이후에는 예전 관행을 그대로 따르면서도 날짜는 양력으로 계산했다고 한다.[59]

---

56 嚴諤聲 編, 「有價證券移轉占有習慣」, 『上海商事慣例』, pp.227~230.

57 嚴諤聲 編, 「支票責任習慣(二)」, 『上海商事慣例』, pp.123~125; 「板期匯票兌付責任習慣」, 『上海商事慣例』, pp.125~127.

58 李炘, 「北京商界及銀行票據習慣調查之概況」, ≪銀行雜誌≫, 第2卷 第16號(1925), pp.4~8.

59 嚴諤聲 編, 「商店夥友解雇習慣」, 『上海商事慣例』, pp.196~197.

'신구 관행의 병존'을 잘 보여준다.

관행이 본래 가진 '융통성' 내지 '다양성'을 유지하려는 경향도 적잖이 찾아볼 수 있다. 예컨대, 1932년 2월 상하이시상회가 법원(江蘇高等法院第三分院)에 회신한 사례에는 반품에 대한 관행이 설명되어 있는데, 업종별로 매우 다양했을 뿐만 아니라 도매(批販), 중개판매(經售), 위탁판매(代售, 寄售)에 따라서도 달랐다.[60] 금은방(銀樓)이나 비단 상점(綢莊)의 어음은 은행이나 전장과 또 다른 성격을 가졌는데, "사용하는 사람들의 상호 신뢰에 의거했고 반드시 지분(股份) 관계에 얽매이지 않았다"고 한다.[61]

주택임대의 경우 계약서를 쓰는 것이 원칙이었지만, 쓰지 않는 경우도 관행적으로 모두 인정되었다. 계약서를 작성해 기한을 정한 경우 기한 안에는 임대료를 증감할 수 없으나, 계약서도 없고 기한도 없다면 집수리나 어떤 상황 변화의 유무를 막론하고 쌍방이 협의해 동의하면 수시로 변경할 수 있었다.[62] 부정기임대를 해제하고자 할 때의 예고기간도 마찬가지였다. 임대료를 내는 기간, 즉 1개월에 한 번 임대료를 내면 예고기간은 1개월인 경우, 3개월 전에 통지해야 하는 경우, 임차인과 임대인 쌍방이 모두 수시로 통지할 수 있는 경우 등 해제예고기간은 실로 일정한 관행이 없을 정도였다.[63] 이처럼 구속을 받지 않는 만큼 융통성이 컸던 것이다.

마지막으로, 1932년 5월 상하이시상회가 한 변호사에게 회신한 사례에서는 실업부(實業部)에 등기되어 있지 않은 기업을 인수했을 경우 반드시 등기를 해야 하는지를 묻고 있는데, "인수자가 인수 후에 새로 등기를 해야 이전에 누렸던 이익을 계속해 누릴 수 있으나, 이전에 등기하지 않았으면 인수 후에도 등기하지 않는다"라고 답변했다.[64] 기업등기라는 근대 제도의 도입에도 불구

---

60 嚴諤聲 編, 「上海退貨習慣」, 『上海商事慣例』, pp.40~42.

61 嚴諤聲 編, 「商號本票行用習慣」, 『上海商事慣例』, pp.121~122.

62 嚴諤聲 編, 「租賃房屋習慣」, 『上海商事慣例』, p.238.

63 嚴諤聲 編, 「不定期租地退讓習慣」, 『上海商事慣例』, pp.242~244.

하고 '예전의 관행'이 여전히 지속되었던 것이다.

이처럼 서구와 근대의 영향을 받은 부분은 일정 부분 근대적 표준에 따라 변화하고 중국인끼리 거래하는 또 다른 부분에서는 전통적 관행이 지속되었다는 것은, 그만큼 융통성이 있었다고 볼 수 있다. '관행의 근대적 재구성'이라는 관점에서 볼 때, 중국 상인들은 이런 관행의 '융통성'을 통해 서구와 근대의 도전에 대응했던 것은 아닐까!

결론적으로, '명문' 없이 유지되던 상거래관행은 관행이 근대적으로 재구성되는 과정에서 '명문화'를 필요로 하게 되었다. 요컨대 '상관행의 명문화'는 외국인 회사의 등장이나 새로운 경제 요소의 도입과 같은 변화와 닿아 있었다. 특히 외국인 회사의 시장 진입에 주목할 만한데, 외국인 회사는 기존의 관행을 잘 모르고, 알더라도 모든 것에 순응하려 하지 않았을 것이다. 그래서 법정 소송을 포함해 많은 분쟁이 일어났고, 법조항에 없는 (법조항 자체가 매우 미비했음) 세세한 부분은 관행에서 판단 근거를 찾을 수밖에 없었기 때문에 외국인 회사도 관행을 인지할 필요가 있었고, 이를 위해 '명문화'가 필요했을 것이다.

이를 '중국인 상점'의 입장에서 보면 외국인 회사의 도전에 '관행'으로 대응함으로써 자기의 기준을 관철하려 했고, 이렇게 보면 근대적 재구성 과정에서 관행은 외래 요소에 적극 대응하고 이를 포섭해 중국적인 것으로 변용시킨 주체로 볼 수 있겠다. 따라서 상관행의 근대적 변화는 중국적 '전통'에서 서구적 '근대'로의 일직선 전환이 아니었다. '신구 관행'이 광범위하게 병존되었지 새로운 것에 의해 낡은 것이 일방적으로 교체된 것은 아니었다. 오히려 혼재 가운데 제3의 관행을 정립해가는 과정으로 보는 것이 옳을지도 모른다.

64 嚴諤聲 編, 「商店出盤後注冊習慣」, 『上海商事慣例』, pp.167~168.

참고문헌

≪工商半月刊≫, 第3卷 第18期. 1931.
≪大同報≫, 第7卷 第21期. 1907.
≪司法公報≫, 第242期. 1927.
≪社會月報≫, 1卷 7號. 1929.7.
≪銀行雜誌≫, 第2卷 第16號. 1925.
南京國民政府司法行政部 編. 『民事習慣調查報告錄』. 編者 刊. 1930.5.
米田祐太郎. 『支那商店と商習慣』. 東京: 教材社. 1940.
謝振民 編著. 『中華民國立法史』. 正中書局. 1937.
森岡達夫 譯註. 『(實地調查)中國商業習慣大全』. 東京大同印書館. 1941.
上海出版協會調查部. 『支那の同業組合と商慣習』. 上海出版協會. 1925.
施沛生. 『中國民事習慣大全』. 上海政法學社. 1924.
楊幼炯. 『近代中國立法史』. 上海: 商務印書館. 1936.
嚴諤聲. 『上海商事慣例』. 新聲通訊社出版部. 1933.2.
直隸高等審判廳書記室 編. 『華洋訴訟判決錄』. 編者 刊. 1919.

王雪梅. 「論淸末的「商法調查案理由書」」. ≪四川師範大學學報(社會科學版)≫, 第32卷 第4期. 2005.7.
______. 「從淸代行會到民國同業公會行規的變化: 以習慣法的視角」. ≪歷史教學≫, 第527期, 2007年 第5期. 2007.
이병인. 「南京國民政府時期 工商同業公會와 '業規'」. ≪東洋史學硏究≫, 第97輯. 2006.
周東白. 『中國商業習慣大全』. 世界書局. 1923.
朱英·魏文享. 「行業習慣與國家法令: 以1930年行規討論案爲中心的分析」. ≪歷史硏究≫, 2004年 第6期. 2004.
胡旭晟. 「20世紀前期中國之民商事習慣調查及其意義」. ≪湘潭大學學報(哲學社會科學版)≫, 第23卷. 1999.
眭鴻明·「民國初年遵從民商事習慣風格之考證」, ≪河北法學≫, 第23卷 第11期. 2005.11.

10장

직업의 '여성화'

고도 시기(孤島時期) 상하이의 소학교 교사

| **렌링링** 連玲玲, 타이완중앙연구원 근대사연구소 선임연구원 |

전쟁은 인류 사회의 안정을 파괴하는 가장 중대한 요소 중 하나로, 엄청난 인명 피해와 재산 손실은 물론이고 대규모 이주와 사회 이동을 초래한다. 사회학자인 류루(劉璐)는 항일전쟁 시기의 중국을 가리켜 "걷는 국가(A whole nation walking)"라고 표현했다. 그 당시 사람들은 생존을 위해 뿔뿔이 흩어져 달아나기 바빴고, 기업과 학교는 계속 운영해나가기 위해 끊임없이 이동했으며, 정부 기관조차도 힘을 유지하기 위해 수도를 난징(南京)에서 충칭(重慶)으로 천도했다. 지역·공간의 물리적 이동 외에도 전쟁은 급격한 사회적 변동을 수반했다. 이를테면, 이주로 인해 가족 관계가 소원해지거나 심지어 해체로까지 이어지는 경우를 예로 들 수 있다. 즉, 전쟁으로 인해 각자 흩어져 '윤함부인(淪陷夫人: 항일전쟁 시기 적의 점령 지구에 남겨놓은 처)', '항전부인(抗戰夫人: 항일전쟁 시기 전방에서 함께 전열에 참가한 처)'이 생겨난 것처럼, 전쟁은 혼인 관계에 대한 개인의 '충성도'를 시험할 뿐만 아니라 혼인에 대한 윤리적 관념을 새로이 구축하기도 했다.[1]

1 呂芳上,「另一種'僞組織': 抗戰時期婚姻與家庭問題初探」, ≪近代中國婦女史研究≫, 第3期

이 밖에 전쟁은 성별 분업에 상당한 영향을 미쳤다. 제1·2차 세계대전 때 영국, 미국, 프랑스 등에서 직업상의 '여성 대체' 현상이 나타났다. 이 당시 남성들은 군대에 징집되는 바람에 수많은 직업이 공백상태로 남았고, 여성들은 본래 남성의 전유물로만 여겨졌던 노동에 종사하기 시작했다. 예를 들어, 1917년 미국이 제1차 세계대전 참전 후 여성의 철도 직군 종사자는 기존의 3만 1400명에서 1918년 10만 1785명으로 대폭 증가했고, 버스·전화 교환원 등 관련 직군에서도 비슷한 현상이 나타났다.[2] 그러나 이러한 '직업의 여성화' 현상이 얼마나 보편화되었는지는 좀 더 생각해봐야 할 문제이다. 특히 항일전쟁 시기 체계적인 징집이 대단히 어려워 농민들은 내심 징집을 거부하고 싶어 했고, 중국 정부도 비교적 공신력 있는 인구통계와 징집 기술을 발전시킬 수 없었기 때문이다. 그렇지만 항일전쟁 시기 소학교(초등학교) 교사의 여성 비율은 1935년 37.37%에서 1945년 56.83%로 뚜렷한 성장세를 보였다. 징병제가 제대로 시행되기 어려웠던 상황에서 '직업의 여성화'가 어떻게 나타날 수 있었을까? 고도 시기(孤島時期: 1937년 11월~1941년 12월까지의 상하이를 가리킨다. 이 시기 상하이가 일본군에 점령당했으나, 조계지만 일본군 세력이 미치지 않은 채 영국과 프랑스 등의 국가가 지배했다. 이 상태를 외딴섬에 비유해 '고도'라 불렀다)에 수많은 여성이 소학교 교사를 희망했다. 그렇다면 이것이 갖는 사회·경제적 의미는 무엇일까?

1. 소학교 교사 직군에서의 여성 지위

중국은 예로부터 "여자는 재주가 없는 것이 덕"이라는 말로 여성 교육에 대

(1995.8), pp.97~121.

2 Maurine Weiner Greenwald, *Women, War and Work: The Impact of World War I on Women Workers in the United States*(Ithaca: Cornell University Press, 1980), p.93.

한 무시를 합리화해왔다. 그러다 근대부터 이루어진 명·청대 재녀(才女) 문화의 연구는 이 속언을 크게 바꾸어놓았다. 관련 학자들에 따르면, 명·청대 명문세가는 여식에 대한 교육을 중요하게 생각했는데, 명문가의 딸은 도덕적 함양과 더불어 치가(治家)의 원칙을 익히고 글을 썼으며, 책을 읽고 시를 읊었다.

명·청대 재녀의 양성은 주로 가정교육 심화에 따른 것이었다. 가정교육을 담당하는 사람은 함께 거주하고 있는 집안 어른, 그중에서도 여성이 대다수였다. 이런 사람을 "규숙사(閨塾師)"라 불렀는데, 이 사람이 바로 여성 교육의 선구자라 할 수 있다.

명·청대 규숙사의 재주가 아무리 뛰어나고 재녀 문화를 전승하고 있다고 해도 그녀들의 역할과 전문화된 여교사와는 차이점이 있다. 규숙사와 학생은 사제 관계일 뿐만 아니라 친족 관계이기도 했다. 그녀들이 했던 일은 대부분이 무상 노동이었고, 그녀들의 자격을 심사할 만한 체계도 잡혀 있지 않았다. 이러한 시각에서 보면 19세기 하반기 여학당이 설립된 후에야 현대적 의미의 여교사가 나타난 것이다. 중국 최초의 여학교는 서양의 전도사가 설립했다. 여성 교육의 영향으로 중국의 관료와 유지들도 여성 교육의 중요성을 인식하기 시작했다.[3] 여성 연구에 따르면, 청나라 말엽 베이징 여학당의 여교사는 두 부류로 나뉘었다. 첫 번째 부류는 창립자의 여자 식솔이었다. 일반적으로 학당의 분업 방식은 지방의 유지가 교장직을 맡고 그 처(妻)가 학생을 교육하고 관리했다. 이러한 가족경영 형태의 학교 안에서 여교사는 여성 교육에 대한 남성가족 구성원 및 본인의 열정과 지지로 교육에 참여했다. 이러한 여교사도 실상 가정교육만 받았거나 가사 경험을 토대로 학교를 관리하는 사람이 대다수였다.[4] 따라서 이 당시 여교사의 성격과 명·청대 규숙사의 차이는 크지 않다고 볼 수 있다. 이때

---

3 여성학 담론에 관한 연구는 관련 자료가 많아 더는 언급하지 않았다. 呂士朋, 「辛亥前十餘年間女學的倡導」, 鮑家麟 編, 『中國婦女史論集 3卷』(臺北: 稻鄉出版社, 1993), pp.247~261.

4 Weikun Cheng, "Going Public through Education: Female Reformers and Girls' Schools in Late Qing Beijing," *Late Imperial China 21:1*(2000.6).

금 다소 규모가 큰 여학당은 학교교육을 받은 여성을 채용해 교직을 맡겼다. 장캉푸(江亢甫)가 창립한 학당처럼 도쿄나 상하이 여학당 졸업생을 교직에 앉히는 곳도 있었다. 그녀들은 근대 중국의 제1세대 여교사라고 할 수 있다.

대부분의 체계 및 법령과 마찬가지로 여성 교육에 대한 정부 차원의 관심과 체계화 노력은 늘 민간보다 늦었다. 1907년에 이르러서야 '여자소학당장정(女子小學堂章程)'과 '여자사범학당장정(女子師範學堂章程)'을 반포해 정식으로 여성 교육을 교육체계에 편입시켰다. 여성 교육의 주요 목적이 현모양처를 양성하는 데 있기는 했지만, 정부 측에서 여성이 교육을 담당할 수 있도록 했다. 이는 결국 현모양처 양성이라는 교육 목표와 직업으로서 독립적이고 전형적인 역할 사이에서의 이데올로기 갈등을 유발했다. 장정 규정에 따르면 "여성 소학당의 교장, 교사는 연장자이면서 학식이 있는 여성이어야 한다", "여교사 교장, 몽양원장(蒙養院長), 교사, 학감 모두 품행이 단정하고 학식이 있으며 교사 경력이 있는 여성이 맡도록 한다"라고 명시되어 있으며, 기타 경리, 서기, 서무 등은 "성실하고 품행이 단정하며 성심껏 교육에 임하는 50세 이상 남자가 담당한다"라고 되어 있다. 이는 엄격한 '남녀유별' 사상에 기인한 조치였으나 이것이 오히려 여성 직업의 발전을 촉진시켰다. 특히 사범학당은 졸업한 여학생이 여성 소학당 교사직, 몽양원의 보육교사로 3년간 일하도록 규정했고, 이를 받아들이지 않으면 수업료를 내야 했다. 이 제도는 저절로 여성을 직장으로 끌어들였고, 성별 분업을 변화시키는 계기로 작용했다.

청나라 조정은 이원화 제도를 통한 소학교 교육으로 남녀 학생 및 남녀 교사가 섞이지 않도록 노력했으나 교사의 수가 부족해 임시방편으로 남교사로 여교사를 대체했다. 1911년 산시(陝西) 교육회는 "여학당에서 여교사만 고집할 필요가 없다"며, "연장자에 품행이 단정한 사람"을 선택해야 한다고 주장했다. 또한 학당 내 남교사 휴게실을 마련하고, 학생생활과 밀접한 관련이 있는 관리직을 여성에게 맡겨 교사 부족 문제를 해결해야 한다고 지적했다.[5] 1909년 베이양여자사범학당(北洋女子師範學堂)의 교사 11명 중 8명[6]이 남성이었고, 우시사

립경지여학교(無錫私立競誌女學校)의 경우 1905년 설립 초에는 교사 11명 가운데 남성이 4명[7]이었다. 루페이쿠이(陸費逵) 등은 남녀 공학을 주장하기 시작했다. 특히 경제적 문제로 소학교가 있는 빈곤 지역에 여학교를 하나 더 설립할 수는 없었다. 따라서 남녀 공학이 아니면 여성이 교육을 받을 곳은 아예 없었다.[8] 소학교의 공학화는 민국 초기[9]에 시행되었고, 이후에 여교사 근무지는 더는 여자 학교에 국한되지 않았다.

민국 시기에 학교 및 학생의 수가 꾸준히 늘면서 교사 수요도 크게 증가했다. 1912년부터 1936년까지 전국 국민학교 및 소학교 규모는 8만 6318곳에서 32만 80곳(2.7배 증가)으로 늘었으며, 소학교 학생 규모도 279만 5475명에서 1836만 4956명으로 증가했다(5.57배 증가). 1931년에서 항일전쟁 이전까지 전국 소학교 교원의 총규모는 54만 명에서 70만 명[10] 사이를 유지했다. 그러나 전체적으로 봤을 때 소학교의 여교사는 여전히 드물었다. 민국 19년과 22년 전국의 교육 통계를 보면 소학교 교직원의 남녀 비율은 각각 16대 1과 11대 1이었다.[11] 물론 지역에 따른 차이가 상당한 영향을 미쳤다. 여성 교육이 상대적으로 발달한 강남(江南)의 각 성(省)은 여교사의 비율이 비교적 높았으나 닝샤(寧夏)·쑤이위안(綏遠) 등 지역은 여교사 비율이 전국 평균을 밑돌았다. 이 밖에 직할시의 여교사 비율도 성(省) 평균보다 높았는데, 이는 학교가 주로 도시에 집중되어

---

5 「宣統三年(1911) 陝西教育會會員張秉樞等 '女學堂不必限用女教員議案', 朱有瓛 編, 『中國近代學制史料(第二集下冊)』(華東師範大學出版社, 1989), pp.686~687.

6 「宣統元年(1909) 北洋女子師範學堂一覽表」, 朱有瓛 編, 『中國近代學制史料(第二集下冊)』, p.693.

7 「無錫私立競志女學校歷任職員一覽表」, 朱有瓛 編, 『中國近代學制史料(第二集下冊)』, pp.721~722.

8 陸費逵, 「男女共學問題」, ≪教育雜誌≫, 第2卷 第11期(1910.11), pp.5~6.

9 俞慶棠, 「三十五年來中國之女子教育」, 李又寧·張玉法 編, 『中國婦女史論文集(第1集)』,(台灣商務印書館, 1981), p.353.

10 『中國教育年鑑(第2次)』(宗青圖書公司, 1455), p.1459.

11 『中國教育年鑑(第1次)』(宗青圖書公司), p.161; 教育部 編, 『中華民國二十二年度全國初等教育統計』(商務印書館, 1937), p.60, p.78.

〈표 10-1〉 상하이 소학교 및 중·고등학교 교사의 성별 비율

연도	소학교				중·고등학교			
	남성		여성		남성		여성	
1929	3,639	(68.04%)	1,709	(31.96%)	2,364	(82.97%)	486	(17.03%)
1930	3,325	(69.66%)	1,448	(30.34%)	2,285	(81.81%)	508	(18.19%)
1932	3,656	(63.44%)	2,107	(36.56%)	2,986	(80.83%)	708	(19.17%)
1933*	3,855	(62.59%)	2,304	(37.41%)	543	(77.35%)	159	(22.65%)
1934	4,032	(61.95%)	2,476	(38.05%)	3,418	(82.96%)	702	(17.04%)
1935	4,397	(62.63%)	2,624	(37.37%)	3,402	(80.83%)	807	(19.17%)
1941**	1,035	(57.28%)	1,007	(42.72%)				
1945	3,594	(43.17%)	4,731	(56.83%)	3,013	(72.83%)	1,179	(28.17%)

주: * 는 중·고등학교는 일반 중·고등학교, 사범학교, 직업학교를 포함했다. 단, 1933년은 직업학교와 사범학교만 포함했다.
** 는 1941년은 일본 점령지의 소학교만 포함, 해당 연도의 중·고등학교 통계가 없다.
자료: 上海市政府教育局 編, 『上海市教育統計, 民國十八年度』, 『上海市教育統計, 民國十九年度』, 『上海市教育統計, 民國二十一, 二十二年度』; 上海市政府社會局 編, 『民國二十三, 二十四年度上海市教育統計』; 上海市政府教育局 編, 『民國三十五年上海市教育統計』.

있기 때문이다. 모든 성(省)은 각급 도시를 제외하고 대규모 농촌이 포함되어 있는데, 민국 시기 수많은 농촌 지역에는 학교가 없었다. 각 성시(省市) 중 상하이의 여교사 비율은 전국 1위였다. 〈표 10-1〉에 따르면, 1929년 상하이 소학교 교사의 남녀 비율은 약 2대 1이었고, 1935년에는 1.68대 1까지 축소되었다.

2. 전쟁이 상하이 소학교 교직에 미친 영향

1937년 8·13 사변(상하이 전쟁) 발발 후 상하이 공부국(工部局)과 공동국(公董局)은 즉시 공공 조계지 및 프랑스 조계지를 비점령지로 발표했다. 당시 일본군은 중국인 거주지(華界) 및 양쯔강 하류 지역을 점령해나갔고, 일본군 점령지에

〈표 10-2〉 상하이 인구 통계

연도	중국인 거주지	공공 조계지	프랑스 조계지
1935	2,044,014	1,159,775	498,193
1936	2,155,717	1,180,969	477,629
1937		1,218,630	
1940	1,479,726		
1942	1,049,403 *	1,585,673	854,380

주: * 는 후시(滬西), 난스(南市) 및 자베이(閘北) 3곳의 인구이다.
자료: 鄒依仁, 『舊上海人口變遷的研究』(上海: 上海人民出版社, 1980), pp.90~91.

둘러싸인 두 조계지는 고립된 섬, '고도(孤島)'를 형성하게 되었다. 이때 수많은 사람이 전쟁을 피해 상대적으로 안전한 조계지로 유입되는 바람에 조계지 인구는 순식간에 폭증했다. 〈표 10-2〉를 보면, 항일전쟁 이전 조계지 인구는 약 160만 명이었으나 1942년에는 240만 명으로 크게 늘어났다.

인구 증가는 다양한 측면의 소비 수요를 확대시켰다. 교육 분야를 예로 들면, 전쟁 지역 내 학교 건물이 파괴되어 다수의 학교가 강제휴교에 들어갔으나, 학업에 대한 학생 수요는 꾸준히 있었기에 이른바 돈이 많은 학교(대부분 중·고등학교 혹은 전문학교 이상 학교)는 조계지에 학교 부지를 찾아 수업을 재개하거나 학교를 신축하는 경우가 종종 있었다. 그 당시 상하이 교육시장에 대한 이미지는 주로 "학교가 많고", "학생도 많다"였다.[12] 그러나 일부 통계를 가지고 분석해보면, 이 이미지에 관해 좀 더 자세한 설명이 필요하다. ≪신보(申報)≫ 기사에 따르면, 전쟁이 발발하기 전 상하이에 설립된 공립 및 사립 소학교는 573곳이었고 이 가운데 조계지를 제외한 지역에 설립된 곳은 350곳에 이르렀다. 그러나 전쟁 시기 조계지에 수업을 재개한 소학교는 많지 않으나 새로 지은 학교

12 「社評: 上海教育現階段的檢討」, ≪申報≫(1939.6.11).

는 우후죽순처럼 늘어났다. 1939년 1월 조계지 두 곳의 소학교는 총 403곳에 학생 수는 11만 3365명이었다.[13] 같은 해 4월 중국학생복무사(中國學生服務社)의 조사보고서에 따르면, 상하이 소학교는 406곳에 학생 수는 18만 6300명에 달했다.[14] 1933년 공식통계보다 전시(戰時)에 학교 수가 272곳 감소했으나, 학생 수는 오히려 3만 3612명 증가했다.[15] 전쟁 시기 학교 수는 전쟁 전보다 적지만, 이 학교들은 공공 조계지 및 프랑스 조계지에 집중되어 있었으므로 학교 밀집도로 보아 전시에 소학교의 시장 경쟁은 훨씬 더 치열했을 것이다.

치열한 경쟁에서 생존하기 위해 교장은 학교 경영에 시장원칙을 적용할 수밖에 없었다. 균형예산으로 봤을 때, 가장 중요한 것은 '이익 창출원의 개발'과 '비용 절감'이다. 이익 창출원의 개발은 학생 모집의 확대밖에 없다. 전쟁 이전 시기 각 학교는 신문광고를 통해 학생을 모집했고, 전시에는 훨씬 더 기업에 가까운 모습으로 '빅 세일'을 통해 학생을 모집했다. ≪신보≫에 글을 게재한 한 작가는 학생 모집은 광고, 외판, 수업료 인하, 3+1 등 4가지 형태로 이루어졌으며, 이로 인해 다수의 학교가 오로지 영리만 추구하는 '학교가게(學店)'라는 오명을 쓰게 되었다.[16] 비용 절감은 운영비를 최대한 낮추는 데 있었다. 학교 운영에서 가장 큰 비중을 차지하는 지출은 학교 건물임대료와 인건비이다. 상하이는 전쟁 이전부터 부동산 가격이 꾸준히 상승하고 있어 임대료 인하 운동까지 빈번하게 나타날 정도였다.[17] 전시에는 조계지 인구의 폭증으로 건물 수

---

13 崇淦, 「抗戰中之上海學校教育」, ≪申報≫(1939.1.22, 1.23).

14 「滬市本學期各級校一七一八所」, ≪申報≫(1939.4.17). 여기서는 전체 학생 수가 아닌 각 학교의 평균 학생 수만 언급했다. 따라서 해당 수치는 필자가 평균적인 학생 수와 학교 수를 토대로 계산해 도출한 것이다.

15 1933년 수치는 教育部 編, 『中華民國二十二年度全國初等教育統計』, p.196 참고. 여기서 증가와 감소 데이터는 중국학생복무사의 조사보고서를 비교 자료로 삼았다. 崇淦의 데이터와 비교하면, 전쟁 시기 학교 수는 329곳 감소했고 학생 수는 3만 9323명 증가했다.

16 懷, 「'學店'大減價」, ≪申報≫(1939.1.7).

17 孫慧敏, 「'房客聯合會'與1920年代上海的房屋減租運動」, 巫仁恕·康豹·林美莉 編, 『從城市看中國的現代性』(中央硏究院近代史硏究所, 2010), pp.171~196.

요가 증가해 임대료 역시 고공행진을 했다. 조계지에 새로 설립한 학교는 반일제, 윤번제, 순환제 등 '변칙적인' 방법으로 임대료 문제를 해결했다.[18] 인건비 지출을 절감하기 위해 다수의 소학교가 채택한 방법은 학년 통합 수업이었는데, 사립 소학교 교사 1명이 한 반에서 6개 학년을 함께 가르치는 기이한 모습이 연출되었다.

> 대부분의 학교 건물은 굉장히 협소했다. 2개 학년이 교실 하나에서 수업하면 그나마 나은 것으로, 일반적으로는 3개 학년이 교실 하나에서 수업했다. 일전에 6개 학년과 함께 수업한 적이 있는데, 당시 교사는 수업 시작부터 목청이 찢어져라 소리쳐야 했다. 이로 인해 교외 수업 역시 증가했다. 학생은 각 학년의 학생과 함께 수업했기에 다들 책을 베껴 쓰고, 본문을 외우고, 글을 쓰고, 일기와 자질구레한 일을 기록했다. 교사는 하루의 숙제 노트를 제외하고 작문 노트, 수학 노트 및 각종 노트까지 더해져 매일 평균 200권의 노트를 첨삭해야 했다. 그러나 교장은 이 첨삭한 노트를 언제든 조사 및 검사할 수 있어, 실수가 있으면 교사는 질책을 받거나 심할 경우 해고될 위기에 처하기도 했다.[19]

이는 전쟁 이전에 발생한 일이긴 하지만, 교육 자원이 훨씬 부족했던 전시에도 상황이 크게 바뀌지는 않았다. 어떤 한 교사는 ≪신보≫에 모든 과목을 가르쳐야 했다며 불만을 토로하는 글을 게재했다.

> 내가 근무한 곳은 꽤나 명망 있는 중·고등학교의 부속 소학교로, 그 학교 교장은 전형적인 '학교가게'의 사장이었다. 그는 상업적인 수단과 방법을 유효하게 사용했다. 내가 정식으로 고용계약서를 받아들 때, 6개월 동안 노동의 대

---

18 「上海租界校舍難覓」, ≪申報≫(1938.10.12).

19 茜, 「掙扎在職業戰線上的小學教師: 座談會紀錄」, ≪婦女生活≫, 1-1(1935.7.1), pp.115~ 116.

가는 80위안에 달했다. 그 교장은 월별로 임금을 산정하지 않았는데, 그 이유는 두 가지였다. 첫째는 80위안이라는 말이 듣기에 좋고, 둘째는 여름방학 한 달에 '쓸데없이' 지급되는 월급을 절약하기 위한 것이었다. 교장선생님의 천재적인 머리에 감탄스럽기 그지없었다.

나는 4학년을 담당하고 있었다. 비록 '교육부 교과과정 표준'을 따르는 소학교였으나 사실 내부적으로는 옛날 서당식 교육이 행해졌다. 다시 말해, 한 교사가 모든 과목을 가르쳤다. 미술에서 음악, 수학에서 국어까지 하루 종일 교실에서 보냈다. 참으로 영명하신 교장선생님은 교사의 노고를 생각해 방과 후 업무를 더 많이 고안해 교사에게 떠넘겼다.[20]

학년 통합 수업 및 1인 교사의 전체 과목 담당은 학교 측에서는 비용 절감의 방법이기는 하지만, 교사 입장에서는 과중한 업무 부담으로 이어졌고, 시간당 임금도 줄어들었다.

학교가 비용을 절감하는 수많은 조치 중 가장 큰 영향을 미친 것은 다수의 여교사가 재임용되어 소학교 교사의 성별 구조를 재편했다는 것이다. 〈표 10-1〉에서 보듯이 1935년 소학교의 여교사 비중은 40% 미만이었으나 1945년에는 약 60%까지 증가했다. 〈표 10-3〉은 전시에 상하이 소학교 15곳의 교사 이동 현황을 나타낸 것으로, 인사 변동 중 남녀 교사 각각 100명이 교직을 떠나 200명의 결원이 발생하면 학교는 여교사 123명, 남교사는 77명만 충원했다. 여기서 새로 충원하는 26명 가운데 남교사는 여교사보다 2명 더 많지만, 새로 임용된 226명 가운데 여성은 여전히 60%를 차지해 학교가 여교사 임용을 선호했음을 알 수 있다.

필자가 상기 교사의 이직사유서를 보지 못했기 때문에 개인적인 이직사유에 대해 정확하게 알지 못하지만, 당시 소학교 교사가 신문에 게재한 공개문만

---

20 傷心人, 「小學教員辛酸淚」, ≪申報≫(1938.11.23).

〈표 10-3〉 상하이 소학교 교사 이동 현황

여교사로 남교사 대체	48
남교사로 여교사 대체	25
여교사로 여교사 대체	75
남교사로 남교사 대체	52
여교사의 신규 임용	12
남교사의 신규 임용	14
해고 여직원	1
해고 남직원	1
총계	227

봐도 수많은 교사(특히 남교사)의 이직 사유가 임금이 너무 낮았기 때문임을 쉽게 추측할 수 있다. 일반적으로 소학교 교사는 안정적이고 수입도 보장된 직업이라는 이미지가 있다. 1928년 7월 민국정부대학원은 「소학교 교원 임금제도의 원칙」을 발표해 최저임금 기준을 "의식주 해결에 필요한 비용의 2배를 최저한도로 잡는다"라고 정했다.[21] 1933년 11월 10일 상하이 정부가 공포한 「상하이 시립 소학교 교직원 처우 규정」[22]에서는 교장 및 교원의 급여 기준을 학력, 자격, 직무, 연차 등 15개 등급으로 나누어 최저 등급은 20위안, 최고 등급은 120위안으로 정했다. 일반 중·고등학교 졸업생은 검정고시에 합격하면 상하이 소학교 교원 등록을 거쳐 초임자가 되며 월급으로 30~40위안을 받고, 사범학교 졸업생은 40~50위안을 받는다.[23] 사립 소학교의 급여는 조금 더 낮았다.

21 상하이의 소학교는 수백 곳에 달하므로 모든 학교의 교사 이동률을 조사할 수 없었다. 따라서 15개 소학교를 선정해 교사의 이직 상황을 관찰했다. 이 조사는 소학교 교사의 성별 대체 현황을 알아보기 위한 것이지 전체적인 직업 현황을 추산하려는 것이 아니다.

22 慈鴻飛, 「二三十年代教師, 公務員工資及生活狀況考」, ≪近代史研究≫, 3期(1994), p.286.

23 「上海市市立小學教職員待遇規則」, 上海市檔案館, Q235-1-212.

매주 1500분 수업에 월급은 25~30위안 수준이다.[24] 소학교 교사의 생활수준을 알아보기 위해 당시 화이트칼라 계층의 임금 수준과 비교해보자. 1933년 9월 23일 민국정부는 「문관 등급별 임시 임금표」를 발표해 문관의 임금 등급을 37개로 나누었고, 이 중 위임관(委任官)의 최저임금은 55위안이었다.[25] 1931년 상하이영안회사(上海永安公司)의 일반 점원의 평균임금은 32.03위안이었고, 1936년 28.9위안으로 조금 떨어졌다.[26] 은행원의 급여는 백화점 직원 및 소학교 교사보다 훨씬 높았다. 1937년 상하이 상업저축은행 하급직원(보조 업무 담당)의 월급이 49.6위안, 중급직원(일반 업무 담당)의 월급은 82.5위안이었다.[27] 이렇듯 소학교 교사의 소득은 앞서 서술한 직업군보다 낮았을 뿐만 아니라 특정 기능직 노동자보다도 낮았다. 1929년 4월부터 1930년 3월까지 상하이 사회국은 노동자의 생활수준을 조사했다. 방직, 화학, 기계, 식품 및 담배, 수도, 전기, 인쇄 등 직종에 종사하는 노동자 가족을 대상으로 소득 및 지출 현황을 분석한 것이다. 조사에 참여한 305가구 중 37가구의 연평균 소득이 600위안 이상으로 주로 기계를 취급하는 기능직 노동자들이었다.[28]

당시 원칙적으로 한 달에 30~50위안으로 4인 가족의 기본적인 생활을 부양할 수 있었다. 앞서 서술한 사회국 조사에 따르면, 연평균 소득이 200~299위안인 가정의 평균 가족구성원은 3.98명으로 매년 337.2위안을 지출하는 것으로 나타났다. 연소득이 300~399위안인 가정의 평균 가족구성원은 4.17명이며, 매년 385.17위안을 소비했다.[29] 이 기준에서만 봐도 소학교 교사의 급여는 4인

---

24 물론 임금이 지극히 낮은 경우도 있었다. 한 소학교 교사는 어느 사립 소학교는 처우가 너무 열악해 매주 600분 수업에 월급이 3위안, 1000분 수업에 8위안밖에 되지 않았고, 숙식조차 제공되지 않았다고 토로했다(茜, 「掙扎在職業戰線上的小學教師: 談會紀錄」, pp.114~118).

25 慈鴻飛, 「二三十年代教師, 公務員工資及生活狀況考」, p.287.

26 上海社會科學院經濟研究所 編, 『上海永安公司的産生發展和改造』(上海人民出版社, 1980), p.102, p.188.

27 岩間一弘, 「人事記錄にみる近代中國の銀行員の給與·經歷·家族」, ≪アジア經濟≫, 47-4 (2006.4), p.28.

28 上海市政府社會局, 『上海市工人生活程度』(編者 刊, 1934), pp.1~4.

가족을 부양하기에 부족한 수준이라 수입보다 지출이 많거나 임금을 가불하는 경우도 드물지 않았다.

1937년 11월 국군(國軍)이 서쪽으로 철수한 후, 상하이에서 전쟁의 기운은 크게 가셨다. 전쟁 시기 물자 공급의 영향으로 1939년 하반기부터 물가가 큰 폭으로 요동쳤고 생활필수품 가격도 끊임없이 상승했다. 1936년 상하이의 생활지수는 100, 1941년 3월 식량가격지수는 774, 주택임대 385, 의류 503, 연료 636, 기타 물자는 559였다.[30] 오랫동안 임금 조정이 없었던 소학교 교사들은 점차 무거운 경제적 부담을 안게 되었다. 이는 ≪신보≫의 '소학교 교사들의 호소'라는 글을 보면 더욱 잘 이해할 수 있다.

쌀 1섬에 40위안, 우릴 숨 막혀 죽일 셈인가!(익명의 교사)

여기 우리 교사들은 사환보다 못한 생활을 하고 있습니다! 사환의 식사는 학교에서 제공하지만 우리는 그렇지 않죠. 사환은 식사뿐만 아니라 5위안을 더 받습니다만, 저희는 매달 식사비가 월급보다 많아요. 계속 이렇게 생계를 이어 나가다가는 급여로는 감당이 안 될 텐데, 저희에게 무슨 돈이 있겠습니까?[뤄핑(羅平)].

매월 생활비가 이렇습니다. 월세 15위안, 식비 35위안, 아이 간식비 3위안, 차비 5위안, 용돈 2위안, 이렇게 해서 총 60위안이 들어요. 하지만 월 소득이 40위안밖에는 되지 않아 20위안이 부족합니다. 최소한의 여가 생활, 의료, 옷 구매 등을 할 돈이 전혀 없다는 겁니다[비산(碧珊)].

"쌀 가격이 천정부지로 치솟으니 빈곤 계층뿐만 아니라 저희 소학교 교사도 생활이 궁핍하기는 마찬가지입니다. 월 소득이 40위안도 안 되는데, 7인 가족이 어떻게 생계를 유지합니까? 쌀만이 아니에요. 40위안으로는 집 없이 생쌀만

29 上海市政府社會局, 『上海市工人生活程度』, p.16.

30 Frederic Wakeman, "Urban Controls in Wartime Shanghai" in Wen-hsin Yeh(ed.), Wartime Shanghai(London: Routledge, 1998), p.135.

먹어도 부족하다고요![수성(述生)]

이게 지금 믿어지시나요? 학교에서 교사로 있는 제가 친구에게 돈을 빌려 쌀 2kg를 사야 합니다. 그것도 고작 2kg이요! [평(峰)]

이제는 아침에 죽, 점심에 국수, 저녁에 죽으로 끼니를 때웁니다. 그래도 다른 사람은 견딜 수 있어요. 하지만 오후 4시만 되면 두 아이가 배고파 웁니다. 그러면 아내는 또 안쓰러워 울죠[창스(昌實)].

우리 처지를 누가 믿겠습니까? 아직 급여가 나올 때는 안 됐고, 돈을 빌릴 곳이 없어 이틀간 가족 모두 국수 한 그릇만 먹은 적도 있어요! [잉(瑛)]

전 반기아 상태로 생활하고 있습니다! [루핑(綠萍)]

매일 1위안이 안 되는 돈으로 대체 무얼 먹고 무얼 삽니까? [한메이(寒梅)]

여자 관광 가이드가 시간당 1위안을 번다고 하는데, 저희는 시간당 0.2위안에 불과합니다. 사실 제 친구 한 명은 그래도 제 수입이 자신보다 낫다고 부러워하는데! 정말 이해를 못하겠어요! [후투(胡途)]

'아빠! 어째서 쌀가게에서 쌀을 안 보내주는 거예요? 3일 동안 계속 거짓말했죠!' 저는 다시 며칠간 또 거짓말을 해야 합니다. 31일이 될 때까지요[스친(士勤)].

더는 한탄만 할 수 없어 이렇게 4가지 의견을 제안합니다. 첫째, 학교 당국이 물가 상승폭에 따라 우리의 생활을 보장해주십시오. 둘째, 처우 개선 및 교육의 질을 높여주십시오. 셋째, 교사들이 단결해 당국에 촉구함으로써 민주주의를 실현합시다. 넷째, 상하이 교육 당국은 교사의 처우 개선 문제를 공론화해 주십시오[전(珍)].[31]

이 교사들에게 폭등하는 쌀 가격뿐만 기본적인 의식주조차 문제가 된 것이다. 이 글을 통해 당시 교사들이 느낀 부담이 얼마나 컸는지를 알 수 있다. 게다가 급여 40위안으로 7인 가족을 부양해야 하는 교사도 있었다. 남자가 가정

31 「一群小學教員的呼聲」, ≪申報≫(1940.1.5).

의 지출 대부분을 부담해야 하는 것이 사회가 기대하는 남성상이다. 그러나 소학교 남교사는 이러한 사회적 기대에 부응하지 못했기에 이직을 결심할 수밖에 없었다.

이 교사들이 이러한 글을 투고한 것은 불만을 토로하기 위한 것도 있지만, 무엇보다도 언론을 이용해 학교를 압박함으로써 교사의 임금을 적절한 수준으로 조정하기 위한 것이었다. 앞의 호소문을 보면, 소학교 교사들이 개별적인 투서를 편집해 실은 것이 아니라 이 교사들이 함께 신문사로 보낸 것임을 알 수 있다. 즉, 이 교사들은 집단의 목소리로 사회 대중, 정부 당국, 학교가 문제의 심각성을 직시하기를 바랐던 것이다. '전(珍)' 교사는 "교사들이 단결해 당국에 촉구함으로써 민주주의를 실현합시다"라고 주장하기도 했다. 이 말의 의미는 대단히 모호하다. 어떻게 쟁취하고, 어떤 민주주의를 요구할 것인가? 그러나 이는 공산당의 대중운동 구호와 유사한 부분이 있고, 1939년 공산당의 집단 파업 사태와도 관련이 있다. 항일전쟁 발발 후, 국공(國共)은 제2차 연합작전을 벌여 공산당이 재배치되었고, 이에 공산당은 상하이에서 세력을 회복하고자 했다. 그리하여 대기업 공장들이 지하당 지부를 설립한 것 외에도 각 계층에서 애국단체 혹은 아마추어 클럽 등이 조직되었다. 예컨대 교육계 인사를 대상으로 '소교동인진수회(小敎同人進修會)'가 발족되기도 했다. 본래 중국공산당의 전략은 "대중들을 최대한 진작시켜 정치적 성격의 생활활동 혹은 생활적 성격의 정치활동을 전개하도록 한다"였다. 치열한 대립과 분쟁은 최대한 피했으나 1939년 하반기 물가가 천정부지로 치솟으면서 노동자의 수입보다 지출이 많아 생활이 궁핍해졌고, 이에 중국공산당은 방직, 일상용품, 인쇄 등 각 업계에서 노동자의 처우 개선을 촉구하는 노동운동을 전개하기 시작했다.[32] 교사들의 투서가 공산당

32 中共上海市委黨史研究室 編, 『中國共產黨在上海(1921~1991)』(上海人民出版社, 1991), pp.186~187; 沈以行·姜沛南·鄭慶聲 編, 『上海工人運動史 下卷』(遼寧人民出版社, 1996), pp.136~174.

운동과 직접적인 관련은 없어도 이러한 사회적 사건이 도화선이 되었을 가능성은 배제할 수 없다. 그들은 당시 노동쟁의가 빈번히 발생하던 사회분위기 속에서 여론을 통해 임금 인상이라는 목적을 달성코자 한 것이다.

그러나 다수의 학교는 이러한 교사의 호소를 들으려 하지 않았다. 특히 당시에는 교사 지원자가 넘쳐난 터라 교장은 굳이 임금을 인상해 교사를 잡아두려고 하지 않았다. 상하이 직업지도소의 직업 등록 자료에 따르면, 1938년 7월부터 1939년 6월 사이에 교직을 희망한 사람은 총 397명이었고, 그중 불과 153명이 관련된 직업에 종사했다. 여기에는 소학교 교사 93명, 가정교사 29명, 외국어 교사 18명, 중·고등학교 교사 12명, 대학교수 1명이 포함되어 있다.[33] 다시 말해, 교장은 '부적격' 교사를 임의로 해고할 수 있었다는 것이다. 이 밖에 학교는 임금수준이 낮다는 이유로 여교사 임용을 선호했다. 한 교사가 교사 모집에 지원했을 때의 상황을 다음과 같이 설명했다.

> 초가을이었지만, 날씨가 상당히 무더운 오후였어요. 저는 친척 오빠 차를 타고 여자 중·고등학교 교장을 만나러 갔죠. 그 당시 저는 말할 수 없이 기뻤고, 드디어 행운이 내게로 왔다고 생각했죠. 비록 소개받아 가는 입장이지만, 교사가 되고픈 저에게는 이것도 감지덕지했거든요! …… 친척 오빠가 몇 마디 나눈 후에 저를 그 교장한테 소개해줬어요. "제 먼 친척인데, 사정이 생겨 진학하지는 못했습니다. 가정 형편이 어려워 얘가 고생이 이만저만이 아니었죠. 일반적으로 고생해본 사람이 인내심이 많다고들 하지 않습니까? 그래서 이렇게 소개해드리는 겁니다. 교장선생님 학교에 일자리 좀 없을까요?" …… 그 교장은 당시 중·고등학교의 교직원 추천 정원이 이미 꽉 찼고, 신설할 부속 소학교도 한 자리밖에는 남지 않았다고 했습니다. 그래서 저는 소학교 1, 2학년을 담당하기

33 潘文安·鄭文漢·沈光烈, 「上海戰後二年人才供應的一瞥」, ≪申報≫, 1939.11.10, 11.11, 11.12, 11.14, 11.15, 11.25.

로 결정되었지요. 이제 막 신설된 학교에 학생 수도 적어 2개 학년을 통합해 수업하기로 했습니다. 급여에 대해서 교장은 피하기만 할 뿐 말하려 하지 않았어요. 그저 집에서 놀고먹는 중·고등학교 졸업생들이 많고, 다들 소학교에서 애들을 가르치고 싶어 한다는 말만 하더라고요. 교장이 그러더라고요. 지금 우수학생 몇 명을 임용하기로 했는데 그중 한 명은 가죽판매상의 딸로 출퇴근을 차로 하고 있고, 다른 사람은 부잣집 딸인데 그녀 역시 자동차가 있으며 급여를 딱히 원하지 않는다, 생활만 할 수 있으면 된다고 했다, 이후에 급여를 주려고 했을 때도 아주 조금만 받았다, 학교의 월급으로는 겨우 입에 풀칠 정도만 할 뿐이고, 자기가 보기엔 여교사 가운데 월급으로 생계를 꾸리는 사람은 아주 드물다, 등의 말이요. 결국 그 교장의 말은 이거였어요. "여기서는 월급이 적어도 열심히 일하는 교사가 많으니 일을 할지 말지 알아서 해라.[34]

물론 모든 여교사가 '생활만'을 위해 일을 하는 것은 아니다. 특히 물가가 치솟는 비정상적인 시기에 2명 이상이 돈을 벌어야 가족 전체를 먹여 살릴 수 있으니 말이다. 본문에서 인용한 교장은 소수의 이례적 사실로 임금 문제를 넘기거나 심지어 임금을 인하하려고 한 것이다. 어쨌든 이 교장의 말인즉, 여성은 가정에서 경제적인 주축이 아니므로 남성에 상당하는 임금을 지급할 필요가 없다는 것이다. 학교의 비용 절감 측면에서 보면 여교사는 저렴하게 대체할 수 있는 인력이었기에, 소학교 교직의 여성화 추세는 더욱 뚜렷하게 나타났다.

직업의 여성화는 소학교 교사의 사회적 지위를 갈수록 떨어뜨렸다. 상하이처럼 경제적으로 발전한 도시는 소득수준으로 사회적 지위를 가늠했다. 수많은 소설과 드라마, 영화에서 상하이 사람들을 돈만 보면 불을 켜는 배금주의자로 묘사할 정도이다. 이처럼 교사의 실질소득이 떨어졌을 때, 교사직종에 대한 선호도 역시 예전만 못하게 되었고, 심지어 다수의 소학교 교사는 자존감마저

34 如華, 「小學敎師」, ≪婦女界≫, 3-3(1941.6.20), p.16.

잃게 되었다. 앞서 인용한 소학교 교사의 호소문에서 보듯 한 교사는 시급이 여자 관광가이드 수입의 1/5에 불과하다는 사실에 한숨을 내쉬었다. 물론 그 교사가 관광가이드로 전향할 마음이 있는지는 알 수 없지만, 그의 어조를 보면 자기 직업에 대한 기대치가 굉장히 낮다는 것을 알 수 있다. 다른 한 교사는 직접적으로 비난했다.

> 현재 중국 사회를 두루 살펴보라. 큰 뜻을 품고 교육자의 길을 가려는 사람이 누가 있는가? 남성은 교육자가 되느니 비서나 수행원이 되려고 하고, 여성은 서기나 전업주부가 되는 걸 선택하니 말이다. 막심 리트비노프(Maksim Maksimovich Litvinov) 외교장관 같은 사람은 자리에서 물러난 후 교편을 잡았는데, 중국에서는 현급 관리나 과장 출신이 그렇게 하더라도 대단한 인물이라 여길 것이다.
>
> 담배나 종이, 잡화 따위의 소자본 장사에나 어울리는 학교가게에서 이른바 '선생질'은 정신적으로나 물질적으로 밑지는 장사이다. 청년들은 교사에 대해 그 교사가 가진 학력의 1%도 존경하지 않고 만담가보다도 못한 사람으로 취급한다. 교사 대다수는 늘 곤궁하고, 위축되고, 거북하고 평범한데, 약한 학생만 엄하게 대하는 일부 사람만 그나마 조금 멋있어 보일 뿐이다.
>
> 이처럼 교사는 할 만한 직업이 아니다. 아무리 최선을 다해도 '딱 배곯지 않을 정도만 벌고 실적과 과실을 평가하는 사람도 없으니' 능력 있는 사람 중 누가 교사가 되려 하겠는가?[35]

이 작가의 말처럼 교사는 빈곤하고 직업에 대한 큰 뜻이나 의지가 없었다. 교직은 기껏해야 입에 풀칠하기 위한 방편에 불과할 뿐 "사람을 키우는 데 100년이 걸린다"라는 옛말과는 상당히 동떨어진 개념이었다.

---

35 碧遙, 「'六六'述感」, ≪上海婦女≫, 3-3(1939.6), p.10.

교사의 이미지가 '평범하고' 지위가 낮은 까닭은 그들의 지식이 부족한 것과 관련이 있다. 특히 여교사는 '능력 부족' 때문에 자주 비난을 받지만, 임금 요구치가 높지 않아 학교는 여교사를 선호했다.

> 혹자는 대다수 사립 소학교의 규모가 작은 편이라 여교사 임용을 선호한다고 말한다. 그러나 여교사 채용을 선호하는 까닭은 임금을 따지지 않기 때문이다. 그렇기에 월급이 10위안도 되지 않은 여교사가 있을 정도로 여교사들의 임금수준은 심각할 정도로 낮다! 어떤 사람은 여교사의 지위가 낮은 것은 서로 경쟁이 너무 심해 자기 밥그릇을 떨어뜨렸기 때문이라고 말한다! 사회에서 남존여비 사상은 여전히 깨지지 않고 있다. 부모들은 딸의 교육에 대해서 글을 읽고 쓸 줄 알기만 하면 된다고 여겼다. 이에 여성들은 소학교를 졸업한 후에 활로를 찾으려 하거나 소학교 졸업 후 중·고등학교에 진학했다. 중·고등학교에서 반년을 수학하면 한 학년이 올라가 1~2년도 채 안 되어서 유아교육사범학교의 졸업증을 받을 수 있다. 상하이에서는 이렇듯 '학력'을 상업화한 학교가 많았고, 이에 해마다 능력이 모자라고 이익만 챙기려는 여교사들이 많이 배출되었다. 인맥이 있는 사람들은 좋은 자리에 앉을 수 있었으나, 일반적으로 여교사는 몸값을 낮추더라도 일자리를 구해야 했기에 월급이 10위안도 안 되는 경우도 있었다.
>
> 이처럼 보통의 여교사들은 처우 개선이나 안정화 등에 대해 일말의 희망도 갖지 않았는데, 교육을 논할 수 있겠는가? 여교사들은 업무에 뒤처지고, 책임지는 것을 두려워한다. 이는 자신을 포함한 다른 사람에게 해를 끼치는 것이며, 교사의 지위를 떨어뜨리고, 사회적으로도 무시받는다. 일반적으로 모두 다 그렇다는 건 아니지만, 이 역시 인정해야 할 사실이다.[36]

이 글을 쓴 사람도 '교육계에서 20년 이상 종사한' 여교사이기 때문에 이런

---

36 兆君, 「從教師節說到女教師」, ≪中國婦女≫, 1-9(1940.8), p.15.

평가가 가능한 것이다. 그녀는 상하이 교육계에 대한 관점과 성찰을 통해 문제를 여교사의 '자질 부족'으로 돌리고 있다. 물론 이는 상하이의 사범교육 상업화에 따른 결과이기는 했지만, 그것보다도 여교사가 교육자로서 성실하게 임하지 않아 교사의 전반적인 지위가 낮아졌다고 여겼다. 따라서 그녀는 여교사에 대한 지적 함양을 촉구하면서 "자신의 책임이 얼마나 막중한지 깨달아야 할 것이다. 좀 더 노력하고 인내심을 가지며, 절약과 검소함을 실천하고 국가와 민족을 위해 우수한 인재를 배출하는 것이 교사가 해야 할 책임이다"라고 지적했다.[37] 작가는 교육계에서 장기간 쌓여온 구조적인 문제에 주목하기는 했지만, 그녀가 제안한 해결 방법은 오히려 '여성화'였고, '개인화'라는 구조적 문제에 대해서도 여교사의 개인적 노력을 통해 교육계의 고질병을 해결하고자 했다.

여교사는 전문성 부족이라는 비난을 받았고, '선천적인 약점이 많다'고 여겨졌다. 베테랑 여교사 장핑(姜平)은 여성의 3대 문제점으로 보수적, 무사안일주의, 부정한 방법으로 자리 보전 등을 꼽았다. 그녀는 예로부터 여성은 끊임없이 억압받아왔으나 이를 자각하고 거부하려는 여성은 오히려 드물었다고 지적한다. 대부분의 여성은 보수적 성향을 띠는데, 특히 여교사는 새로운 흐름과 사상에 대해서 부정적으로 바라보고 업무에 대해서 발전을 꾀하지 않는다는 것이다. "학교에서 8년, 10년 교직생활을 한 교사는 8년, 10년 전에 사용한 교재를 여전히 사용하고 있다"며, 심지어는 자신과 다른 의견을 가진 사람을 배척하고 새로운 교육 방법의 시행을 방해한다고 말했다.[38]

이 밖에 장핑은 여교사가 "자신의 주관을 지키지 않아" 청년 학자가 나라를 위해 힘쓰도록 이끌지 못한 것을 비난했다. 이는 특별히 1939년 4월 '국기 게양 사건'을 겨냥한 것이다. 당시 상하이 조계지는 '고도'로 전락했으나, 중국인이 설립한 학교는 여전히 국기 게양, 총리 초상화 달기, 기념회 개최 등 애국주의

37 兆君, 「從教師節說到女教師」, p.16.

38 姜平, 「對女教師的一點希望」, ≪上海婦女≫, 3-3(1939.6), p.12.

를 상징하는 의미 있는 행사를 열었다. 이때, 조계지 정부는 통상적으로 개입하지는 않았다. 그러나 일본, 영국, 프랑스 등 국가 간 경색 국면이 고조되자 조계지 정부는 보수적인 태도로 입장을 바꾸어 상하이 주민의 정치적 활동을 제한했다. 항일전이 대치 국면에 치닫게 되자, 국민정부는 항일전쟁 중 국민이 건국에 미치는 정신적인 요소를 중요하게 생각하기 시작했다. 그리하여 1939년 3월부터 '국민정신 총동원 운동'을 주장, 4월 17일부터 23일까지 '국민정신 총동원 선전 주간'으로 삼아 전국 각 성시(省市)의 각계각층이 모두 동참하기를 촉구했다.[39] 4월 19일은 '농·공·상업계 선전일'로 아침 7시부터 조계지 내 상점에서 국기를 게양하기로 했다. 이는 국민정신 총동원의 구체적인 행동이자 일환이었다. 그러나 프랑스 조계지 당국은 공공질서를 어지럽힌다는 이유로 상점에 국기를 내리라고 요구했고, 이에 순경과 점주 간에 충돌이 발생했다. 수많은 국민이 체포되었고 국기는 몰수당했다. 프랑스 조계지의 상점들은 체포당한 사람을 풀어주라며 잇달아 휴업을 결정했다. 이후 상하이 상회와 중국인 납세회의 중재로 공동국은 체포된 사람을 풀어주고 국기를 돌려주었다. 아울러 중국인은 매년 8일간 국기를 게양할 수 있다고 선포했다.[40] 4월 20일 교육계가 총동원 운동을 할 차례였고, 이때는 국기 게양 문제가 아직 불식되기 전이었다. 그 당시 일부 학교에서는 총리 초상화와 국기를 자진해 내렸고, 기념주간 활동을 취소했다. 장핑은 이 사건을 "교육계의 타락"으로 규정하면서, 상하이가 상하이의 회복보다 정부 권력을 중요하게 생각한다고 규탄했다. 또한 이러한 현상이 계속 지속되면 "여교사의 부패와 퇴화도 더 심화될 것"이라고 단언했다.

학교가 조용히 기념 주간 활동을 처리한 것은 학생의 안전과 학교의 정상적인 운영 등을 고려해서였다. 사업가와 다른 점은 이 학교들이 시상회(市商會)

---

39 「國民精神總動員發表告同胞書」, ≪申報≫(1939.4.17).

40 국기 게양 사건에 관해 자세한 사정은 ≪申報≫(1939.4.20~22) 참조.

혹은 중국인 납세회처럼 든든한 '뒷배'가 없다는 것이다. 따라서 학교는 조계지 당국과의 공개적 마찰을 피하고 싶었고 이는 이해할 만한 처사이다. 무엇보다 중요한 것은 기념 주간의 참여 결정권은 대다수의 여교사가 아닌 주로 남성인 교장에게 있었다. 이러한 시각에서 보면, 학교의 '애국심 결핍'을 여교사와 결부시킨 것은 불공평한 측면이 있다.

이 글의 주제는 구미 역사에서 비롯되었다. 제1·2차 세계대전에서 중국, 영국, 미국, 독일, 프랑스 등 참전국은 '노동시장의 여성화' 과정을 겪었다. 남성이 징집되어 전장에 보내진 후 수많은 직업이 공백상태로 남았고, 여성은 본래 남성의 전유물로만 여겨진 노동을 하기 시작했다. 그러나 중국의 상황은 달랐다. 징병제는 호적제도 및 국가의 행정적 통제를 받았다. 그러나 전쟁이 일어나기 전 국민정부가 효과적으로 통제한 지역이 전쟁 발발 후 얼마 못 가 위험에 빠지고 말았다. 이로써 국민정부가 징병제를 시행하는 데 큰 타격을 받았다. 다시 말해, 상하이는 징병제를 시행하지 않았기에 '여성의 남성 일자리 대체' 현상이 나타나지 않았다.

상하이의 '소학교 교사의 여성화'는 주로 전시에 소학교 교사에 대한 처우가 악화되기 시작하면서 나타났다. 남성은 교사직을 통해 가정을 양육할 수 없게 되자 여성이 남성을 대신한 것이다. 만약 전쟁이 없었다면, '소학교 교사의 여성화' 현상은 나타나지 않았을까? 전쟁은 '소학교 교사의 여성화'를 초래한 주된 원인일까? 아니면 기존의 직업적 추세를 가속화시킨 기폭제였을까? 〈표 10-1〉에서 보면, 1930년 소학교 여교사 비율은 37%에 달했다. 여학생(특히 여자사범학교 학생)의 비율이 계속 증가했다면 여교사의 비율도 계속 늘어났을 것이다. 그러나 전쟁은 직업의 여성화에 불을 지핀 도화선이자, 전쟁과 성별 분업을 이해하기 위한 중요한 기점임이 틀림없다.

참고문헌

≪教育雜誌≫, 第2卷 第11期. 1910.11.
≪婦女界≫, 3-3. 1941.6.20.
≪婦女生活≫, 1-1. 1935.7.1.
≪上海婦女≫, 3-3. 1939.6.
≪申報≫. 1938.10.12.
≪申報≫. 1938.11.23.
≪申報≫. 1939.1.7.
≪申報≫. 1939.1.22.
≪申報≫. 1939.4.17.
≪申報≫. 1939.4.20.
≪申報≫. 1939.6.11.
≪申報≫. 1939.11.10.
≪申報≫. 1940.1.5.
≪中國婦女≫, 1-9, 1940.8.
教育部 編.『中華民國二十二年度全國初等教育統計』. 商務印書館. 1937.
上海市政府社會局.『上海市工人生活程度』. 編者 刊. 1934.
呂芳上.「另一種'僞組織': 抗戰時期婚姻與家庭問題初探」. ≪近代中國婦女史研究≫, 第3期. 1995.8.
李又寧·張玉法 編.『中國婦女史論文集(第1集)』. 臺灣商務印書館. 1981.

巫仁恕·康豹·林美莉 編.『從城市看中國的現代性』. 中央研究院近代史研究所. 2010.
上海社會科學院經濟研究所 編.『上海永安公司的産生發展和改造』. 上海人民出版社. 1980.
岩間一弘.「人事記錄にみる近代中國の銀行員の給與·經歷·家族」. ≪アジア經濟≫, 47-4. 2006.4.
慈鴻飛.「二三十年代教師, 公務員工資及生活狀況考」. ≪近代史研究≫, 第3期. 1994.
朱有瓛 編.『中國近代學制史料(第二集下册)』. 華東師範大學出版社. 1989.
中共上海市委黨史研究室 編.『中國共産黨在上海(1921~1991)』. 上海人民出版社. 1991.
沈以行·姜沛南·鄭慶聲 編.『上海工人運動史 下卷』. 遼寧人民出版社. 1996.
鮑家麟 編.『中國婦女史論集 3卷』. 臺北: 稻鄕出版社. 1993.

Greenwald, Maurine Weiner. *Women, War and Work: The Impact of World War I on Women Workers in the United States.* Ithaca: Cornell University Press. 1980.

Wakeman, Frederic. "Urban Controls in Wartime Shanghai." in Wen-hsin, Yeh(ed.) *Wartime Shanghai.* London: Routledge. 1998.

Weikun, Cheng. "Going Public through Education: Female Reformers and Girls' Schools in Late Qing Beijing." *Late Imperial China*, Vol.21, No.1. 2000.6.

찾아보기

ㅇ

지은이(수록순)

이기훈

공군사관학교, 목포대학교 교수를 역임했고, 현재 연세대학교 국학연구원 교수이다. 전공 분야는 한국근대사이다. 최근 저서로 『청년아 청년아 우리 청년아』(돌베개, 2014), 『무한경쟁의 수레바퀴: 1960~70년대 학교와 학생』(서해문집, 2018) 등이 있고, 논문으로는 「1920년대 『어린이』지 독자 공동체의 형성과 변화」(≪역사와 현실≫, 102, 2016), 「발명왕 이순신과 잠수함이 된 거북선」(≪역사비평≫, 121, 2017), 「근대 신화의 역설: 고산자 김정호와 대동여지도의 경우」(≪역사비평≫, 123, 2018) 등이 있다.

저우쥔위 周俊宇

현재 일본 와세다대학 정치경제학술원 일본학술진흥회 특별연구원으로, 전공 분야는 타이완 현대사(일본 제국주의 통치하 타이완 정체성의 형성과 변화)이다. 저서로는 『黨國與象徵: 中華民國國定節日的歷史』(臺北: 國史館, 2013)가 있고, 논문으로는 「もう一つの新嘗祭一植民地臺灣における祭日としての展開」(≪日本臺灣學會報≫, 16, 2014) 등이 있다.

권보드래

현재 고려대학교 국어국문학과 교수로, 전공 분야는 한국현대문학이다. 저서로는 『한국 근대소설의 기원』(소명출판, 2012), 『1960년을 묻다: 박정희시대의 문화정치와 지성』(천년의상상, 2012), 『신소설, 문학과 정치』(소명출판, 2014) 등이 있고, 논문으로는 「『광장』의 전쟁과 포로: 한국전쟁의 포로 서사와 '중립'의 좌표」(≪한국현대문학연구≫, 53, 2017), 「번역되지 않은 영향, 브란데스의 재구성: 1910년대와 변방의 세계문학」(≪한국현대문학연구≫, 51, 2017) 등이 있다.

옌싱루 顏杏如

현재 국립타이완대학 역사학과 교수로, 전공 분야는 타이완사(일본 식민지 사회문화사)이다. 저서로는 『「帝國」在臺灣: 殖民地臺灣的時空'知識與情感』(國立臺灣大學出版中心, 2015)이 있고, 논문으로는 「俳文學'知識與殖民治理的交錯: ≪臺灣歲時記≫的編纂及其植物知識系譜」(≪臺灣風物≫, 第66卷 第3期, 2016), 「歌人尾崎孝子的移動與殖民地經驗: 在新女性思潮中航向夢想的「中間層」」(≪臺灣史研究≫, 23卷 2期, 2016) 등이 있다.

함동주

현재 이화여자대학교 사학과 교수로, 전공 분야는 일본 근대사이다. 저서로는 『천황제 근대국가의 탄생』(창비, 2009) 등이 있고, 논문으로는 「다이쇼기 일본의 근대적 생활경험과 이상적 여성상: 『주부지우(主婦之友)』를 중심으로」(≪이화사학연구≫, 41, 2010) 「러일전쟁기 일본의 조선이주론과 입신출세주의」(≪역사학보≫, 221, 2014), 「신조사판 엔본『세계문학전집』의 출판과 서양문학의 대중화」(≪일본학보≫, 104, 2015) 등이 있다.

장칭 章清

현재 중국 푸단대학 역사학과 교수로, 전공 분야는 중국 근대 학술사, 문화사, 사상사이다. 저서로는 『清季民國時期的"思想界"』(社會科學文獻出版社, 2014), 『胡适派學人群與現代中國自由主義』(上海三聯出版社, 2015) 등이 있고, 논문으로는 「"通史"與"專史":民國史"寫法"小義」(≪近代史研究≫, 2012-1), 「學·政·教:晚清中國知識轉型的基調及其變奏」(≪近代史研究≫, 2017-5) 등이 있다.

박경석

동북아역사재단 연구위원, 인천대학교 중국학술원 교수를 역임했으며, 현재는 연세대학교 국학연구원 교수이다. 전공 분야는 중국 근현대사이다. 최근 저서로는 『연동하는 동아시아 문화』(역사공간, 2016), 『도시로 읽는 현대중국 1(사회주의개혁기)』(역사비평사, 2017) 등이 있고, 논문으로는 「민국시기 '보증인 관행'의 제도화 모색과 한계」(≪중앙사론≫, 44, 2016), 「중화민국시기 上海 小報와 매체공간의 대중화」(≪중국근현대사연구≫, 69, 2016) 등이 있다.

오사와 하지메 大澤肇

현재 일본 주부대학(中部大學) 국제관계학부 교수로, 전공은 중국과 타이완을 중심으로 한 동아시아 지역연구이다. 최근 저서로는 『現代中國の起源を探る一史料ハンドブック』(東方書店, 2016), 『變容する中華世界の教育とアイデンティティ』(國際書院, 2017) 등이 있고, 논문으로는 「現代中國における大學と政治權力」(≪史潮≫, 80, 2016), 「ハンガリー事件と中國」(≪アリーナ≫, 20, 2017) 등이 있다.

롄링링 連玲玲

현재 타이완중앙연구원 근대사연구소 선임연구원으로, 전공 분야는 타이완 여성사, 도시문화사, 기업사이다. 저서로는 『萬象小報: 近代中國城市的文化·社會與政治』(中央研究院近代史研究所, 2013), 『打造消費天堂: 百貨公司與近代上海城市文化』(中央研究院近代史研究所, 2017)가 있고, 논문으로는 "Writing History on Their Own: War, Identity and the Oral History of the 'Old China Hands' "(*Global Europe: Basel Papers on Europe in a Global Perspective*, 110, 2015), 「媒體·廣告與企業文化: 以≪新都周刊≫爲中心的探討」(≪國史館館刊≫, 53, 2017) 등이 있다.

한울아카데미 2089
사회인문학총서 33

동아시아의 '근대' 체감

엮은이 | 박경석
지은이 | 이기훈 · 저우쥔위 · 권보드래 · 옌싱루 · 함동주 · 장칭 · 박경석 · 오사와 하지메 · 롄링링
펴낸이 | 김종수
펴낸곳 | 한울엠플러스(주)
편집책임 | 최진희

초판 1쇄 인쇄 | 2018년 8월 17일
초판 1쇄 발행 | 2018년 8월 31일

주소 | 10881 경기도 파주시 광인사길 153 한울시소빌딩 3층
전화 | 031-955-0655
팩스 | 031-955-0656
홈페이지 | www.hanulmplus.kr
등록 | 제406-2015-000143호

Printed in Korea.
ISBN 978-89-460-7089-9 93910(양장)
978-89-460-6537-6 93910(반양장)

* 책값은 겉표지에 표시되어 있습니다.

이 저서는 2008년 정부재원(교육과학기술부 학술연구조성사업비)으로 한국연구재단의 지원을 받아 수행된 연구임(NRF-2008-361-A00003).